CURSO DE DIREITO INTERNACIONAL PÚBLICO

1ª edição — 1995
2ª edição — 1998
3ª edição — 2000
4ª edição — 2002
4ª edição — 2ª tiragem — 2003
5ª edição — 2004
5ª edição — 2ª tiragem — 2005
6ª edição — 2006
7ª edição — 2007
8ª edição — 2008
9ª edição — 2009
10ª edição — 2010
11ª edição — 2012
12ª edição — 2014
13ª edição — 2015
14ª edição — 2017
15ª edição — 2019
16ª edição — 2021

CURSO DE DIREITO INTERNACIONAL PÚBLICO

CARLOS ROBERTO HUSEK

16ª EDIÇÃO

LTr®

LTr®

LTr Editora Ltda.

Rua Jaguaribe, 571
CEP 01224-003
São Paulo, SP — Brasil
Fone (11) 2167-1101
www.ltr.com.br
Junho, 2021

Produção Gráfica e Editoração Eletrônica: RLUX
Projeto de capa: DANILO REBELLO
Impressão: META BRASIL

Versão impressa — LTr 6323.6 — ISBN 978-65-5883-036-8
Versão digital — LTr 9786.1 — ISBN 978-65-5883-054-2

Dados Internacionais de Catalogação na Publicação (CIP)
(Câmara Brasileira do Livro, SP, Brasil)

Husek, Carlos Roberto
Curso de direito internacional público / Carlos Roberto Husek. — 16. ed. — São Paulo : LTr, 2021.

ISBN 978-65-5883-036-8

1. Direito 2. Direito internacional público I. Título.

21-57419 CDU-341

Índice para catálogo sistemático:

1. Direito internacional público 341

Aline Graziele Benitez - Bibliotecária - CRB-1/3129

Àquelas que se acostumaram a me ver diante do computador e diante dos livros sem qualquer desaprovação (Maria Cristina, Renata e Flávia).

Carlos Roberto Husek, mestre e doutor em Direito Internacional Pela Pontifícia Universidade Católica de São Paulo, onde durante onze anos ministrou de Direito Comercial e atualmente ministra aulas de Direito Internacional Público e Direito Internacional Privado para os seguintes cursos: bacharelado em Ciências Jurídicas e Sociais; Especialização em Direito Empresarial; Especialização em Direito do Trabalho; Especialização em Direito Internacional; e, no Mestrado e doutorado nas matérias apontadas.

Com larga experiência no ensino, o professor Husek já lecionou em outras instituições, bem como profere palestras em Direito Internacional e em Direito e Processo do Trabalho, como convidado em diversas Faculdades e Academias.

Durante vinte anos foi professor em cursos preparatórios para concursos públicos para a Magistratura e Ministério Público.

Foi juiz titular da 2ª Vara do Trabalho de Osasco e da 34ª Vara do Trabalho de São Paulo, Capital. Atualmente é desembargador do Tribunal Regional do Trabalho da 2ª Região. Compôs a 15ª Turma deste Tribunal, e em 3.10.2016 tomou posse como Vice-Presidente Judicial, eleito para o biênio em sequência.

Publicou, ainda, um Manual de Direito e Processo do Trabalho, bem como doze fitas de estudos, em um Programa de Direito a Distância do IBDC — Instituto Brasileiro de Direito Constitucional.

Publica artigos em revistas e jornais especializados e é coautor da obra 10 Anos de Constituição — Uma Análise, ano 1998, pela Editora Celso Bastos.

Também participou da elaboração do primeiro livro da Academia Paulista de Direito, contribuindo com o capítulo "Temas Atuais de Direito", sob a coordenação dos professores Rogério Donnini e Roque Antonio Carrazza, pela Editora Malheiros, lançado em 2008; do livro *Curso de Direito Processual do Trabalho* — em homenagem ao professor Pedro Paulo Teixeira Manus, de 2008, LTr. Teve publicada na Revista Arquivos, vol. 31, em 2008, do Instituto Cesarino Júnior, seu trabalho como um dos representantes brasileiros no 7º Congresso Regional Americano de Direito do Trabalho e da Seguridade Social, realizado na República Dominicana em 2007.

Cofundador da primeira Revista Cultural da AMATRA da 2ª Região, voltada para os temas jurídicos.

Sócio das seguintes instituições: a) Instituto Brasileiro de Direito Constitucional; b) Instituto Brasileiro de Direito Social Cesarino Júnior, Seção Brasileira da Société Internationale de Droit du Travail et de la Sécurité Sociale; e c) Instituto dos Advogados de São Paulo — IASP.

Eleito para a Cadeira de n. 74 da Academia Paulista de Direito, em 2001.

Membro do Conselho Científico da Revista de Direito Privado, editada pela Revista dos Tribunais.

Coordenador do curso de Pós-Graduação lato sensu de Direito Internacional da Pontifícia Universidade Católica de São Paulo e professor orientador de mestrado e doutorado da Pós-Graduação da PUC-SP.

Em 2007, lançou o livro *A (Des) Ordem Internacional — ONU*: uma vocação para a paz.

Sócio fundador da Comunidade de Juristas de Língua Portuguesa – CJLP, em Lisboa, Portugal, em 12/2009.

Publicou ainda o livro de *Direito Internacional Público e Privado do Trabalho,* pela LTr, 2ª edição, agora no prelo para a 3ª edição.

Fora do campo do Direito tem desenvolvido atividade literária, sendo coautor de dois livros de poesia: um editado pela Shan Editores, Ordem da Confraria dos Poetas, recebendo prêmio da referida Ordem, título do livro, em 1999, e outro, Escritos Feitos de Amor, da Editora Casa do Novo Autor, em 2003.

Nesse mesmo ano (2003), lançou Metal Invisível, poesias, pela Ieditora.

Em 2005, lançou outro livro de poesias, *O Cavalo da Escrita — Um Caso de Incorporação*, pela Giz Editorial.

Publicou seu primeiro livro de contos, também pela Editora Giz, em março de 2010, *Sob um céu de vidro — ou quarenta e seis contos e alguns trocados.*

Publicou em 2012 o livro de Poesias *Latipac — A Cidade e seus Espelhos*, pela editora Giz Editorial.

NOTA EXPLICATIVA

Este livro é o resultado de aulas proferidas na Pontifícia Universidade Católica de São Paulo e tem a finalidade de servir de subsídio aos estudos do Direito Internacional Público, não dispensando os consagrados mestres da matéria. Serve como porta de entrada ao Direito Internacional para os noviciados.

Não houve, por parte do autor, a preocupação com teses e teorias, na profundidade que merecem, porque o objetivo foi dar ao interessado uma visão básica dessa área do Direito.

Esta é uma 16ª edição, melhorada com as modificações ocorridas nos últimos anos e com o acréscimo, por consequência, de novos parágrafos e itens, em quase toda a extensão do livro.

Atualizamos, embora a dinamicidade das relações internacionais, os dados sobre todas as matérias aqui inseridas, referentes, por exemplo, à União Europeia, ao Mercosul, à ONU, ao Direito Marítmo, ao Direito Tributário um melhor estudo sobre o espaço territorial na composição do Estado soberano, sob a ótica da globalização. Também encetamos referências sobre à Amazônia azul, à zona costeira e outras, uma vez que de um para outro ano e no entremeio das edições mudam-se composições de órgãos, a amplitude de algumas figuras jurídicas e os acontecimentos terminam por imprimir rumos diversos ao que antes parecia certo e acabado.

Não se trata, efetivamente, de uma matéria que tenha um código predeterminado e figuras jurídicas definitivamente concretizadas. Os próprios conceitos teóricos de soberania, integração, direitos e deveres internacionais parecem sofrer novos coloridos com o surgimento de fatos político-jurídicos, que lhes conformam sob ótica diversa. Não significa que o Direito Internacional mude com os ventos sociais, mas lida com estruturas fundantes da sociedade, que estão a merecer um raciocínio adequado ao avanço da Filosofia do Direito, do Direito Constitucional Moderno e da Política Internacional, porque, em grande parte, o Direito Internacional é sempre a leitura e construção do sistema internacional, idealizado por uns, negado por outros, mas que, indubitavelmente, acreditamos, apresenta caminhos e pilares básicos, impossíveis de serem olvidados, até pelos mais críticos.

Para tanto, buscou-se a distribuição didática dos temas. É uma 16ª edição, que conservou e ampliou os temas acrescentados nas edições anteriores, além de adicionar um novo caminho de compreensão da sociedade internacional pela teoria da Psicanálise.

Nosso editor é que deve ter paciência com tais acréscimos, imprescindíveis, para manter a atualização.

Por tais motivos, acreditamos que o Direito Internacional ditará as bases do pensamento jurídico dos tempos vindouros. É o instrumento, por excelência, para obstar os efeitos maléficos do mundo globalizado e implementar suas benesses.

Com este propósito, é que vem a público, estando o autor aberto a críticas e sugestões.

Como é possível observar, o que dissemos na nota explicativa da edição anterior, continua valendo para esta nova edição. Não escondemos que o livro se apresenta como um manual, com a pretensão evolução de se transformar numa obra mais volumosa, porquanto inserimos, desde a última edição, temas que não cabem em um simples manual.

Preocupamo-nos com o estudioso em geral, mas, principalmente, aquele que está no bacharelado do Direito.

A vocação deste curso é didática, sem grandes voos teóricos, e com isto, cumprimos a finalidade de instrumentalizar o estudante para atraí-lo na análise e estudo do Direito Internacional.

SUMÁRIO

CAPÍTULO I — INTRODUÇÃO. NOÇÕES GERAIS

CAPÍTULO II — DIREITO INTERNO E DIREITO INTERNACIONAL. TEORIAS

CAPÍTULO III — SUJEITOS INTERNACIONAIS

CAPÍTULO IV — TRATADOS

CAPÍTULO V — O TRATADO NO BRASIL

CAPÍTULO VI — ESTADOS

CAPÍTULO VII — ESTADO (TERRITÓRIO)

CAPÍTULO VIII — ESPAÇOS INTERNACIONAIS

CAPÍTULO IX — ESTADO: ÓRGÃOS DE RELAÇÃO EXTERNA

CAPÍTULO X — O ESTADO E A SOBERANIA

CAPÍTULO XI — AS ORGANIZAÇÕES INTERNACIONAIS

CAPÍTULO XII — AS ORGANIZAÇÕES NÃO GOVERNAMENTAIS — ONGS

CAPÍTULO XIII — DIREITO DA INTEGRAÇÃO

CAPÍTULO XIV — A UNIÃO EUROPEIA. ASPECTOS GERAIS

CAPÍTULO XV — A AMÉRICA LATINA. MERCOSUL

CAPÍTULO XVI — A ORGANIZAÇÃO INTERNACIONAL DO TRABALHO

CAPÍTULO XVII — LITÍGIOS INTERNACIONAIS. SOLUÇÕES DIPLOMÁTICAS, JURÍDICAS E COERCITIVAS. GUERRA

CAPÍTULO XVIII — CORTE INTERNACIONAL DE JUSTIÇA

CAPÍTULO XIX — TRIBUNAL PENAL INTERNACIONAL E CORTES SIMILARES

CAPÍTULO XX — SEGURANÇA, TERRORISMO E NOVOS PARADIGMAS INTERNACIONAIS

CAPÍTULO XXI — DA INTERVENÇÃO HUMANITÁRIA

CAPÍTULO XXII — O HOMEM. ASPECTOS INTERNACIONAIS

CAPÍTULO XXIII — DIREITO INTERNACIONAL E MEIO AMBIENTE

CAPÍTULO XXIV — RELAÇÕES ECONÔMICAS INTERNACIONAIS. NOÇÕES

CAPÍTULO I

INTRODUÇÃO. NOÇÕES GERAIS

1. A sociedade internacional. Conceito. Elementos

Quando se fala em sociedade tem-se em mente o conjunto de pessoas cujo comportamento se desenvolve em determinado espaço territorial, com padrões culturais comuns(1).

Provém a sociedade de estágios históricos de convivência humana como a família, o grupo de famílias, as comunidades, e entre suas características principais temos: a permanência de seus membros, a organização e um objetivo comum.

---

(1) "Quem quer que tenha observado a transformação de um agregado casual em sociedade testemunhará que essa transformação abrange dois processos fundamentais: 1) acomodação e organização do comportamento dos indivíduos, seus componentes; e 2) desenvolvimento de uma consciência de grupo, um sentimento de unidade. Normalmente, a transformação começa pela divisão de atividades a determinados indivíduos. Este processo é muitas vezes inconsciente e frequentemente se dá por meio de tentativas e erros, até que os vários membros do agregado encontrem o trabalho que lhes é mais adequado e que melhor podem executar. À medida que a divisão de atividade se faz e se estabiliza, há um correspondente aumento de independência dos membros do grupo e um desenvolvimento de atitudes e padrões de comportamentos habituais. A conduta recíproca dos indivíduos torna-se cada vez mais previsível e sua cooperação cada vez mais completa e eficiente." (LINTON, Ralph. *O homem* — Uma introdução à antropologia, p. 114-115)

Darcy Azambuja ensina que a sociedade é a união moral de seres racionais e livres, organizada de maneira estável e eficaz para realizar um fim comum e conhecido de todos[(2)].

Fácil apontar a sociedade circunscrita em um território como aquela a que pertencemos, dentro de um Estado. O Brasil forma uma sociedade específica, apesar das diferenças regionais, como ocorre em outros países. Entretanto, falar de uma sociedade internacional importa esforço de abstração.

Quais os elementos que formariam uma sociedade internacional?

Ora, se se trata de uma sociedade, necessariamente, tais elementos são os mesmos das sociedades internas: permanência, organização e objetivo comum.

O fenômeno comunicativo, entendido não só nos estritos parâmetros da linguagem falada ou escrita, mas nos gestos, sinais, símbolos, etc., ocorre num só espaço físico — o mundo —, repleto de artefatos radiofônicos e televisivos.

Hoje, muitos anseios e preocupações humanas constituem pontos comuns da América à Europa, desta à Ásia, da Ásia ao continente africano. Há uma prática reiterada de iguais hábitos e iguais padrões de comportamento em diversos locais do Planeta. Não se pode deixar de ver no ser humano um único ser, cada vez mais parecido.

Esse fato deve-se ao grande desenvolvimento das comunicações. Espantoso assistir pela televisão ao momento do ataque aéreo na guerra entre dois países, com explicações do repórter, que em poucas horas de voo se deslocou de seu trabalho ou de sua residência e chegou à cena dos acontecimentos.

Ramonet[(3)] aponta dois paradigmas atuais que configuram a sociedade internacional: o mercado e a comunicação.

Não há como desenvolvermos esta complexa temática neste simples curso, mas vale a pena a reflexão, para dizer que se mostra correta a análise do doutrinador, posto que o chamado "mercado" — cerne e alma da globalização – nos dias de hoje, quase é reconhecido como uma entidade, e para alguns, perfeitamente identificável.

Por outro lado, o esgarçamento das fronteiras torna o mundo quase que uma realidade territorial única, o que faz repensar os conceitos ligados ao espaço físico, como componente objetivo do Estado e da existência de sua soberania.

Mais espantoso ainda é a velocidade das informações via internet, que no mesmo segundo atravessa o mundo e provoca reações, respostas, e produz efeitos jurídicos, validamente apreciáveis ou não. Pode-se praticar

---

(2) *Teoria geral do Estado*, p. 2.

(3) RAMONET, Ignácio, *Geopolítica do caos*, Petrópolis: Editora Vozes, 1998, p. 65/66.

um ato jurídico ou um crime, ou até um ato político, por intermédio desse instrumento que veio revolucionar não só as comunicações, mas o próprio mundo, tornando-o, efetivamente, sem quaisquer fronteiras.

Ainda *Ramonet*, entende a comunicação, como fundamental e diz que ela substitui a ideologia do progresso: "*A substituição da ideologia do progresso pela ideologia da comunicação implica reviravoltas de toda espécie. E embaralha a própria missão do poder político. Daí a rivalidade central, e cada vez mais discordante, entre poderes e os meios de comunicação de massa. Em particular, tal situação leva alguns dirigentes a rejeitar abertamente, objetivos sociais de primeira importância, estabelecidos — pela divisa `igualdade` e ´fraternidade`. O poder executivo considera esse novo paradigma mais bem cumprido, mais bem realizado, mais bem aplicado pela mídia do que por si próprio.*"[(4)] Aliás neste binômio — comunicação e mercado — a comunicação, para o escritor, vem em primeiro lugar, e inadvertidamente o invertemos, face ao desenvolvimento do capítulo. A questão é de lógica, porquanto tudo, em termos sociais, políticos, econômicos e jurídicos, para não dizer de outros, é comunicação. A afirmação tem todo sentido, porque os sistemas que respaldam, criam ou são criados pelo poder, bem como este, sobrevivem e se fortalecem pela comunicação.

Não há dúvida que a comunicação e o mercado são colunas sobre as quais a sociedade global se edifica, ainda que a realidade da vida em sociedade não possa ser desenhada de forma tão simples e arquitetônica, uma vez que tais colunas são mais porosas, do que se possa imaginar, permitindo todas as formas de inserção psicológica e social, que faz deste mundo em que vivemos uma teia complexa, cuja compreensão foge das luzes de um só campo de estudo.

O homem não vive mais isolado, e isso já faz alguns séculos. Todavia, a interdependência, principalmente econômica e política, intensificou-se a partir da Segunda Guerra Mundial, com a formação de blocos de influência: de um lado, os países liderados pelos Estados Unidos, e, de outro, aqueles liderados pela União Soviética.

A organização do mundo em Estados e estes dentro de organizações maiores, como a das Nações Unidas, a paz que perseguem, a necessidade de mútuo auxílio, revelam os traços de uma única sociedade: a sociedade internacional.

A sociedade internacional é formada pelos Estados, pelos organismos internacionais e, sobretudo, pelos homens, como seres individuais e atuantes dentro de cada organização[(5)].

---

(4) RAMONET, Ignácio, *Geopolítica do caos*, Petrópolis: Editora Vozes, 1998, p. 65/66.

(5) "Del Vecchio afirma que o Homem, ser 'ontologicamente social', só se realiza em sociedade, a sociedade internacional sendo a sua forma mais ampla. Esta afirmação se baseia na unidade

1.1. Sociedades internas e sociedade internacional: Características

Essa sociedade tem características que a distinguem das sociedades internas. Estas são fechadas, possuem uma organização institucional e demonstram uma obrigatoriedade dos laços que envolvem os indivíduos arrimada em normas de Direito Positivo, hierarquizadas, de estrutura rígida. A sociedade internacional, ao contrário, caracteriza-se por ser universal, igualitária, aberta, sem organização rígida e com Direito originário.

Universal porque abrange todos os entes do globo terrestre. Igualitária porque supõe igualdade formal entre seus membros, o que está estreitamente ligado ao conceito de soberania quanto aos Estados. Aberta porque todos os entes, ao reunirem certas condições, dela se tornam membros, sem necessidade de aprovação prévia dos demais. Não tem a sociedade internacional os poderes encontrados nos Estados: Legislativo, Judiciário e Executivo, pelo menos na forma em que estes são constituídos nas sociedades internas. Contudo, tem-se criado órgãos similares, como a Corte Internacional de Justiça da ONU, o Tribunal de Justiça do Tratado de Roma ou a Conferência Geral da OIT. A verdade é que os membros da sociedade internacional procuram reproduzir nesse âmbito, como é natural, por meio das organizações que criam, os institutos conhecidos nas sociedades internas.

Temos para nós, no entanto, que a hierarquização dificilmente ocorrerá, sendo a cooperação internacional a regra que motiva o relacionamento entre os membros.

É, por fim, a sociedade internacional uma sociedade descentralizada, tendo observado *George Scelle* que nela predomina o princípio do desdobramento funcional, no sentido de que os próprios Estados, os maiores autores e destinatários das normas internacionais, emprestam seus órgãos para que o Direito se realize, como menciona *Albuquerque Mello*(6).

O mesmo autor lembra a opinião de outros estudiosos, contrária à existência de uma comunidade internacional nos termos acima enfocados, ante a constatação de três antinomias: a) de um lado, a ordem pública, que pressupõe uma estabilidade, e, do outro, a ideia de revolução; b) a ideia de cooperação e a ideia de soberania; e c) o direito à autodeterminação dos povos e a divisão do mundo em zonas de influência.

Não entendemos dessa forma. Tais aparentes contradições é que ensejam a necessidade da comunhão e da harmonia. Por incrível que pareça, o mundo atual é uma prova de que isso ocorre, porque, se assim não fosse,

---

do gênero humano, que, como assinala Ruyssen, é uma realidade científica comprovada pela possibilidade de procriação entre as mais diversas raças humanas." (ALBUQUERQUE MELLO, Celso D. de. *Curso de direito internacional público,* v. 1º, p. 46)

(6) *Idem.*

já de há muito não mais existiria, teria sido dizimado por uma guerra total. O espírito humano, ainda caminhando para o aperfeiçoamento, provoca conflitos localizados, e há sempre o perigo de uma nova guerra mundial; todavia, o esforço para a paz e o progresso é muito maior e acontece por intermédio das organizações criadas pelo homem (Estados, organismos, etc.).

1.2. Sociedade internacional. Instinto gregário. Pulsões

O instinto gregário justifica a sociedade. Não podemos deixar de pensar que tal instinto gregário e a necessidade de acertar são consequências da pulsão de vida e as guerras e os desforços físicos, em direção à destruição, representam a pulsão de morte, conforme noções dadas pela Psicanálise.

Tais pulsões, embora normalmente postas em relação ao indivíduo, cremos que passam para o Estado e para as organizações por ele criadas, assim como as virtudes e defeitos próprios do ser humano, porquanto suas criações sociais e jurídicas não podem fugir de suas concepções e das relações de interação que estabelecem na vida.

O dualismo psíquico, vida e morte, eros e destruição, é inerente ao indivíduo e às comunidades que cria, com a prevalência do impulso maior de conservação da vida. Se assim não fosse, o mundo não mais existiria.

Todavia, em "O mal-estar na civilização" Freud aponta o sofrimento, como corrente na sociedade, e deslinda três fontes para tanto: a prepotência da natureza, a fragilidade de nosso corpo e a insuficiência das normas que regulam os vínculos humanos na família, no Estado e na sociedade. Exatamente, em relação a esta última fonte, a social, Freud observa que as instituições criadas pelo homem deveriam trazer o bem-estar, mas não o fazem.[7]

O Direito e os sistemas que cria vivem este dualismo e instintual, essas duas forças antagônicas que se atraem e se repelem, e as diversas teorias que buscam justificar a sociedade internacional, como aquelas que se debruçam sobre as sociedades internas, tentam encontrar objetivamente, nas regras jurídicas, uma forma de tornar o mundo social realizável, aceito e compreensível.

Mais uma vez, valemo-nos de Freud, no estudo "O futuro de uma ilusão", que nos dá a medida dessa tensão fundamental: "Tem-se a impressão de que a civilização foi algo imposto a uma maioria recalcitrante por uma minoria que soube se apropriar dos meios de poder e de coação. Naturalmente cabe supor que tais dificuldades não são da própria essência da cultura, mas determinadas pelas imperfeições das formas culturais até agora desenvolvidas. E realmente não é difícil apontar esses defeitos. Enquanto a humanidade fez contínuos avanços no controle da natureza, podendo esperar avanços ainda maiores, não se constata seguramente um progresso igual na regulação dos assuntos

---

(7) FREUD, Sigmund. *O mal-estar na civilização*. Penguin: Companhia das Letras, p. 30

humanos, e provavelmente em todas as épocas, como agora novamente, muitos indivíduos se perguntaram se valia mesmo a pena defender tal porção da conquista cultural. Pode-se acreditar que seria possível um reordenamento das relações humanas que eliminasse as fontes do descontentamento da civilização por renunciar à coação e à repressão dos institutos, de modo que as pessoas pudessem se dedicar à obtenção e fruição dos bens a serem perturbadas pela discórdia interna. Seria a Idade do Ouro, mas é duvidoso que possa tornar-se realidade. Parece, isto sim, que toda cultura tem de se basear na coação e na renúncia instintual; nem mesmo parece seguro que, na ausência de educação, a maioria dos indivíduos se disponha a assumir de novos bens vitais. É necessário, creio, levar em conta o fato de que em todos os seres humanos se acham tendências destrutivas, ou seja, antissociais e anticulturais e de que estas, em grande número de pessoas, são fortes o bastante para determinar sua conduta na sociedade humana."[8]

Para que exista uma sociedade não se pode pretender que, nela, os desentendimentos não ocorram, desde que possam ser administrados. O Homem necessita de outro Homem, embora viva com ele em permanente conflito; mas, este, até o momento, ainda não destruiu a raça humana, porque o instinto gregário e o de acertar ainda são maiores.

2. Sociedade e Direito internacional: algumas teorias justificadoras

Não se pode esquecer que, como o Direito Internacional tem suas teorias justificadoras, sobre as quais discorreremos sucintamente mais adiante, também não foge de algumas teorias e fundamentos a própria sociedade e em consequência a sociedade internacional. Lembremos, algumas delas, à guisa de meros exemplos, como o "Cosmopolitismo" — *Immanuel Kant*, com o seu tratado "Sobre a Paz Perpétua" (as partes devem se comprometer a não tomarem iniciativas que possam conduzir a novas guerras)[9] o "Realismo Político", *Maquiavel, Hobbes, Morgenthau*[10] *Edward Hallet Carr*[11], *Raymond Aron*[12] (o Estado com soberania absoluta domina como único ator das relações internacionais/ o homem é importante como homem do Estado, homem político/ os assuntos internacionais devem ter uma abordagem mais realista e menos idealista/a guerra é um instrumento de política de poder); "Teoria do Liberalismo", *Norman Angell, Francis Fukuyama, Stanley Hoffmann, Alfred Zimmern* (as relações internacionais constituem-se em um

---

(8) FREUD, Sigmund. *O futuro de uma ilusão* (1927). Obras Completas. São Paulo: Companhia das Letras. v. 17, p. 234-235.

(9) KANT, Immanuel. *A paz perpétua e outros opúsculos*. Lisboa: Edições 70.

(10) MORGENTHAU, J. Hans. *A política entre as nações, a luta pelo poder e pela paz*. Brasília: Universidade de Brasília, 2003.

(11) CARR, Caleb. *A assustadora história do terrorismo*. São Paulo: Prestígio, 2002.

(12) ARON, Raymond. *Paz e guerra entre as nações*. Brasília: Universidade de Brasília, 2002.

campo para o progresso e para as mudanças vantajosas. A liberdade individual é valorizada com menor interferência do Estado); "Teoria Socialista", *Marx, Lênin, Engels, Rosa Luxemburgo* (todos os assuntos internacionais podem ser reduzidos a questões de perdas e ganhos econômicos/conflito entre o proletariado e a burguesia e o desaparecimento gradual do Estado); "Teoria Crítica", *Johan Galtung* (fala em paz positiva — equilíbrio — e paz negativa ausência de violência/a paz está ligada ao poder); a "Teoria da Organização Internacional", *Keohane, Joseph S. Nye*(13), *Ruggie, Ernest Haas* (busca compreender a globalização, suas variáveis e a interdependência); "Teoria da Sociedade Internacional", *Hedley Bull*(14) (caminho para a ordem mundial, mediante a solidariedade entre Estados, para a implementação da segurança coletiva); "Teoria Sociológica", *Boaventura de Sousa Santos*(15) (identificando três tensões dialéticas no mundo: entre regulação social e emancipação, entre Estado e sociedade e entre Estado-nação e globalização) e outras. Claro que demos apenas uma frase, uma nota, que não faz entender a teoria, mas vale em Curso, como este, para espicaçar o estudioso e despertar-lhe a necessidade de pesquisa. Nos livros e escritos dos autores citados podem ser encontrados os fundamentos dessas teorias. Demos modestamente nossa contribuição, com parte dessa discussão, no livro *A nova (Des)Ordem Internacional — ONU: uma vocação para a Paz.*(16)

3. Direito Internacional. Conceito, caracteres

É a sociedade internacional, como não poderia deixar de ser, ao mesmo tempo, fenômeno social e jurídico: *ubi societas, ibi jus*. Reconhecida a existência daquela, *ipso facto*, há que se reconhecer a existência do Direito que a informa: o Direito Internacional.

Este não se confunde com o Direito Interno dos diversos Estados, uma vez que tem campo próprio, delimitado, princípios que lhe são aplicáveis, soluções que o consagram, institutos que o personificam.

Interessa-nos, de início, o conceito de nossa matéria. E por que o conceito, e não a definição? Porque a definição exige precisão maior, uma relação mais justa dos termos da definição com a realidade definida. E, no caso desse Direito, a amplitude da matéria que o compõe, os sujeitos que a habitam, os próprios fundamentos de sua existência, ainda hoje discutidos, tornam

---

(13) NYE JR., Joseph. S. *O paradoxo do poder americano* — por que a única superpotência do mundo não pode prosseguir isolada. São Paulo: UNESP, 2002.

(14) BULL, Hedley. *A sociedade anárquica*. Brasília: Universidade de Brasília, 2002.

(15) SANTOS, Boaventura de Sousa. *Reconhecer para libertar* — os caminhos do cosmopolitismo cultural. São Paulo: Civilização Brasileira, 2003.

(16) HUSEK, Carlos Roberto. *A nova (des)ordem internacional — ONU:* uma vocação para a paz. São Paulo: SRS, 2007.

qualquer definição arriscada, quer se tenha em mente a tese realista da definição, quer a tese nominalista, como as descreve *Luís Alberto Warat*[17].

O conceito, tomado na acepção de ideia, de noção, mais se adapta ao nosso propósito e tem a virtude de demonstrar que o Direito Internacional não é Direito acabado e nem delimitado no seu campo. A imprecisão é sua característica.

Para *Belfort de Mattos*, é o ramo do Direito chamado a regular as relações entre Estados soberanos ou organismos assimilados[18].

Orlando Soares assevera ser o conjunto de princípios e teorias que inspiram e orientam a elaboração de normas internacionais destinadas a reger os direitos e deveres dos Estados e outros organismos análogos, bem como os indivíduos[19].

Hildebrando Accioly doutrina que o Direito Internacional, ou Direito das Gentes, é o conjunto de princípios ou regras destinado a reger os direitos e deveres internacionais, tanto dos Estados ou outros organismos análogos, quanto dos indivíduos[20].

Amorim Araújo diz que ele se resume num conjunto de regras jurídicas — consuetudinárias e convencionais — que determinam os direitos e deveres, na órbita internacional, dos Estados, dos indivíduos e das instituições que obtiveram personalidade por acordo entre Estados[21].

Sebastião José Roque encara o Direito Internacional como o "conjunto de normas positivas, costumes, princípios, tratados internacionais e outros elementos jurídicos que tenham por objetivo regular o relacionamento entre países", e completa: "ao se falar em internacional, não se pode mais considerar a origem etimológica do termo, mas se trata do relacionamento entre Estados soberanos e não mais entre Nações".[22]

Francisco Rezek, ao dar o fundamento do Direito Internacional, diz ser este um sistema jurídico autônomo, onde se ordenam as relações jurídicas entre Estados soberanos.[23]

---

(17) "[...] Segundo esta tese, haveria definições verdadeiras na medida em que pudessem expressar corretamente as qualidades essenciais da coisa que se pretenderia definir. Esta teoria se conhece com o nome de 'tese realista'! Por contraposição, surgem as chamadas 'teses nominalistas', que negam que possa existir uma relação natural entre palavras e aquilo que elas pretendem significar. Afirmam, pelo contrário, que a relação aludida atende a um processo convencional [...]" (*A definição jurídica*, p. 3).

(18) *Manual de direito internacional público*, p. 1.

(19) *Curso de direito internacional público*, p. 2.

(20) *Manual de direito internacional público*, 11. ed. p. 1.

(21) *Curso de direito internacional público*, p. 6.

(22) *Direito internacional público*, p. 8.

(23) *Direito internacional público* — curso elementar. 13. ed., p. 27.

Aí estão as chamadas definições, que preferimos encarar como conceitos; porém, não poderíamos fazer melhor. O Direito Internacional é isso: teorias que abrangem o estudo das entidades coletivas, internacionalmente reconhecidas — Estados, organizações internacionais e outras coletividades —, além do próprio homem, em todos os seus aspectos, incluindo os princípios e regras que regem tais sujeitos de direito nas respectivas atividades internacionais.

Os caracteres do Direito Internacional são os caracteres de suas normas, do sistema jurídico que elas presumem, não se concedendo ao vocábulo "sistema", por óbvio, o rigor de estrutura, de ordenamento rígido, porque assim não o é no Direito Internacional.

Temos, pois, alguns pontos que podem ser levantados de forma simples. É Direito que se baseia numa ordem ainda primeva, com sanções coletivas, com normas extremamente abstratas, quase sem conteúdo, atributivas — isto é, dão a competência sem assinalar a materialidade da ação a executar — e relativas, porque cada Estado desenvolve sua própria concepção sobre as normas.

As normas de Direito Internacional advêm dos tratados ou dos costumes. Estes, principalmente, é que imperam, tornando o Direito um pouco diluído na esfera mundial.

De qualquer modo, entendemos que o Direito Internacional é hoje um Direito de paz, e não decorrente da guerra, que só entra no estudo, como um fato a ser, num primeiro momento combatido, expurgado, e depois, se inevitável, regulamentado. Neste Direito de paz, a figura principal é o ser humano. Não assinalamos que o Direito Internacional seja um Direito que governe as relações dos homens, mas, também, tampouco dizemos que seja apenas um Direito atinente às relações entre Estados e entre organismos internacionais, ou entre estes e aqueles. O Direito Internacional moderno é um Direito que regula as relações entre os sujeitos de Direito Internacional, visando a uma vida mais justa para os seres humanos, que, afinal, são os destinatários últimos de todas e quaisquer normas de Direito. *Hildebrando Accioly* ensina: "Pode assim ser definido o direito internacional como o conjunto de normas jurídicas que rege a comunidade internacional, determina direitos e obrigações dos sujeitos, especialmente nas relações mútuas dos estados e, subsidiariamente, das demais pessoas internacionais, como determinadas organizações, bem como dos indivíduos. Justamente aí se inscreve a característica essencial deste direito internacional em mutação, que pode ser chamado de direito internacional pós-moderno: a emergência e o papel crescente do ser humano, no contexto internacional. A crise da pós-modernidade não surge no direito, mas atinge em cheio o direito internacional e terá de ser enfrentada por este".(24)

---

(24) ACCIOLY, Hildebrando; SILVA, G. E. do Nascimento e; CASELLA e BORBA, Paulo. *Manual de direito internacional público*. 16. ed. São Paulo: Saraiva, 2008. p. 10.

Apenas para abrangermos todas as possibilidades doutrinárias, não podemos nos esquecer que existem os que entendem que o Direito Internacional efetivamente não existiria como sistema, porque não tem um corpo de leis específicas e tribunais para fazer valer, de forma cogente, as eventuais regras. Nada mais falso. A eventual ausência de lei — na concepção formal e territorial que temos de lei — no Direito Internacional não é constatação da falta de um sistema jurídico. Em primeiro lugar, tais leis existem e podem ser apreendidas nos diversos tratados multilaterais e bilaterais, além do mais, como mais uma vez ensina *Accioly*, "O argumento da ausência de lei pode ser descartado pelo simples raciocínio de que não se deve confundir lei com direito".[25]

O Direito Internacional tem um corpo de normas — tratados, costumes, princípios — e para implementação destas normas há um sistema, um mecanismo de atuação e de concretização, de afirmação do sistema, pela ação solidária dos Estados, de seus próprios órgãos e tribunais internos, que deve fazer valer no Direito Interno as regras com que os países se comprometem internacionalmente, bem como os diversos sistemas externos aos Estados, de solução de controvérsia dos litígios, soluções jurisdicionais (tribunais), soluções pela arbitragem, mediações, e outras, que implementam esse sistema. Não é um mero jogo de forças políticas, sociais e econômicas, mas Direito efetivo, que foi acordado, estabelecido e que é garantido pela prática da solidariedade, mas de forma cogente pela atividade dos mecanismos já mencionados.

Os fatores sociais e políticos existem e são de grande influência — o que aliás também ocorre no Direito Interno —, mas confrontam-se dentro de caminhos previamente traçados pelo Direito Internacional.

Se, por vezes, o Direito Internacional parece diluído e perdido em meio aos fatos, isso se deve a nossa visão jurídica estreita e doméstica. O Direito Internacional vem aos poucos absorvendo alguns caracteres do Direito Interno — tribunais, juízes, normas, punições, indenizações, procedimentos — porém, em contrapartida, nas últimas décadas vem também influenciando o Direito Interno dos diversos países, que sentem uma brisa diversa a ultrapassar suas fronteiras e, por vezes, um vento forte a abalar as colunas mestras de suas orgulhosas portas de proteção, de suas soberanias, antes tidas como absolutas. Não é novidade que, hoje em dia, tem-se o que alguns chamam de soberania relativa, de interdependência do Estado em relação aos demais Estados do mundo e em relação a esse sistema internacional. O Direito Internacional representa cada vez mais, um novo caminho, um novo e grande pacto de paz para a sobrevivência da humanidade e influencia o Direito Interno com suas ricas possibilidades de diálogo e de meios de solução dos

(25) *Op. cit.*, p. 11.

conflitos, que não é prática do Direito Interno. A sociedade internacional cada vez mais se jurisdicionaliza transportando para o seu dia a dia mecanismos que existem nos ordenamentos jurídicos internos, e a sociedade interna — dos diversos Estados — cada vez mais se internacionaliza, ante a grande e inevitável mobilidade do ser humano, de seus negócios, de seu bens, de seus interesses.

4. Esboço histórico

Seu desenvolvimento histórico pode nos dar a exatidão de suas medidas. Antes de Roma, os gregos e outros povos já principiavam a utilizar regras para dirimir conflitos entre tribos, comunidades, cidades-Estados, etc. Entretanto, vamos assinalar o *jus fetiale* romano como Direito que possa ser considerado o precursor. Tal Direito continha regras que legitimavam a guerra e estabeleciam a paz. Também o *jus gentium*, que continha dispositivos sobre os tratados, a declaração de guerra, os embaixadores, embora fosse um Direito antes de tudo interno, pode ser mencionado como precedente ao que hoje conhecemos.

Os Tratados de Westfália, em 1648, reconheceram a independência da Suíça e da Holanda, assentaram as nacionalidades e criaram Estados novos. A chamada "Paz de Westfália" pôs fim à Guerra dos Trinta Anos e é importante marco para nossa matéria, visto que os Estados deliberaram em conjunto[(26)], o que em nenhuma ocasião anterior havia sido feito[(27)].

Esse equilíbrio de forças nascido de Westfália teve confirmação no Tratado de Utrecht, em 1713, reconhecendo-se que não poderia um Estado opor-se a outro Estado.

A idade contemporânea iniciou-se com a Revolução Francesa, e esse fato de importância ímpar para a Humanidade também contribuiu, em muito, para o Direito Internacional, com seus princípios e ideias liberais, o respeito à individualidade, o sentimento de nacionalidade etc. Em decorrência dessa Revolução é que se norteou a unificação alemã e italiana no século XIX, em virtude do princípio das nacionalidades. A proibição da guerra de conquista é outra consequência.

Pode-se citar, depois, o Congresso de Viena em 1815, no qual se cogitou da internacionalização dos grandes rios europeus, da formação de novos

---

(26) "A Paz de Westfália foi resultado de um congresso geral europeu, o primeiro dessa classe, cujas discussões não tiveram lugar no plenário, e sim entre as partes separadamente, com uma interminável verbosidade e minúcia de mercancia sempre por intermediários, entre os quais se destacaram particularmente o Núncio do Papa e o embaixador de Veneza." (VALENTIM, Veit. *História universal*, t. III. p. 36).

(27) A Paz de Westfália foi negociada em local onde imperava a França católica (Munster) e onde sobrevivia a França protestante (Osnabruck), durante três anos. Os tratados negociados em tais cidades foram reunidos em 1648 no Ato Geral de Westfália.

Estados, da classificação dos agentes diplomáticos e do reconhecimento da neutralidade da Suíça, entre outras matérias.

No tratado de 26.9.1815 entre a Rússia, a Prússia e a Áustria, foi criada a Santa Aliança, que recomendava aos chefes de Estado que submetessem sua autoridade e seu poder aos princípios cristãos.

Em 1823 veio a lume a Doutrina Monroe, como explicaremos em capítulo posterior, que revela uma ideia não intervencionista: não colonização da América e isolacionismo norte-americano.

Em 1856 teve fim a Guerra da Crimeia entre França, Inglaterra, Rússia e Turquia; pelo Congresso de Paris foram proclamados princípios importantes de Direito Internacional. Esse Direito vai se encontrar, em fins do século XIX, regendo as relações entre Estados, expandindo-se da acanhada forma regionalista e continental europeia e tornando-se Direito Universal.

4.1. Gestação do Direito Internacional Contemporâneo

O mundo hodierno é complexo e o Direito que o ampara parece-nos, às vezes, labirintoso, repleto de cruzamentos e de sítios que se mostram quase autônomos ao sistema, que nós, da área do Direito, costumamos ou queremos enxergar.

Apesar desta impressão, continuo a ver uma ordenação básica internacional, um certo concerto, que traça as linhas básicas do sistema, baseado nos organismos de cunho político, econômico e jurisdicionais, que vivenciam regras e princípios comuns.

A doutrina, bem ou mal, costuma classificar alguns períodos na formação do Direito Internacional moderno, para a qual damos nossa contribuição:

1. 1899 — 1ª Conferência de Paz em Haia, com Convenções internacionais referentes às soluções pacíficas das contendas internacionais, princípios sobre a guerra terrestre, aplicação da Convenção de Genebra sobre a Guerra Marítima. Com a 2ª Conferência de Paz, em 1907, estabeleceu-se a Corte de Presas e a Corte Permanente de Arbitragem, que destacaremos, logo abaixo.

2. De 1815 a 1918 – o Concerto Europeu, começando com a derrota de Napoleão em Waterloo, o Congresso de Viena (1814/1815) com a celebração da Santa Aliança (Prússia, Rússia e Áustria), o reforço dos valores nacionalistas contrários ao domínio de Napoleão. A Europa é o centro das questões postas e dá as regras embasadas numa superioridade econômica. Muitas alianças foram realizadas, como a acima mencionada, estendida à Inglaterra (Aliança Quádrupla). Impera o que foi chamado de "Realpolitik" e uma tentativa de equilíbrio de

poderes. Os acordos internacionais tomam importância com força nas potências europeias (Direito Internacional Eurocêntrico). Instituição do Tribunal Permanente de Arbitragem, 1907. Ascensão da concepção positivista do Direito e o "darwinismo social", sendo a fonte por excelência das obrigações internacionais está nas relações de poder dos Estados soberanos (cristãos europeus), o que veio culminar com a Teoria Pura do Direito de Hans Kelsen, já no início do século XX.

3. De 1914 a 1918 – 1ª Guerra Mundial. Final. Tratado de Versalhes em 28.6.1919, para, dentro outros objetivos, assegurar a paz com a Alemanha e cooperação entre os Estados. A criação de uma organização internacional que buscaria ser o centro das relações internacionais com o Pacto da Sociedade das Nações (SDN). A ideia foi boa, a prática não se concretizou com a ausência, por um período de Estados importantes (EUA e União Soviética) e a contrariedade de outros Estados, que veio a culminar com o seu fracasso pela Alemanha de Hitler. Entretanto, o referido tratado foi a forja de instituições que se aperfeiçoaram e outras que vieram a ser criadas, a exemplo da do Tribunal Internacional de Justiça (1921), depois passou a ser a atual Corte Internacional de Justiça (1946), a Organização Internacional do Trabalho – OIT, que permaneceu como a grande organização dos direitos sociais no mundo moderno. Muitas organizações internacionais nasceram no período entre guerras. Portanto, não é um período sem importância para o Direito moderno, pois apesar da Sociedade das Nações não ter dado certo, denunciando-se o fracasso do Tratado de Versalhes, em evitar uma 2ª grande guerra, é fato que propiciou um avanço nas concepções sobre as relações internacionais.

4. 1945 — Carta das Nações Unidas — Em 24.10.1945, com uma organização mais efetiva do que a Sociedade das Nações, vindo a substituí-la, como a grande organização internacional com órgãos internos mais bem delineados sobressaindo-se o Conselho de Segurança, integrado permanentemente pelos países ou potências vitoriosas da guerra: Estados Unidos, Reino Unido, França, Rússia e China. Há um desenvolvimento do Direito Internacional, dos tratados e organizações internacionais e embora muitas lacunas e erros que têm sido cometidos, há um caminho inegável para a atual prevalência – ainda que em âmbito teórico — dos direitos do ser humano, o que se evidenciou, como ponto de partida, com a Declaração Universal dos Direitos do Homem, em 10.12.1948, e depois com a aprovação dos outros Pactos Internacionais, a Convenção Europeia dos Direitos do Homem (1950), de Direitos Civis e Políticos e Direitos Econômicos e Sociais (1966).

5. Século XXI — Prevalência dos Direitos Humanos. Surgimento de novos atores internacionais de natureza diversa: intergovernamentais, não

governamentais (ONGs) e supranacionais (União Europeia, Mercosul). Preocupação com o Pós-11 de setembro e com o terrorismo internacional. O ser humano como centro da história internacional para o bem e para o mal, agindo pessoalmente ou em grupo, em nome de uma religião, de uma ideologia ou de um Estado. A concepção de uma "sociedade civil global", com a tentativa de concretização do estatuto jurídico-internacional dos indivíduos e das pessoas coletivas de direito privado (empresas internacionais), empresas públicas internacionais (INTELSAT, EUTELSAT, ARABSAT e outras) dedicadas às comunicações via satélite e empresas transnacionais (Shell, Texaco, Nestlé, Nike, etc.) exploração do petróleo e outros recursos naturais, bem como dos serviços públicos internacionais e a busca de código internacional de boas práticas. Há uma tendência de prevalecer as regras e tratados internacionais multilaterais de alcance normativo em todas essas áreas, o que vem, sem sombra de dúvida, com a ascensão do indivíduo na área internacional.

Aí temos, sem querer esgotá-los, alguns acontecimentos mais importantes na História da Humanidade, que fizeram sobressair, por assim dizer, a matéria de Direito Internacional.

5. Fundamentos, autores, nomenclatura

Vamos deixar claro alguns fundamentos do Direito Internacional, antes fazendo menção a dois essenciais:

Positivismo Jurídico

Seus fundamentos remotos encontram-se em *Nicolau Maquiavel* e em *Thomas Hobbes*, dentre outros. Por este pensamento, o direito está vinculado à vontade do Estado e o direito internacional e o Direito são realidades autônomas. Outros deram contribuição essencial a esta ideia, como se verá, a exemplo de *Hans Kelsen* (Teoria Pura do Direito), H. L. A. Hart (O Conceito de Direito).

O Direito Internacional ainda sofre com definições que buscam imprimir-lhe a feição positivista, uma vez que os Estados conhecidos são atores e sujeitos da sociedade internacional, juntamente com outras figuras — ONGS, empresas transnacionais, o próprio ser humano, etc., — e não há uma organização, um Estado universal em que se possa desenhar um sistema jurídico imposto por tal Estado.

O sistema internacional – cremos que exista – e o direito que lhe corresponde são de natureza diversa, e o positivismo jurídico está longe de explicá-lo de forma suficiente.

Neocontratualismo

Alguns autores desenvolveram a ideia do contratualismo (*Grócio, Hobbes, Locke, Rosseau, Kant, Vattel*). As obrigações internacionais teriam origem num pacto entre os Estados. Busca-se, atualmente, uma teoria da justiça para fundamentar uma nova faceta do contratualismo (o neocontratualismo), num hipotético consentimento dos indivíduos (cumprimento de promessas, acordos, que visem à consecução de direitos). No plano internacional, a base está nos direitos humanos e na promoção da justiça. *Jónatas E. M. Machado* acrescenta: "*Através deste modelo teórico, John Rawls chega a dois princípios. O primeiro dispõe que cada pessoa tem uma igual pretensão a um plenamente adequado esquema de iguais direitos e liberdades básicos, em termos compatíveis com o mesmo esquema para todos, devendo ser garantido às liberdades políticas o seu justo valor. De acordo com o segundo princípio, as desigualdades sociais e econômicas devem satisfazer duas condições: por um lado, devem vir associadas a cargos e posições abertos a todos dentro de condições de justa igualdade de oportunidades; por outro lado, este é o chamado princípio da diferença, elas devem traduzir-se num maior benefício para os membros mais desfavorecidos da população. Em causa está a tentativa de alicerçar um razoável pluralismo de visões compreensivas do mundo, de tipo religioso, filosófico e moral, e por vezes incompatíveis entre si, tido como o resultado normal do exercício da razão humana, no âmbito de uma cultura democrática enquadrada por instituições livres.*"(28)

Outros autores que precederam os citados ou a eles posteriores, contribuíram para a teoria do Direito Internacional e a menção a alguns deles com a base das ideias que divulgaram, basta para a finalidade deste livro:

Francisco de Vitória (1480-1546) — professor de Teologia de Salamanca. Para este, o Direito Internacional compreende as normas que a razão natural estabeleceu entre as nações, recusando-se a considerar o mundo como um amontoado inorgânico de nações isoladas, sem vínculo, não tendo, umas em relação às outras, direitos e deveres, regras. Já naquela época, *Vitória* considera o que hoje modernamente designamos por interdependência, uma interdependência das nações. Em sua obra *De potestate civili* explica que o direito das gentes não tem somente força de pacto ou de convenção entre os homens, mas força de lei.

Francisco Suarez (1548-1617) — também teólogo escreveu *De Legibus ac Deo Legislatore,* observando o Direito Internacional como uma necessidade para regulamentar a sociedade internacional. *Suarez* via o Direito Internacional a meio caminho entre o direito natural e o direito civil, com elementos de um e de outro. Também em outra obra, *Tractus de charitate: disputatio, Suarez* fez um estudo sobre a guerra.

Alberico Gentili (1552-1608) — escreveu *Prima commentatio de jure belli* e *De jure belli libri três*, apontando a necessidade de institucionalização do

---

(28) Machado, Jónatas E. M., *Direito internacional* — do paradigma clássico ao pós-11 de setembro. 3. ed., Coimbra: Coimbra Editora, 2006, p. 38/39.

Direito Internacional. Defende a unidade operacional e conceitual do Direito. A preocupação de *Gentili* naquela época é a mesma que temos agora, porque a institucionalização do Direito Internacional, e isto está acontecendo, é o único caminho para o aperfeiçoamento da sociedade internacional.

Hugo Grotius (1585-1645) — humanista, publicou *De Jure Praedas,* 1605, *De Mare Liberum*, 1609, *De Jure Belli as Pacis*, 1625, sendo este último o primeiro estudo sistemático do Direito Internacional.

Ricardo Zouch (1590-1660) — divulgou a obra de *Grotius* e corrigiu a divisão de Guerra e Paz para Paz e Guerra, uma vez que a paz era o estado normal e, por isso, deveria preceder à guerra[29].

Samuel Pufendorf (1632-1694) — escreveu *Elementorum Jurisprudentiae Universalis Libri Duo,* 1660, e *De Jure Naturae et Gentium Libri Octo,* 1672, negando a existência do Direito Voluntário de *Grotius* e só admitindo o Direito Natural.

Cornélio von Bynkershoek (1673-1743) — escreveu *De Dominio Maris Dissertatio,* 1703, e *De Foro Legatorum*, 1721. É o iniciador da Escola Positivista.

Christian Wolf (1676-1756) — publicou *Jus Gentium Methodo Scientifica Pertractatum*, 1749; *Jus Naturae Methodo Scientifica Pertractatum*,1740/1748; *Instituciones Juris Naturae et Gentium*, 1758, ensinando que as nações estariam unidas por um quase-contrato, existindo entre elas uma sociedade natural.

Emerech de Vattel (1714-1767) — publicou *Le Droit des Gens*, ou *Principes de la Loi Naturelle Appliqués à la Conduite et aux Affaires des Nations et des Souverains*, 1758, dizendo que os Estados vivem em estado de natureza onde se aplica a lei natural.

J.J. Burlamarqui (1694-1748) — Dentre outras obras escreveu *Princípios de direito natural* e *Princípios de direito público,* entendendo como lei natural aquela imposta por Deus aos homens e também aponta a necessidade da existência, entre as nações, de alguma lei, que sirva de regra para o comércio entre elas, sendo que tal lei só pode ser a própria lei natural. O direito natural e o direito das gentes, por conseguinte, são a mesma coisa, diferenciando-se pela denominação exterior. O Direito Internacional rege a convivência entre os homens, enquanto povos, nações ou Estados.

---

(29) O Direito Internacional, de início, preocupava-se principalmente com a guerra, era um Direito sobre a guerra. "O próprio Direito Internacional começou como um Direito de Guerra. Os doutrinadores têm alinhado as primeiras obras de Direito Internacional e elas versam sobre o Direito de Guerra [...] Um dado objetivo foi coletado por Quincy Wright, que afirma nada menos de 278 guerras de 1840 a 1941. Afora os conflitos entre Estados, há que se situar, também, os conflitos dentro do Estado, a guerra interna, que põe em perigo a ordem mundial e a existência do próprio Estado. É a guerra ainda uma grande preocupação no Direito Internacional". (MELLO, Celso D. de A. *Guerra interna e direito internacional*, p. 24)

Georges Frederic de Martens (1756-1821) — autor de *Causes Célèbres du Droit des Gens Moderne*, 1800/1802, e *Précis du Droit des Gens Moderne de l'Europe*, 1788, só admitindo o recurso ao Direito Natural quando não houver regulamentação no Direito Positivo.

Dentre os contemporâneos, muitos existem, como *Triepel*, em *Droit International et Droit Interne* (1920), *Hans Kelsen, Verdross, Jellinek, Bustamante, Calvo, Sá Viana, Clóvis Bevilacqua, Epitácio Pessoa, Accioly, Albuquerque Mello, Rezek* e outros.

Os autores mais modernos serão objeto de consideração com o desenvolvimento da explanação, conforme as matérias forem sendo explicadas.

Todos esses estudiosos, e outros mais, normalmente se filiam a teorias que explicam ou procuram explicar a norma jurídica internacional. As mais importantes são as teorias voluntaristas e objetivistas.

Embora esteja longe de refletir consenso entre os autores, a verdade é que, com uma ou outra denominação diferente, as teorias acima dividem-se em doutrinas específicas, como abaixo descritas:

a) Os voluntaristas sustentam que o Direito das Gentes tem seu fundamento na vontade dos Estados, destacando-se quatro doutrinas que basicamente assim pensam: 1) a da vontade coletiva; 2) a da autolimitação do Estado; 3) a do consentimento dos Estados; e 4) a da delegação do Direito Interno.

a.1) Da vontade coletiva dos Estados — Seu representante maior foi *Heinrich Triepel*, seguido por *Dionisio Anzilotti*. O Direito Internacional é um produto da vontade dos Estados, coletivamente considerados, como uma espécie de acordo coletivo. Faz lembrar a concepção contratualista da sociedade de *Rousseau* e *Hobbes* transposta para o plano internacional. A crítica que a ela se dirige é que essa teoria não explica como um Estado novo, que surge na órbita internacional, está obrigado a uma norma que foi elaborada antes. Outra objeção é a de que, se o Direito nasce de um acordo entre Estados, basta que um deles retire sua vontade individual desse acordo para que o Direito não mais se sustente.

a.2) Da autolimitação — Vários são seus precursores; mas, *Georg Jellinek* deu-lhe formulação definitiva. Tem por base a ideia de que o Estado, por ser senhor absoluto de seu destino, para conviver pacificamente com os outros Estados, autolimita-se. As normas internacionais somente são obrigatórias pelo consentimento do Estado em se limitar.

Essa é uma teoria mais frágil, porque não se pode aceitar que a validade do Direito encontre amparo para o interessado tendo em vista apenas sua própria vontade, que poderia, de um momento para outro, não mais se manifestar de acordo com a regra, inviabilizando-a.

a.3) Do consentimento das nações — *Oppenheim, Lawrence* e *Hall*, autores anglo-saxões, são seus inspiradores. Partiam da existência de uma família de nações constituída, tendo em vista interesses econômicos e afinidades culturais. É diferente da teoria de *Triepel*, porque o Direito Internacional nasce não da vontade coletiva dos Estados, mas de atos volitivos destes, expressos ou tácitos. Um consentimento mútuo revela-se na vontade majoritária dos Estados. De qualquer forma, as mesmas críticas que se fizerem à teoria da vontade coletiva são válidas para a teoria do consentimento, porque não poderia o Direito Internacional ficar sujeito às decisões de um ou mais Estados.

a.4) Da delegação do Direito Interno — Fundada por *Max Wenzel*. Seus seguidores procuram justificar a obrigatoriedade do Direito das Gentes no Direito Interno de cada país, e por intermédio deste na Constituição do Estado. É uma consequência natural da teoria da autolimitação. No fundo, essa teoria termina por negar o Direito Internacional.

b) Os objetivistas constituem-se numa reação aos voluntaristas, que ocorre nos últimos anos do século XIX. Afirma-se por essa doutrina que o Direito Internacional não retira sua obrigatoriedade da vontade dos Estados, nas diversas formas, como tal expostas linhas atrás, e sim da realidade internacional e nas normas que regem essa realidade e que independem das decisões do Estado. Dentro dessa teoria destacam-se algumas variedades de pensamento, tais como: 1) a da norma fundamental ou objetivismo lógico; 2) a sociológica; e 3) a do Direito Natural.

b.1) Da norma fundamental — *Kelsen* é seu maior representante; a ordem jurídica deriva de uma superposição de normas, em que a validade de uma norma posterior deriva da que lhe é anterior ou superior. A validade da norma jurídica, pois, não depende da manifestação da vontade, mas, sim, de outra norma jurídica, e assim sucessivamente, num esquema lógico até o vértice dessa pirâmide, onde se encontra a norma fundamental, uma norma hipotética que pode ser formulada da seguinte forma: os acordos livremente concluídos devem ser observados (*pacta sunt servanda*).

Critica-se tal teoria com o raciocínio que se segue: se o fundamento do Direito Internacional é a norma fundamental, que está no ponto mais alto da pirâmide de normas (das mais simples àquela), e se tal norma é uma norma costumeira (os acordos devem ser obedecidos), ela deixa de ser uma hipótese, porque o costume é fruto da vontade e se manifesta tacitamente, necessitando de demonstração.

b.2) Sociológica — Foi definida, entre outros, por *Léon Duguit* e *George Scelle*. Declara que o Direito é um produto do meio social, deriva diretamente dos fatos sociais e tem como fundamento a solidariedade ou interdependência entre os homens. Acrescenta-se também à ideia de solidariedade a ideia de justiça, principalmente esta última. São conceitos subjetivos e, de certa forma, arbitrários.

b.3) Do Direito Natural — Tem origens remotas. *Sófocles*, na Grécia; *Cícero*, em Roma; *Vitória, Suarez* e *Melina*, no século XVI, *Zeuch, Puffendorf, Grotius* e outros, nos séculos XVII e XVIII. O Direito Internacional fundamenta-se no Direito Natural, um conjunto de regras objetivas, relativas à sociabilidade entre os povos, como princípios da sã razão, que nos indicam quando uma ação é moralmente honesta ou não. Pode-se fazer igual crítica à que foi feita à Escola anterior, dado o subjetivismo das concepções.

Como se observa, não encontramos razões completas e insuscetíveis de críticas em nenhuma das doutrinas. No geral, cada uma delas apresenta argumentos ponderáveis. É uma questão de escolha, conforme a formação e a convicção de cada um, da visão filosófica e, mesmo, religiosa, em alguns casos, da visão que temos do mundo e do fenômeno que é a raça humana no seu desenvolvimento e das suas criações culturais.

Acreditamos, em princípio, no *pacta sunt servanda* sem o rigor positivista de *Kelsen*. O impulso à solidariedade, a necessidade de viver em comum, a interdependência natural entre os homens e entre os organismos por eles criados fazem com que as normas internacionais tenham proeminência e devam ser obedecidas. De há muito, a soberania absoluta não é característica do Estado. No mundo moderno, não existe quem sobreviva só, quer sejam indivíduos, quer instituições.

Quanto à denominação desse Direito, muitas já foram utilizadas, como Direito das Gentes, Direito Público Externo, Direito Social Universal, Direito Transnacional, Direito dos Estados e Direito Interestadual. Depois, consagrou-se a expressão "Direito Internacional", e, para diferenciá-lo do outro Direito "Internacional", chamado de Privado, apôs-se o epíteto "Público".

Assim, atualmente, utilizamos esta última expressão; no entanto, o mais correto seria apenas a dicção "Direito Internacional", porque o Direito Internacional Privado é, na realidade, um Direito Interno que cuida dos casos e soluções com base na legislação nacional em que existam elementos de estraneidade. Reconhecendo-se esse fato, o qualificativo "Público", por certo, é desnecessário[30].

Aliás, sobre o Direito Internacional Privado afirma *Amorim Araújo* que este ramo do Direito não é nem internacional, nem privado, tendo em vista, sob este último aspecto, que a intervenção do Estado é cada vez mais acentuada[31].

---

(30) "E o maior inconveniente da expressão 'Direito Público Internacional' é, precisamente, o de fazer supor que há dois ramos de Direito Internacional, um Público e um Privado, quando as duas disciplinas são, por seu objeto, pelo sujeito das relações jurídicas, pelas suas fontes e por seus processos, não somente independentes, mas diferentes." (BEVILACQUA, Clóvis. *Direito público internacional*, t. I. p. 19)

(31) "É bem verdade que a bifurcação do Direito em Público (*quod ad statum rei romanae spectat*), isto é, que se refere à organização do Estado, e em Privado (*quod ad singulorum utilitatem*), isto é, que se reporta à utilidade dos particulares, acolhida no velho Direito dos Quirites, está ultrapassada, tendo em vista a intervenção cada vez mais acentuada do Estado nas atividades e vinculações dos indivíduos em todos os ramos da Ciência Jurídica, mormente no Direito de

Independentemente de quaisquer constatações, a verdade é que a expressão "Direito Internacional Público" já se consagrou; por isso, a mantemos.

6. Matérias de Direito Internacional e outras. Conceitos. Abrangência. Relações entre as matérias

Dentro da teoria geral do Direito Internacional, necessário que o estudioso saiba com clareza as diferenças entre as diversas matérias ditas internacionais. Algumas o são; outras, de internacional só possuem o nome. Vejamos:

6.1. Direito Internacional Privado

Cuida o DIPr do conflito de leis no espaço. Na verdade, dizem alguns que tal direito é matéria interna dos Estados, porque suas normas visam solucionar conflitos, aplicando aos fatos o direito nacional ou o direito estrangeiro, de conformidade com o Direito Interno, isto é, com a *lex fori*. Trabalha o aplicador da norma, basicamente, com a Lei de Introdução ao Código Civil. Existindo no fato a ser examinado, elemento(s) de estraneidade (estranho ao país), busca no direito interno a regra (elemento de conexão) que apontará em que direito se encontra a solução do problema. Daí dizer-se que o Direito Internacional Privado é um direito técnico, instrumental, que somente aponta ao pesquisador onde encontrar a solução. Ele mesmo não dá solução ao problema. Cada Estado tem o seu próprio Direito Internacional Privado, ao contrário do Direito Internacional Público que, em tese, é um só: estuda iguais matérias seja qual for o país. Exemplo: alguém nasce no Brasil, casa-se e tem filho, vai residir na Argentina, tem um filho argentino, compra um imóvel na França e volta para morrer no Brasil. Vários são os elementos estranhos: residência na Argentina, filho argentino, compra de imóvel na França. Alguns elementos de conexão ocorrem, como a capacidade para herdar do filho argentino (art. 7º da LI); legislação aplicável sobre o imóvel (art. 8º da LI). Claro está que se o Brasil tiver tratado internacional com algum desses países regulando a matéria, o tratado deverá ser aplicado (acordos bilaterais, multilaterais). Por causa dessa possibilidade e da existência de elementos estranhos e elementos de conexão invocando a legislação alienígena, é que se afirma ser este Direito parte da família do Direito Internacional. Mas, o fato é que o Direito Internacional Privado é um Direito Interno e que aplica normas cuja natureza é de ordem pública.

Família, no de Propriedade e, não é demais acrescentar, na nossa disciplina, que desautoriza ao juiz adequar ao fato interjurisdicional lei estranha afrontadora da ordem pública, dos bons costumes e da soberania nacional. Em síntese, o DIP não é internacional e não é privado, e sim uma divisão do Direito Público Interno." (ARAÚJO, Luís Ivani de Amorim. Ob. cit., p. 13)

6.2. Direito do Comércio Internacional

Este sim, diríamos, é verdadeiramente internacional e privado, porque é direito entre particulares (comerciantes) cujas relações ultrapassam as fronteiras, com a aplicação de regras costumeiras internacionais do comércio (*lex mercatoria*). Nesse passo, temos as questões referentes aos contratos de comércio internacional, que criam direito próprio, muitas vezes acordando e buscando solução para seus conflitos, fora do ordenamento jurídico interno do Estado, na arbitragem comercial internacional. Entram na ordem de consideração, dentre outras matérias, por exemplo, os chamados *incoterms*; cláusulas/condições dos contratos de compra e venda internacional, como a cláusula *FOB — Free on board*, utilizada para o transporte marítimo e por águas internas, significando que o vendedor entrega os bens quando eles transpõem a amurada do navio no porto e assim o comprador arca com todos os custos e riscos de perda ou dano a partir daquele ponto, ou como as cláusulas *CIP — Cost, Insurance paid to* — em que o vendedor entrega os bens ao transportador por ele designado; contudo, o vendedor deve, além disso, pagar o custo do transporte necessário para levar os bens até o seu destino. Enfim, várias cláusulas existem, mas não só, porque as espécies contratuais são muitas e em geral dá-se prevalência ao exercício da autonomia da vontade na escolha da lei aplicável aos contratos e a diversas condições contratuais, atrelando-se a regras costumeiras internacionais. A Câmara Internacional de Comércio de Paris (CCI) desempenhou papel fundamental no comércio internacional e no estabelecimento de tais regras a partir de 1920. Os negócios internacionais, a movimentação de valores e mercadorias, de certa forma, sofriam com a inadequação das leis nacionais, motivo pelo qual esse direito paralelo ao direito do Estado foi surgindo. Nos dias atuais, o direito estatal, equivale dizer, a ordem jurídica interna, começa a considerar a vontade dos particulares em alguns aspectos ao encontro da normas internacionais do comércio, desde que não contrariem, como no caso do Brasil, a soberania, a ordem pública e os bons costumes (art. 17 da LI). Observemos que a vontade do contratante no Direito brasileiro tem pouco ou quase nenhum espaço, nas matérias relativas às relações comerciais e civis internas, porque temos de seguir a lei posta em aspectos fundamentais; entretanto, no Direito do Comércio Internacional a autonomia da vontade é a base na criação de cláusulas e espécies contratuais. É um Direito extremamente dinâmico e adaptável às circunstâncias e necessidades comerciais e empresariais e, embora tenha natureza internacional, é efetivamente privado. Ainda existe um certo campo de embate entre a rigidez do sistema jurídico interno e a maleabilidade, em tempos de globalização, da *lex mercatoria*. Talvez, o melhor para os interesses em jogo, interesse do comércio e da vida empresarial, que é importante também para o povo em geral, porém, principalmente para o interesse público e o interesse nacional, é que o aplicador da norma interprete as diversas possibilidades e leve em conta as vontades nas relações jurídicas, sempre respeitando, por óbvio, os pilares e fundamentos do direito nacional.

6.3. Direito Administrativo Internacional

Pertence ao grande ramo do Direito Internacional Público e aos poucos vai dele se destacando. Cuida do estudo das estruturas, mecanismos e funcionamento dos organismos internacionais e das regras atinentes, ao que poderíamos chamar de "funcionalismo público internacional". Aquele que trabalha nas organizações internacionais, é por elas remunerado, tem uma carreira a seguir e pode até discutir seu direito perante tribunais administrativos e/ou mecanismos mantidos pelas próprias organizações. O Direito Administrativo Internacional já tem uma alentada escrita que não aparece com esse nome, mas evidencia-se, por exemplo, nos livros que analisam as organizações internacionais.

6.4. Direito Internacional do Trabalho

Também faz parte do Direito Internacional Público; todavia, já adquiriu uma certa autonomia. Não podemos esquecer que no Brasil há um *Curso de Direito Internacional do Trabalho* de *Arnaldo Süssekind*, muito estudado e aplaudido pelos estudiosos dessa área, o que não ocorre com o "Direito Administrativo Internacional", que ainda não teve uma teoria específica e delimitada. O "Direito Internacional do Trabalho" parece ter definido o seu campo e pode ser estudado pelo internacionalista que deseja especializar-se nesse ramo. Trata da OIT — Organização Internacional do Trabalho e a produção do direito social, uma espécie de um código internacional do trabalho, por intermédio das convenções e recomendações. Interessante dizer que há um Direito Internacional do Trabalho, ramo do Direito Público, na área do Direito Internacional, e um "Direito Internacional Privado do Trabalho", ainda pouco conhecido, advindo do "Direito Internacional Privado", que se debruça sobre questões relativas à aplicação da lei no conflito de leis no espaço, concernentes ao Direito do Trabalho, utilizando-se da Lei Introdução ao Código Civil, da Consolidação das Leis do Trabalho, da doutrina trabalhista e de uma jurisprudência e raciocínios específicos vindos do Direito do Trabalho.

Em termos metodológicos, tais matérias são mal postas nos livros ou até mesmo esquecidas.

6.4.1. Direito Internacional Privado do Trabalho

Como já explicado no item anterior, o Direito Internacional Privado do Trabalho cuida do conflito de leis no espaço, isto é, a escolha da lei aplicável — de um ou de outro Estado — diante de um problema específico de contrato do trabalho que tenha ultrapassado a fronteira de um país. Interessa-nos, mais especificamente, os contratos de trabalho daqueles que, contratados no Brasil, passam numa determinada época de sua vida trabalhista, a prestar serviços no exterior. Aplicáveis as normas da Constituição Federal, da Lei de Introdução ao Código Civil, bem como outros diplomas mais específicos nesta matéria, como a Convenção de Roma de 1980, a Convenção Interamericana sobre o Direito Aplicável aos Contratos Internacionais, o Código de Bustamante, a Lei n. 7.064/76 e a Lei n. 11.962/82, dentre outros. Reportamo-nos ao nosso livro Curso de Direito Internacional Público e Privado do Trabalho, também da LTr.

6.4.2. Direito Internacional Processual do Trabalho

O Direito Internacional Processual do Trabalho trata da jurisdição que deve atuar para dirimir eventual conflito e, portanto, toca de perto nas matérias de competência internacional, efetividade da jurisdição, cooperação judiciária, litispendência, sentença estrangeira homologada no Brasil, execução em bens situados em outro país, imunidade de jurisdição, obtenção de provas no estrangeiro, validade das provas obtidas, rogatórias em matéria trabalhista e etc.

6.5. Direito Penal Internacional

É um novo ramo que surge para aqueles que se dedicam ao Direito Penal. Envolve questões não só referentes à punição de criminosos internacionais, como a cooperação judiciária entre Estados, aplicação de princípios, como o da reciprocidade e de tratados internacionais, como temas maiores, ainda não bem enquadrados, como Tribunal Penal Internacional e os deles decorrentes, bem como outros Tribunais *ad hoc*, surgidos ao longo da história e ao sabor dos acontecimentos. Também trata dos crimes considerados internacionais (princípios, processo, julgamento na punição de criminosos que agiram em nome de uma ideologia, de uma religião, de um Estado), levando em conta um corpo de regras comum além das fronteiras estatais. É sem dúvida um estudo de Direito Internacional Público.

6.6. Direito da Integração e Direito Comunitário

Ambos, intrinsecamente ligados, nasceram do Direito Internacional Público. No Brasil, começam a surgir obras de porte sobre as referidas matérias.

O Direito da Integração tem por base a integração econômica entre os Estados, em geral, de uma mesma região ou localização geográfica, são os chamados "blocos regionais" que se formam com a preocupação de uma maior integração econômica e defesa de interesses próprios perante países fora do grupo. A grande maioria dos "blocos regionais" encontram-se nesta situação, ou somente têm essa finalidade econômica (estabelecimento de "zonas de livre comércio", de "uniões aduaneiras" etc.).

O Direito Comunitário revela-se, no entanto, como um passo mais avançado do Direito da Integração, quando os "blocos regionais" implementam outras preocupações, não só econômicas, mas jurídicas, políticas, sociais, educacionais, preventivas etc., buscando uma realidade político-jurídica maior do que aquela dos países que compõem o bloco, a exemplo da União Europeia. Ultrapassam a fase meramente econômica para uma integração mais completa ("mercado comum", "união econômica e monetária", "união política"), com quebra de fronteiras, livre circulação de pessoas, mercadorias, bens e serviços. Cria-se uma realidade maior que o sistema interno dos Estados e menor que o sistema internacional, um sistema supranacional (sobre as nações que pertencem ao bloco). Teríamos, a partir dessa realidade, três níveis de Direito: o Direito Internacional, o Direito supranacional e o Direito interno.

6.7. Direitos Humanos e Direito Humanitário

Também é matéria que advém dos acontecimentos internacionais, como, por exemplo, a "Declaração Universal dos Direitos do Homem" elaborada pela Assembleia Geral da ONU em 1948, embora anteriormente tenha havido manifestações políticas jurídicas em diversos países, com igual preocupação, como a "Declaração dos Direitos Humanos e de Cidadania" (*Déclaration des droits de l'homme et du cityen*), votado na Assembleia Nacional francesa em 1789 e bem mais antigo há o registro da *Magna Carta Libertarum*, de João Sem Terra, na Inglaterra, em 1215. De qualquer modo, o campo de aplicação é amplo, revelando-se na vida das pessoas em geral, no que concerne à inviolabilidade do direito à vida, à plenitude, à proteção contra quaisquer atos ou fatos que possam pôr em perigo a pessoa, quer no aspecto orgânico, quer no aspecto individual, espiritual, quer no aspecto eminentemente social, provendo o Estado, e quaisquer organizações sociais, o bem-estar do indivíduo nos mais variados aspectos. A ideia é a de que o ser humano tem direitos inerentes à sua qualidade de ser com vida, independentemente das leis do Estado ou mesmo contrariando-as, porque a base de todo direito é sem dúvida a vida. Não há interesse maior, não há direito maior, não há objetivo maior sobre o planeta do que a conservação da vida em toda sua plenitude, com evolução segura e certeza de desenvolvimento de toda a potencialidade. Os Direitos Humanos cuidam disso, nas leis internacionais (tratados, princípios e costumes nessa área) e nas leis internas. É um sobredireito, que está aquém e além de toda e qualquer consideração de ordem política, econômica e/ou de qualquer outra ordem.

Os Direitos Humanitários, na sequência, fazem parte de tais valorações. É um Direito que emerge na época de conflitos armados, exatamente para a proteção do ser humano, prisioneiro de guerra.

6.7.1. Direitos Fundamentais

A matéria é complexa, porquanto algumas teorias existem em torno do assunto, que não cabem neste espaço. O que interessa, no entanto, é que os Direitos Fundamentais, assim como os Direitos Humanos e Humanitários têm ligação intrínseca com o Direito Internacional Público. A ideia de Direitos Fundamentais de consideração diversa dos Direitos Humanos tem sido posta na doutrina, como um estudo à parte. Os primeiros seriam direitos universais, inalienáveis, irrenunciáveis, indivisíveis, atemporais, absolutos, imutáveis, imprescritíveis. Os direitos fundamentais, embora sejam os mesmos direitos humanos, estão limitados no tempo e no espaço, porque fazem parte de um determinado sistema jurídico, normalmente implantados no sistema constitucional, pela Lei Maior. Ora, os tratados internacionais e/ou os fatos e atos internacionais, podem e devem ser confrontados com os direitos ditos humanos e os direitos fundamentais.

6.8. Direito Internacional Tributário/Direito Tributário Internacional

Entendemos que o Direito Internacional Tributário é, em primeiro lugar, internacional e depois tributário, porque conta a questão dos tratados em matéria tributária. Valorizamos, aqui, o veículo do tratado para especificar a denominação. Há aqueles que, simplesmente, falam em "Tributação Internacional". Denominações à parte, é certo que é este, sob um primeiro aspecto, ramo do Direito Internacional Público e, visto de outro modo, ramo do Direito Tributário interno de cada país. Os tributaristas em geral dedicam um capítulo de seus livros, ou uma parte, ou, ainda, um subtítulo a esta questão. A matéria tem especial relevância quando se observa no Código Tributário Nacional o art. 98 que determina que "os tratados e convenções internacionais revogam ou modificam a legislação tributária interna, e serão observados pela que lhes sobrevenha", ou o art. 151, III, da CF: "Art. 151. É vedado à União: (...) III — Instituir isenções de tributos da competência dos Estados do Distrito Federal ou dos Municípios, Normalmente busca-se responder, nesta matéria, algumas questões, como tais se o Brasil pode ou não conceder isenções de tributos dos Estados-membros e Municípios. Também, alguns adentram em considerações de ordem constitucional sobre o dispositivo supramencionado. Há por fim alguns outros raciocínios sobre a matéria, como sobre a pluritributação internacional sobre a renda das empresas, e/ou a dupla não tributação e as convenções internacionais em matéria fiscal. Aqui estaríamos no âmbito do Direito Tributário Internacional, valorando aspectos do Direito Interno em conflito com o Direito de outros países.

Alberto Xavier ensina: "incluem-se no Direito Tributário Internacional tanto as normas de produção interna, quanto as normas de produção internacional, em que ocupam lugar preponderante os tratados com dupla tributação".[32]

Enfim, existe um concurso de matérias a serem estudadas nesta área: o Direito Constitucional, o Direito Tributário, o Direito Internacional Público e mesmo o Direito Internacional Privado. No capítulo próprio desenvolvemos algumas poucas ideias, tendo em vista a importância desta temática no mundo hodierno.

6.9. Direito Internacional do Meio Ambiente

Quando se fala em meio ambiente: mares despoluídos, rios com peixes, atmosfera limpa, conservação da camada de ozônio, despoluição visual, despoluição sonora, conservação da fauna e da flora, a preservação enfim da biosfera e o Direito Internacional está voltado para o meio ambiente. Também faz parte do Direito Internacional Público e dos próprios Direitos Humanos. Tanto os Direitos Humanos como o Direito do Meio Ambiente vêm arrimados em diversos textos internacionais, como veremos nos capítulos próprios.

As matérias não se esgotam e poderíamos, sem dúvida, estudar durante anos, no Direito, somente matérias voltadas para a área internacional.

6.10. Direito Internacional Econômico

Trata o Direito Internacional Econômico um Direito ligado ao Direito Internacional Público, porque busca estudar as teorias, as regras e os princípios da economia internacional aplicada no Direito e no sistema mundial. As ideias que desenvolvemos no capítulo próprio (Capítulo XXI), revelam de forma clara o âmbito dessa matéria.

A disciplina jurídica internacional da atividade econômica representa as fronteiras dentro das quais se enquadram as regras e princípios da economia global.

Esta disciplina baseia-se na cooperação, integração e interdependência dos países, diferentemente dos estreitos e clássicos fatores do Direito nas economias territoriais que têm por respaldo a soberania do Estado e o seu território.

Muitos organismos internacionais, acordos neste âmbito e matérias específicas entram na composição desse estudo: ONU, Acordos de Bretton Woods, GATT, OMC, FMI, BIRD, Governança Global, Economia, Desenvolvi-

---

(32) XAVIER, Alberto. *Direito tributário internacional do Brasil*. 3. ed. Rio de Janeiro: Forense, p. 45.

mento Sustentável, Países Desenvolvidos e Em Desenvolvimento são dentre outras as temáticas que devem ser levadas em conta e que imprimem grande parte das preocupações no sistema internacional dos Estados.

Já o Direito Econômico Internacional busca realizar o sistema jurídico-econômico interno de cada país em conformidade com as necessidades regionais do Estado, no conjunto dos países da mesma região, como no caso do Mercosul, dos compromissos internacionais do Estado e interesses das empresas e empresários nacionais.

6.11. Direito Marítimo. Direito Público Internacional Marítimo e Direito do Mar

O Direito Marítimo abrange todas as matérias correlatas a este ramo, a saber: Direito da Navegação Público Interno (normas aplicáveis dentro das águas sob jurisdição nacional); Direito Marítimo Público Internacional (matéria que regula o transporte internacional e as peculiaridades do mar); Direito Marítimo Público Interno (abrangendo o Direito Marítimo administrativo, Penal, Processual, Fiscal, Constitucional, dentro dos limites da jurisdição nacional), Direito Marítimo Privado (matéria referente ao Direito Marítimo Comercial e Civil, Interno e Privado Internacional).

O Direito Público Internacional Marítimo e o Direito do Mar envolvem o estudo de matérias específicas, dentro desse grande campo do Direito Internacional Público, abrangendo o Estado nas suas relações e as regras atinentes ao tráfego marítimo, soberania e jurisdição. Estuda o princípio da liberdade dos mares, segurança da navegação em alto-mar, proteção ao meio ambiente marinho, tratados internacionais sobre a matéria (convenções da ONU — CNUDM — Convs. das Nações Unidas sobre o Direito do Mar) e sua aplicação no Direito interno, as organizações internacionais, a codificação do Direito Marítimo e sua unificação. Divisão jurídica do mar: mar territorial (direito de passagem inocente), águas interiores, portos, baías, zonas contíguas, zona econômica exclusiva, plataforma continental, alto-mar, direito de perseguição contínua, soluções de controvérsias, Tribunal Internacional do Direito do Mar, arbitragem e etc.

6.11.1. Direito Internacional Privado Marítimo

As matérias envolvidas são eminentemente práticas, principalmente ao comércio marítimo, às questões contratuais, cláusulas de eleição de foro, aplicação do Código de Defesa do Consumidor e do Código Civil, regulação do transporte aquaviário, organismos intergovernamentais e internos do Direito Marítimo, aplicação das noções de proprietário, armador, fretador e arrendamento, capitão, tripulação, contêineres, custos da operação, agentes marítimos e etc., bem como regras atinentes. Compreendendo ainda o estudo dos acidentes ou fatos da navegação. Normas contidas no Código Comercial (Lei n. 556/1850), Código Civil (Lei n. 10.406/2002) e outros diplomas.

6.12. Direito Cósmico/Sideral

O Direito Cósmico ou Sideral é ramo do Direito Internacional Público, porquanto cuida da conquista e exploração do espaço além da estratosfera, pela navegação de artefatos humanos vários, na conquista do espaço em torno da Terra, não alcançado pelas máquinas convencionais e também daqueles que se lançam para fora da órbita terrestre em busca do aperfeiçoamento das comunicações e/ou de interferências de todas as espécies nas atividades humanas, bem como na busca de conquista e de aproximação dos diversos astros (satélites, planetas, asteroides). Há ainda pouco sobre este novel ramo, mas não pode ser olvidado que ele está se concretizando aos poucos nos estudos do Direito Internacional, porquanto, a preocupação dessa área escapa à navegação aérea entre os países e regiões terrestres, pelos aviões comerciais, campo de estudo específico do Direito Aeronáutico, porque está dentro dos chamados espaços internacionais que não são suscetíveis de apreensão pelos Estados e organizações criadas por estes. Entendemos que, se a preocupação dos primeiros regulamentos e declarações em torno da matéria visam especificamente tais espaços e que o uso da tecnologia dos países mais adiantados economicamente é que propulsiona a descoberta científica e que tais descobertas e conquistas devam beneficiar a humanidade, o Direito deve ser estudado, de forma específica, afora o exercício do domínio político dos Estados mais fortes. Além do que trata-se de um Direito futuro, cujo caminho começa a ser construído hodiernamente. Principalmente deve--se ter em mente a atuação das grandes organizações internacionais, nas eventuais ONGs, que venham a ser criadas com esta específica preocupação e o cumprimento dos tratados internacionais, que já existem, obrigando os países, como o Tratado sobre princípios reguladores das atividades dos estados na exploração e uso do espaço cósmico, inclusive a Lua e demais corpos celestes, de 27.1.1967 (Tratado do Espaço), aberto à assinatura e adesão, naquela data, observando-se que o Brasil o assinou naquele mesmo ano (Decreto Legislativo n. 41/1968). Enfim, concluímos que a configuração específica desse ramo é importante para consciência e desenvolvimento da matéria, que pode vir a ser a segurança futura para a conservação e sobrevivência do ser humano e da própria humanidade. É o estudo do espaço ultraterrestre, sob o aspecto do Direito.

7. Fontes e princípios de Direito Internacional

Fonte de Direito representa o modo pelo qual este se manifesta. É clara a figura do curso d'água e a nascente desta. A Corte Internacional de Justiça, em seu art. 38, declara que são suas fontes os princípios gerais de Direito, os tratados e os costumes.

Na verdade, a transcrição do artigo apontado é mais ampla, especificando:

> 1. A Corte, cuja função é decidir de acordo com o Direito internacional as controvérsias que lhe forem submetidas, aplicará:
>
> a) As convenções internacionais, quer gerais, quer especiais, que estabeleçam regras expressamente reconhecidas pelos Estados litigantes;
>
> b) O costume internacional, como prova de uma prática geral aceita como sendo o direito;
>
> c) Os princípios gerais de direito, reconhecidas pelas nações civilizadas;
>
> d) Sob ressalva da disposição do art. 59, as decisões judiciárias e a doutrina dos juristas mais qualificados das diferentes nações, como meio auxiliar para determinar as regras de Direito.
>
> 2. A presente disposição não prejudicará a faculdade da Corte de decidir uma questão "ex aequo et bono", se as partes com isso concordarem."

Hildebrando Accioly divide as fontes em fonte real, verdadeira, fundamental, constituída pelos princípios, e fonte formal, positiva, constituída pelos tratados e costumes(33).

7.1. Costumes

Quanto a estes, temos o conjunto de normas consagradas pela prática reiterada nas relações internacionais e, por isso mesmo, tidas como obrigatórias.

Dois elementos distinguem-se no conceito de costume: o objetivo, que representa a própria prática reiterada de atos, e o subjetivo, que é a certeza de cada um de que aquela maneira de agir é correta.

As regras costumeiras foram debatidas amplamente na Corte Permanente de Justiça, hoje Corte Internacional de Justiça, já acima mencionada(34), quando do caso Lotus, em 1927, que opôs a França à Turquia, estabelecendo que o costume internacional deve refletir o consenso geral dos Estados, ser de aplicação comum, estável, antigo, constante e recíproco(35).

---

(33) *Manual de direito internacional público*, 11. ed. p. 13.

(34) É o órgão judicial da ONU e o mais importante Tribunal Judiciário da Sociedade Internacional (Cap. XIV, arts. 92-96, da Carta das Nações Unidas).

(35) TRINDADE, Antônio Augusto Cançado. *Princípios do direito internacional contemporâneo*, p. 6: "A disputa originária em uma colisão em alto-mar, entre o navio francês (Lotus) e o navio turco Boz-Kourt, afundando este último e desaparecendo oito cidadãos turcos; ao chegar o Lotus em Constantinopla, seu oficial francês contestou a jurisdição da Corte Criminal de Istambul. Levado o caso à Corte Permanente de Justiça Internacional, opinou esta que a Turquia não violara os princípios de Direito Internacional, pois não havia norma que impedisse a Turquia de agir como agiu. No decorrer do processo diante da Corte de Haia, de início, o Governo turco arguiu, em seu memorial, que o costume internacional deve refletir o consentimento geral dos membros da 'sociedade internacional'; ser aplicado uniformemente;

A prova do costume, e, assim, do efeito vinculativo para o Estado deve ser feita por quem o alega, embora se deva supor que um Tribunal conheça o Direito e possa aplicar o costume mesmo que não tenha sido expressamente arguido.

A repetitividade dos atos revela uma consciência jurídica, internacional, fundamento de uma ordem acima dos Estados, embora sem a estrutura hierárquica das ordens estatais, como já foi explicado.

Inquire-se: como nasce e quem pratica e concretiza o costume internacional? A primeira ideia — não poderia ser diferente — é que o costume nasce pela prática dos sujeitos internacionais, principalmente os Estados e as organizações internacionais, que têm capacidade de manter relações internacionais. Assim, não se pode por, como característica do sujeito internacional, a soberania. A soberania é uma qualificação empregada para os Estados, mas não para outros entes internacionais. Todavia, Georges Scelle, em Curso dado em Haia (1933) sustentou a possibilidade do indivíduo formar precedentes do costume, quando em defesa de interesses internacionais. Lafayette Pereira (1902, *Princípios de Direito Internacional*) atentou para essa realidade, ao falar sobre os usos de homens de diversos países, que acabaram por constituir o Direito Marítimo e os usos de cavalaria.

Tais concepções, embora não tenham o respaldo da doutrina, revelam que o Direito Internacional ainda se encontra aberto para uma maior definição de seu campo real de prática, com a possibilidade de normas serem criadas pela atuação de outras figuras internacionais, que ainda não adquiriram o *status* de sujeitos, como as ONGs — organizações não governamentais e mesmo das empresas transnacionais. Por exemplo, houve um debate sobre a Plataforma Continental do Mar do Norte (1969), em que a Dinamarca e a Holanda invocaram como precedente um contrato de concessão entre o Kwait e uma empresa de petróleo, em que se delimitou áreas de exploração. A "Lex mercatoria" é outra constatação de criação de costumes internacionais pelos indivíduos, embora, para nós, não fique no âmbito do Direito Internacional Público, mas sim do Direito do Comércio Internacional. De qualquer modo, os Estados e as Organizações Internacionais são os principais produtores de costumes internacionais.

Resta dizer que quem alega a existência de um costume internacional a seu favor deve prová-lo.

Também merece uma palavra a possibilidade de um tratado derrogar normas costumeiras e mesmo do costume derrogar a norma expressa em

---

ser suficientemente antigo, estável e constante, tendo, ademais, um caráter de reciprocidade; faltando uma dessas condições, não estaria configurado o costume como fonte de Direito Internacional". Na prática, os Estados se abstiveram de exercer perseguições penais; se tais abstenções houvessem sido motivadas pela consciência de um dever de abster-se é que se poderia conceber o costume como relevante, no caso.

tratado, e isto acontece quando o tratado não é praticado (desuso). Significa dizer, não há hierarquia entre tratados e costumes.

7.2. Tratados

Os tratados, por sua vez, revelam-se outra fonte importantíssima de produção de normas jurídicas, porque expressam a vontade dos Estados, normalmente surgindo como tratados-contratos, tratados-leis e tratados-Constituição. Tais divisões não são unanimemente adotadas, e existem críticas acerbas em relação a elas. Contudo, como nosso objetivo é essencialmente didático, adotamo-las para explicar o conteúdo escrito do Direito Internacional.

Os tratados-contratos regulam situações específicas de interesse direto dos Estados envolvidos. Os chamados tratados-leis estão mais perto de serem considerados como fonte efetiva, porque produzem regras gerais e abstratas para uma série de Estados. Acrescentamos os tratados-Constituição, por serem aqueles que criam organismos internacionais e, assim, trazem dispositivos que se aplicam a todos os partícipes, como o tratado que constituiu a ONU, o que criou a OEA ou o que instituiu a OIT. Enfim, desses tratados nasceram, sem dúvida, normas internacionais de emprego reconhecido.

Quanto ao conceito e divisão dos tratados, deixaremos para o capítulo próprio.

7.3. Princípios

Falamos das duas últimas fontes, costumes e tratados. Agora, vamos situar os princípios, e o fazemos por último dada sua importância como fonte. Por que entendemos desse modo? Porque os princípios retratam valores que apontam o caminho a seguir. Sem eles, faltaria ao Direito Internacional a consistência necessária para se entender como tal. Os princípios proporcionam as diferenças básicas entre o Direito Interno e o Direito Internacional. Além do mais, os princípios têm maior grau de generalização do que as normas, sejam elas costumeiras ou escritas.

Representam os princípios normas internacionais imperativas para a comunidade mundial, nos termos do art. 53 da Convenção de Viena sobre o Direito dos Tratados de 1969[(36)], como, por exemplo, a igualdade de

---

(36) Art. 53 da Convenção de Viena: "É nulo o tratado que, no momento de sua conclusão, conflita com uma norma imperativa de Direito Internacional geral. Para os da presente Convenção, uma norma imperativa de Direito Internacional geral é uma norma aceita e reconhecida pela comunidade internacional dos Estados no seu conjunto, como uma norma

direitos e de autodeterminação dos povos, já prevista no art. 1º, n. 2, da Carta da ONU(37).

O art. 38, I, "c", do Estatuto da Corte Internacional de Justiça, transcrito linhas atrás, observa a expressão "nações civilizadas", ao referir-se aos princípios.

De início parece que a referida regra deixou assente o domínio dos Estados que forem vencedores da 2ª Grande guerra. Entretanto, é forçoso reconhecer que os vencedores da guerra dividiram o mundo em duas grandes áreas de influência — pró norte-americanos e pró-soviéticos — com concepções opostas sobre a sociedade. Assim, apesar das reconhecidas áreas de domínio político e social, lideradas por um e outro Estado, os princípios internacionais formalmente reconhecidos, como o "pacta sunt servanda", a cláusula "rebus sic standibus", o da segurança jurídica, e outros, são admissíveis pelos dominadores.

Temos, pois, como princípios reconhecidos: a) proibição do uso ou ameaça de força; b) solução pacífica das controvérsias; c) não intervenção nos assuntos internos dos Estados; d) dever de cooperação internacional; e) igualdade de direitos e autodeterminação dos povos; f) igualdade soberana dos Estados; e g) boa-fé no cumprimento das obrigações internacionais.

Não se esgotam aí os princípios, não se podendo esquecer do *pacta sunt servanda*, e outros mais específicos, válidos na ordem internacional, como a proibição do enriquecimento sem causa, o respeito ao direito adquirido, o repúdio ao abuso de direito etc. Apontamos, no entanto, os sete acima elencados porque contemplam o Direito contemporâneo, conforme elaboração feita pelo Comitê Especial para esse trabalho em 1970, sob os auspícios da ONU, e que terminou por adotar o nome de "Declaração Relativa aos Princípios do Direito Internacional Regendo as Relações Amistosas e Cooperação entre os Estados"(38).

Os princípios, além da função básica e estrutural para o Direito Internacional, são relevantes para decidir questões fático-jurídicas, que não se adequam muito bem, ou que lhes faltam regras próprias advindas de tratados internacionais ou de costumes internacionais. Geram novas regras internacionais, quando postos em tratados e/ou praticados de forma costumeira e integram as lacunas do Direito Internacional.

---

da qual nenhuma derrogação é permitida e que só pode ser modificada por nova norma de Direito Internacional geral da mesma natureza".

(37) Carta da ONU, art. 1º, n. 2: "Os propósitos das Nações Unidas são: (...) Desenvolver relações amistosas entre as Nações, baseadas no respeito ao princípio de igualdade de direitos e de autodeterminação dos povos, e tomar outras medidas apropriadas ao fortalecimento da paz universal".

(38) TRINDADE, Antônio Augusto Cançado. *Proteção internacional dos direitos humanos*, p. 51-80.

8. Codificação

Em 1946, a Assembleia Geral da ONU instituiu uma comissão para estudar a codificação do Direito Internacional; e em 1947, foi criada a Comissão de Direito Internacional, que apresentou vários projetos, que se transformaram em convenções, não se chegando, ainda, a uma só codificação de todo o Direito.

A preocupação funda-se no fato de que o desconhecimento das normas internacionais baseadas nos costumes e o não cumprimento das regras advindas dos pactos entre Estados tornam a vida internacional insegura. Não se entende que essa seja a prática; porém, quando alguns desses fatos ocorrem, o transtorno é muito grande, motivo da tentativa de sistematizar tais normas.

Embora se empregue o vocábulo "codificação", parece-nos mais razoável falar-se em "consolidação" das normas de Direito Escrito ou Costumeiro, inclusive por emprestar a esse corpo de normas maior maleabilidade e adaptação aos acontecimentos que amiúde modificam as expectativas dos Estados e dos organismos internacionais em relação à melhor conduta. Não estamos sós; *Alberto Ulhoa* ensina que um Código tem, necessariamente, caráter de permanência que não se coaduna com um Direito em formação[39].

Apesar de sua estrutura e de sua riqueza, é certo que o Direito Internacional é, como já dissemos, um Direito que ainda tem muito a desenvolver até alcançar a maturidade formal do Direito Interno. Por tudo, preferiríamos que, num primeiro passo, se consolidassem as normas já existentes, o que não é tarefa fácil; somente depois a codificação, como a entendemos. De qualquer maneira, a tentativa de compreensão das normas internacionais, de enfeixá-las num corpo próprio, assegura, por si só, enorme progresso.

A busca da codificação, contudo, é ideal estampado em preceito na Carta Constitutiva das Nações Unidas: "1. A Assembleia Geral iniciará estudos e fará recomendações a: a) promover cooperação internacional no terreno político e incentivar o desenvolvimento progressivo do Direito Internacional e a sua codificação".

O dispositivo acima, portanto, não deixa margem a tergiversações, sendo este um dever de todas as nações reunidas na ONU.

---

(39) *Derecho internacional público*, v. I. p. 83.

QUADRO SINÓTICO

SOCIEDADE INTERNACIONAL

— Formada pelos Estados, pelos organismos internacionais e pelo homem

— Caracteres
- Universal
- Igualitária
- Aberta
- Sem organização rígida
- Direito originário

DIREITO INTERNACIONAL

— Conceito: Conjunto de princípios, regras e teorias que abrangem os entes coletivos internacionalmente reconhecidos: Estados, organizações internacionais e Homem

— Princípios
- Proibição do uso ou ameaça de força
- Solução pacífica das controvérsias
- Não intervenção nos assuntos internos dos Estados
- Dever de cooperação internacional
- Igualdade de direitos e autodeterminação de povos
- Igualdade soberana dos Estados
- Boa-fé no cumprimento das obrigações internacionais

— Fontes
- Costumes
- Tratados
- Princípios

— Fundamento
- — Voluntaristas
  - Vontade coletiva
  - Autolimitação do Estado
  - Consentimento dos Estados
  - Delegação do Direito Interno
- — Objetivistas
  - Norma fundamental
  - Sociológica
  - Direito Natural

— Direito Internacional e matérias correlatas

- Direito Internacional Privado
- Direito do Comércio Internacional
- Direito Administrativo Internacional
- Direito Internacional do Trabalho
- Direito Internacional Privado do Trabalho
- Direito Internacional Processual do Trabalho
- Direito Penal Internacional
- Direito da Integração e Direito Comunitário
- Direitos Humanos e Direitos Humanitários
- Direitos Fundamentais
- Direito Internacional do Meio Ambiente
- Direito Internacional Tributário
- Direito Tributário Internacional
- Direito Marítimo
- Direito Internacional Público Marítimo
- Direito do Mar
- Direito Internacional Privado Marítimo
- Direito Cósmico/Sideral

— Internacionalistas

- **Estrangeiros:** *Grotius, Suarez, Zouch, Puffendorf, Verdross, Jellinek, Bustamante, Scelle, Rousseau, Duguit, Kelsen*
- **Brasileiros:** *Sá Vieira, Bevilacqua, Epitácio Pessoa, Accioly, Albuquerque Mello, Rezek, Amorim Araújo, Belfort de Mattos, Gilda Russomano, Cançado Trindade, Guido Soares, Valladão, Marota Rangel* e outros

— Codificação:

Sistematizar a norma internacional (ideal estabelecido na Carta das Nações Unidas)

CAPÍTULO II

DIREITO INTERNO E DIREITO INTERNACIONAL. TEORIAS

1. Direito Internacional e Direito Interno. 2. Dualismo. 3. Monismos: 3.1. Monismo jusnaturalista: 3.2. Monismo lógico; 3.3. Monismo histórico; 3.4. Monismo interno; 3.5. Monismo internacional radical; 3.6. Monismo internacional moderado. 4. Teorias conciliatórias. 5. Teoria dos sistemas. 6. Conclusão. Quadro sinótico.

1. Direito Internacional e Direito Interno

O Direito de cada país regula a vida interna do seu Estado, enquanto o Direito Internacional regula as relações internacionais dos atores já considerados linhas atrás: os Estados, os organismos internacionais, as empresas transnacionais e o Homem.

Ambos — Direito Internacional e Direito Interno — têm campos de atuação distintos, sendo, no entanto, difícil, às vezes, demarcar quando começa um e quando o outro termina. Algumas matérias, como a que discorre sobre a nacionalidade ou a que se preocupa com os direitos humanos, têm um campo quase comum.

A Carta da ONU, que pode ser considerada o documento n. 1 de Direito Internacional, em seu art. 2º, alínea 7, delimita a atuação desse Direito, não autorizando a intervenção em assuntos que dependam essencialmente da jurisdição de cada Estado. Porém, a própria Carta, em seu Capítulo VII, prevê as exceções, como nos casos em que há ameaças à paz, ruptura dessa ou ato de agressão. Como se vê, a delimitação não é muito precisa, e, hoje em dia, dada a estreita convivência dos Estados, muitos atos de governo que antes só tinham valor interno, agora, adquirem repercussão internacional.

A relação, pois, existente entre os dois Direitos pauta-se numa linha ainda não muito clara de entendimento. E, quando o conflito entre normas das duas esferas ocorre, a solução é buscada no dualismo ou no monismo, teorias que explicam a prevalência do Direito Interno ou do Direito Internacional.

2. Dualismo

A primeira, o dualismo, admite uma divisão radical entre a ordem interna e a ordem internacional, pondo-as em patamares equivalentes, incomunicáveis. Na expressão de *Gilda Russomano*, são "dois rios que fluem de nascentes distintas e que, no seu curso, nunca chegam a se encontrar"[40].

O Direito Interno é elaborado pela vontade soberana do Estado, e o Direito Internacional na acomodação dessas vontades; além do que, a ordem interna obedece a um sistema de subordinação, e a internacional, de coordenação. A norma internacional somente poderá ser aplicada à vida do Estado quando transformada em norma interna, por incorporação ao Direito nacional, isto porque as ordens jurídicas estatais têm autonomia absoluta. Em outras palavras, não há conflito entre as ordens: a interna prevalece em sua esfera de atuação.

Os seus caracteres podem ser apontados da seguinte forma:

a) As fontes do Direito Internacional são diferentes das fontes do Direito Interno, porque as primeiras resultam da vontade coletiva dos Estados ou de organismos internacionais, por meio de tratados, e as segundas advêm de um só Estado na produção de normas de seu Direito Interno.

b) A eficácia da norma internacional ocorre na área internacional, ainda que possa também viger na área interna por aceitação de cada Estado, enquanto a norma interna só tem eficácia no território do Estado.

c) Uma norma internacional pode vir a influenciar o Direito Interno; raramente ocorrerá de forma contrária. Tal influência far-se-á mediante a "recepção de normas" com a incorporação da norma pretendida ao Direito Interno.

A recepção de normas enseja as consequências que abaixo se descreve, baseadas nas lições de *Anzilotti:*

1. A norma internacional passa a ter valor formal na ordem interna. Reveste-se dos caracteres de norma jurídica interna.

2. O destinatário da norma incorporada passa a ser o indivíduo, a organização administrativa do Estado e/ou as pessoas jurídicas que nele vivem.

3. O conteúdo da norma é transformado (adaptado) ou não passa a ter eficácia nacional.

Triepel, na Alemanha, e *Anzilotti*, na Itália, são expressões do dualismo.

Há ainda aqueles que falam em *dualismo radical*, aquele que exige uma lei para incorporar o tratado no direito interno e, em *dualismo moderado*, quando não exige a feitura de uma lei, bastando que o tratado passe pelo Poder Legislativo, dele receba a aprovação, e depois seja referendado pelo Presidente da República.

---

(40) *Direito internacional público*, v. 1º, p. 33.

Existem acerbas críticas feitas à teoria dualista, contrariando uma a uma as justificativas desenvolvidas pelos dualistas, quer quanto aos sujeitos internacionais, diferenças de uma para outra ordem, a possibilidade dos tribunais internos do país aplicarem normas não escritas. Observe-se, pois, o que diz *Celso de Albuquerque Mello*, no seu "Curso de Direito Internacional Público", 11. ed. p. 104/105: "o homem é também sujeito internacional, uma vez que tem direitos e deveres outorgados diretamente pela ordem internacional; *Kelsen* observa que coordenar é subordinar a uma terceira ordem; assim sendo, a diferença entre as duas ordens não é de natureza, mas de estrutura, isto é, uma simples 'diferença de grau'; o DI consuetudinário é normalmente aplicado pelos tribunais internos sem que haja qualquer transformação ou incorporação."

3. Monismos

A expressão no plural justifica-se porque várias são as teorias monistas, todas com fundamento básico similar.

O *monismo* sustenta que o Direito Internacional e o Direito Interno são dois ramos de um único sistema, defendendo uns o primado do primeiro, e outros, a primazia do segundo.

Os monistas partem do princípio de que todos os Direitos emanam de uma só fonte, daí ser a consciência jurídica uma só[41].

Embora exista o monismo com primazia no Direito interno, radical, isto é, aquele que entende ser o único sistema válido e existente o do Direito interno, negando o Direito Internacional, é certo que para nós somente conta o monismo como primazia no Direito Internacional. Arrima-se esta teoria monista no fato de que as relações entre os Estados, ou entre estes e outros sujeitos das gentes somente se sustentam juridicamente por pertencerem a um sistema uno, que tem por base a identidade dos membros da sociedade internacional e na identidade das regras e princípios do Direito que serve de substrato a essa mesma sociedade. Há, pois, uma harmonia entre o sistema interno de cada país, e mesmo do Direito de cada organização internacional e de cada bloco regional com um Direito que se crê maior.

Muito a gosto dos internacionalistas, em geral, e não ficamos fora dessa corrente, a teoria monista ampara a ideia generosa, moderna, de compartilhamento, de cooperação, de relativização do poder, de interdependência. Para tal doutrina a assinatura e ratificação de um tratado significa um compromisso internacional, que não pode simplesmente ser esquecido, como algo menor, ou como algo simplesmente político, sem consequências jurídicas, e não importa se alguma

(41) ITUASSU, Oyama César. *Curso de direito internacional público*, p. 13.

espécie de punição existe pelo descumprimento da norma, porque o Direito Internacional baseia-se na cooperação, na boa vontade, na solidariedade, cuja frustração desenvolve mecanismos punitivos amplos, não estritamente jurídicos, ou somente jurídicos, como os do Direito interno, mas, talvez, com força maior, porque põe o inadimplente, o descumpridor da norma, em confronto com as expectativas de seus coadjuvantes internacionais.

Em tese, ninguém obriga o Estado, nenhuma norma internacional teria força para curvá-lo, se entendermos a sua soberania como inabalável e efetivamente única, fazendo o que bem entende na sua atuação interna e externa, porém sabemos que não é assim. Internamente é o Estado soberano, mas não pode tudo, num mundo globalizado, em que os seres humanos, as pessoas jurídicas, as organizações internacionais, se interpenetram, se comunicam, se relacionam. O Estado atual já não é o mesmo Estado antigo, inexpugnável e forte, que a uma agressão respondia com outra agressão, a uma contrariedade com uma vingança, a um ranger de dentes com outro ranger de dentes, salvo se mais fraco, quando se recolhia e esperava o melhor momento. O Estado atual tem, queira ou não queira, de cooperar, de se compromissar, de atuar, de participar nos eventos maiores, nas organizações jurídicas criadas, nos tribunais penais, administrativos, comerciais, políticos, sob pena de ficar à margem da vida internacional e como tal revelar-se mais frágil, fazer sofrer o seu povo e sucumbir o seu próprio Direito.

Assim, os compromissos exteriores passariam a ter aplicação automática nos territórios dos Estados e, portanto, hierarquicamente, deve prevalecer a ordem jurídica internacional, por sua força mobilizadora e por sua legitimidade jurídica maior, ao dar validade a atos praticados pelo próprio Estado, que não pode irresponsavelmente dizer, escrever, assinar algo e agir de forma diversa.

Resta um grande campo de atuação do Estado, que pode não se compromissar em determinadas matérias, quer seja pelo conteúdo desta, que ofenderia seu Direito interno, no que este é fundamental, quer seja pelo momento político, econômico ou de qualquer natureza, mas uma vez que o faça, deve fazê-lo responsavelmente. Esta é a justificativa do monismo, que ganha corpo e solidez no mundo atual.

Não se abominam os teóricos do dualismo, porquanto estes também reconhecem o Direito Internacional, com força cogente nas matérias que lhes são próprias, mas que deve incorporar-se, transformar-se em direito interno para se fazer valer na ordem interna e, ainda assim, se submete à escala hierárquica das leis internas. Todavia, por lógica ínsita do Direito Internacional, tal teoria, em certos eventos, em certos compromissos, em certos atos internacionais, acaba frustrando a consecução do funcionamento hígido e desejável do sistema internacional, enfraquecendo-o e permitindo ao Estado, que de acordo com o seu Direito interno possa contrariar os relacionamentos internacionais, válida e juridicamente aperfeiçoados.

Mazzuoli ao explicar tal teoria lembra que há, até nos dias de hoje, uma prevalência do Direito Internacional radical sobre o Direito Internacional moderado. Este último é aquele que admite ao juiz nacional a aplicação do Direito Internacional e do Direito interno, sem que seja dada prevalência ao Direito Internacional, quando o conflito obriga-o a pensar na possibilidade de prevalecer o ordenamento doméstico, em especial o que está na sua Constituição. Diz o referido autor que tal forma de atuação não é firmada pelo Direito Internacional e explica: "a superioridade do Direito Internacional frente ao Direito interno dos Estados foi expressamente declarada pela Corte Permanente de Justiça Internacional, nestes termos: 'É princípio geral reconhecido, do Direito Internacional, que, nas relações entre potências contratantes de um tratado, as disposições de uma lei não podem prevalecer sobre as do tratado'. E a mesma Corte, em 1932, estatuiu que: 'Um Estado não pode invocar contra outro Estado sua própria Constituição para se esquivar a obrigações que lhe incumbem em virtude do Direito Internacional ou de tratados vigentes'. A Organização das Nações Unidas (ONU), da mesma forma, deixou firmado, em documento de 5 de novembro de 1948, por meio de seu Secretário Geral, que 'os tratados validamente concluídos pelo Estado e regras geralmente reconhecidas pelo Direito Internacional formam parte da lei interna do Estado' e 'não podem ser unilateralmente revogados puramente por ação nacional'"[42].

Assim, também entendemos, repetindo, que o Direito interno soberanamente se submete ao Direito Internacional quando assina e ratifica tratados, e em tais momentos faz a ligação necessária com este Direito, que não pode ser deixada de lado sem consequências. Claro que, mesmo sem estar especificado em qualquer tratado bi ou multilateral assinado pelo Estado, este também não pode contrariar princípios fundamentais da ordem internacional, que se baseiam, em última análise na convivência pacífica. Aí também se atrela ao Direito Internacional. Eis em síntese, o monismo, que não é radical, é lógico e razoável.

São três concepções distintas de monismo, com diversidade de pressupostos: o monismo jusnaturalista, com variantes; o monismo lógico/normativista; e o monismo histórico.

3.1. Monismo jusnaturalista

Para os que assim pensam a unidade do direito repousa em um elemento metajurídico, de onde surgem as normas fundamentais que regram o relacionamento dos seres humanos, da convivência na sociedade.

---

(42) MAZZUOLI, Valério de Oliveira. *Curso de direito internacional público*. 2. ed. São Paulo: Revista dos Tribunais, p. 62.

Dentro desse monismo, temos algumas correntes identificáveis — variantes: o teleológico, o racionalista, o psicológico, o axiológico e o sociológico:

3.1.1. Monismo teleológico — fixa a unidade do Direito em Deus, num ser ou numa criação superior. Os homens têm em comum a sua origem e o seu fim e o valor da pessoa e da sociedade que cria não pode ser adstrito a outra pessoa ou a um Estado, porque a unidade jurídica é uma só.

3.1.2. Monismo racionalista — afirma que a unidade não está em Deus ou num ser superior, mas na própria razão do homem, que é invariável no tempo e no espaço e, por isso mesmo, não se submete a concepções jurídicas diversas, porque a concepção jurídica do mundo tem a mesma razão única.

3.1.3. Monismo psicológico — também chamado subjetivista, afirma que tal unidade resulta da consciência do homem. Tanto no Direito Interno como no Direito Internacional a pessoa física é sujeito de direitos e obrigações e, portanto, as regras jurídicas são da mesma natureza, uma natureza única.

3.1.4. Monismo axiológico — arrima a sua concepção no valor "justiça"; valor esse que é único em qualquer parte do mundo. A regra fundamental do Direito é um axioma que pode ser reduzido à expressão: "justiça universal". Os ordenamentos jurídicos baseiam-se nessa justiça.

3.1.5. Monismo sociológico — o direito advém de algo natural que é a própria sociedade humana. Suas regras fundamentais são as mesmas. Há um determinismo no Direito surgido das condições sociobiológicas porque é uma tendência natural, inafastável, que se viva em sociedade.

3.2. Monismo lógico

É também conhecido como normativista, que explica a unidade essencial do Direito não por ideias psicológicas, históricas, religiosas sociais etc., mas pelo próprio direito. A imagem é de uma pirâmide que vai da norma menor à norma maior, todas com base na norma hipotética fundamental. Daí a obrigatoriedade das normas que retiram sua força do próprio Direito. Não podem existir, pois, duas ordens jurídicas paralelas. O grande representante dessa corrente é *Kelsen*.

3.3. Monismo histórico

A unidade do Direito, para tais monistas, resulta de uma evolução histórico-cultural e o Direito Internacional e Interno são expressões dessa mesma consciência jurídica histórica. O Direito público é uno e produto de um mesmo ambiente histórico. Os chamados direitos privados estão encaixados nessas regras maiores.

Assim, vários são os monistas representantes dessas diversas correntes: *Lê Fur* (racionalista); *Verdross* (axiológico); *Scelle* (social) e *Hans Kelsen* (lógico), dentre outros.

3.4. Monismo interno

Tais monistas também enxergam o sistema jurídico como sistema único; mas, para eles, tal sistema é o sistema interno, isto é, a ordem jurídica do Estado. No campo internacional, o que existe são relações fáticas, políticas, econômicas e, mesmo que tais relações se transformem em normas, no conflito entre tais normas e as normas internas prevalecem as internas. Em outras palavras, o sistema internacional subordina-se à ordem interna que decorre do Estado soberano, o qual não se submete a nenhum outro poder. Na verdade, tais monistas negam a existência do Direito Internacional.

3.5. Monismo internacional radical

O monismo radical internacional é contrário totalmente ao monismo interno. O raciocínio é inverso. Como o ordenamento é um só, este ordenamento é o internacional. Os ordenamentos, ou sistemas internos, nacionais têm sua validade alimentada pelo ordenamento maior: o internacional. Assim, em um conflito entre uma norma advinda de tratado e outra interna do Estado — não importa a escala hierárquica — prevalece a norma internacional.

3.6. Monismo internacional moderado

Tal monismo também tem como sistema único o internacional e no eventual conflito entre uma norma interna e uma internacional prevalece a internacional, salvo — e nisto reside o adjetivo moderado — se a norma internacional contrariar leis fundamentais do Estado, que se encontram na Constituição Federal.

4. Teorias conciliatórias

Outras teorias surgiram que procuraram conciliar o monismo e o dualismo, buscando soluções intermediárias, cujas ideias básicas podem ser assim expostas: a) independência entre os dois sistemas — o interno e o internacional — (dualismo); mas ambos estão coordenados pelo direito natural (*Truyol y Serra* e *Adolfo Miaja de la Muela*); b) harmonia entre a norma internacional e a norma interna, devendo o Estado responsabilizar-se quando uma norma interna viola o Direito Internacional (monismo); todavia, a vigência imediata da norma internacional no ordenamento interno dá-se, não por uma transformação daquela em norma interna, e sim por uma simples recepção (dualismo moderado) (*Antonio Truyol y Serra*); c) o direito internacional dirige-se aos Estados ou entidades análogas (organismos internacionais), não intervindo diretamente no Direito interno, como ordens independentes que são (dualismo). Existem duas espécies de Direito Internacional: um originário (verdadeiro, possui autoridade imediata sobre os Estados); outro derivado (tem validade interna em virtude de uma norma estatal). O originário não é aplicado, em geral, pelos tribunais nacionais, enquanto o derivado, sim, é aplicável. Desse modo, parte do Direito interno está submetida ao Direito Internacional (monismo) (*Gustav Adolf Walz*); d) a ideia do Direito é a mesma para os dois ordenamentos — interno e internacional. Ambos ordenamentos existem (dualismo), mas se unem nessa ideia feita de princípios superiores, como um Direito natural (ética natural) que não se choca com a ordem interna e deve obter uma harmonia com esta (monismo) (*Erich Kaufman*). Apesar de serem tidas como teorias conciliatórias, as acima descritas de forma rápida, na verdade, findam por privilegiar o monismo, porque o Direito Internacional aparece como um direito coordenador de princípios, natural, acima dos Estados.

O fato é que, assim como o Direito interno é influenciado pelo Direito internacional, aquele também tem influenciado a evolução deste. O sistema internacional copia as experiências dos Estados, ao criar órgãos à semelhança do Direito interno, como as Cortes internacionais, a exemplo da Corte Internacional de Justiça, do Tribunal Penal Internacional, da Corte Interamericana de Direitos Humanos e outras, bem como os procedimentos processuais respectivos (argumentos, debates, provas, julgamentos, aplicação de princípios); é certo também que o Direito internacional fia-se cada vez mais nos tratados, que se assemelham às leis internas e que devem ser cumpridas pelos Estados e pelos organismos.

Verifica-se, em outras palavras, que as práticas jurídicas internacionais são similares às práticas jurídicas internas.

Há uma via de mão dupla entre o Direito interno e o Direito internacional e, assim, vamos caminhando para uma realidade única que se autoalimenta e descobre no Direito, aqui e acolá, que ele realmente é, apesar das diferenças sociais e culturais, uma realidade básica única.

Não podia ser diferente, uma vez que o ser humano que está à frente dos organismos internos, também é o mesmo que vivencia a atuação dos organismos internacionais, bem como fala em nome dos Estados.

5. Teoria dos sistemas

A base está na teoria dos conjuntos que também tem-se mostrado apropriada para explicar a existência do sistema jurídico e entendemos que serve para entendermos o funcionamento do Direito internacional e do Direito interno, em mútua relação.

Surgiu a teoria dos sistemas no campo da Biologia (Bertalenffy), servindo para explicar a dinâmica de várias áreas das ciências (Química, Física) e obteve plena aplicação no âmbito do Direito (Claus-WiheimCanaris e NeklasLuhmann), bem como da Administração.

Uma breve explicação de seus fundamentos é necessária, observando-se que a ideia é a incidência dessa teoria nas organizações, como a sociedade. São constituídas de reconhecidas funções primárias, bem aplicáveis às administrações em geral: ingestão (compra de materiais para processá-los), o organismo vivo também adquire, ingere e processa; processamento (transformação do adquirido); reação do ambiente (natural reação ao adquirido e processado); suprimento das partes (os participantes da organização são supridos e recompensados); regeneração (os organismos têm doenças, mortes, o que figuradamente acontece com as organizações em geral, quando apresentam defeitos e sucumbem); e organização (organização, administração de todos os fatores e problemas).

De certo modo, razoável a aplicação nos sistemas jurídicos, que levam em conta a atuação do ser humano na sociedade, verificando-se que tais caracteres revelam: um sistema (composto de partes que formam um todo: subsistemas dentro de um sistema); a interdependência das partes (a alteração de uma parte, reflete-se no todo); homeostasia e adaptabilidade (autorregulação, permanência e ao mesmo tempo possibilidade de aspectos inovadores e consequente adaptação; fronteiras sem limites (assim acontece nos sistemas jurídicos, que são influenciados a cada momento por eventos, fatos, novidades vindos de outras áreas: saúde, geografia, física, sociologia, comportamento humano e político e etc); morfogênese (capacidade de se modificar e de se corrigir); resiliência (capacidade do sistema de superar o distúrbio imposto pelo fato externo); sinergia (soma das partes/ esforço simultâneo de várias partes); e entropia (falta de relacionamento entre as partes provoca perdas e desperdícios).

O pensamento sistemático (Luhmann) excedeu o limite da Sociologia e avançou para o Direito. Tal pensamento abrange as noções de autopoiética do pensamento (auto — si mesmo; poiese — criação, construção). O sistema jurídico é um sistema vivo, ao mesmo tempo fechado e aberto (fechado organizacionalmente e aberto estruturalmente).

O Direito generaliza por intermédio de suas normas e com isso provoca uma certa estabilidade social e material das expectativas de comportamento. As normas representam modelo de orientação de condutas, modelos estes que são institucionalizados, mas que aceita, embora não autorize, comportamentos diversos, que só fazem confirmar a regra (ilícito/lícito). O que é certo, o que é jurídico o próprio Direito é quem o diz. Assim, importante para a manifestação do Direito, a comunicação. A sociedade opera mediante linguagem e comunicação, criando subsistemas parciais (arte, economia, biologia) que se influenciam. Entretanto, entendemos que o sistema jurídico, por impor a norma de comportamento, é superior aos demais sistemas, em relação à própria manutenção do tecido social, porque todas as expressões da atividade humana devem conformar-se de acordo com as normas. Tal realidade não impede que as diversas influências modifiquem a norma posta ou a sua interpretação, pelos órgãos competentes para tanto.

Em nosso Direito interno, isto é, em nosso sistema jurídico a possibilidade de recriar-se está ínsita no corpo de normas pela característica da própria Constituição Federal, de 1988, porque a sua estrutura é aberta, não é dogmática, foge ao positivismo rígido, tutela direitos fundamentais e com isso abre uma rica e variada hermenêutica, amparando o juiz a julgar um caso concreto pela análise sistemática (visão do todo, em face das partes e de sua interdependência).

Isto também ocorre entre o Direito interno (sistema interno) e o Direito internacional (sistema internacional). Efetivamente há uma interdependência entre os sistemas jurídicos internos (diversos países) e o sistema internacional.

Inovamos um pouco a nossa visão diante desse estudo para ver que os sistemas jurídicos internos normalmente são hierárquicos, com alguma rigidez interna, mas com mecanismos para recriação, de acordo com as necessidades sociais (sociais, econômicas, políticas, morais, psicológicas, psicanalíticas), enquanto o sistema internacional não é hierárquico. Tem como característica a cooperação e uma horizontalidade. Todos são iguais. Não existem poderes acima dos Estados. Com isso, os sistemas jurídicos e o sistema internacional são círculos que se tocam e se interpenetram, e se recriam na medida de suas recíprocas influências.

Esta concepção não afasta a ideia de que em relação a determinadas matérias ganha corpo o sentimento de que existem normas que devem ser obedecidas por todos os atores e sujeitos internacionais, como, por exemplo, às referentes aos direitos humanos, independentemente do regime de governo do Estado e de sua posição cultural e ideológica.

Embora Alberto do Amaral Junior não especifique sua visão do Direito exatamente nos termos que a descrevemos, valemo-nos de suas palavras para completar nossa explicação: "A ordem social é, nesse sentido, uma configuração específica que visa a realizar os fins essenciais para a convivência coletiva. Entre os diversos fins a que pode almejar, Bull (HedleyBull) destaca três valores fundamentais: a segurança individual, o cumprimento das promessas e a estabilização das relações de propriedade. A vulnerabilidade humana reclama a domesticação da violência, a limitação do altruísmo exige que a cooperação se exprima por meio de acordos, e a escassez dos bens materiais motiva a criação de forma de distribuição de bens... A ordem internacional é, segundo este raciocínio, a configuração das relações internacionais que enseja a restrição da violência, o cumprimento dos acordos e a estabilização das relações de propriedade."[43] Ainda que possamos ter alguma restrição à simples enunciação da palavra propriedade, de acordo com a própria Constituição Federal, porque a propriedade deve ser exercida com finalidade social, as razões baseadas em Hedley Bull, revelam-se, em parte, adequadas. Diz mais Alberto do Amaral, "A ordem é, nesta perspectiva, o padrão previsível de relações que permite a gestão da política internacional.[44]

6. Conclusão

Partilhamos da ideia de que o Direito é um somente, sendo-nos mais simpática a teoria monista com prevalência do Direito Internacional. As matérias mais recentes na área do Direito, como a do Direito do Trabalho, o Direito Aéreo, o Direito das Comunicações, grande parte do Direito Comercial (Direito Cambial, Direito Societário), assentam-se também no Direito Internacional. Outras matérias vão se internacionalizando, havendo uma tendência de se equipararem legislações.

A opção é de cada país. O Brasil aos poucos vai se posicionando e, com a Emenda n. 45, de 8.12.2004, que fez algumas modificações na Carta Constitucional, mostrou-se mais claro em relação ao mundo internacional, como veremos no capítulo próprio.

As normas constitucionais ainda mostram alguma dubiedade; todavia, entendemos que o conjunto dos dispositivos maiores, relativos ao Direito Internacional, ou a inserção deste no Direito Interno, nos dá o perfil do Estado Brasileiro, tendente a aceitar e a viver uma vida internacional plena. As seguintes normas é que devem ser analisadas, para chegarmos a essa ou a outra conclusão: art. 1º, I; art. 4º, I, II, III, IV, V e parágrafo único; art. 5º, §§ 1º, 2º, 3º e 4º; art. 49, I; art. 84, VIII; art. 102, III, *b*; art. 105, I, *i* e III, *a*; art. 170, I e art. 7º do ADCT.

Aí estão alguns dos artigos que podem servir de caminho de interpretação da nossa eventual opção. Poderíamos nos situar entre o dualismo — incorporamos a norma internacional e a transformamos em lei interna, quando importante para nós — e/ou o monismo moderado, uma vez que pelos artigos correspondentes à competência do Supremo Tribunal Federal e do Superior Tribunal de Justiça (arts. 102, III, *b* e 105, III, *a*), os tratados ficam no mesmo patamar da lei ordinária federal e abaixo da Carta Magna,

(43) AMARAL JÚNIOR, Alberto do. *Curso de direito internacional*. 4. ed. Atlas, p. 8-9.
(44) *Ibidem*, p. 11.

prevalecendo o Direito Internacional sobre o Direito Interno desde que não contrarie a norma constitucional, considerando-se ainda o § 2º do art. 5º, quando estabelece que os "direitos e garantias expressos nesta Constituição não excluem outros decorrentes do regime e dos princípios por ela adotados, ou dos tratados internacionais em que a República Federativa do Brasil faz parte". Em matéria de direitos humanos, no entanto, tivemos uma mudança fundamental, porquanto o § 3º, que veio com a EC n. 45, determina que aqueles que obtiverem o voto de três quintos dos respectivos membros, em dois turnos, serão equivalentes às Emendas Constitucionais. Optamos, pois, pela prevalência dos Tratados de Direitos Humanos sobre outros tratados e sobre a Lei Ordinária. Aqui, o monismo denuncia-se de forma clara.

Ainda assim, entendemos que em relação a outras matérias — que não Direitos Humanos — o Brasil carece de melhor definição, porque com essa falta de clareza poderemos deixar os nossos parceiros internacionais, aqueles com quem negociamos, inseguros se iremos ou não obedecer efetivamente ao tratado assinado e ratificado (o tratado é uma das expressões da norma internacional), ainda mais com a possibilidade de uma lei interna posterior ao tratado e que regre sobre idêntica matéria ser votada pelo Congresso e sancionada, suspendendo o tratado internamente, embora na órbita internacional ele possa continuar em vigor.

Busca-se dar aos acordos de cooperação internacional em matéria criminal e civil, grau hierárquico de emenda à Constituição. Tal é a realidade atual em que os Tratados Internacionais, produto da normatização entre os Estados, deveria entrar no Brasil, não só em matéria de cooperação internacional, mas em todas as matérias, acima da lei infraconstitucional.

A verdade é que pela história do Brasil, pela atuação da nossa diplomacia, pelo comportamento político diante das questões internacionais, além das normas já mencionadas, tudo leva a crer que nos inserimos numa ordem internacional, ciosos em obedecê-la.

Em determinadas matérias somos monistas, em outras nem tanto, e ainda sobram aquelas em que nos firmamos pelo dualismo. Algo nos parece certo, pelo menos numa primeira análise: não somos monistas com primazia na ordem interna.

O conjunto das normas constitucionais, se bem analisadas, revelar-nos-á, assim cremos, um país com tendência monista, e a interpretação das normas em conflito (interna e internacional) deveria fazer valer a norma internacional, mesmo porque em matéria de tratado o Brasil deve assinar e ratificar tais pactos com a aprovação do Congresso (arts. 49, I, e 84, VIII), não se admitindo a leviandade na manifestação definitiva obrigacional; e em relação aos princípios e costumes internacionais, é fato que sempre procuramos segui-los. Aliás, alguns deles estão na própria Lei Maior: igualdade entre Estados, defesa da paz, solução pacífica dos conflitos, não intervenção etc. (art. 4º).

Entendemos que o Direito interno existe; é uma realidade; deve ser obedecido, especialmente em suas normas fundamentais (constitucionais); mas, à medida que o Estado atua na área internacional, e outra não pode ser a realidade, deve o Estado buscar cumprir os compromissos firmados por intermédio dos tratados que assina e ratifica (bilaterais ou multilaterais), os princípios internacionais e os costumes internacionais. Deve-se fazer um esforço para a harmonização do Direito Interno com as normas internacionais, não significando que esse esforço é de cego direcionamento internacional e/ou de não cumprimento da ordem interna, porém, de harmonização clara, devida, necessária. A ideia é que se deva evitar e vigiar para que os tratados de que o Brasil busca participar somente sejam aceitos formalmente (aprovação legislativa, ratificação externa), após minucioso exame para que não se desfaça o que se fez e para que o Judiciário não tenha oportunidade de declarar a sua inconstitucionalidade, embora possa vir a fazê-lo. Entendemos também, de acordo com a própria Constituição Federal (art. 49, I), que nem todo ato internacional necessitaria de aprovação legislativa, nem se transformado em lei para ser aplicado pelos juízes em caso de conflito posto perante o Judiciário, ainda que não se elimine a possibilidade de declaração da inconstitucionalidade de sua prática, embora o art. 84, VIIII, da Constituição Federal vincule a celebração do tratado pelo Presidente da República, ao Congresso Nacional. Em relação aos princípios e costumes internacionais, a prática destes não tem a possibilidade de ser contrariada, mesmo porque ao que se observa estão de acordo com os princípios que o Brasil mantém nas relações internacionais (art. 4º da Constituição Federal).

Além do mais, um Estado não pode invocar o seu Direito Interno ou a lacuna deste para o descumprimento de obrigações internacionais, nem as advindas de tratados, nem as advindas de costumes aceitos e tidos como normas, nem as advindas de princípios conhecidos. Para as diversas Cortes internacionais existentes, como não poderia deixar de ser, o Direito Internacional prevalece sempre. E, embora as Cortes nacionais apliquem o Direito Interno, no conflito com a norma internacional, o caminho natural a ser seguido é outro, salvo divórcio total e completo entre um e outro sistema, o que é difícil acontecer quando as instituições internas funcionam com responsabilidade, principalmente, nas negociações, assinaturas e ratificações de tratados internacionais.

Resta, para gáudio dos que buscam harmonizar as teorias dualistas e monistas, a previsão contida na própria Convenção de Viena de 1969 (tratado dos tratados), em seu art. 46, I: “A circunstância de o consentimento de um

Estado obrigar-se por um tratado ter sido expresso com violação de um preceito do seu Direito Interno respeitante à competência para a conclusão dos tratados, não pode ser alegada por esse Estado como tendo viciado o seu consentimento, *a não ser que essa violação tenha sido manifesta, e diga respeito a uma regra do seu Direito interno de importância fundamental.* (Grifos nossos). Assim, o próprio Direito Internacional admite, por intermédio de uma de suas regras mais importantes, que o Direito Interno fundamental deve ser respeitado nas suas regras fundamentais, só que tal vício não ocorrerá, principalmente no sistema brasileiro, que o tratado "importe em compromisso gravoso para o patrimônio nacional" (art. 49, I), se o Parlamento e o Executivo agirem com a responsabilidade necessária. De qualquer modo, sempre pode ocorrer a responsabilização internacional do Estado por atos praticados — independentemente de sua ordem interna — quando prejudicar terceiros (Estados, organismos, entes internacionais) que se relacionarem de boa-fé.

QUADRO SINÓTICO

- Direito Internacional e Direito Interno
  - — Dualismo
    - Dois sistemas de direito que cuidam de matérias diversas
  - — Monismo
    - Jusnaturalista
      - — Teleológico
      - — Racionalista
      - — Psicológico
      - — Axiológico
      - — Sociológico
      - — Lógico
      - — Histórico
      - — Interno
      - — Internacional Radical
      - — Internacional Moderado
- Teorias Conciliatórias

CAPÍTULO III

SUJEITOS INTERNACIONAIS

1. Noções. 2. Classificação dos sujeitos. 3. Estados: 3.1. Tipos de Estados. 4. Organismos internacionais. 5. Outras coletividades. 6. Indivíduos. Quadro sinótico.

1. Noções

Pessoas internacionais são os entes destinatários das normas jurídicas internacionais e têm atuação e competência delimitadas por estas. Não se pode escapar à conceituação do Direito Interno no que concerne a tais pessoas, porque jurídicas e naturais, conforme as conhecemos neste. *Clóvis Bevilacqua* ensina que pessoa é o ser a quem se atribuem direitos e obrigações, equivalendo, assim, a sujeitos de direito.

A existência de tais pessoas comprova a própria vida internacional e as regras que a animam, porque "pessoa" é uma criação jurídica possível quando se considera dada ordem normativa, ainda que não tenha tal ordem, no caso internacional, os mesmos caracteres das ordens internas.

Assim, os Estados, a ONU, a Santa Sé e o próprio indivíduo, além das empresas transnacionais ou internacionais, são exemplos de pessoas.

2. Classificação dos sujeitos

Todas as pessoas internacionais têm o que se chama de "subjetividade internacional", isto é, a faculdade de exercer direitos e obrigações.

Podem ser classificadas em: coletividades estatais, interestatais e não estatais e o indivíduo(45).

Outros autores falam em sujeitos básicos permanentes, entidades anômalas, organizações internacionais e organizações supranacionais, como *Belfort de Mattos*(46), ou em Estados, Santa Sé, organizações regionais e o Homem, como *Agenor Andrade*(47).

Damos preferência à classificação que está no sumário deste capítulo e é condizente com a primeira classificação aqui mencionada, porque mais genérica e aplicável à variedade de entes internacionais, ainda que estes se

(45) RUSSOMANO, Gilda. *Direito internacional público*, v. 1º.
(46) MATTOS, José Dalmo Fairbanks Belfort de. *Manual de direito internacional público*, p. 59.
(47) ANDRADE, Agenor Pereira. *Manual de direito internacional público*, p. 19.

transfigurem de acordo com a época: Estados, organismos internacionais, outras coletividades e os indivíduos.

Uma breve explicação é necessária, mesmo porque o rigor jurídico desta e de outras classificações deixa muito a desejar, sendo de difícil obtenção em matéria que se caracteriza por certa imprecisão no seu campo.

Os Estados, à unanimidade das opiniões, são sujeitos de Direito Internacional, inexistindo dúvida quanto ao seu papel no mundo, com a comprovação fática e histórica de sua participação em vários eventos, proporcionando-lhes os diversos autores quase que exclusividade de existência como ser jurídico internacional.

Qualquer classificação que não os leve em conta pecará pela base, pois em torno do Estado é que giram as diversas concepções sobre o Direito Internacional.

Para os juristas mais antigos, os Estados se associam para formar a sociedade internacional, e tal associação constitui-se na *civitas gentium maxima*, ou, no dizer de outros, "uma comunhão universal". Tal ideia, contudo, não se faz apenas em relação aos Estados, estes principalmente, mas, também, quanto aos demais sujeitos internacionais.

Os organismos internacionais merecem esse nome porque já admitidos de há muito como realidade na vida internacional e com atuação inequívoca. A partir de sua criação, tomam corpo próprio, adquirem personalidade e vivem independentemente de seus criadores.

Na expressão "outras coletividades" podemos enfeixar entes que não os Estados, nem as organizações por eles criadas, mas aqueles que por outras causas vieram a ter importância na sociedade internacional, tais como a Santa Sé com a Cidade do Vaticano, os Beligerantes e Insurgentes em determinadas ocasiões, a Soberana Ordem de Malta, as sociedades comerciais (transnacionais, internacionais), o Comitê Internacional da Cruz Vermelha, os Territórios Internacionalizados e aqueles sob mandato e tutela internacional.

Diversas outras coletividades poderão, eventualmente, aparecer no cenário internacional e se enquadrar na classificação de sujeitos internacionais. Tais sujeitos surgem ao sabor das necessidades que a comunidade internacional impõe, embora o Estado e as organizações internacionais permaneçam. É um bom exemplo dessa realidade, no mundo atual, as ONGs — organizações não-governamentais, como mais adiante veremos.

O fato é que, embora se diversifiquem as denominações, vamos encontrar em todas as classificações os mesmos elementos universalmente aceitos. É certo que pessoas jurídicas existem que, ainda funcionando dentro de quadro jurídico do Estado, influenciam cada vez mais as relações internacionais. Tais entes não podem ser olvidados pelo Direito Internacional, assim como não o é o Homem.

O Direito Internacional moderno deixou de lado a postura clássica estável e passou a estudar os diversos fenômenos que ocorrem na sociedade internacional, como o Direito Internacional Econômico, que cuida das transações internacionais, dos fatores de produção nesse nível, da circulação de riquezas entre os diversos países, e outros.

Quanto ao Homem, não é de agora que a nossa matéria com ele se preocupa; porém, de forma clara, só agora as obras modernas o vêm mencionando.

Na verdade, qualquer ordenamento jurídico, por mais rarefeito que se apresente, tem por destinatário o Homem.

A Carta das Nações Unidas em seu "Preâmbulo" já revela essa preocupação, porque justifica a união dos Estados (nações) para "preservar as gerações vindouras do flagelo da guerra", "reafirmar a fé nos direitos fundamentais do Homem, na dignidade e no valor do ser humano, na igualdade de direitos dos homens e das mulheres", e, depois, também fala em "progresso social", "progresso econômico e social dos povos", etc.

Não vamos reduzir todo o Direito ao Homem de forma simples, esquecendo de suas criações jurídicas, de suas sociedades, porque, afinal, adquirem vida própria. Em Direito Internacional, no entanto, é preciso não esquecê-lo, sob pena de construirmos teses e normas dele apartadas e que não o beneficiam, tornando o Direito sem alma, como mero mecanismo de convivência. Não é assim que vemos o Direito Internacional. O homem tem, nele, posição garantida ao lado dos demais entes[48].

3. Estados

O Estado deve satisfazer três condições: possuir um território, um povo e um governo.

Não estamos falando em "nação", pois não se trata de termo sinônimo, ainda que quase sempre venha identificado com o Estado. Nação é o conjunto de indivíduos que têm a mesma origem, as mesmas tradições, os mesmos costumes, geralmente professam a mesma religião e com a mesma língua[49], podendo existir uma nação distribuída em vários territórios e sob distintos governos.

A Itália, antes da unificação, estava dividida, daí a peroração de *Mancini*, em sua Universidade de Turim, 1851, no sentido de que "toda Nação deve

---

(48) "(...) *La opinión tradicional de que los sujetos del Derecho Internacional son solamente los Estados y no los particulares y de que tal Derecho es incapaz, por su misma naturaleza, de obligar e facultar a éstos, es erronea", pois "todo Derecho es regulador de la conduta humana.*" (KELSEN, Hans. *Teoría general del derecho y del estado*, p. 407)

(49) ARAÚJO, Luís Ivani de Amorim. *Curso de direito internacional público*, p. 130.

constituir um só Estado e somente um". Entretanto, se assim fosse, algumas nações acabariam por formar Estados mínimos sem condições de sobrevivência, como doutrina *Accioly*[50].

O atual desmoronamento da União Soviética, a divisão da Tcheco-eslováquia e a fragmentação dolorosa da Iugoslávia fazem-nos pensar que, de certa forma, está acontecendo o que *Mancini* propugnava[51].

O mundo atual é pródigo em exemplos de povos que pretendem transformar-se em Estados soberanos. Há uma reorganização natural das fronteiras políticas e jurídicas e uma tendência de afirmação de nacionalidades esquecidas e subjugadas. Outras manifestações ocorrem sem cessar, fazendo prever para a próxima década trabalho maior para geógrafos e cartógrafos ante o realinhamento das linhas tradicionais conhecidas e consequentes mudanças nos mapas. Basta citar, à guisa de mero exemplo, o Saara Ocidental, considerado uma nação no exílio[52] e o eterno problema dos curdos[53].

Dissemos que um dos elementos é o povo, ou, como dizem outros, a população. O primeiro termo representaria um elemento mais fixo, enquanto o segundo teria sentido mais demográfico, numérico, englobando nacionais e estrangeiros.

Na verdade, esse requisito diz respeito aos que vivem no Estado de forma permanente.

Território é outro elemento. É o espaço delimitado no qual o Estado desempenha de maneira constante sua soberania. É a parte do globo onde o Estado exerce sua atividade política e jurídica, abrangendo nesse binômio atividades econômicas e morais.

---

(50) *Tratado de direito internacional público*, v. I, p. 111.

(51) Em meados de 1992, cinco Estados se formaram da ex-Iugoslávia, sendo três reconhecidos pela comunidade internacional: Croácia, Eslovênia e Bósnia-Herzegovina, e mais a Macedônia e a República Federal da Iugoslávia, formada pela Sérvia e por Montenegro.

(52) Há um povo que passou no exílio quase 23 anos se preparando para montar um país: os saaraouis. Tem sistema militar, estrutura de governo em território localizado no Marrocos, dominado por muito tempo pelos espanhóis. A partir de 1973, com a morte de Franco, surgiu a Frente Polisário (Popular para Libertação de Saguia El-Hamma e do Rio do Ouro). Interessante saber que esse povo no exílio conseguiu fazer escolas primárias e secundárias, mandando as famílias seus filhos estudarem no exterior com o apoio de organizações não governamentais e governos que o apoiam. A ONU procura viabilizar a possibilidade de esse povo se afirmar com território livre e especificado, por meio de um acordo com Marrocos.

(53) Os curdos representam povo não árabe, muçulmano, sunita, de origem ariana, falam uma língua indo-europeia, aparentada com o persa; vivem numa vasta área entre a Turquia, Irã, Iraque, Síria, Armênia, Azerbaijão, Geórgia, sendo mais numerosos na Turquia. Reivindicam um Estado e por isso são perseguidos pelos governos constituídos. O Tratado de Sèvres, de 1920, previa a criação de um novo Estado, o Curdistão; mas, a Turquia posicionou-se contra. A Turquia tem, atualmente, mais de 15 milhões de curdos, o Iraque uns 5 milhões, o Irã uns 7 milhões, mais de 2 milhões na Síria e 500 mil espalhados nas demais repúblicas.

Não corresponde o território apenas ao país, como visto nos mapas. Compreende o solo, o subsolo (domínio terrestre), rios e demais cursos d'água que cortam ou atravessam o território (domínio fluvial ou lacustre), as águas que margeiam as costas do território (águas territoriais) e que se estendem até certa distância (domínio marítimo) e o espaço aéreo correspondente a tais domínios até a altura determinada pelas necessidades de defesa (domínio aéreo).

A noção do território não é, assim, geográfica, mas, jurídica. Quando falamos em território nos vem à mente a existência de limites, de fronteiras.

Fronteira é um conjunto geográfico mais ou menos impreciso — porque é possível que o Estado esteja em luta para melhor definir suas fronteiras —, mas que existe, porque o domínio do Estado encontra óbice no domínio de outro Estado vizinho, no mar aberto; enfim, nesses fenômenos da natureza e políticos em que a força de um Estado esbarra com a de outro ou se amolda às regras convencionais.

As fronteiras estendem-se até a série de pontos que formam linhas retas ou curvas denominadas "limites". Limites, assim, são linhas precisas entre fronteiras.

Temos, por fim, o governo. É a organização política estável, que mantém a ordem interna e representa o Estado no relacionamento com os demais membros da comunidade internacional.

Em face de tais aspectos, tem-se falado em "poder soberano" ou "soberania", que é a noção obscura, eminentemente histórica. *Jean Bodi* foi quem a formulou, em 1576, como poder absoluto e perpétuo. Este não é mais o sentido da soberania, uma vez que, atualmente, deve ser vista dependente sempre da ordem internacional.

É, também, a soberania, aceita pelo Direito Internacional, uma defesa para o Estado mais fraco perante o Estado mais forte.

3.1. Tipos de Estados

Os Estados, quanto à sua estrutura, aparecem simples ou compostos.

Simples são aqueles que apresentam um poder único e centralizado. Os compostos têm estrutura complexa e dividem-se em compostos por coordenação e compostos por subordinação.

Os compostos por coordenação são constituídos pela associação de Estados soberanos, com autonomia para cada unidade estatal, mas um poder soberano central. Estão nesse caso a "união pessoal" (dois ou mais Estados unidos temporária ou acidentalmente sob a autoridade de um soberano), a "união real" (reunião, sob o mesmo monarca ou chefe, de dois ou mais Estados por acordo mútuo, delegando os Estados a um órgão único os poderes de representação externa), a "união federal" ou "federação" (dois ou mais Estados conservam sua autonomia interna, sendo a soberania externa exercida por um governo federal) e a "confederação" (uma associação de Estados soberanos que conservam sua autonomia e personalidade internacional, mas, para certos fins especiais, cedem o poder a uma autoridade central).

Compostos por subordinação: os "vassalos" (gozam de autonomia interna e devem vassalagem a outro Estado — suserano — nos negócios externos), os "protetorados" (são aqueles que, em virtude de um tratado, colocam-se sob proteção e direção de outro Estado), os "Estados-clientes" (são os que confiam a outro Estado a defesa de alguns de seus negócios e interesses) e os "tutelados" (aqueles que se acham sob o regime de tutela previsto nos arts. 75 a 85 da Carta das Nações Unidas).

Em capítulo posterior desenvolveremos alguns aspectos do Estado, tendo em vista sua importância na área internacional.

4. Organismos internacionais

Os organismos internacionais são entes formados pela iniciativa de outros sujeitos internacionais — em regra, os Estados. Representam a cooperação entre eles, porque, sozinhos, não podem realizar seus objetivos.

São criados mediante tratados e passam a ter personalidade internacional independentemente de seus membros. Possuem um estatuto interno, órgãos internos e funcionam na forma estabelecida pelo tratado de criação, sendo, pois, passíveis de responsabilidade internacional[(54)].

Como entes internacionais, possuem direito de convenção, como os Estados. O financiamento de tais organizações é realizado por meio de contribuição dos Estados-membros.

Reuter apresenta uma teoria geral das organizações internacionais, como também o fazem outros internacionalistas, de que nos ocuparemos no capítulo próprio[(55)].

5. Outras coletividades

Outras coletividades podem ser apontadas que não se enquadram entre os caracteres do Estado e dos organismos internacionais. Nesse caso estão os "Beligerantes", os "Insurgentes", a "Santa Sé", "Territórios sob

---

(54) Em 1986, foi concluída uma Convenção sobre o Direito dos Tratados entre Estados e organizações internacionais ou entre as próprias organizações internacionais.
(55) *Direito internacional público*, p. 127-134.

Tutela Internacional", a "Soberana Ordem de Malta", o "Comitê Internacional da Cruz Vermelha", as "Sociedades Comerciais" e as "Organizações Não Governamentais", que atuam na área internacional.

a) Beligerantes — São os revoltosos internos de um Estado que possuem o controle de parte do território deste, como era o caso dos confederados na Guerra de Secessão nos EUA, em 1861, reconhecidos como tais pela França e pela Inglaterra.

A razão de ser desse instituto, entre outras, está no fato de obrigar as partes em luta às leis da guerra (ver capítulo específico sobre a guerra), tornando a luta menos selvagem e proporcionando aos contendores iguais oportunidades perante os olhos da sociedade internacional, diante da declaração de neutralidade.

Tais sujeitos — os Beligerantes — têm, normalmente, vida curta, uma vez que esse estado tende a se definir. No entanto, observa-se, nos dias atuais, um abandono do instituto, ante a ameaça da integridade territorial do Estado envolvido.

Um exemplo recente foi o de 1979, quando os países do Pacto Andino reconheceram os sandinistas na Nicarágua como Beligerantes.

b) Insurgentes — O reconhecimento do estado de insurgência abrange os movimentos em terra e no mar que não assumem a proporção de uma guerra civil.

Diversamente dos Beligerantes, cujo reconhecimento cria direitos e obrigações, a identificação dos Insurgentes não tem, de imediato, tais efeitos, dependendo do que estabelece o ato em si, normalmente com efeitos mais restritos.

Quando, por exemplo, uma esquadra se amotina contra o governo legal, porém criando problema de monta, exercendo pressão política, podem os governos estrangeiros ou mesmo o governo legal reconhecer tais amotinados como "insurretos".

Celso D. de A. Mello cita alguns efeitos do reconhecimento do estado de insurgência: "a) os navios dos Insurgentes não são considerados piratas; b) o governo *de jure* não é responsável pelos atos dos Insurgentes; c) as partes em luta podem impedir que o 'inimigo' seja abastecido, mas só podem agir nas águas territoriais do Estado; d) os revoltosos terão tratamento de prisioneiros de guerra; e) os terceiros Estados não estão sujeitos à neutralidade, mas podem declará-la; f) os revoltosos não têm o direito de captura na guerra marítima".(56)

---

(56) "Na verdade, é extremamente difícil se fixar os efeitos deste reconhecimento, porque, como bem salienta Falk, 'a insurgência é uma designação 'depósito de lixo' (*catch all*) prevista pelo Direito Internacional para permitir aos Estados determinarem o *quantum* de relações

Tanto o reconhecimento do estado de beligerância quanto o de insurgência acionam a aplicação dos mecanismos do direito de guerra a um conflito interno, na condição temporária que possuem.

c) Santa Sé — A personalidade jurídica da Santa Sé (Papa e Cúria Romana), ao contrário de outros entes, não foi formalmente definida a partir de um certo momento, de uma certa época, e, embora, de fato, alguns atos tenham levado a isso, é certo que pesou muito a própria história da religião cristã, que, por meio de uma série de fatores felizes, conseguiu um lugar dentro da comunidade internacional.

Assim, temos alguns degraus históricos, a saber:

c.1) Em 313 o futuro Imperador Constantino concedeu o livre exercício à religião cristã, em pé de igualdade com o paganismo greco-romano, pelo Edito de Milão.

c.2) Em 381, Teodósio, proclamado Imperador, aceitou fazer a penitência pública que lhe foi imposta por Santo Ambrósio, Bispo de Milão, em virtude de ter esmagado de maneira cruel a revolta dos Tessalonicenses, o que implicava um reconhecimento oficial do papado.

c.3) Morto Teodósio, criou-se na Itália Central um vácuo do Poder, porque a Capital Imperial, para fugir dos hunos, transferiu-se para Ravena, e, a pedido do Senado Romano, o papa Leão I encarregou-se de negociar com o rei dos hunos para que este poupasse Roma, desiderato que obteve com total êxito.

c.4) A conquista de Roma pelos Ostrogodos, mais ou menos em 476, enfraqueceu a autoridade civil que foi nomeada, sendo a autoridade eclesiástica invocada pelos interessados, e os serviços por esta prestados, muitas vezes, eram pagos com terras e herdades.

A propriedade privada era transformada em direito público, e a Santa Sé aparecia como autoridade no solo italiano.

c.5) A atuação diplomática da Igreja tornava-se cada vez mais frequente e requisitada.

c.6) O Papa administrava os bens patrimoniais, zelava pela moral pública, pela aplicação das leis em diversas propriedades adquiridas de doações *inter vivos* e *causa mortis*, chamadas "Estados Pontifícios" ou "Patrimônio de São Pedro".

c.7) Napoleão despojou Pio VII dos "Estados Pontifícios" após a reconquista, houve a proclamação da República Romana no Vaticano, enquanto não se resolvia a chamada "questão romana".

---

jurídicas a ser estabelecido com os Insurgentes'. Nós apenas enunciamos os efeitos que a maioria dos autores menciona." (*Guerra interna e direito internacional*, p. 64)

c.8) Em 1871, a Itália baixou a chamada "Lei das Garantias"; reconhecendo ao Papa a propriedade sobre o palácio, o museu e os jardins do Vaticano, a inviolabilidade pessoal, o direito de honras prestadas a um soberano, a imunidade de residência e de legação ativa e passiva. Embora local, esse reconhecimento estendia-se à área internacional.

c.9) O reconhecimento coletivo veio em 1916, durante a Primeira Guerra Mundial, porque, a pedido do papa Bento XV, as potências em guerra concederam salvo-conduto a um navio com a bandeira pontifícia que levava prelados a Barcelona.

c.10) Em 1929, foi firmado o Tratado de Latrão, reconhecendo no centro de Roma um minúsculo Estado independente[57].

Aí está por que a Santa Sé é sujeito de direitos na ordem internacional. Um Estado teológico, sendo o Vaticano apenas o complemento territorial[58]. Faz a Santa Sé parte de diversos organismos internacionais; contudo, não participa da ONU.

d) Territórios sob Tutela Internacional — Antigamente eram conhecidos como territórios sob mandato, expressão esta muito criticada e substituída por tutela.

Sua finalidade é conduzir os povos colocados nesse regime à independência política, o que é feito por intermédio de acordos de tutela entre a ONU e a potência administradora. Os territórios sob esse regime possuem personalidade internacional, uma vez que recebem direitos e deveres diretamente da ordem jurídica internacional.

e) Soberana Ordem de Malta — Também conhecida como Ordem de São João de Jerusalém, porque teve sua origem nessa cidade, em um hospital para peregrinos cristãos e pobres. Após a 1ª Cruzada, foi formada uma Ordem Religiosa. Em 1119, o Papa aprovou a Ordem e lhe deu aspecto militar. Em 1523, quando dominava a Ilha de Rodes, de lá foi expulsa e recebeu de Carlos V as Ilhas de Malta, Goza e Comino. A sede atual é Roma; dedica-se a fins filantrópicos, mantendo relações diplomáticas junto a diversos Estados; seu Grão-Mestre tem gozado de imunidade de jurisdição[59].

---

(57) "É o único Estado do mundo formado por uma área exclusivamente urbana; sua superfície não atinge 1 km^2, sua população é constituída em mais de 80% de sacerdotes e auxiliares de culto." (MATTOS, José Dalmo Fairbanks Belfort de. Ob. cit., p. 219)

(58) "Quando se entenda de afirmar, à luz do fator teleológico, que a Santa Sé não é um Estado, cumprirá concluir, face à evidência de que ela tampouco configura uma organização internacional, que ali temos um caso único de personalidade internacional anômala, objetivamente irrecusável." (REZEK, José Francisco. *Direito dos tratados*, p. 53 e 54)

(59) "A Ordem de Malta nada tem que se assemelhe a um Estado e a nenhum título ostenta, à análise objetiva, a personalidade jurídica de Direito das Gentes. Sua presença em certas conferências internacionais se dá sob o estatuto de entidade observadora. A Ordem não é parte em tratados multilaterais e o Estado que porventura haja com ela pactuado, bilateralmente, terá apenas exemplificado aquele arbítrio conceitual inerente à soberania." (*Ibidem*, p. 54)

f) Comitê Internacional da Cruz Vermelha — Proveio de uma ideia de *Henri Durant*, que publicou, em 1862, *Un Souvenir de Solférino*, impressionado com a falta de assistência aos feridos nos campos de batalha, principalmente da guerra havida entre a França e a Áustria, em 1859. Juntamente com *Gustave Moynier*, leitor da obra, que se convenceu das ideias de *Durant*, nasceu o Comitê Internacional e Permanente de Socorro dos Feridos Militares.

Em 1928, foram elaborados os seus estatutos. Tem sede em Genebra. Seu orçamento é formado com dotação do governo suíço, doações de Estados (a maior parte dos EUA) e contribuições das sociedades nacionais. Sua bandeira é uma cruz vermelha em fundo branco, o inverso da bandeira da Suíça, sendo uma homenagem a esta, permanentemente neutra. Tem Assembleia, Conselho Executivo e Diretoria.

g) Sociedades Comerciais — Consideradas assim aquelas que estão dentro de certos organismos europeus, como é o caso das empresas de aço e carvão dentro do CECA. As empresas multinacionais ou transnacionais, que, por causa disso, atuam em espaço diverso das ordens internas, devem ser consideradas pelo Direito Internacional, visto que, em razão do seu poderio econômico, acabam por influenciar a política dos Estados e até chegam a ameaçar a soberania de alguns. A ONU elabora um código de conduta para tais empresas.

Nem todos internacionalistas admitem-nas como sujeitos de Direito Internacional, ante o escopo de lucro que buscam; porém, entendemos que, exatamente por isso e para que não se tornem uma força oculta, não pode a ordem internacional ignorá-las.

h) ONGs — Organizações Não Governamentais — Esse termo surgiu ao final da II Grande Guerra e foi consagrado pelo art. 71 da Carta das Nações Unidas: "O Conselho Econômico e Social poderá entrar em entendimentos convenientes para a consulta com organizações não governamentais que se ocupam de assuntos no âmbito de sua própria competência. Tais entendimentos poderão ser feitos com organizações internacionais e, quando for o caso, com organizações nacionais, depois de efetuadas consultas com o membro das Nações Unidas interessado no caso".

Assim, tais ONGs estavam adstritas à ECOSOC (que é o Conselho Econômico e Social), sem no entanto indicar o que era, exatamente, uma ONG. A Resolução n. 2/1, de 21.6.1946 da ECOSOC regulamentou o mecanismo de consulta com as ONGs e deu uma definição, afirmando que as ONGs eram aquelas estabelecidas por acordo não governamental. Não há um estatuto jurídico internacional que regulamente tais organizações, o que dificulta em muito seu desenho jurídico. Sem um estatuto internacional, as ONGs ficam dependentes da legislação de cada Estado onde são constituídas e do lugar onde se propõem a funcionar. Por exemplo, as

ONGs estrangeiras no Brasil dependem para funcionar de aprovação do Governo brasileiro. O dispositivo jurídico interno em que elas poderiam ser enquadradas é o art. 44, I, do Código Civil. Algumas de suas características são a ausência de fins lucrativos; a não dependência administrativa dos Governos, embora recebam contribuições governamentais; a dedicação a matérias mais alinhadas à sociedade civil, como as questões referentes às minorias, às mulheres, ao meio ambiente, às populações indígenas, aos direitos humanos, à assistência humanitária, etc.

Ganharam as ONGs *status* consultivo em diversos organismos, são observadoras das reuniões realizadas, mantendo relacionamento com as próprias Nações Unidas e demais organizações espalhadas pelo mundo, com efetiva atuação nos assuntos internacionais nas áreas mencionadas linhas atrás.

Existem ONGs reconhecidas e atuantes no mundo. Como exemplos de ONGs temos: o Comitê Internacional da Cruz Vermelha; o Institut de Droit Internacional; a Internacional Law Association; Greenpeace; FOE — Friends of The Earth; IOJ — Org. Internacional dos Jornalistas; IADL — Organização Internacional de Advogados Democráticos; WFTU — Federação Mundial dos Sindicatos; WFDY — Federação Mundial da Juventude Democrática; e outras. Umas mais e outras menos conhecidas. Os jornais a todo momento a elas se referem. Nós que estudamos o Direito Internacional precisamos nos debruçar sobre essa nova realidade, porque sem dúvida a face do mundo está mudada pela atividade do ser humano nessas e em outras organizações. O Direito Internacional de há muito deixou de ser um direito dos Estados.

Assim, como o Homem não tem capacidade plena para postular e participar dos eventos internacionais, também não é preciso dar a essas sociedades direitos iguais aos dos Estados. Todavia, fechar os olhos à sua existência, quando os Estados não as controlam, é criar um monstro não reconhecido pelo Direito e que influencia profundamente Estados, organismos internacionais e o Homem.

No capítulo próprio, discorreremos mais um pouco sobre tais figuras.

6. Indivíduos

O desenvolvimento progressivo do estatuto internacional do particular comporta três fases, como ensina *Reuter*[60]: regras de Direito Internacional que definam os direitos e obrigações dos particulares, sanções de Direito Interno com reclamação interestadual e o acesso do indivíduo ao Direito Internacional.

---

(60) REUTER, Paul. *Direito internacional público.* Lisboa: Presença, 1981. p. 135-139.

Todas essas fases têm sido ultrapassadas, pois temos algumas regras internacionais que atingem o indivíduo, como sobre a pirataria, Estatuto do Estrangeiro, regime do comércio internacional, direitos dos particulares contra o seu próprio Estado, proteção das minorias nacionais (curdos, palestinos). Quanto às nações, se a vítima não é um estrangeiro, o Estado de que ele dependa dispõe de reclamação diplomática; se a vítima é um estrangeiro, os governos podem apresentar reclamação junto ao Estado culpado, o que tem sido feito.

Mais difícil tem sido o acesso do particular aos tribunais e organismos internacionais; no entanto, já tem ocorrido, como a participação na OIT pelos delegados sindicais ou a possibilidade de reclamação junto ao BIRD ou, ainda, de petição junto ao Conselho de Tutela (art. 87-B da Carta das Nações Unidas).

O Tratado de Roma, em seu art. 173, § 2º, estabeleceu que "toda pessoa física ou jurídica pode interpor (...) um recurso contra decisões que a ela se refiram e contra decisões que, embora adotadas sob a aparência de um regulamento ou de uma decisão dirigida a outra pessoa, lhe digam respeito, direta ou individualmente".

Guido Soares lembra-nos o procedimento criado pela Convenção Europeia para a Proteção dos Direitos Humanos e Liberdades Fundamentais, assinada em Roma, em 4.11.1950, que "assegura a qualquer pessoa, inclusive apátridas, o direito de acionar os mecanismos criados por aquele ato interestadual, alçando, assim, pessoas físicas ou jurídicas à mesma posição institucional que os Estados. A tais efeitos, criaram (...) a Comissão Europeia dos Direitos Humanos (tantos membros quantos forem os Estados signatários da Convenção). Em seu art. 25, a Convenção dispõe que, no caso de terem os Estados signatários aceitado a competência da Comissão para receber reclamações de indivíduos (se 11 dos 18 membros do Conselho da Europa assim o aceitarem), qualquer pessoa, organização governamental ou grupos de indivíduos poderão dirigir petições à Comissão Europeia dos Direitos Humanos, no caso de se sentirem lesados por violações da Convenção Europeia, por parte de um Estado Contratante"(61).

Não se pode esquecer que os funcionários da ONU (indivíduos) podem acessar o Tribunal Administrativo da ONU; o mesmo ocorrendo no âmbito da OIT e na União Europeia, nos foros respectivos. Claro está que se tratam de funcionários internacionais; mas isso revela uma possibilidade de desenvolvimento da atuação do indivíduo na área internacional.

Outro fato, nesse sentido, de revelação do indivíduo está no Tribunal do Direito do Mar, porque a exploração natural dos recursos naturais do fundo do mar tem a participação da iniciativa privada.

---

(61) *Órgãos das soluções extrajudiciárias de litígios*, p. 41-42.

Os exemplos aos poucos se assomam e confirmam essa tendência de abertura dos organismos internacionais à participação mais efetiva do homem.

Temos, assim, fatos concretos sobre o Homem como personalidade de Direito Internacional, embora sem a mesma amplitude de ação dos Estados e dos organismos internacionais.

Albuquerque Mello dá-nos o fundamento teórico: "Na verdade, podemos concluir que existem duas razões para o Homem ser considerado pessoa internacional: a) a própria dignidade humana, que leva a ordem jurídica internacional, como veremos, a lhe reconhecer direitos fundamentais e procurar protegê-los; b) a própria noção de Direito, obra do Homem para o Homem. Em consequência, a ordem jurídica internacional vai-se preocupando cada vez mais com os direitos do Homem, que são quase verdadeiros 'direitos naturais concretos'".(62)

A Carta da OEA colocou como um dos seus princípios os direitos do Homem, prevendo a criação de órgãos de proteção.

Há uma Carta Africana de Direitos do Homem e dos Povos, de Nairobi, de 1981, adotada pela OUA.

No Tribunal Militar Internacional de Nuremberg, o Homem compareceu como acusado de crime de guerra. O Homem foi tido como parte nos tribunais arbitrais mistos instituídos após a I Guerra Mundial e na Corte de Justiça Centro-Americana, que vigorou até março de 1918. Igualmente tem acontecido em outros tribunais internacionais.

Em 1993, foi instituído um tribunal em Haia, Holanda, para julgar os culpados pela limpeza étnica na ex-Iugoslávia. Em 1994, em Arusha, na Tanzânia, foi criado um tribunal para punir responsáveis pelo genocídio de mais de um milhão de pessoas em Ruanda. Em 1998, 120 países aprovaram o projeto de criação de um Tribunal Penal Internacional Permanente, com sede em Haia, com previsão de funcionamento para quatro ou nove anos. Há, ainda, um debate intenso em torno desse projeto envolvendo países defensores da ideia para punir criminosos internacionais e desestimular ditadores (Pinochet, Chile) e outros que não abrem mão da soberania.

Havia um debate intenso em torno desse projeto, que já é uma realidade, envolvendo países defensores da ideia para punir criminosos internacionais e desestimular ditadores que praticam tais crimes, casos Pinochet, Milosevic e outros. Quer dizer, o homem, na área internacional, atua dentro e fora das regras conhecidas e aceitas e movimenta as atividades internacionais, com sua própria personalidade e não em nome de um Estado ou de uma organização.

---

(62) *Curso de direito internacional público*, v. 1º, p. 624.

Os acontecimentos em New York e Washington (setembro de 2001) envolvendo organizações terroristas (Taleban) e pessoas físicas, consideradas responsáveis (Osama Bin Laden), revelam que o mundo está em transformação quanto aos direitos e deveres internacionais, quanto ao papel do Estado e das organizações reconhecidas e quanto ao papel do próprio ser humano, independente do Estado e das organizações, porque podem — os seres humanos —, por meio de ações específicas, movimentar a vida internacional, influenciando nas regras aplicáveis (ações humanitárias), e/ou podem desobedecer tais regras, eliminando as fronteiras e as defesas tradicionais do Estado.

É certo que Rezek faz uma análise mais ponderada das relações internacionais, no que tange aos "indivíduos e às empresas. Não tem personalidade jurídica de direito internacional *os indivíduos*, e tampouco as *empresas*, privadas ou públicas. Há uma inspiração generosa e progressista na ideia, hoje insistente, que essa espécie de personalidade se encontra também na pessoa humana — de cuja criação, em fim de contas, resulta toda a ciência do direito, e cujo bem é a finalidade primária do direito. Mas se daí partirmos para formular a tese de que a pessoa humana, além da personalidade jurídica que lhe reconhecem o direito nacional de seu Estado patrial e os demais Estados, tem ainda — *em certa medida,* dizem alguns — personalidade jurídica de direito internacional, enfrentaremos em nosso discurso humanista o incômodo de dever reconhecer que a empresa, a sociedade mercantil, a coisa juridicamente inventada com ânimo do lucro à luz das regras do direito privado de um país qualquer, também é — e em maior medida, e há mais tempo — uma personalidade de direito das gentes."(63)

Todavia, apesar dos ensinamentos de Rezek, não conseguimos deixar de lado o impulso de buscar por intermédio do Direito Internacional um mundo melhor para e pelo ser humano, e com este desiderato observamos melhor possibilidade com uma mudança de interpretação das regras e princípios internacionais, para inserir o ser humano como o verdadeiro destinatário das normas.

Além do mais, o sistema de Estados não parece disposto a melhorar as relações internacionais, na ganância do domínio econômico e político.

A consolidação da proteção internacional dos direitos humanos, desde o Pacto da Sociedade das Nações, passando pela Organização das Nações Unidas, a Declaração Universal dos Direitos do Homem, as regras protetivas nos sistemas regionais, no sistema europeu, interamericano e africano, as questões referentes ao tráfico de pessoas, a liberdade individual, o direito de asilo, a proteção do trabalho, industrial e intelectual, a proteção internacional

(63) *Direito Internacional Público* — Curso Elementar. 13. ed. São Paulo. Saraiva, 2011. p. 182.

contra as enfermidades, o controle internacional de drogas nocivas, a proteção dos direitos das minorias, religiosas, étnicas e não étnicas (orientação sexual e de identidade de gênero), ainda que os Estados se comprometam e atuem juntamente com os organismos internacionais, é fato que o ser humano está alcançando um patamar não alcançado em épocas anteriores.

Completamos, dessa forma, os sujeitos de Direito Internacional, apenas procurando dar uma visão básica sobre aqueles que se movimentam na sociedade internacional.

QUADRO SINÓTICO

PESSOAS INTERNACIONAIS

— Conceito: entes destinatários das normas jurídicas internacionais

— Característica essencial: todas as pessoas têm a chamada "subjetividade internacional"

— Subjetividade internacional: faculdade de exercer direitos e obrigações

— Classificação
- Estados
- organismos internacionais
- outras coletividades
- indivíduos

— Estado
- território
  - domínio terrestre
  - domínio lacustre
  - domínio aéreo
  - domínio marítimo
- população
  - nacionais e
  - estrangeiros
- poder: organização fundamental/soberania

— Tipos de Estado
- simples
- composto
  - por coordenação
  - por subordinação

— Organismos Internacionais
- gerais: ONU
- específicos: OTAN

— Outras Coletividades
- Santa Sé
- beligerantes
- insurgentes
- territórios sob tutela
- Soberana Ordem de Malta
- Cruz Vermelha Internacional
- Sociedades Comerciais
- ONGs

— Indivíduos: dignidade humana
Direito, obra do homem

CAPÍTULO IV

TRATADOS

1. Conceito. 2. Elementos. 3. Terminologia. 4. Classificação. Tratados em espécie. 5. Procedimento para o texto convencional: 5.1. Noções; 5.1.1. Capacidade; 5.1.2. Habilitação dos agentes signatários; 5.1.3. Consentimento mútuo; 5.1.4. Objeto lícito e possível; 5.2. Assinatura; 5.3. Ratificação; 5.4. Adesão; 5.5. Reservas; 5.6. Duração do tratado. 6. Estrutura do tratado. 7. Entrada em vigor. Execução. Efeitos Difuso, Aparente (Cláusula da Nação mais Favorecida), de Direitos e de Obrigações para Terceiros. Extinção: 7.1. Vigência; 7.2. Efeitos dos tratados sobre terceiros; 7.2.1. Efeito difuso; 7.2.2. Efeito aparente (Cláusula de Nação mais Favorecida); 7.2.3. Efeito de direitos para terceiros; 7.2.4. Efeitos de obrigações para terceiros; 7.3. Extinção. 8. Tratados sucessivos. 9. Hermenêutica na aplicação dos tratados. 10. Controle de convencionalidade. Quadro sinótico.

1. Conceito

Tratado é o acordo formal concluído entre os sujeitos de Direito Internacional Público destinado a produzir efeitos jurídicos na órbita internacional.

É a manifestação de vontades de tais entes. Um ato jurídico formal que envolve pelo menos duas vontades.

Antigamente, somente o Estado soberano tinha capacidade de promover tratados com os seus coirmãos. Aos poucos, tal característica foi sendo desvinculada da exclusiva figura do Estado, para abranger as entidades internacionais(64); porém, sem fazer concessões ao indivíduo, que não tem essa capacidade, ou mesmo às empresas públicas e privadas, ainda que multinacionais(65).

2. Elementos

Observa-se, dos conceitos acima descritos, que os tratados são efetuados mediante acordos, isto é, ato jurídico exarado de cada um dos interessados,

(64) "As organizações internacionais são dotadas de personalidade jurídica de Direito Internacional, o que as torna, ao lado dos Estados, os atores por excelência da cena internacional." (BASTOS, Celso Ribeiro. *Curso de teoria do estado e ciência política*, p. 155)

(65) "O caso da Anglo-Iranian Oil Company (CIJ, 1951-1952) disse respeito à concessão petrolífera renovada, em 1932, por acordo entre o Governo do Irã e aquela companhia britânica (...) Em 1951, o Reino Unido outorga sua proteção diplomática à empresa e, endossando os reclamos desta, aciona o Irã perante a Corte Internacional de Justiça (...) O tribunal deixou claro que o acordo de 1932 era, sob o ponto de vista iraniano, (...) um contrato de concessão, feito com uma companhia, e não um tratado internacional feito com outro Estado." (REZEK, José Francisco. *Direito dos tratados*, p. 27)

formando um ato complexo. Não prescindem de forma escrita, conforme a Convenção de Havana de 1928 e a de Viena de 1969[66], muito embora admita *Grandino Rodas* o tratado oral: "A exteriorização de vontades concordantes, mais comumente através de forma escrita, mas também através da oral ou comportamento passivo, manifesta o objeto e a finalidade do tratado"[67]. Sob certo aspecto — mormente dada a imprecisão dos vocábulos utilizados — há que se dar razão ao eminente doutrinador, uma vez que a Convenção de Viena menciona a existência de acordos não escritos, ainda que não amparados pela Convenção dos Tratados.

Entendemos, entretanto, dada a notória dificuldade de execução de eventuais acordos orais, que a regra expressa no art. 3º convencional prestigia a relação, *lato sensu*, internacional, ainda que não escrita, para afirmar o próprio Direito Internacional como regra e princípio protetor: Art. 3º "O fato de que a presente Convenção não se aplica a acordos internacionais concluídos entre Estados e outros sujeitos de direito internacional ou a acordos internacionais que não sejam concluídos por escrito, não prejudicará: a) o valor jurídico desses acordos; b) a aplicação a esses acordos de quaisquer regras enunciadas na presente Convenção às quais estariam submetidos em virtude do direito internacional, independentemente da referida Convenção; c) a aplicação da Convenção às relações entre Estados reguladas em acordos internacionais, em que sejam partes outros sujeitos de direito internacional."

Os acordos internacionais, ainda que não formalmente estabelecidos, valem, de algum modo, como possibilidade de efetiva negociação. A sociedade internacional vive de tratos, de negociação, em todas as áreas da atividade humana, que no mínimo se apresentam como fatos juridicamente apreciáveis. Entretanto, a Convenção de Viena de 1969 só entrou em vigor em 1980.

Os tratados, por fim, são concluídos pelos Estados e, de conformidade com a própria Convenção, *a contrario sensu* de seu art. 3º, pelos demais entes de Direito Internacional (exceção dos particulares), embora não abrangidos pela codificação específica representada na Convenção de Viena.

Outra convenção foi feita em Viena em 1986, sobre o Direito dos Tratados, que incluiu as organizações internacionais, aplicando-a para regrar a feitura de tratados entre Estados e organizações internacionais e tratados apenas entre as próprias organizações internacionais (art. 1º), o que é um considerável avanço.

---

(66) "Parte I, Introdução, Art. 1º Âmbito da presente Convenção: A presente Convenção aplica-se a tratados entre Estados. Art. 2º Expressões empregadas: 1. Para os fins da presente Convenção: a) 'tratado' significa um acordo internacional celebrado por escrito entre Estados e regido pelo Direito Internacional, quer conste de um instrumento único, quer de dois ou mais instrumentos conexos, qualquer que seja sua denominação particular." (Convenção de Viena)
(67) *Tratados internacionais*, p. 11.

Há, também, a Convenção de Viena de 1978, sobre a sucessão de Estados em respeito a tratados.

Temos aí os documentos básicos sobre tratados: Convenções de Viena de 1969, de 1978 e de 1986.

3. Terminologia

Tratado é o nome que se consagra na literatura jurídica. Porém, outros são usados, sem qualquer rigor científico, como: convenção, capitulação, carta, pacto, *modus vivendi*, ato, estatuto, declaração, protocolo, acordo, ajuste, compromisso, convênio, memorando, regulamento, concordata etc.

A verdade é que a variedade de nomes não guarda relação com o teor substancial do tratado, visto que pode ele referir-se a uma gama imensa de assuntos.

Algumas tentativas têm sido feitas no sentido de vincular os termos ao tipo de tratado, sem êxito. Contudo, a prática, muitas vezes, leva-nos a fixar nomes mais aplicáveis a um ou a outro caso. Alguns exemplos sobressaem: a) compromisso arbitral, que é o tratado em que os Estados submetem à arbitragem certo litígio em que são partes; b) acordo de sede, que significa um tratado bilateral em que uma das partes é organização internacional e a outra um Estado, feito para a instalação física daquela no território deste; c) carta, normalmente reservado para os tratados institucionais, como a Carta da ONU, a Carta da OIT, a Carta da OEA, etc.; d) concordata, nome normalmente reservado ao tratado bilateral em que uma das partes é a Santa Sé, tendo por objeto as relações entre a Igreja Católica local e um Estado.

Como se observa, não há qualquer lógica: apenas a prática e a adaptação do *nomen iuris* à noção de compromisso de teor científico.

4. Classificação. Tratados em espécie

O critério para a classificação é mais utilitário do que de regime jurídico claro e diferenciador. No entanto, nessa matéria de Direito Internacional, como em outras, a doutrina vai aos poucos se fixando e justificando determinadas classificações, influenciando e sendo influenciada pelos fatos, tornando, assim, o entendimento menos variado.

Aliás, a necessidade de se classificar os fenômenos do mundo é vital para a compreensão do ser humano. A inteligência, o mais das vezes, somente consegue absorver os fatos e proporcionar soluções quando este é o desafio, repartindo-os, dividindo-os, classificando-os, enfim, em grandes quadros e ramos específicos — a única forma que temos, simples mortais, de entender a realidade. A intuição, para a maioria dos ocidentais pelo menos, conta pouco e pouco serve para o estudo científico. Outro não é o caminho para o estudo dos tratados, ora vislumbrando critérios formais, ora critérios materiais.

Os primeiros dizem respeito à forma de apresentação dos tratados, e os segundos, à substância destes.

Em relação à forma, podem ser vistos quanto ao número de partes e quanto ao procedimento. Em relação ao critério material, temos os tratados-contratos, os tratados normativos e, dentro destes, ainda, os tratados especiais. Vamos especificá-los:

a) Quanto à forma:

a.1) Número de partes — O tratado pode ser bilateral ou multilateral. Bilateral se somente dois são os partícipes, e multilateral nos demais casos. Alguns falam em tratados plurilaterais para especificar tratados compostos de poucos Estados — três, por exemplo —, sem clareza, no entanto, porque o prefixo "pluri" pode também aplicar-se quando dois são os Estados(68).

Aqui, há que se ter em mente a noção anterior de "parte" em Direito, como centro de interesses, o que significa que um tratado bilateral pode possuir de um lado um Estado e de outro uma organização internacional, composta de vários Estados, ou, ainda, ser concluído entre duas organizações internacionais(69), envolvendo, naturalmente, muitos Estados de cada lado. Em todos esses casos, existirão duas partes e o tratado será bilateral(70).

a.2) Procedimento — É uma distinção do tratado segundo o procedimento adotado para sua conclusão. Existem tratados que necessitam de aprovação legislativa e carta de ratificação; outros, não. A ratificação será mais bem explicada quando descrevermos no item 5 o procedimento do texto convencional(71). Não se trata da ratificação constitucional interna do país, por meio do órgão próprio (Legislativo) e em obediência às regras imperativas emanadas do próprio

(68) "Não se pode negar a dificuldade de acomodação do prefixo 'multi' àquele Tratado envolvente de apenas três Estados, ou pouco mais que isso. Mas parece não haver como fugir a essa linguagem, já consagrada pela tradição. Alguns autores contemporâneos, movidos pelo justo propósito de ver reservado o adjetivo 'multilateral' ao tratado em que realmente muitas as partes, estimaram válido empregar uma expressão intermediária — tratados plurilaterais — para cobrir compromissos entre Estados pouco numerosos. A inovação não resiste à crítica. O prefixo 'pluri' oferece a vantagem de combinar, melhor que 'multi', com números como três ou cinco, mas tem o mortal inconveniente de se ajustar também ao número dois." (REZEK, José Francisco. *Direito dos tratados*, p. 122-123)

(69) "As organizações internacionais já tiveram a sua personalidade internacional reconhecida pela Corte Internacional de Justiça, que considerou terem elas os direitos necessários para a realização dos fins para que foram constituídas." (MELLO, Celso D. de A. *Curso de direito internacional público*, p. 160)

(70) Sobre os tratados entre Estados e organizações internacionais e/ou somente sobre estas foi celebrada em Viena, em 1986, outra Convenção.

(71) "É ato unilateral com que o sujeito de Direito Internacional, signatário de um tratado, exprime definitivamente, no plano internacional, sua vontade de obrigar-se." (REZEK. *Direito dos tratados*, p. 267)

Estado[72], mesmo porque o procedimento, sob esse aspecto, varia de Estado para Estado, mas o que qualifica essa classificação é o ato que ocorre na sociedade internacional, como fato dentro dessa sociedade.

Quem celebra os tratados internacionais pelo Brasil é o presidente da República (art. 84, VIII, da CF), isto é, o Poder Executivo. O andamento interno que resulta na expressão da vontade do Estado brasileiro pelo Executivo, na verdade, tem importância relativa para o Direito Internacional, visto que se trata de legislação nacional.

a.2.1) Tratados solenes ou em devida forma — São aqueles que passam pelas seguintes fases: negociação, assinatura ou adoção, aprovação legislativa por parte do Estado interessado e, finalmente, ratificação ou adesão.

Se o tratado for bilateral, a negociação é iniciada usualmente mediante o envio de uma nota diplomática para o território de uma das partes. Se for negociação coletiva, principia no seio de uma organização internacional ou de uma conferência diplomática.

Após iniciada a negociação e discutidas suas cláusulas amplamente, os Estados participantes voltam-se para seus órgãos internos, buscando a aprovação do Parlamento[73].

Finalmente aprovado, o Estado procura manifestar sua vontade mediante a ratificação ou adesão.

a.2.2) Acordos de forma simplificada — São também conhecidos como *executive agreements*, concluídos, via de regra, sem intervenção do Parlamento, entrando em vigor não pela "ratificação", mas sim pela simples assinatura. Em outra parte deste capítulo, discorreremos um pouco mais sobre esses institutos. Embora no Brasil seja natural que os tratados recebam a fiscalização do congresso.

Já o critério material contém enormes dificuldades, pela sua imprecisão[74].

Esta classificação tem sido deixada de lado, porquanto qualquer tratado não deixa de ter um escopo contratual. Assim, os tratados-contratos, ou os

(72) No Brasil, nos termos do art. 49, combinado com o art. 59, VI, da CF, a forma pela qual o órgão interno — o Congresso — resolve definitivamente sobre os tratados é o decreto legislativo.

(73) "Por influência das ideias da Revolução Francesa, as Constituições passaram a associar os parlamentares na formação dos tratados, instituindo a formalidade de aprovação parlamentar, condição *sine qua non* para que o Poder Executivo possa proceder à ratificação ou adesão." (RODAS, João Grandino. Ob. cit., p. 16)

(74) Como toda classificação, sobre esta pesam críticas acerbas, como a de *Kelsen*, que vê na função essencial de qualquer tratado a de criar uma norma jurídica, seja ela geral ou individual; ou como a de *Albuquerque Mello*, que nela não vê sentido, por não existir hierarquia entre o tratado-lei e o tratado-contrato. Mantemos, no entanto, a classificação, porque consagrada e porque útil para uma distinção didática dos tratados.

tratados-leis ou normativos e outros, somente valem, enquanto classificação pelo objetivo didático. Ainda assim, mantemos a referida classificação, porque a entendemos útil para melhor compreensão da matéria, uma vez que ela preserva formas de composição de uma sociedade descentralizada, por vezes especificando as vontades direcionadas de dois Estados, para se completarem contratualmente, por vezes mais de dois Estados buscando criar uma instituição, um organismo, criando regras uniformes de direito. Claro está que todo tratado induz a concretização de normas e ao mesmo tempo, por intermédio deles, acordam-se as vontades livremente manifestadas. Kelsen já fazia críticas a tal classificação, não sendo assim novidade os ataques que ela enseja. Entre nós, Rezek também afirma a pouca utilidade dessa classificação[(75)]. No entanto, até para ensejar tal análise e a profundidade ou não dessa discussão, bem como para nos concientizarmos das sutilezas do mecanismo de gestação de tais regras é que parece razoável não esquecermos a história de tal classificação, do seguinte modo:

b) Quanto à matéria:

b.1) Tratados contratuais — Os Estados, nesse tipo de tratado, têm objetivos desiguais, como num tratado comercial. São interesses que se complementam. O parâmetro é a própria ideia de contrato, o instituto de Direito Interno[(76)].

b.2) Tratado normativo ou tratado-lei — Os pactuantes estabelecem regras gerais para nortear seus comportamentos, gerando direitos e deveres. Têm por parâmetro a ideia de lei, norma geral e abstrata.

b.3) Tratados especiais ou de categorias especiais — Embora seu conteúdo seja normativo, adquiriram, por sua substância, relevância e especificidade, como é o caso dos "tratados institucionais", das "convenções internacionais do trabalho", daqueles que criam organismos não dotados de personalidade jurídica e daqueles que criam empresas.

b.3.1) Tratados institucionais ou tratados constitucionais — São aqueles que instituem, constituem, criam organizações internacionais e regem a vida de tais organizações.

Normalmente, os Estados se reúnem e dão nascimento a um outro ente na vida internacional, que deles se diferencia, como é o caso da ONU, da OIT, da OEA, etc.

b.3.2) Convenções internacionais do trabalho — São tratados normativos celebrados no âmbito da OIT, que se caracterizam pelo fato de em sua negociação haver participação de representantes dos governos e

(75) *Direito Internacional Público* — Curso Elementar. 13. ed. São Paulo. Saraiva, 2011. p. 52-53.

(76) "O contrato constitui uma espécie de negócio jurídico, de natureza bilateral ou plurilateral, dependendo, para a sua formação, do encontro da vontade das partes." (DINIZ, Maria Helena. *Curso de direito civil brasileiro*, v. 3º. p. 21)

das classes sociais, trabalhadores e empregadores. Sua substância versa sobre a proteção do trabalho humano, levando em conta a ordem jurídica reinante em cada Estado-membro.

O art. 19, § 5º, *a* e *b*, da Carta Constitutiva da OIT obriga todo membro a submeter a convenção à autoridade interna competente para legislar sobre a matéria, enviando posteriormente o instrumento de ratificação à Secretaria da Organização. Uma análise mais acurada sobre essa Organização será feita no capítulo XI.

b.3.3) Tratados que criam organismos não dotados de personalidade jurídica — Como os que criam tribunais arbitrais, comissões mistas, etc. Encontrava-se nessa categoria aquele que criou a antiga Corte Permanente de Justiça Internacional, que não tinha na Sociedade das Nações a qualidade de órgão(77). Podemos incluir o tratado que criou o GATT, que não era órgão e que não tinha personalidade jurídica própria, cuidando-se de tratado multilateral que envolvia uma complexa estrutura permanente(78).

b.3.4) Tratados que criam empresas — Exemplo destes pode ser dado como o que criou a Itaipu, no qual Brasil e Paraguai criaram uma empresa binacional subordinada ao Direito Interno de ambos os países(79), que objetiva o aproveitamento hidrelétrico dos recursos hídricos do rio Paraná.

b.3.5) Tratados transitórios — aqueles que embora criem situações que perdurem no tempo, a sua execução é exaurida de forma instantânea e imediata. Definem situações rápidas e objetivas, como os que estabelecem fronteiras. Permanentes, são os que se prolongam de forma indefinida, como os referentes ao comércio, à cooperação científica e tecnológica, direitos humanos e outros. A execução não termina em um só ato, mas vai se manifestando no tempo, com atos que são praticados a cada momento.

---

(77) Um comitê de juristas foi convocado na cidade de Haia para preparar o projeto de uma Corte Permanente de Justiça Internacional. O projeto foi aprovado pela SDN em 13.12.1920 e entrou em vigor, após as ratificações, em 1921, constituindo-se num tratado independente do Pacto das Nações.

(78) Tratava-se, na verdade, de uma convenção que estipulava um quadro para negociações — Acordo Geral de Tarifas e Comércio — surgido em 1847.

(79) "A experiência do Tratado foi muito salutar, porque ficou resolvida a criação de uma empresa em condomínio dos países, em entidade binacional, a Itaipu, que tem como partes: as Centrais Elétricas Brasileiras S/A — Eletrobrás, uma sociedade de economia mista, e a Administração de Eletricidade — ANDE, entidade paraguaia, respectivamente com sede em Brasília e em Assunción e administração conjunta ... 3. Do ponto de vista das relações internacionais, a assinatura do Tratado de Itaipu prova que se venceram dois obstáculos, o jurídico e o político, para a realização de um esquema comum de desenvolvimento energético. O que se verifica ainda é a existência de interesses recíprocos no processo econômico e social da região pertencente ao Brasil e ao Paraguai. Antiga aspiração dos dois países, a construção da usina hidrelétrica de Itaipu, que deverá apresentar uma produção de 60 bilhões de kW-hora, por ano, visa à elevação dos níveis e condições de vida dos dois povos e ao uso racional para tal fim de seus recursos naturais." (ZANINI, Gustavo. O tratado de Itaipu. *Revista da Faculdade de Direito*, LXIX, fasc. 1/165-179)

b.3.6) Acordos executivos – aqueles acordos internacionais que por sua natureza estariam desprovidos de toda forma de consentimento parlamentar. Tal espécie de acordo internacional feito pelos Executivos para atender uma possível demanda de urgência na área internacional e que não poderiam esperar pelos procedimentos internos demorados para a sua plena execução, não têm, efetivamente, uma realidade significativa e foge à realidade do sistema nacional. Todavia, neste mundo célere em que vivemos, há uma tendência em se fazer frente à determinadas situações, pela atuação rápida do governo. A doutrina destaca algumas situações, como o Acordo Executivo subproduto de um tratado vigente, já aprovado pelo Congresso Nacional. Neste caso, ao aprovar um tratado, o aval já estaria dado para acordos posteriores de especificação de alguma parte do tratado, de complemento para a sua boa execução. Outra situação é o Acordo Executivo como expressão de atuação do Presidente da República e de seus prepostos na rotina diplomática, firmando compromissos internacionais. No entanto, tais compromissos preliminares não dispensa o procedimento padrão, ainda que com a rapidez necessária - e o governo quando quer e tem necessária liderança, assim o faz – de passagem pelas etapas procedimentais para inserção do acordo no Direito interno.

Fala-se, ainda em "*Gentlemen´s agréments*" (acordos de cavalheiros), modalidade de avença celebrada por altas autoridades, em nome pessoal, regulada por normas morais (por exemplo, programas de ação política), que não se vinculam juridicamente.

Também, afirma-se a existência de tratados classificados quanto à estrutura de sua execução, correspondendo aos tratados multilaterais, uma vez que uns podem ser vistos como 'mutalizáveis' e outros 'não mutalizáveis'. Os primeiros dizem respeito a tratados que se descumpridos por alguma ou algumas partes, ainda assim continuam em vigência em relação aos demais. Os segundos são aqueles que não permitem essa divisão, pois ou o tratado é cumprido por todos ou se torna inaplicável. O exemplo que se tem dado é o tratado da Antártica, que não pode ser descumprido por uns e cumprido por outros.

5. Procedimento para o texto convencional

5.1. Noções

O texto convencional vem a lume por meio da negociação, que se inicia pela sua nota diplomática, normalmente, quando bilateral.

Em regra, desenvolve-se no território de uma das partes, entre as chancelarias de um Estado e a embaixada do outro. Caso se trate de um organismo internacional, no interior deste, e, no caso de uma negociação coletiva — muitos Estados —, numa conferência diplomática[80].

A língua utilizada será a que melhor convier às partes, podendo ser lavrado o tratado em uma única versão autêntica ou em mais versões.

A validade do tratado depende de quatro básicos requisitos: capacidade das partes, habilitação dos agentes signatários, consentimento mútuo e objeto lícito e possível.

5.1.1. Capacidade

Somente podem concluir tratados, já vimos, os Estados soberanos e as organizações internacionais. Estas, todavia, não podem conter, no seu ato constitutivo, proibição para assim agir. A outras coletividades tem-se reconhecido esse direito, como aos beligerantes, aos insurgentes e à Santa Sé. As possibilidades não se esgotam, porque a dinâmica da sociedade internacional impõe regras mais maleáveis e/ou interpretações com maior amplitude do que o fazem os hermeneutas no Direito Interno.

Em certos casos especiais, os Estados dependentes, isto é, semissoberanos, os Estados-membros de uma federação, também poderão concluir tratados internacionais. Por exemplo, é preciso verificar se autorizados, no primeiro caso, pelos Estados que os dominam (Estados protetores, suseranos etc.) e, no segundo caso, quando a Constituição interna do Estado federal permite-o. No Brasil, a CF no seu art. 52, V, autoriza a União, os Estados, o Distrito Federal, os Territórios e os Municípios a fazerem operações externas de natureza financeira em satisfação de seus interesses próprios. Para essa finalidade tais entes adquirem vida internacional.

5.1.2. Habilitação dos agentes signatários

A validade do tratado depende da capacidade das partes, da habilitação de seus agentes, enfim, do consentimento.

A representação das partes no caso dos Estados é feita pelo chefe de Estado[81] e/ou plenipotenciário, que é o ministro de Estado responsável pelas

---

(80) *Rezek* dá notícia de negociações que se desenvolveram dentro de um meio de transporte, num ponto do território de uma das partes, quando não na fronteira. (*Direito dos tratados*, p. 188)

(81) "Há distinção entre chefe de Estado e chefe de governo, ou seja, o chefe de Estado tem funções de representação, fundamentalmente; contudo, além de constituir-se numa figura acima dos conflitos políticos, o que lhe consigna um papel de alta relevância, tem atribuição extremamente importante nos momentos de crise, quando vai indicar um novo primeiro-ministro à aprovação do Parlamento e quando convoca eleições gerais. O chefe de governo exerce o poder executivo. Indicado pelo chefe de Estado, passa a primeiro-ministro mediante

relações exteriores, ou, mesmo, pelo chefe de missão diplomática. Nesses casos, temos a representação derivada.

Outros representantes poderão ser admitidos quando possuidores de uma carta de plenos poderes, expedida pelo chefe de Estado. O destinatário da carta é o governo que copactua o tratado, devendo a entrega de tal carta preceder o início da negociação. Na referida carta, vem escrito que o presidente da República nomeia determinada pessoa, qualificando-a como seu plenipotenciário para assinar, em determinada cidade, em nome do governo, determinada convenção. Ela é a formalidade que habilita os agentes que representam o Estado (art. 7º da Convenção de Viena de 1969).

Em algumas circunstâncias, tais "plenos poderes" podem ser dispensados. Isso pode ocorrer com os chefes de Estado, os chefes de governo e com os ministros das Relações Exteriores.

Admitida a organização internacional como partícipe de um tratado, o que é fato, seu representante não é um chefe governamental ou um plenipotenciário, mas, sim, em regra, o secretário-geral ou outro funcionário que sob título diverso possa estar à frente do corpo administrativo da organização.

5.1.3. Consentimento mútuo

O acordo de vontade entre as partes de um tratado deve ser livre e puro, não sofrer nenhuma espécie de vício de consentimento. Consideram-se vícios: o erro, o dolo, a corrupção do representante do Estado ou a coação por este sofrida. As consequências são a anulabilidade da cláusula viciada ou a nulidade de todo o tratado (arts. 46 a 52 da Convenção de Viena). O art. 52 da Convenção mencionada determina: "É nulo um tratado cuja conclusão foi obstada pela ameaça da força em violação dos princípios de Direito Internacional incorporados na Carta das Nações Unidas".

O art. 53 fala da nulidade do tratado em conflito com norma imperativa de Direito Internacional.

A norma imperativa de Direito Internacional é aquela considerada essencial pela comunidade ou sociedade internacional. Três elementos caracterizam tal norma, segundo André de Carvalho Ramos: 1. *valores essenciais*. Valores esses diversos dos valores comuns transmitidos pelas normas dispositivas ou ordinárias, impondo um poderoso limite ao "*pacta sunt servanda*", com o dever do Estado submeter-se aos valores essenciais da comunidade internacional; 2. *Quem determina tais valores é a comunidade internacional como um todo.* Embora, necessariamente não necessite tal norma da aprovação unânime pelos Estados, bastando uma significativa maioria dos Estados aprovando uma norma imperativa pelos representantes

---

aprovação do Parlamento, cujo apoio irá determinar sua permanência no governo." (GARCIA, Maria; GANDRA, Ives; BASTOS, Celso. *Parlamentarismo ou presidencialismo*, v. II, p. 125)

essenciais da comunidade internacional (*países representativos das grandes correntes econômicas, políticas e geográficas*). Observa ainda Carvalho Ramos, que "há o risco de ser gerado um Direito Internacional formado por um diretório de Estados fortes e médios; 3. *Hierarquia superior de tais normas.* Tais normas, pois, seriam insuscetíveis de serem derrogadas por outra que não pertença ao *ius cogens*.[82]

As limitações constitucionais do Estado revelam-se como um problema a ser enfrentado. Alguns entendem que o chefe de Estado não pratica ato válido ao assinar ou ratificar um tratado se contraria as normas do Estado que representa, sendo dever das nações contratantes conhecer os procedimentos internos dos países envolvidos. O tratado não seria válido se contrariasse a Lei Maior ou fundamental do Estado. O tratado assim assinado, ratificado ou aceito é nulo (teoria constitucionalista). Outros entendem que o chefe de Estado é o representante natural do Estado, órgão válido deste, sendo que a não submissão do tratado ao órgão interno competente para examiná-lo, é um problema do Estado e não dos demais cocontratantes. Haveria, pois, uma presunção de que o Chefe de Estado ao falar por este, o faz de forma plena e com a devida autorização. O procedimento interno de aprovação do tratado não influencia no ânimo e nas considerações dos demais Estados que negociaram e concluíram o tratado (teoria internacionalista). Uma outra concepção, que desponta no horizonte, é aquela que adota soluções intermediárias, considerando a possibilidade de se invalidar o tratado sempre que as disposições internas do Estado que foram desobedecidas forem notórias e, pois, conhecidas de todos (teoria conciliatória). Esta última é a solução adotada na Convenção de Viena (art. 46, da Convenção).

5.1.4. Objeto lícito e possível

O tratado somente pode ter por objeto coisa materialmente possível e permitida pelo Direito Internacional, e, ainda, que não contrarie a moral. Também, por óbvio, não pode existir um tratado impossível de ser cumprido.

5.2. Assinatura

A assinatura de um tratado, embora, em regra, só por si, não obrigue o Estado, porque em geral outros procedimentos são necessários para a plenitude de tal obrigação, principalmente sob a análise do sistema jurídico de cada Estado, é certo que expressa um consentimento, cujo cumprimento é esperado. Em tese e no âmbito das necessidades internacionais e da boa-fé,

---

(82) Saliba, Aziz Tuffi (org.). *Direito dos tratados:* comentários à convenção de Viena sobre o direito dos Tratados (1969). Universidade de Itaúna, André Ramos Tavares, Belo Horizonte: Arraes, 2011. p. 452/456.

não há sentido em se firmar um tratado sem a possibilidade de sua execução pelo Estado signatário. Alguns autores e nós mesmos, considerando, principalmente, a situação do Brasil, costumávamos especificar que as cláusulas pactuais são autenticadas pela assinatura e, posteriormente, ratificadas pelo Estado, em cumprimento dos seus dispositivos internos. Todavia, há de se reconhecer que não norma internacional, por si, não determina a perspectiva da ratificação. Assim, com a assinatura o tratado está nas condições básicas de seu cumprimento. Sob tal perspectiva destaca Rezek: "*O comprometimento se perfaz, e o tratado tem condições de vigência imediata — a menos que, por conveniência das partes, prefiram diferir a vigência por tempo certo,...* e mesmo havendo dilação de prazo (*vacatio legis*) para a entrada em vigor... É fundamental que essa dilação da entrada em vigor — muito comum também nos tratados coletivos — não perturbe a certeza de que o compromisso internacional já está consumado, em termos definitivos e perfeitos."[(83)]

Sempre ensinamos que o comprometimento definitivo depende de futura ratificação, e assim entendemos no que tange à vontade do Estado, em relação ao ato complexo interno que confirma a assinatura. Entretanto, se isto é uma verdade, também não se desconhece que se trata de ato de governo, de confirmação internacional, e que não é uma realidade jurídica em todos os países. Para o Brasil, o comprometimento definitivo depende de futura ratificação, salvo se o representante do Estado estiver autorizado, mediante simples assinatura, a obrigá-lo internacionalmente. Depende da legislação interna de cada país.

De qualquer modo, o art. 12 da Convenção de Viena estabelece que o consentimento do Estado de obrigar-se por um tratado manifesta-se pela assinatura: quando o tratado dispõe nesse sentido; quando na própria negociação desenvolvida pelos Estados tal hipótese fica estabelecida; quando tal decorre da carta de plenos poderes dada ao representante do Estado.

Na verdade, com a assinatura, as partes assumem a obrigação de levar a negociação a bom termo, isto é, realizar todos os esforços para superar os eventuais obstáculos. Com a assinatura, encerram-se as negociações. Diz-se assinatura *ad referendum*, quando para o aceite definitivo das regras do tratado depende da aprovação dos órgãos internos do Estado, pela sistemática prevista na legislação da cada território estatal.

Por fim, fala-se em "assinatura diferida", que é aquela que em determinadas situações negociadas permite-se aos Estados um tempo maior para

---

(83) Rezek, Francisco. *Direito internacional público* — curso elementar. 16. ed. Saraiva, p. 72/73.

aporem as assinaturas respectivas, como após uma consulta prévia do representante aos respectivos governos.

5.3. *Ratificação*

Ratificação é ato unilateral com o que o copartícipe da feitura de um tratado expressa em definitivo sua vontade de se responsabilizar, nos termos do tratado, perante a comunidade internacional. Não se pode confundir com a chamada "ratificação em sentido constitucional", porque esta é um ato interno do Estado, também denominado *ad referendum* do Congresso ou mesmo aprovação legislativa. A ratificação aqui é ato formal, de natureza internacional, dirigido às partes que assinaram o tratado. É ato unilateral, discricionário e irretratável (*pacta sunt servanda),* não se retirando, como é óbvio, a possibilidade de o Estado vir, no futuro, a denunciar o tratado. Normalmente, a ratificação vem expressa por uma "carta de ratificação", em que o país faz saber que foi concluído um acordo e, no caso do Brasil, tendo sido aprovado pelo Congresso, o presidente da República confirma e ratifica, para produzir seus devidos efeitos, prometendo o cumprimento do tratado. A carta é assinada pelo presidente da República e deve ter o selo das Armas da República, sendo, também, referendada pelo ministro das Relações Exteriores. Tais formalidades se justificam, porque a partir do momento da entrega da carta de ratificação no órgão internacional designado para recebê-la ou no Estado partícipe que foi determinado para tanto, o Estado se obriga internacionalmente.

Já o dissemos no item a.2, quando discorremos sobre espécies de tratados quanto à forma, que a ratificação externa não deve ser confundida com a chamada ratificação interna, porque essa não obriga o Estado internacionalmente. O exame que o Parlamento nacional faz do texto do tratado, para aprová-lo ou não, também recebe os nomes de *ad referendum* do Congresso e de aprovação legislativa.

A Convenção de Viena de 1969, no seu art. 11, estabelece alguns meios para o compromisso definitivo: "O consentimento de um Estado em obrigar-se por um tratado pode manifestar-se pela assinatura, troca de instrumentos constitutivos do tratado, ratificação, aceitação, aprovação ou adesão, ou por quaisquer outros meios, se assim for acordado". Com esse texto, a referida Convenção abraça todas as possibilidades de obrigação definitiva, equivalente à ratificação, como tal aqui explicada.

Não existem regras escritas ou costumeiras de prazo para que a ratificação venha ao mundo jurídico internacional. O próprio tratado, negociado e assinado, pode, no entanto, estabelecer algum prazo. Nesse caso, o prazo deverá ser obedecido.

Existe a possibilidade em alguns tratados da chamada 'ratificação condicional', quando o acordo exige um *quorum* de ratificações para entrada em vigor.

Normalmente, a ratificação é ato irretroativo, valendo a responsabilidade do Estado em obrigar-se a partir do mencionado ato. O efeito é pois *ex nunc*.

5.4. Adesão

A adoção do texto de um tratado efetua-se pela maioria de dois terços dos Estados presentes e votantes ou pelo consenso numa conferência internacional. O Estado que não participou das negociações, mas quer fazer parte do acordo, deve fazê-lo por meio da adesão. A adesão ocorre, pois, num segundo momento, em que o Estado resolve, depois de estabelecidos os parâmetros, aderir ao tratado, quando outros já o haviam assinado logo de início.

A adesão e a ratificação têm igual natureza, e o mesmo acontecerá com a simples assinatura do representante do sujeito internacional no tratado, quando do término das negociações; neste último caso, se o tratado for um acordo em forma simplificada — *executive agreement* —, não precisará, pois, da intervenção formal do Parlamento. A Constituição brasileira parece reprimir tais acordos (arts. 49, I e 84, VIII), salvo se o compromisso internacional não for gravoso ao patrimônio do Estado.

A adesão tem lugar, por óbvio, nos tratados multilaterais. Quando é permitida a adesão de outro Estado em um tratado tido como bilateral, é porque esse tratado, na verdade, não é bilateral, mas multilateral, porque aberto à entrada de novos componentes, o que não ocorre nos acordos efetivamente bilaterais.

5.5. Reservas

Em não se tratando de acordo bilateral, é possível a existência de "reservas". Reserva é uma declaração unilateral do sujeito de Direito Internacional visando a excluir ou modificar para si o efeito jurídico de um ou vários dispositivos do tratado.

O tratado bilateral não comporta reserva, no sentido acima, porque o consenso há de ser total.

A reserva vem permitida no art. 2º, § 1º, alínea *d*, da Convenção de Viena de 1969, nos termos da definição acima descrita, e objetiva a modificação do compromisso assumido, podendo ser declarada a qualquer momento na concretização do tratado, quando o Estado assina, ratifica e/ou adere ao tratado, desde que não haja obstáculo quanto a esta possibilidade no próprio tratado e, dentro dos limites eventualmente consignados nele. Claro está, que a reserva não será possível se incompatível com o objeto e finalidade do acordo.

Ante a importância dessa manifestação de vontade do Estado, a Convenção de Viena estabelece que a formulação da reserva bem como sua aceitação ou objeção, devem ser efetuadas de modo formal, isto é, por escrito, e com comunicação para todos os Estados partícipes do pacto multilateral.

Problemas podem ocorrer diante das naturais etapas de feitura do tratado, distinguindo-se a assinatura da ratificação. Esta é etapa última em que o Estado declara a sua vontade de obrigar-se nos termos do tratado, negociado, assinado ou simplesmente aderido. Assim, se o Estado no momento da assinatura impõe reservas e, posteriormente, quando da ratificação, não surge a dúvida se a reserva é efetivamente da vontade do Estado ou não. A doutrina vê-se dividida: uns entendendo que basta a manifestação de reserva na assinatura que, mesmo não existindo tal manifestação no ato de ratificação, tal reserva está confirmada. Outros entendem de maneira diversa. Entendemos que a reserva deve ser expressa também na carta de ratificação, ou que pelo menos deva ser feita alguma referência, na referida carta, sobre a assinatura e seu conteúdo, pois trata--se de ato formal, pelo qual aqueles que participam do tratado vão tomar conhecimento da vontade oficial, feita internacionalmente pelo Estado que ratifica o tratado.

A assinatura do tratado — estamos falando dos tratados solenes, aqueles que devem, pelo sistema brasileiro, passar pelo Congresso Nacional — representa simples certificação do representante do Estado, que negociou o tratado nos termos expostos no seu texto; mas, como esse texto virá ainda para a análise dos Poderes Executivos e Legislativo, é possível que outras reservas sejam opostas e mesmo aquela manifestada na assinatura venha a ser retirada, até por obra do Congresso Nacional. Este, contudo, não pode emendar o tratado ou modificar-lhe o texto convencional. Emendas aqui somente são admitidas pelas próprias partes (Estado), em novas negociações. Cizânias à parte, quando a reserva dever ser confirmada na ratificação, o texto da Convenção de Viena parece ser claro, no seu inciso II, do art. 23: "Uma reserva formulada quando da assinatura do tratado sob reserva de ratificação, aceitação ou *aprovação, deve ser formalmente confirmada pelo Estado que a formulou no momento em que manifestar o seu consentimento em obrigar-se pelo tratado. Nesse caso, a reserva considerar-se-á feita na data de sua confirmação*". Interessante notar que a prática internacional adota as chamadas *declarações interpretativas* do tratado, em relação, por exemplo, à sua compatibilidade ou incompatibilidade, parcial ou total ao sistema jurídico do Estado ou com tratados anteriores — como é comum —; mas, tal prática não se confunde com as chamadas *reservas,* nos termos da regra acima descrita, e não têm eficácia jurídica para desobrigar o Estado pactuante.

Caso nenhuma das partes contratantes apresente objeção no prazo de doze meses à reserva formulada por um Estado, o tratado estará aceito e deverá ser cumprido, respeitando-se a reserva efetuada.

Pelo art. 20 da Convenção em tela, os Estados copactuantes de um tratado não necessitam aceitar a reserva feita por um Estado, salvo se isso estiver expresso no próprio texto convencional. Todavia, se algum Estado formular objeção à reserva, tal objeção não impedirá que o tratado entre em vigor, mesmo entre os Estados discordantes, validando-se a relação entre os mesmos dentro dos limites da aplicação convencional, salvo se o Estado que contraria a reserva — opõe objeção — declara que não quer concretizar relacionamento jurídico, nos termos do tratado, com o Estado que opôs a reserva. Para não enfrentar tais dificuldades, o tratado multilateral pode estabelecer que não haverá possibilidade de reservas, ou que as reservas feitas deverão ser aceitas indistintamente pelos Estados. Tal proposição não parece ilógica, à medida que não são possíveis reservas que contrariem, como já dito, o próprio fundamento do tratado.

Também, destaque-se que os tratados sobre direitos humanos, embora quase sempre multilaterais, instituem garantias coletivas e buscam tornar concreta a proteção à dignidade humana, o que faz inadequada a existência de reservas, baseadas na vontade unilateral do Estado. Digno de nota é a sentença da Corte Europeia de Direitos Humanos (caso Belilos), que em caso como o explanado negou validade à reserva que a Suíça fizera à disposição da Convenção Europeia de Direitos Humanos.

Inadequada ainda é a reserva que verse sobre a competência de órgãos de supervisão criados por tratados de direitos humanos, o que impediria a plena consecução desse princípio maior, caro tanto para o Direito interno quanto para o Direito internacional. Entram nessa concepção de direitos humanos também os tratados ambientais.

Por fim, mais uma nota, no que tange às Emendas aceitas como parte de uma nova negociação, modificando o tratado multilateral, como invocado linhas atrás, isto porque à Convenção de Viena não parece importar que os Estados se dividam entre aqueles que aceitam novas emendas e os que não aceitam. Se isto ocorrer haverá duplicidade de tratados: um, o original, com os Estados que o firmaram; outro, o posterior, somente entre os Estados que aceitaram a Emenda.

A denúncia do tratado merece alguma explanação. Ela só extingue os tratados bilaterais, em relação aos multilaterais apenas ocorre o desligamento da parte denunciante. A Convenção de Viena de 1969, sobre o Direito dos Tratados, em seu artigo 56 dispõe: *"1. Um tratado que não contém disposição relativa à sua extinção, e que não prevê denúncia ou retirada, não é suscetível de denúncia ou retirada, a não ser que: a) se estabeleça terem as partes tencionado admitir a possibilidade da denúncia ou retirada; ou b) um direito de denúncia ou retirada possa ser deduzido da natureza do tratado. 2. Uma parte deverá notificar, com pelo menos doze meses de antecedência, a sua intenção de denunciar ou de se retirar de um tratado, nos termos do parágrafo 1".* A denúncia é feita por escrito e em relação à globalidade do tratado, só se admitindo a denúncia parcial se a cláusula ou cláusulas denunciadas forem passíveis de serem separadas do tratado, não prejudicando o objeto específico e principal do acordo.

No Brasil, ainda que haja discussão sobre a matéria, a verdade é que a denúncia pode ser feita pelo executivo, sem necessidade de autorização do Congresso.

Também a quebra do acordo por alteração das circunstâncias é possível se tal alteração for fundamental, mudança imprevista, alteração de base essencial do acordo, alteração radical do alcance das obrigações. A mudança nas circunstâncias só se aplica às obrigações ainda não cumpridas, não atingindo aquelas já executadas.

5.6. Duração do tratado

Cada tratado dispõe de sua própria duração; quando não, opera por tempo indeterminado, extinguindo-se por consentimento mútuo, denúncia, desuso, impossibilidade de execução, conclusão de outro tratado com as mesmas partes, ante uma necessidade comum de renovar em outros termos o primeiro acordo, alteração das circunstâncias e estado de guerra.

6. Estrutura do tratado

Simples é a estrutura de um tratado. Constitui-se normalmente de um preâmbulo e de uma parte dispositiva, sendo completado, às vezes, por anexos.

O título do tratado não faz parte de sua estrutura, porque é o nome com que o tratado é batizado e pelo qual será conhecido, que pode, nos tratados multilaterais, indicar o local em que o mesmo foi negociado ou concluído; mas, por vezes, identifica o seu objeto.

Assim, passemos à análise simples das partes, como acima apontadas: a) Preâmbulo — indica as partes e descreve as razões, circunstâncias e/ou pressupostos do ato convencional, isto é os considerandos, que indicam as intenções das partes para o objetivo a ser atingido; b) Parte dispositiva — ordenada por artigos e em linguagem jurídica, representando a própria matéria acordada. São as cláusulas que operam o acordo e tornam concreta a atividade diplomática. Após tais cláusulas vem o fechamento do tratado, com o local, data, menção do(s) idioma(s) em que foi redigido, o número dos últimos exemplares. Ao final recebe o tratado, a assinatura dos representantes das partes que o negociaram; e c) Anexos — quando se fazem necessários, apresentando-se em forma de números, gráficos, listas de produtos. Integram o tratado como norma jurídica convencionada pelas partes. Entendemos que embora a parte dispositiva e anexos revelem-se como juridicamente essenciais ao tratado, estes últimos, como dissemos, sempre que necessários, é fato que o preâmbulo serve como veículo de interpretação pelo aplicador do tratado, observando os limites subjetivos do tratado (sujeitos aos quais se aplicam) que informam os fundamentos dos limites objetivos (obrigações e direitos nele descritos).

7. Entrada em vigor. Execução. Efeitos difuso, aparente (cláusula da nação mais Favorecida), de direitos e de obrigações para terceiros. Extinção

7.1. Vigência

Quando observamos a classificação dos tratados, linhas atrás, discorremos sobre o procedimento e dissemos como um tratado entra em vigor. No entanto, dada a importância do tema, e por uma questão metodológica, há que se fixar com clareza que a vigência de um tratado inicia-se quase sempre com o ato de ratificação.

Repetimos, ainda, que a ratificação, ato administrativo de confirmação dos termos do tratado, obriga o Estado ao cumprimento das cláusulas avençadas. O próprio corpo do tratado determina seu início de validade por esse ato. Se assim não ocorrer, o tratado começará a vigorar pela simples troca de instrumentos, pela assinatura dos representantes ou quaisquer outros meios, desde que expresso de forma clara o início aludido. É o que diz a Convenção de Viena em seu art. 11: "O consentimento de um Estado em obrigar-se por um tratado pode manifestar-se pela assinatura, troca de instrumentos constitutivos do tratado, ratificação, aceitação, aprovação ou adesão, ou quaisquer outros meios, se assim for acordado".

A prática internacional, tem, portanto, todas as possibilidades acima expressadas no art. 11. Como já dissemos, o Direito Internacional não prescreve a forma de ratificação, admitindo alguns, até, que seja tácita, "contanto que se evidencie por atos inequívocos , como, por exemplo, o começo da execução"[(84)].

A Carta das Nações Unidas exige que todo e qualquer acordo internacional seja registrado no Secretariado e por este publicado, acrescentando que, se tal não ocorrer, o tratado não poderá ser invocado perante qualquer órgão

---

(84) ACCIOLY, Hildebrando. *Manual de direito internacional público*. 11. ed. p. 127.

das Nações Unidas (art. 102), o que determina a publicidade dos tratados como elemento de defesa da parte interessada no caso de seu eventual descumprimento.

Aqui relembramos o item 5.6 sobre a duração dos tratados, o que implica nas diversas possibilidades de sua extinção, lá descritas, e, portanto, no seu exato período de vigência.

Caso o Direito Interno do país preveja que o tratado deve passar pelo crivo do Legislativo, é fato que, a cada nova prorrogação de um tratado com prazo determinado, o Legislativo deve ser consultado;

É possível a chamada *retroação*, isto é, que o tratado opere em relação a fatos preexistentes, desde que assim convencionado. Um exemplo se encontra no Tratado de Versalhes, celebrado em 28.6.1919, que determinava a reintegração à nacionalidade francesa dos habitantes da Alsácia-Lorena, com efeitos a partir de 18.11.1918, data da recuperação do território; antes, portanto, do início de vigência do próprio tratado;

Outro fenômeno é o da *ultra-atividade*, pelo qual o tratado continua a reger situações constituídas.

A partir de sua vigência, o cumprimento dos tratados é natural, de acordo com suas cláusulas, e apenas têm efeito entre as partes (*pacta sunt servanda*), embora se reconheça que possam eles, em consequência da execução, prejudicar ou favorecer terceiros.

Em relação, especificamente, à aplicação e aos efeitos do tratado, isto é, de sua execução, é possível que haja uma exceção de não cumprimento do tratado por estado de necessidade ou força maior, ante qualquer fenômeno da natureza ou injunções políticas irresistíveis (invasão de território). É um tema referente à responsabilidade do Estado.

No capítulo seguinte, trataremos do cumprimento do tratado no Brasil.

7.2. Efeitos dos tratados sobre terceiros

Outra situação que deve ser estudada é a que diz respeito aos direitos de outros Estados em relação a determinado tratado de que não participam.

A máxima é *pacta tertiis nec nocent nec prosunt*, pois um tratado só se aplica entre as partes que o pactuaram.

É possível, entretanto, que alguma repercussão tenha em relação a terceiro que não participou do acordo, quando este o beneficia e quando o prejudica.

No caso de haver prejuízo, o Estado lesado pode pleitear reparações — por exemplo, quando sofrer violações em seus direitos —; contudo, se o dano é extralegal, a reclamação via diplomática é a que ocorre.

7.2.1. Efeito difuso

É aquele efeito que atinge a todos os demais Estados, porque diz respeito a situações juridicamente objetivas, e o exemplo que se dá é o da modificação da linha limítrofe que separa dois Estados; por óbvio, tal modificação atinge, também, os demais Estados, que devem respeitar as novas linhas que definem os territórios dos respectivos países que fizeram o tratado. Outro exemplo é o dos Estados que, condôminos de águas fluviais interiores, entendem abrir o rio à navegação de outros Estados.

7.2.2. Efeito aparente (cláusula de nação mais favorecida)

Muitas vezes, pode constar dos tratados uma cláusula segundo a qual os Estados contratantes gozarão das vantagens e privilégios que a parte conceder ou vier a conceder a outros Estados, por meio de outros tratados, ou até por ato unilateral.

O exemplo mais comum pode ocorrer na área comercial, quando dois Estados copactuantes de um tratado estabelecem nesse acordo alíquotas mais favoráveis para determinados produtos, observando que se um deles participar de outro acordo com Estado diverso e tributar com alíquota mais baixa os produtos descritos nesse novo acordo com outra nação, haverá imediato favorecimento ao Estado copactuante do tratado anterior.

7.2.3. Efeito de direitos para terceiros

Embora a regra seja a de que nenhum tratado produz direitos ou obrigações para terceiros (art. 34 da Convenção de Viena), é fato que isso pode efetivamente ocorrer, quando, por exemplo, há um tratado multilateral aberto à adesão. Tal abertura representa um direito de terceiro Estado aderir ao pacto ou mesmo a estipulação a favor de outrem, inspirada no direito privado, e possível de acontecer nos tratados. Há de ser lembrado que o art. 36 da Convenção de Viena estabelece de forma expressa a possibilidade desse efeito.

7.2.4. Efeito de obrigações para terceiros

Tal efeito não existirá se o terceiro Estado não anuir à obrigação. O exemplo é o do chamado Estado-garante de uma convenção, quando, por exemplo, a execução de um tratado for posta no todo ou em parte, sob a garantia de um ou mais Estados. O Estado-garante somente pode intervir na execução do tratado, em virtude de requerimento de uma das partes interessadas, nos termos do tratado e dos princípios e normas internacionais.

7.3. *Extinção*

Sobre a extinção dos tratados, já dissemos que cada tratado dispõe sobre sua própria duração. Completamos a ideia afirmando que o tratado poderá extinguir-se, como é lógico, pela execução integral, pela expiração do prazo, pela verificação de uma condição resolutória prevista, expressamente, pelo acordo mútuo, pela renúncia unilateral, sem prejuízo da outra parte, pela denúncia, quando expressamente admitida, e pela impossibilidade de execução[(85)].

A extinção dos tratados, quando ocorre delimita, como é lógico, o tempo de vigência. Quando do subitem sobre a duração do tratado, já analisamos esta matéria, mas ainda algumas palavras são necessárias, no que diz respeito, especificamente, à extinção, isto na concretização desse momento.

Pela Constituição brasileira, a formação de um tratado é simultaneamente internacional e interna, porque o Congresso Nacional intervém em fase anterior à sua consecução no campo internacional (arts. 21, I, 84, VIII, e 49, I).

O § 2º do art. 5º da Constituição Federal estabelece a emergência de se obedecer aos tratados no que diz respeito aos direitos e garantias individuais para brasileiros e estrangeiros residentes no País.

Tem-se que o tratado é fonte do Direito brasileiro, e, pela última norma citada, o Estado tem o dever de adaptar sua norma interna àquelas dele decorrentes[(86)].

---

(85) "A impossibilidade aqui visada pode ser física ou jurídica. A primeira pode decorrer ou da saparição de uma das partes contratantes, ou da extinção do objeto do tratado, ou, ainda, de algum obstáculo natural à realização do fim colimado. Às vezes, nesta última hipótese, a impossibilidade só se apresenta quanto a uma parte do tratado. A impossibilidade jurídica pode resultar de que a execução do tratado em relação a um contratante se torne juridicamente incompatível com sua execução relativamente a outro contratante: é o caso, por exemplo, de um Estado que celebra um tratado de aliança com dois outros assumidos no tratado, quando surge uma guerra entre esses dois outros Estados e se vê na impossibilidade jurídica de executar os compromissos contratados. Pode decorrer, também, da incompatibilidade entre vários tratados." (ACCIOLY, Hildebrando. *Manual* ..., cit., 11. ed. p. 135-136)

(86) "Com efeito, se o Estado brasileiro assegura, ao nível constitucional, a vigência de direitos e garantias decorrentes de tratados internacionais em que seja parte (§ 2º do art. 5º da CF), isso significa que ele próprio tem o dever de conformar a sua ordem interna com o Direito Internacional convencional, não podendo, assim, emitir leis infraconstitucionais contrárias às normas daquele. Dito de outro modo: o Estado brasileiro não quis deixar na disponibilidade do legislador ordinário a vigência de norma de origem não unilateral.

Daqui decorrem duas conclusões: a) a de que o Direito Internacional convencional é colocado na ordem jurídica interna num grau hierárquico superior ao da lei; e b) a de que, em caso de conflito, o tratado se sobrepõe à lei interna.

Isto mesmo é confirmado, em matéria tributária, pelo art. 98 do Código Tributário Nacional que, em preceito declaratório, dispõe que 'os tratados e as convenções internacionais revogam ou modificam a legislação tributária interna e serão observados para que lhes sobrevenha'."

Acreditamos, pela necessária unidade interpretativa e lógica do sistema, que o Direito internacional decorrente dos tratados negociados, assinados e ratificados pelo Brasil, entram no sistema jurídico em posição superior às leis ordinárias, mesmo os tratados que não são de direitos humanos. Se incompatíveis as normas do tratado com a legislação interna, as diversas comissões do Congresso, pelas quais o texto do tratado passa ao ser examinado, deveriam barrar-lhe a futura aplicação, não aprovando o tratado. Caso o tratado se mostre inconstitucional, vício este não observado ou não percebido pelo legislador, restará a decisão de inconstitucionalidade do tratado pelos caminhos judiciais permitido, mas nada leva à conclusão de que o tratado poderá ser desobedecido e/ou não praticado.

A denúncia do tratado já foi objeto de nosso estudo, no entanto acrescentamos que existem tratados que criam situações jurídicas estáticas e, em princípio, definitivas, chamados tratados reais. A denúncia não produz efeito nesses tratados porque não se compreende que uma das partes possa reverter a situação que se consolidou.

Afora os tratados que são imunes à denúncia unilateral, como o exemplo suprarreferido, a possibilidade de denunciar um tratado faz parte da manifestação de vontade do Estado soberano e efetivamente pode ser exercida, mediante certas condições, como já explanado. Claro está que o tratado pode estabelecer a forma, o prazo e o período para o exercício e efeito pleno da denúncia (prazo para a acomodação, tendo em vista os demais copartícipes de um tratado multilateral). Neste caso segue-se o tratado. Embora a Convenção de Viena de 1969 busque suprimir a denúncia e a retirada (pré-aviso), quando esta não vem prevista no tratado (art. 56 CV), entendemos que nenhum Estado pode ser obrigado a ficar preso, *ad eternum,* a um contrato internacional.

É fato que a denúncia exprime-se por escrito (notificação, carta, etc.) para quem de direito e para o local (território de um país, organismo internacional) ao qual também foi enviada a carta de ratificação. É um ato retratável, dependendo das circunstâncias. Fala-se em denúncia parcial, isto é, rejeição superveniente de alguns dispositivos convencionais, sem que o tratado seja desfeito. Parece-nos, no entanto, que tal denúncia parcial poderia ter sido objeto de reserva. Diríamos que é uma reserva feita posteriormente. Há necessidade de verificar se o tratado permitiria a reserva da referida cláusula e em consequência possa ser admitida a denúncia. Também, somente se tem possível essa possibilidade — denúncia parcial — nos tratados multilaterais. A denúncia total nos tratados bilaterais corresponde à extinção do tratado. A parcial, como se raciocina, não tem sentido.

(XAVIER, Alberto. *Direito tributário internacional do Brasil*, p. 102)

Em relação ao direito interno, temos que não há necessidade da vontade conjugada do presidente da República e do Parlamento para que a denúncia ocorra, bastando apenas a primeira. Em relação ao Parlamento, é fato que ao fazer uma lei contrária ao tratado poder-se-á entender que, sob o ponto de vista deste órgão interno, o tratado deveria ser denunciado, uma vez que necessita das duas vontades (Executivo e Legislativo) para que o Estado se obrigue internacionalmente. De qualquer modo, se tal ocorrer, a manifestação internacional do presidente da República é imprescindível e a denúncia não se fará pela simples manifestação do Congresso (fazendo lei de teor diverso, ou, por meio de um decreto-legislativo de rejeição, se isto fosse possível) contrária à continuidade do tratado.

Rezek esclarece bem o problema: "Neste passo, é imperioso reconhecer o desequilíbrio reinante entre os instrumentos de ação do governo e os do Congresso. Se o intento de denunciar é do primeiro, o ato internacional pertinente dará sequência imediata à decisão do presidente da República — a quem se subordinam todos os mecanismos do relacionamento exterior e todos os condutos de comunicação oficial com nações estrangeiras e demais pessoas jurídicas de direito das gentes. Tendo origem no Congresso o propósito da denúncia, não deixa de ser do Executivo a responsabilidade por sua formulação no plano internacional. De par com isso, o meio com que o Congresso exterioriza sua vontade ante o governo não pode ser um decreto legislativo de "rejeição" do acordo vigente — à falta de previsão de semelhante ato na faixa da competência privativa do parlamento. Por exclusão, cabe entender que a lei ordinária é o instrumento próprio para que o Legislativo determine ao governo a denúncia do tratado, tal como o fez em 1911, no domínio extradicional. A lei ordinária, entretanto, não é produto exclusivo do parlamento, visto que depende de sanção do chefe de governo. Este vetará o projeto caso discorde da ideia de denúncia; e só o verá promulgado, contra a sua vontade, caso assim decida em sessão conjunta a maioria absoluta do total de membros de cada uma das casas do Congresso. Aqui se encontra a evidência maior do desequilíbrio entre a manifestação da vontade do governo e a expressão da vontade do Congresso, no sentido de desvincular o país de um tratado internacional. A segunda não apenas percorre, na forma, caminhos difíceis: ela deve, antes de tudo, encontrar-se apoiada no amplo 'quorum' que nossa ordem constitucional reclama para a rejeição do veto presidencial."[87]

e) pela impossibilidade de sua execução — quando algum fato superveniente impossibilita a concretização do tratado, como, por exemplo, a guerra, uma catástrofe natural ou ainda a mudança de domínio de uma por outra nação em algumas situações.

---

(87) *Direito Internacional Público* — Curso Elementar. 13. ed. São Paulo. Saraiva, 2011. p. 143-144.

f) prescrição liberatória.

Tal é a conformação do tratado no Brasil e no mundo.

Há de se analisar também as questões referentes à nulidade, porque, repita-se o que foi dito no item referente ao consentimento mútuo, se ocorrer erro, dolo, coação, corrupção, o tratado é nulo. Quase sempre o erro e o dolo são excluídos como fatores que possam ocorrer na vida internacional, na concretização dos tratados, porque os representantes do Estado vão para uma negociação internacional, devidamente escudados, e dificilmente — não é impossível — incorreriam em erro. O erro de fato, por vezes, pode acontecer, quando, por exemplo, o acordo envolve problemas técnicos-materiais, como o estabelecimento exato de linhas de fronteiras. Nada, no entanto, que não possa ser acertado e reinterpretado, uma vez que a feitura de um tratado pressupõe que as partes estejam de boa-fé. Se não houver boa-fé, existirá o vício máximo e, em decorrência, o dolo, que não poderá amparar qualquer manifestação de vontade.

Em relação à coação, a nulidade, também, é patente. A prova de tal coação nem sempre é fácil de vir a lume. Tem-se maior possibilidade de ocorrência nos tratados de paz (*Hitler* alegou coação no Tratado de Versalhes — não provada/recentemente algures deu-se a entender tal coação, no acordo da Rússia com a Geórgia — 2008, também sem provas).(88)

8. Tratados sucessivos

Tratados sucessivos são aqueles acordados pelos Estados sobre a mesma matéria de tratado anterior. À primeira vista, a solução parece simples, porquanto poderíamos dizer que o tratado posterior revoga o anterior e passaria a ter vigência naquela matéria. Todavia, pode haver dificuldades. Caso estejamos diante de tratados bilaterais, a conclusão acima revela-se clara. Se, entretanto, estamos diante de um tratado anterior, multilateral e outro posterior, bilateral, ou de tratados multilaterais, o problema é um pouco mais complexo.

---

(88) Em agosto de 2008 aconteceu uma guerra formalmente declarada entre a Rússia e a Geórgia, tendo como fato, pivô da discórdia, a região separatista da Ossétia do Sul, importante rota de transporte de petróleo e gás natural na fronteira russa. A Ossétia do Sul em 1992, se autoproclamou independente, o que nunca foi aceito pela Geórgia, mas aceito pela Rússia. No início de agosto de 2008, por ter havido mortes na região e muitos feridos, as tropas da Geórgia cercaram a Capital da Ossétia do Sul (Tskhinvali) e promoveram bombardeios. Esta pediu ajuda à Rússia, que enviou soldados e a situação piorou com mais mortes e feridos. Um acordo de paz foi feito, embora um pouco antes a Geórgia tenha denunciado a Rússia perante a Corte Internacional de Justiça, por atos de limpeza étnica e infringência à legislação internacional, pleiteando uma indenização. Tem-se notícia que tropas russas permaneceram no local. A paz revela-se frágil, pelo fato histórico da discórdia e pelos interesses em conflito.

Aplicável, nesses casos, a Convenção de Viena, no seu art. 53: "É nulo um tratado que, na época de sua conclusão, esteja em conflito com uma norma imperativa de direito internacional geral. Para fins da presente Convenção, uma norma imperativa de direito internacional geral é uma norma aceita e reconhecida pela comunidade internacional dos Estados em sua totalidade, como uma norma da qual não se admite derrogação e que só pode ser modificada por uma nova norma de direito internacional geral da mesma natureza". Assim, o tratado que conflite com norma imperativa de Direito Internacional geral é nulo.

Também importante, e no mesmo sentido, o art. 103 da Carta da ONU: "No caso de conflito entre as obrigações dos membros das Nações Unidas em virtude da presente Carta e as obrigações resultantes de qualquer outro acordo internacional, prevalecerão as obrigações assumidas em virtude da presente Carta".

9. Hermenêutica na aplicação dos tratados

Na verdade, buscamos considerar neste item, embora o nome genérico, "Hermenêutica", que mais se refere a ciência da interpretação, as regras práticas desse exercício (exegese).

Há de se levar em conta nas regras postas e que serão expressadas, os elementos que são utilizados para tanto: literal/gramatical; teleológico; sistemático e histórico, além dos princípios aplicáveis.

9.1. Literal/Gramatical

Refere-se ao que está escrito numa convenção internacional. Elemento material mais importante, ponto de partida de toda interpretação, que se arrima nas palavras e no significado natural e conhecido no mundo das relações internacionais, com garantia da estabilidade e previsibilidade da interpretação.

9.2. Teleológico

É o que leva em conta o fim desejado pelos co-contratantes, observando, por vezes, o que estava inserido nos propostos originais e que daria ao tratado a sua verdadeira concepção. Tratar-se-ia de observar a natureza e objetivo do tratado: se normativo ou negocial, genérico ou particular, se universal ou regional, se permanente ou provisório e, principalmente, quais os elementos ou regras fulcrais do tratado.

9.3. Sistemático

Consideração do corpo de normas e princípios em que se insere o tratado. Significa observar o contexto e a conexão entre as diversas partes do acordo.

9.4. Histórico

Leva em conta os preparatórios do tratado, preâmbulos, declarações políticas, negociações. É um elemento suplementar, que coopera com os demais elementos e suprime a atividade interpretativa na falta de outros.

Quanto aos princípios interpretativos são aqueles já conhecidos, buscando sempre levar o tratado a uma existência compatível com o quadro geral das relações entre os Estados e com a harmonia entre os diversos interesses. Nos dias de hoje, deve-se levar em conta o impacto do tratado assinado no ser humano.

Sabemos que interpretar significa determinar o exato sentido da regra que se está examinando. Na maioria das vezes, o tratado necessita para a sua aplicação a correta interpretação de suas normas. Também aqui, há necessidade de arrimarmos nossas considerações na Convenção de Viena de 1969, que é o texto básico a que se recorre sempre que estamos diante de um tratado internacional. Tal Convenção, em seus arts. 31 a 33 dá os instrumentos para a tarefa, que resumimos da seguinte forma: a) regra geral — todo acordo internacional deve ser interpretado de boa-fé, para tanto buscando o sentido comum das palavras empregadas no tratado e à luz de seu objeto e finalidade; b) a interpretação compreende o preâmbulo, o dispositivo e os anexos; c) devem ser levados em consideração eventuais acordos relativos à interpretação e aplicação dos dispositivos do tratado; d) devem ser levadas em consideração regras de Direito Internacional aplicáveis às partes; e) um termo do tratado somente pode ser entendido em um sentido especial, e não no sentido comum, se assim ficar estabelecido; f) como interpretação suplementar pode-se recorrer ao histórico na feitura do tratado: trabalhos preparatórios, circunstâncias de sua conclusão etc., para afastar um sentido ambíguo ou obscuro, ou um resultado manifestamente absurdo e contrário; g) quando um tratado for autenticado em uma ou mais línguas, os respectivos textos são igualmente obrigatórios para cada parte, concretizados em cada língua diferenciada, presumindo-se que o texto do tratado tem o mesmo sentido nos diversos textos autênticos; e h) quando o sentido não é o mesmo, adotar-se-á o sentido que estiver mais de acordo com o objeto e a finalidade do tratado.

No caso de haver dois ou mais tratados, que se observam conflitantes, em relação às mesmas partes, prevalecerá o tratado posterior. É a regra

"*Lex posterior derrogat priori*". Outra norma interpretativa a ser empregada é a de "*Lex specialis derrogat generali*", quando independentemente da regra anterior, cronológica, deve ser observado que os co-partícipes quiseram excepcionar determinado dispositivo do tratado anterior.

10. Controle de convencionalidade

Cabe ao Poder judiciário interno de cada país o controle da constitucionalidade das convenções internacionais, e, igualmente, cabe também, ao mesmo Poder, aplicar as normas internacionais que representam o "*ius cogens*", isto é, aquelas normas reconhecidamente com alcance universal, como hoje se reconhece às qualificadas de direitos humanos e que são, de certo modo, garantidas pela jurisdição internacional.

Temos, por isso, o potencial de um significativo conflito entre a jurisdição internacional, buscando preservar suas conquistas, e a jurisdição nacional, observando a primazia do direito interno no que lhe é caro.

Óbvio que, o que se espera é que ambos os lados, por seus intérpretes e aplicadores, reflitam uma possibilidade de harmonia nas suas decisões. Em outras palavras, a jurisdição internacional deve reconhecer que a soberania dos Estados ainda é uma fator de contenção da sociedade internacional, e que, portanto, deve ser preservada, e a jurisdição nacional deve incorporar ao seu sistema e adaptá-lo o quanto possível às injunções internacionais. Daí pensarmos que a compatibilidade das normas internas com a Constituição (uma lei só é válida após o exame de sua compatibilidade com a Constituição) também leva em conta a conformidade destas e da própria Constituição com os tratados internacionais adotados pelo país.

No capítulo em sequência trataremos rapidamente sobre o tratado no Brasil. Por ora, ficamos com essas premissas, que entendemos válidas para aqueles que lidam com o Direito Internacional.

Entretanto, algumas ideias devem ser ora postas para entendermos o que se convencionou chamar "controle de convencionalidade".

10.1. Sistema de controle de constitucionalidade

Diz da competência de todo e qualquer magistrado para reconhecer a invalidade jurídica de qualquer ato que tenha violado, direta ou indiretamente, o texto constitucional.

Embora o controle de constitucionalidade não seja exclusivo do Poder Judiciário, ele é, sem dúvida, o ator principal nesta esfera.

A supremacia da Constituição Federal acabou ensejando dois sistemas ou mecanismos, para mantê-la com prioridade no sistema jurídico: controle difuso e o controle concentrado.

Controle Difuso (origem norte-americana), julgamento do caso Marbury VS. Madison, mediante o entendimento ali adotado, todo e qualquer juiz poderia, nos parâmetros do caso específico, em julgamento, pronunciar a inconstitucionalidade de uma lei. Tal sistema foi adotado pelo Brasil, já na Constituição de 1891.

Controle Concentrado (origem austríaca), busca evitar a proliferação de decisões contraditórias, concentrando a competência em um único órgão autônomo, em relação por demais poderes, denominado Tribunal Constitucional que, uma vez reconhecendo a inconstitucionalidade, exclui a lei do sistema jurídico, mediante decisão com o efeito *erga omnes*, isto é, oponível a qualquer pessoa. É também conhecido como o sistema europeu.

Tem-se que a ênfase atual da Constituição Federal é pelo controle concentrado, uma vez que abriu-se as portas para provocar o Judiciário, agora, não só por intermédio do Procurador-Geral da República, antes o árbitro exclusivo da propositura, (com plena discricionariedade para a arguição de inconstitucionalidade) mas há outros legitimados (art. 103, CF), tirando o anterior monopólio do Procurador-Geral. Todavia, como ainda é mantido o controle difuso, por via indireta ou de exceção (autor de uma demanda, o réu, o Ministério Público, quando parte ou "*custos legis*", assistentes, litisconsortes, opoentes, quando legitimamente interferem no processo) temos um sistema híbrido, isto é, difuso e concentrado, o que revela a preocupação com a higidez constitucional dos atos jurídicos e das leis.

Afora isso, observa-se uma amplitude na prática desse controle, ao se observar a possibilidade de controle político (pelo Executivo; veto de uma lei, ou pelo Legislativo; rejeição de um projeto de lei, meros exemplos).

Assim, pode se dizer, considerando o que explicitado nos parágrafos anteriores, que há um sistema complexo no Brasil. Há possibilidade de todo e qualquer magistrado, mediante regras específicas, reconhecer a inconstitucionalidade e do Supremo Tribunal Federal, por provocação, pelas chamadas "ações diretas" (ação direta de inconstitucionalidade – art. 102, I, a, ação declaratória de inconstitucionalidade – art.102, I, arguição de descumprimento de preceito fundamental – art. 102, par. 1º CF, ação direta interventiva – arts. 34 e 36 da CF), julgar a constitucionalidade com eficácia "*erga omnes*" e com efeito vinculante.

Mais complexo ainda o sistema, quando identificamos que o STF atua nas duas frentes, quando, de forma incidental (em recursos extraordinário, p. ex.) opõe sua decisão a todos, além das ações diretas, como já explicitado.

A temática do controle da convencionalidade (isto é, das Convenções Internacionais/ Tratados Internacionais) entra neste contexto. É um mecanismo de tutela da força normativa dos Tratados Internacionais de Direitos Humanos, quando devidamente incorporados ao Direito Positivo Brasileiro.

Já visto o regime jurídico constitucional dos Tratados no Brasil, pela sua classificação, principalmente, no que tange ao procedimento, ao qual nos reportamos, podemos especificar melhor o controle em tela.

Lembramos, por ser de importância básica para o raciocínio do controle de convencionalidade que, o sistema adotado pelo Brasil para incorporação dos tratados, é complexo, resultante da vontade do Congresso Nacional (art. 49, I, CF), da Presidência da República (art. 84, VIII, CF), dispondo de competência para celebrar tratados e promulgá-los, mediante Decreto.

Esta rede procedimental resulta, desde o seu início, o que já esclarecemos em capítulo anterior: negociação do tratado; assinatura; aprovação pelo Congresso; ratificação externa; decreto de promulgação; publicidade. Tais atos, ao final, importam: na promulgação do tratado; publicação oficial do texto e executoriedade do ato internacional, obrigando a todos no plano interno.

Também não nos esqueçamos, que a posição hierárquica dos tratados no ordenamento jurídico nacional não é simples, porquanto há de se divisar se se trata de um tratado comum ou de um tratado de direitos humanos, e, dentro destes, aqueles aprovados e ratificados nos termos do § 3º, do art. 5º, da Constituição Federal, ou não.

Quatro posicionamentos distintos podem ser visualizados: supranacionalidade; constitucionalidade; supralegalidade; e, legalidade.

É fato, salvo melhor raciocínio, que no Brasil a tese da supraconstitucionalidade não prevalece, isto é, os tratados, não importa sobre o que versam, não estão acima da Constituição. Restam as outras três. Os tratados que não versam sobre Direitos Humano estão, abaixo da Lei Maior (legalidade), os de Direitos Humanos, se aprovados conforme as regras já mencionadas equiparam-se à lei constitucional (formal e materialmente), os que, apesar de Direitos Humanos, não obtiveram o procedimento adequado, inserido pela Emenda n. 45 de 2004 (a maioria, porque aprovados antes da referida Emenda) são normas supralegais.

Bem, dito isso, que resume o que já vínhamos dissertando, resta saber como se configura o *controle da convencionalidade*, de forma objetiva, como cabem num curso como o nosso. Algumas regras de raciocínio:

A) Toda e qualquer norma interna brasileira que venha contrariar as disposições de qualquer tratado internacional de direitos humanos, com *status* de norma supralegal, deverá ser considerada formalmente ilegal;

Tal ilegalidade pode e deve ser reconhecida por qualquer magistrado nos processos judiciais em que atua, independentemente de provocação das partes.

Não se admite, no entanto, a utilização de ações de controle concentrado de constitucionalidade a serem julgadas pelo Supremo, porque não se trata de violação de normas constitucionais, mas sim, de normas supralegais.

Em nosso modo de ver, os Tribunais, neste controle, essencialmente difuso, não estão sujeitos ou limitados a chamada "cláusula de reserva de plenário", prevista no art. 97, da Constituição, podendo reconhecer a ilegalidade mesmo que não atinja o *quorum* de maioria absoluta de seus membros.

De igual modo, se o Tribunal considerar que determinada lei interna não viola o conteúdo de um tratado com caráter supralegal, será cabível o Recurso Especial ao Superior Tribunal de Justiça e, no caso da Justiça do Trabalho, o Recurso de Revista do Tribunal Superior do Trabalho, visto que a situação se equipara à violação de lei federal.

B) Tratados de direitos humanos com *status* constitucional veiculam normas que estão acima das leis brasileiras: supremacia da Constituição Federal.

Toda e qualquer norma que venha a contrariar disposições de qualquer tratado internacional de direitos humanos, nesta situação, será violadora da Constituição e, portanto, inconstitucional (tanto pelo controle difuso, como pelo concentrado, e, assim nosso controle misto, com as regras a ele inerentes.

Aqui o controle de convencionalidade é um segmento do controle de constitucionalidade.

Em outras palavras: os tratados de direitos humanos internalizados com base no § 2º, do art. 5º, da Constituição Federal (supralegalidade), aplica-se o controle da legalidade, a ser feito por qualquer magistrado, independentemente de provocação; tratados de direitos humanos internalizados, com base no § 3º, do art. 5º, da Constituição Federal (normas constitucionais), aplicam-se, tanto o controle difuso, como o concentrado (misto), mediante o uso das regras admitidas.

QUADRO SINÓTICO

TRATADOS

— Conceito: acordo formal concluído entre sujeitos de Direito Internacional destinado a produzir efeitos jurídicos na órbita internacional

— Terminologia: tratado, convenção, carta, pacto, *modus vivendi*, ato, estatuto, declaração, protocolo, acordo, ajuste, compromisso, convênio, memorando, regulamento, concordata

— Classificação
- Formal
  - Quanto ao número das partes
    - bilateral
    - multilateral/plurilateral
  - Quanto ao procedimento
    - solenes ou em devida forma
    - acordo de forma simplificada
- Material
  - Contratuais
  - Normativos/tratados-leis
  - Especiais
    - de categorias especiais
    - tratados institucionais
    - convenções internacionais do trabalho
    - tratados que criam organismos dotados de personalidade jurídica
    - tratados que criam empresas

— Representantes
- Dos Estados
  - Chefes de Estado
  - plenipotenciários
  - outros representantes
- Organizações internacionais
  - Secretário-geral
  - outro funcionário

— Procedimento: negociação, assinatura ou adoção, aprovação legislativa, ratificação ou adesão

— Estrutura
- Preâmbulo
- Parte dispositiva
- Anexos

— Extinção
- Execução integral
- Expiração de prazo
- Verificação de uma condição resolutória
- Acordo mútuo
- Renúncia unilateral
- Denúncia
- Impossibilidade de execução

— Controle de Convencionalidade
- Conceito:
- Controle que se faz da compatibilidade das normas do país com os tratados internacionais, nele vigentes.
- Comparável à figura do controle de constitucionalidade.
- Os Países adotam os controles difusos (qualquer juiz ou concentrado (Tribunal Constitucional — STF)
- O Brasil adota ambos para o controle de constitucionalidade
- Toda e qualquer norma interna não pode contrariar tratados de direitos humanos, que tenham *status* de constitucional (tratado aprovado na forma do art. 5º, 3º, da CF). A norma que contraria tal tratado será considerada inconstitucional

CAPÍTULO V

O TRATADO NO BRASIL

1. Fundamentos gerais. 2. Fundamentos internos. 3. Posição do Brasil: 3.1. Tratados de Direitos Humanos; 3.2. Tratados em matéria tributária/Direito Internacional Tributário; 3.2.1. Aplicação do Tratado e o Direito Interno; 3.2.2. O Direito Tributário Internacional e o conflito de leis no espaço. 4. Procedimento para a aprovação interna. Quadro sinótico.

1. Fundamentos gerais

Há necessidade de fixarmos bem quais as dificuldades de um tratado no Brasil, porque, embora negociado e aprovado, sua inserção no Ordenamento Jurídico Nacional não é tranquila.

Dois aspectos podem ser destacados: o da constitucionalidade extrínseca e o da constitucionalidade intrínseca, como ensina *Albuquerque Mello*(89).

Denomina-se constitucionalidade extrínseca a chamada "ratificação imperfeita", isto é, o Poder Executivo ratifica o tratado — envia carta de ratificação — sem tê-lo submetido à aprovação legislativa.

Nesse caso, em se tratando de convenções que "acarretem encargos ou compromissos gravosos ao patrimônio nacional" (art. 49, I, CF), não há cumprimento da norma constitucional.

Três teorias confrontam-se: a) validade do tratado; b) invalidade do tratado; e c) tratado pode ou não ser válido:

a) validade do tratado — tem por base o Direito Alemão, uma vez que este não exigia a aprovação do Legislativo para todo e qualquer tratado. Embora esta seja uma questão que interessa ao Direito Interno, é fato que a prática interna do Estado pode dificultar futuros acordos internacionais;

b) invalidade do tratado — para esta teoria, o Direito Interno deve andar a par com o Direito Internacional. Caso a lei interna exija alguma condição, o tratado não se tem por válido, se a exigência não for cumprida. As relações internacionais ficam inseguras, com esse posicionamento;

c) tratado pode ou não ser válido — trata-se de teoria mista, para a qual a nulidade do tratado só ocorrerá se a violação do Direito Interno for notória e fundamental.

---

(89) MELLO, Celso D. de Albuquerque. *Direito constitucional internacional*. 2. ed. Rio de Janeiro: Renovar, p. 337.

2. Fundamentos internos

Na verdade, esta última concepção viu-se consagrada internacionalmente com a Convenção de Viena de 1969 (Tratado dos tratados/Código dos tratados), na parte relativa à nulidade dos Tratados (arts. 46 e 47 da Convenção).

O primeiro artigo estabelece que o Estado não poderá invocar o Direito Interno para descumprir o tratado, salvo se tal violação disser respeito a uma regra de Direito Interno de importância fundamental.

O segundo artigo fala da autoridade do representante do Estado para expressar o consentimento deste em um tratado. Caso haja alguma restrição específica no Direito Interno sobre a atuação desse representante e o mesmo omitir sobre a restrição, isso não poderá ser invocado para anular o consentimento expresso; exceção feita se essa restrição tiver sido notificada aos outros Estados negociadores.

O Brasil, pelo art. 49, I, da Constituição Federal, parecia filiar-se à terceira concepção, isto é, a de que o tratado pode ou não ser válido, seguindo, também, a Convenção de Viena.

É fato, no entanto, que os tratados devem, após a negociação e assinatura, passar pelo Congresso Nacional (as duas casas do Congresso), conforme dispositivo constitucional.

O Legislador constituinte, praticamente, afastou a possibilidade de tratados simplificados e não permitiu a ratificação externa sem o cumprimento dessa regra.

A constitucionalidade intrínseca leva em conta não a formalidade do tratado, mas o conteúdo de alguma norma convencional que viole a Lei Maior. A formalidade (passos para a aprovação) é respeitada.

Albuquerque Mello dá notícia de que nos EUA, o tratado limita-se à Constituição; entretanto, a Corte Suprema nunca declarou um Tratado inconstitucional (obra já citada).

Lembra, também, que na Bélgica não cabe aos Tribunais apreciarem a constitucionalidade dos Tratados, o que, de igual modo, ocorre na Holanda. Aliás, neste último país, se três quartos dos Estados Gerais aprovarem o tratado, a Constituição fica modificada.

Tanto a ratificação imperfeita (constitucionalidade extrínseca), como a intrínseca merecem reflexão profunda dos estudiosos.

3. Posição do Brasil

Nossa Constituição, de forma expressa, admite a apreciação do tratado pelo Judiciário e o STF já teve oportunidade de declarar a inconstitucionalidade, por exemplo, de alguns tratados: Convenção n. 158 da Organização Internacional do Trabalho — OIT — (garantia de emprego) e a de n. 110 do mesmo organismo (trabalhadores na fazenda), ambas denunciadas pelo Brasil.

Assim, o Supremo Tribunal Federal poderá declarar o tratado inconstitucional, suspendendo sua vigência interna; todavia, o Tratado continuará em vigor na área internacional, acarretando a responsabilidade do Estado.

O Texto Constitucional não estabelece regras objetivas para eventuais conflitos entre Tratados Internacionais, Leis Internas e Normas Constitucionais.

Mariângela Ariosi afirma que em vários casos o STF optou pelo monismo internacional, privilegiando o tratado sobre o Direito Interno[(90)].

Dentre eles, menciona: União Federal v. Cia. Rádio Internacional do Brasil, quando por unanimidade o STF decidiu que um Tratado revogava as leis internas (Apelação Cível n. 9.587). Há menção de um acórdão de 1914, num pedido de extradição (n. 7, 1913) em que a Corte declarava estar em vigor um tratado, apesar de uma lei posterior a ele contrária. No mesmo sentido, uma Apelação Cível n. 7.872, de 1943.

As decisões da Justiça vão do dualismo ao monismo moderado (*vide* capítulo I). No RE n. 80.004, em julgamento polêmico que durou de 9.75 a 6.77, o STF passou a admitir a derrogação de um tratado por lei posterior. A questão versava sobre a Convenção de Genebra e as letras de câmbio e notas promissórias. O Decreto-lei posterior exigiu registro da NPE; o tratado, não (Decreto-lei n. 427/69 deu vigência ao Tratado no Brasil).

As disposições constitucionais reforçam o monismo moderado, porque o nosso sistema não repele o Direito Internacional, representado por um Tratado; ao contrário, incentiva-o, mas impõe obstáculos para a sua consecução interna.

A Constituição Federal de 1988 estabelece no seu art. 102:

> "Compete ao Supremo Tribunal Federal, precipuamente, a guarda da Constituição, cabendo-lhe: ... III — julgar, mediante recurso extraordinário, as causas decididas em única ou última instância, quando a decisão recorrida: a) contrariar dispositivo desta Constituição; b) declarar inconstitucionalidade de Tratado ou Lei Federal."

Claro que para tal declaração de inconstitucionalidade é necessário confrontar o Tratado Internacional com as Leis Fundamentais; em tese, as que estão na Carta Magna.

Por outro lado, é bom lembrar que a Constituição Federal prevê que o Supremo Tribunal Federal pode no exercício de sua função negar vigência à lei ou a tratado; mas não prevê que o tratado necessite ser incorporado ao Direito Nacional por intermédio de uma espécie normativa interna, embora

---

(90) ARIOSI, Mariângela. *Conflitos entre tratados internacionais e leis internas.* Rio de Janeiro: Renovar, 2000. p. 165.

isto sempre ocorra, em virtude do art. 49, I, por meio do Decreto Legislativo e após, com a promulgação e publicidade do tratado.

Tratado é tratado, podemos dizer: tratado não é lei; tratado não é decreto. Tais capas de que se reveste o tratado servem para lhe dar feição interna. O tratado, em si, é um Instituto diverso das demais figuras constitucionais e a Constituição Federal, em última análise, acaba por consagrar a vigência do tratado, independentemente de lei especial.

Os arts. 49, I, 84, VIII, 102, 105, 109, 178, 192 e outros da Constituição falam de tratado, acordo, convenção e não de Lei, Decreto ou o que o valha.

A exigência de aprovação legislativa, que se concretiza pelo Decreto Legislativo e da promulgação presidencial, bem como da publicidade, apenas tornam o tratado conhecido e executável no território.

Por outro lado, no Brasil, nunca houve qualquer dispositivo constitucional acerca da hierarquia entre o tratado e a Norma Constitucional. Somente o art. 102, III, *b*, da Constituição Federal revela que o tratado está submetido ao controle de constitucionalidade, o que se pode fazer por ação direta de inconstitucionalidade ou a declaratória de constitucionalidade (art. 103 e seu § 4º, CF).

Esse controle, no entanto, faz concluir pela preeminência da Carta Magna sobre a maioria dos tratados (salvo os relativos a Direitos Humanos).

Pensamos que o mundo moderno exige a primazia do Direito Internacional sobre o Direito Interno. É bom observar que estamos falando em Direito, não em força política, em economia ou em ideologia. Os mecanismos para o Estado defender-se dessas invasões não jurídicas podem vir configurados na Ordem Jurídica Nacional, ainda quando se revestirem de normas internacionais. Por esse último motivo, além de outros de ordem interna é que se justifica o controle de constitucionalidade.

Não se olvide que tal controle não é exercido só pelo Judiciário, mas, também, pelo Legislativo e pelo Executivo e até pela opinião pública, pelos meios de comunicação para repelir a norma internacional não desejada.

Em relação às normas infraconstitucionais, embora, em tese, pelo sistema atual a elas poderia o tratado equivaler, uma interpretação sistemática das normas constitucionais, dos tratados e das organizações que o Brasil anuiu e pertence, revelam que se há de dar prevalência ao tratado internacional, modificando nossa opinião, exposta nas edições anteriores. Fraga Mirtô, assim doutrina[(91)].

Arrepia aos defensores da soberania — não o somos menos — dizer que o melhor seria estabelecer a primazia do tratado. Entretanto, não há motivo para que isso não aconteça se obedecermos nossa própria ordem.

---

(91) FRAGA, Mirtô. *O conflito entre tratado internacional e norma de direito interno:* estudo analítico da situação do tratado na ordem jurídica brasileira. Rio de Janeiro: Forense, 1997. p. 85.

O representante brasileiro, numa reunião de negociações para a feitura de um tratado, não pode ultrapassar a área de sua representação que vem marcada pelo sistema legal do país na Lei Maior.

De qualquer modo, a simples assinatura do representante em um tratado não gera responsabilidade internacional.

Enfim, não correremos nenhum risco se atuarmos com a seriedade desejada, na ordem interna e na internacional, mesmo porque a ratificação externa de um tratado só virá após a ratificação interna.

Em tese, não há congruência na atuação do Estado, como membro da sociedade internacional, quando o Legislativo aprova, o Executivo consagra e o Judiciário nega a vigência de um tratado. Tais fatos devem ser evitados.

3.1. Tratados de Direitos Humanos

Ficaria, de início, a dúvida que ressalta da própria Constituição Federal, no que tange à possibilidade de superar as barreiras constitucionais em matéria de tratado: O art. 5º, §§ 1º e 2º, por exemplo, revelaram-se como porta aberta, antes da Emenda n. 45/2004, para admitir a prevalência do tratado em matéria de direitos e garantias fundamentais: "§ 1º As normas definidoras dos direitos e garantias fundamentais têm aplicação imediata.

> § 2º Os direitos e garantias expressos nesta Constituição não excluem outros decorrentes do regime e dos princípios por ela adotados, ou dos tratados internacionais em que a República do Brasil seja parte".

Tal dúvida não mais existe, porquanto o § 3º vindo com a Emenda n. 45/2004 estabeleceu: "Os tratados e convenções internacionais sobre Direitos Humanos que forem aprovados, em cada Casa do Congresso Nacional, em dois turnos, por três quintos dos votos dos respectivos membros, serão equivalentes às Emendas Constitucionais".

Assim, no que tange a Tratados de Direitos Humanos o sistema brasileiro diferencia-se. Podemos dizer que tais tratados têm uma hierarquia superior aos demais tratados, porque há uma solenidade maior para a sua aprovação, consistente no *quorum* de três quintos da Câmara dos Deputados e do Senado, entrando no ordenamento jurídico nacional como emenda.

Lembremos o art. 60, § 2º da Constituição Federal quanto às Emendas: "A proposta será discutida e votada em cada Casa do Congresso Nacional em dois turnos, considerando-se aprovada se obtiver, em ambos, três quintos dos votos dos respectivos membros".

Antes mesmo do acréscimo do § 3º supramencionado, por interpretação sistemática e lógica da Constituição, alguns doutrinadores entendiam que os Tratados de Direitos Humanos já possuíam natureza constitucional, ante os termos do § 2º do mesmo art. 5º.

Segundo *Flávia Piovesan*, com o advento do § 3º, do art. 5º, surgiram duas categorias de Tratados de Direitos Humanos: "a) os materialmente constitucionais. Frise-se: todos os Tratados Internacionais de Direitos Humanos são materialmente constitucionais, por força do § 2º do art. 5º. Para além de serem materialmente constitucionais, poderão, a partir do § 3º do mesmo dispositivo, acrescer a qualidade de formalmente constitucionais, equiparando-se as emendas à Constituição, no âmbito formal".[92]

Ante os termos do novo parágrafo em análise, somos obrigados a concordar com *Flávia Piovesan*, porque outros problemas podem decorrer do referido texto: primeiro, é possível discutir-se sobre a recepção ou não dos tratados anteriores de Direitos Humanos, como emendas, o que não parece razoável; depois, poderíamos pensar na possibilidade de um Tratado de Direitos Humanos não ter a votação de três quintos dos membros, o que o faria entrar como lei ordinária, o que também não seria razoável.

Os Tratados de Direitos Humanos, portanto, segundo a melhor interpretação, constituem-se em cláusulas pétreas, não podendo ser abolidos por meio de emenda constitucional, isto é, resguardam os direitos e garantias individuais.

Todavia, os Tratados Internacionais de Direitos Humanos materialmente constitucionais, como ensina *Piovesan*[93], são suscetíveis de denúncia por parte do Estado signatário, o que não acontece com os material e formalmente constitucionais.

No entanto, a denúncia não poderá ser feita só pela vontade do Executivo, porquanto não é um tratado comum, tendo em vista o significado para o ordenamento jurídico brasileiro e o significado para a própria comunidade internacional, em que o Brasil se insere, como membro ativo e como ator de ponta e com pretensões ao exercício de uma liderança, regional e mundial. Ainda que assim não fosse, o simples fato de que tais atos internacionais (tratados de direitos humanos) garantem regras de proteção e de incentivo ao ser humano, à sua dignidade e às suas possibilidades de vida plena, obriga-nos, ante o desiderato constitucional, a buscar a manutenção das normas de direitos humanos e de direitos fundamentais.

Importante, ainda, nesse passo, não se olvide, o também novo § 5º do art. 109 e inciso V-A do mesmo artigo, que ora se transcreve:

> V-A — as causas relativas a Direitos Humanos a que se refere o § 5º deste artigo.
> § 5º Nas hipóteses de grave violação de Direitos Humanos, o Procurador-Geral da República, com a finalidade de assegurar o cumprimento de obrigações decorrentes de Tratados Internacionais de Direitos Humanos dos quais o Brasil seja parte, poderá

(92) PIOVESAN, Flávia. Reforma do judiciário e direitos humanos. In: *Reforma do judiciário, analisada e comentada*. São Paulo: Método, 2005. p. 72.
(93) *Ibidem*, p. 73-74.

suscitar perante o Superior Tribunal de Justiça, em qualquer fase do inquérito ou processo, incidente de deslocamento de competência para a Justiça Federal.

Houve a chamada "Federalização de Crimes contra Direitos Humanos" e o deslocamento da competência adequou o funcionamento do Judiciário ao sistema protetivo internacional, devendo a União responsabilizar-se pela investigação e processamento de tais crimes.

Importante invocar o voto do Ministro Sepúlveda Pertence no RHC 79.785/RJ, de 29.3.2000, antes, portanto, da Emenda Constitucional n. 45/2004, que considerou os Tratados de Direitos Humanos como um documento supralegal. Também, o ministro Gilmar Mendes, na sessão plenária de 22 de novembro de 2006, RE n. 4666.343-1/SP, em que se discutiu a prisão civil por dívida nos contratos de alienação fiduciária em garantia, e que foi relator o Ministro Cezar Peluso, em voto-vista, afirmou que os Tratados de Direitos Humanos teriam posição intermediária, abaixo da Constituição, mas acima da legislação infraconstitucional, uma espécie de supralegalidade. Com a Emenda n. 45/2004 que emprestou o caráter de Emenda aos referidos Tratados, a discussão não mais se põe; todavia, restam os demais tratados, que seriam equiparados às normas infraconstitucionais. Entendemos que a consideração dos Ministros do STF acima mencionados, poderia servir para os demais tratados. Assim, deveriam ter um tratamento diferenciado e não ser equiparados às normas infraconstitucionais, uma vez que a nossa Constituição Federal, talvez mesmo na esteira de consideração da supralegalidade. A superioridade dos tratados em geral, sobre a lei interna, parece ser uma tendência do mundo moderno, além do que estaria mais de acordo com os diversos dispositivos constitucionais.

Valério de Oliveira Mazzuoli[94], de forma expressa, menciona em seu livro arrimos legais para tal consideração, como o art. 5º, do Código Penal Brasileiro; o art. 1º, inciso I, do Código de Processo Penal, o art. 7º, da Lei n. 8.078/90 (Código do Consumidor); o art. 98 do Código Tributário Nacional, e o reforço especial dado pelo § 2º do art. 5º, da Constituição Federal, bem como agora o § 3º, do mesmo dispositivo constitucional.

3.2. Tratados em matéria tributária/Direito Internacional Tributário

3.2.1. Aplicação do Tratado e o Direito Interno

Esta espécie de tratado merece um estudo especial, não só pelos efeitos internacionais que pode causar para o Estado e na vida das pessoas e das empresas, como também pela específica redação do art. 98 do Código

(94) MAZZUOLI, Valério de Oliveira. *Curso de direito internacional público*. 2. ed. São Paulo: Revista dos Tribunais, 2007. p. 312-313.

Tributário Nacional, que tem causado divergências interpretativas e o texto do art. 151, III, da C. Federal.

Em primeiro lugar, fixe-se a ideia: os tratados internacionais, sejam eles comerciais, de direitos humanos, educacionais ou tributários, seguem idênticos procedimentos quanto à passagem pelos órgãos internos brasileiros, isto é, passam pelo Legislativo (art. 49, I, da CF) e pelo Executivo (art. 84, VIII, CF), salvo se dentre estes houver aquele cujos efeitos não importem em encargos ou compromissos gravosos ao patrimônio nacional, o que depende, como vimos, de interpretação, uma vez que a tendência é a aprovação legislativa. Todavia, como sabemos, os tratados de direitos humanos necessariamente precisam de rito diverso e entram como emendas constitucionais.

No que tange ao art. 98 do CTN, este estabelece: "Os tratados e as convenções internacionais revogam ou modificam a legislação tributária interna, e serão observados pela que lhes sobrevenha".

Segundo este dispositivo, parece bem claro que os tratados internacionais revogam ou modificam a legislação tributária interna e ainda serão observados pela lei posteriormente criada sobre a mesma matéria.

Assim, este artigo da lei federal afirma a superioridade dos tratados de Direito Tributário sobre a legislação interna a ele anterior, e sobre a legislação interna posterior ao próprio tratado.

O Supremo Tribunal Federal tem decidido, no geral, que os tratados internacionais estão hierarquicamente subordinados à autoridade normativa da Constituição da República, e que, portanto, não terão valor aqueles que, formal e materialmente, transgredirem o texto constitucional.

Nessa esteira de pensamento, alguns doutrinadores entendem que o referido artigo é merecedor de críticas, pois, para que um tratado passe a integrar o ordenamento jurídico nacional, além de ser aprovado pelo Congresso, deve receber o Decreto de Promulgação do Presidente da República, sendo este o diploma legal que deve prevalecer sobre a lei interna anterior.

Muitos alegam a inconstitucionalidade do art. 98 do CTN, dentre outros argumentos, o de que o conflito entre norma de Direito Interno e a norma de Direito Internacional, deve ser resolvido pela aplicação do princípio da prevalência da lei posterior, o que colide com a parte final do dispositivo em comento.

Por outro lado, diz-se que não é o tratado que integra a legislação interna e sim o Decreto que o promulgou, o que permitirá ampla liberdade para se desconsiderar um Decreto de Promulgação que contrarie outra norma interna, bastando, após os trâmites necessários, que o Executivo, por intermédio do órgão diplomático, resolva o problema na área internacional, denunciando o tratado.

Entendemos constitucional o art. 98 supramencionado. Assim, também pensa *Roque Carraza:* "Os tratados internacionais — convém frisarmos — podem versar quaisquer matérias, nada impedindo, pois, que cuidem de assuntos tributários. Embora já tenhamos sustentado o contrário, hoje estamos convencidos de que realmente o tratado internacional, devidamente aprovado, ratificado e promulgado, é fonte primária do direito tributário. Constitucional, pois, o art. 98 do CTN, quando prescreve que os 'os tratados e convenções internacionais revogam ou modificam a legislação tributária interna, e serão observados pela que lhes sobrevenha'."(95). Todavia, apesar desta abalizada opinião, com a qual concordamos, o notável professor e jurista afirma que a legislação que sobrevier ao tratado pode modificá-lo. Apesar de ser este o caminho lógico e natural pela aplicação do princípio de que lei posterior revoga a anterior quando tem por teor a mesma matéria, entendemos que o art. 98 do CTN é bem expresso e claro e ou consideramos todo o dispositivo válido, aplicado e coerente com o sistema interno, ou o consideramos efetivamente inconstitucional. Neste ponto, pois, havemos de discordar do tributarista.

Heleno Torres, em sua obra já clássica, *Pluritributação Internacional sobre as Rendas de Empresas*, explica a demarcação de duas funções afetas ao art. 98, em análise: "recepção sistêmica das normas convencionais e, quanto à execução destas, um comando comportamental — modalizado deonticamente como 'proibido' — destinado ao legislador ordinário, de veto a qualquer pretensão de alteração *in fieri*, por via unilateral, do que fora pactuado, nos termos do princípio *pacta sunt servanda intra pars* — o que confirma o princípio da prevalência — de aplicabilidade das normas internacionais sobre o direito interno. Mas se ele (art. 98) não existisse, pelas características do sistema brasileiro, supradescritas, em nada se alteraria o mecanismo de recepção".(96) Explicação dada mais adiante, pelo conhecido doutrinador, põe os fatos no seu devido lugar, porque a convenção internacional que modifica a legislação interna, aplicar-se-ia somente no Brasil, apenas aos países signatários da referida convenção, e, portanto, a legislação interna anterior ao tratado continuaria a prevalecer para os países não atingidos ou eventualmente beneficiados.

Também compartilhamos de seus ensinamentos, no sentido de que haverá prevalência aplicativa da norma convencional, "na composição semântica da norma individual e concreta, quanto aos fatos previstos no texto convencional, mantendo a disciplina deste, até que, pelo procedimento próprio (denúncia), lhe seja retirada a validade".(97)

---

(95) CARRAZZA, Roque Antonio. *Curso de direito constitucional tributário*. 24. ed. São Paulo: Malheiros, 2008. p. 233.
(96) TORRES, Heleno. *Pluritributação internacional sobre as rendas de empresas*. São Paulo: Revista dos Tribunais, 1977. p. 400.
(97) *Ibidem*, p. 402.

De qualquer modo, o tratado não é revogado por lei posterior. Tratam-se de figuras diversas, no entanto para aqueles que aventam a possibilidade de a nova lei, que contraria o teor do tratado, passar a valer sobre este, melhor seria dizer — embora também não concordemos em sua essência — que lei posterior apenas e tão somente suspenderia o tratado internamente, mas este continuaria a valer internacionalmente até a sua denúncia. Um tratado somente pode ser revogado por outro tratado. Apesar de poder considerar esse raciocínio jurídico correto, é fato que, mesmo assim, existiriam problemas internacionais a serem enfrentados. Não teria sentido que inovações legislativas internas pudessem modificar matérias que foram negociadas e aprovadas por dois Estados soberanos. O órgão interno de um Estado (Parlamento, por exemplo) não pode ter a força de abolir direta ou indiretamente um tratado internacional, nem mesmo em nome da soberania do Estado. Este é responsável na área internacional pelos seus atos e deve portar-se como tal. Não defendemos a ideia de que uma vez comprometido por um tratado não possa o Estado dele desfazer-se, pode, mas deve seguir os caminhos lógicos e esperados para tanto, com a devida denúncia no tempo e com as consequências, o mais das vezes, especificadas no próprio tratado (p. ex.: uma espécie de *vacatio legis*, até a denúncia poder fazer pleno efeito), e sem que tal denúncia tenha sido produto de mero capricho, decisão administrativa interna sem base jurídica afiançável ou motivação político-partidária e/ou arrimo em considerações de natureza pessoal em relação ao país cocontratante, ao seu governante, ao seu povo, ou, ainda, arrimada em motivações menores, do ponto de vista institucional. Há necessidade que o estado das coisas mudem de tal forma que o cumprimento do tratado se torne impossível. O que dizemos nestas linhas valem para todos os tratados e não só os de direito tributário.

Por outro lado, não se deve esquecer — em relação a todos os tratados e aos de Direito Tributário — a norma do § 2º, do art. 5º, da Constituição Federal. Assim, os direitos e garantias expressos na Constituição não excluem outros decorrentes dos tratados. Ora, assinado e ratificado o tratado, o Brasil assume o dever de não criar normas internas que dificultem ou impeçam a aplicação do pacto internacional.

Entendemos, ainda, que o tratado, nesta matéria, está para a lei interna, assim como a norma especial está para a norma geral. Aplique-se o tratado.

Outro problema depara-se, por sua vez, com o art. 151, III, da Constituição Federal que determina: "Art. 151. É vedado à União: (...) III — instituir isenções de tributos de competência dos Estados, do Distrito Federal ou dos municípios". Não se trata de um problema criado pela Lei Maior. A Lei Maior não cria, por princípio, problemas, uma vez que ela estabelece o regime jurídico-político básico, que deve ser respeitado e a partir do qual constrói-se o ordenamento jurídico do Estado. Entretanto, em matéria tributária pergunta-

-se: pode o Estado brasileiro, por intermédio da União, isentar um outro Estado (país) de tributo, cuja competência não é da própria União, e sim de um Estado-membro ou município, como no caso expressamente estabelecido no inciso III, do art. 151 da Carta Magna?

Entendemos que pode. Não se extrai do dispositivo em comento que tal isenção não possa ocorrer por meio de um tratado. A figura da União é pessoa jurídica de direito público interno, enquanto que o Estado é figura jurídica internacional. São figuras diversas. Apenas o Estado é soberano e compõe-se, em nosso caso, da União, dos Estados federados e dos municípios. É certo, no direito interno, que o poder de tributar é contrapartida do poder de isentar, mas quando o inciso III, do art. 151, veda à União instituir isenções tributárias, refere-se à lei federal e não ao Estado federal, membro da sociedade internacional. Há lógica. O Estado brasileiro cuida dos interesses brasileiros no exterior, e, para tanto, para bem cuidar de tais interesses, por vezes deve fazer concessões, que podem repercutir no direito interno. Tais concessões, isenções ou outros atos quaisquer, devem visar unicamente ao interesse do Brasil e não de particulares e/ou interesses meramente políticos, ou de dominação interna e nomeada internacional daquele que temporariamente ocupa o poder, nem pode levar em conta, de forma específica, a competência tributária interna, porque o Brasil é o todo (apenas e tão somente representado pela União) e não a parte.

Assim, eventual isenção, justificada e fundamentada, pode ocorrer por intermédio de tratados. Não haverá usurpação por parte da União. A União, como parte interna do Estado, nada tem a haver com tal situação, ela, apenas e tão somente, representa o Brasil, o todo (União, Estados, Municípios, Distrito Federal), como Estado soberano e pode agir nos interesses da nação. O presidente da República ao assinar e ratificar um tratado dessa espécie, o faz na condição de Chefe do Estado e não de Chefe do Governo Federal. No caso há limitação da eficácia da lei a determinado círculo de pessoas e situações, em virtude de aplicar-se o tratado para aquele caso concreto. Claro está que não poderá o presidente da República isentar um Estado amigo, pela compatibilidade de sua cartilha política, pela simples amizade existente entre os dirigentes políticos, ou pela simpatia pessoal de seu governante, há necessidade que tal isenção se justifique de alguma forma. Isenta-se um Estado, por alguma compensação específica de natureza técnica que venha a beneficiar o país, ainda que num primeiro momento pareça contrariar alguns interesses locais.

Acaso a União venha a agir em desacordo, meios existem, internos e internacionais, para não permitir a consecução do tratado. O que não pode motivar tal impedimento é o princípio federativo de divisão de competências, porque não se trata de atuação interna da União, mas de atuação externa do Estado.

Ademais, tal isenção teria âmbito restrito, não revogando ou alterando a competência interna da entidade federativa, valendo somente para o caso convencional, por período determinado ou indeterminado, dependendo do teor do tratado, o qual, efetivamente, pode ser revisto pelo poder soberano do Estado.

Iguais raciocínios ensejam os mais diversos tipos de tratados que possam conter determinações de natureza tributária.

Diversos outros casos ensejam a elaboração de um tratado, como o de evitar a bitributação entre Estados contratantes, os destinados a derrubar barreiras tarifárias sobre determinados produtos, adequar o poder de tributar dos Estados soberanos, eliminar entraves para o comércio internacional, promover o fluxo internacional de capitais e combater os problemas fiscais, como a lavagem de dinheiro, a elisão, a evasão e etc.

3.2.2. O Direito Tributário Internacional e o conflito de leis no espaço

Aqui fazemos uma diferenciação entre o Direito Internacional Tributário, no qual prevaleceriam regras e princípios de Direito Internacional Público, com as preocupações acima expostas, principalmente, mas não só, em relação ao art. 98 do CTN e ao art. 151, III, da Constituição Federal, e o Direito Tributário Internacional, em que prevaleceriam regras e princípios do Direito Interno, Constitucional e Tributário, bem como a aplicação de normas atinentes a solucionar o conflito de leis no espaço.

A matéria, em relação aos casos de bitributação ou a dupla não tributação, e outros, envolve a tributação das operações internacionais e em tais casos há necessidade de estudar uma outra vertente desse Direito, o Direito Tributário Internacional, que se refere ao conflito de leis no espaço, localização dos fatos tributáveis, qualificação, e aplicação da lei estrangeira, reenvio, elementos de conexão, bem como delimitação do âmbito de incidência (estudo das normas conflituais e a aplicação de tratados internacionais). Estaríamos diante, eventualmente, do Direito Internacional Público na aplicação dos tratados internacionais, mas do Direito interno de um país, no caso o Brasil, em conflito ou em relação com os demais Direitos internos, de outros países, nesta matéria, e aí, invocar-se-ão raciocínios similares ao Direito Internacional Privado.

A existência de tratados e de normas internas para resolver problemas de ocorrência territorial, em sentido positivo e em sentido negativo, em sentido pessoal e em sentido real (soberania/competências), ensejam outros raciocínios, que não puramente de internacional público. Supondo, por exemplo, a inexistência de tratado internacional, há de se observar, quando a competência tributária se funda em elemento pessoal, que poderá haver um conflito entre a competência de um Estado e de outro sobre o mesmo fato tributável. Neste caso algumas soluções serão reivindicadas, como a adoção de mecanismos unilaterais para evitar a bitributação ou um acordo internacional nesse sentido.

A primeira solução pede o conhecimento específico do Direito Interno Constitucional e do Direito Tributário e também das soluções possíveis para que o conflito não se instale, ou, se assim ocorrer, para que o mesmo se dissolva.

Interessantes algumas hipóteses aventadas pela doutrina, com base na realidade. Um Estado tem poder, amplo e soberano, para, adotando um ou mais elementos de conexão legítimos, prescrever a tributação de fatos ocorridos fora de suas fronteiras. Nesta situação pode ocorrer que sobre o mesmo fato venha incidir um tributo, assim determinado pelos países envolvidos; um na competência, com base em elemento ou critério pessoal, outro na competência, com base em elemento ou critério territorial. Ordens jurídicas diversas, validamente, impõem tributo sobre a mesma hipótese. Nestes casos, um dos Estados, em geral o que impôs o tributo em decorrência do critério pessoal, pode deixar de tributar por razões várias, como as fundadas em política fiscal e econômica, com a exclusão total de sua competência pessoal, em verificando a competência territorial do outro Estado. Pode, por exemplo, o Estado optar, unilateralmente, por reconhecer, como crédito para pagamento do tributo interno, os valores pagos a mesmo título perante outro Estado, ou mesmo exonerar o contribuinte do pagamento. Tais razões devem ser estudadas, com vistas aos elementos de conexão adotados, havendo discussão sobre a prevalência da territorialidade sobre o elemento pessoal: a competência pessoal de um Estado acabaria onde começa a competência territorial de outro.

Algumas teorias desenvolvem-se a respeito, como a da territorialidade em sentido positivo e em sentido negativo, ampliando a noção do que seja competência territorial. Pela primeira, as leis internas aplicam-se no território nacional, a todos, incluindo estrangeiros. Pela segunda, um Estado estrangeiro não poderia constituir o crédito tributário sobre fato ocorrido em seu Estado para ser cobrado no território de outro. Caberá ao aplicador da norma (Judiciário) decidir.

O conflito, no entanto, não parece claro na sua solução, observando-se o desenvolvimento da teoria da territorialidade em sentido pessoal, por critérios a serem escolhidos, da nacionalidade, da residência, do domicílio e etc. Diz-se, desse modo, que a base de fundamentação da competência tributária conjugaria ambos os elementos, o subjetivo, referente à pessoa e outro, objetivo, referente ao território.

Também, surge, dessas situações, preocupação doutrinária que busca solução adequada a tais fenômenos ou fatos da vida tributária, discorrendo sobre a competência de regulamentação (Direito Constitucional Interno) e competência de execução (prática de atos pelo Estado para fazer valer a sua norma). Embora a competência de regulamentação, em princípio, seja ampla e irrestrita, em decorrência da soberania do Estado sobre o seu território, existindo limites claros ao exercício da pretensão fiscal fora dele, porquanto não se tem possível a incidência da vontade de um Estado em território alheio, discute-se se aquela competência, no plano interno, não sofreria mesmo algum tipo de limitação.

Tal limitação, se considerada existente, viria do Direito Internacional Público, que de certa forma exigiria que a atividade legislativa dos Estados deve estar relacionada com o fato tributário de alguma forma, isto é, a um fato deve ser aplicada uma lei que com ele esteja em contato, não podendo o Estado cometer um abuso do seu direito de fixar o tributo (limites heterônomos). Tais matérias são naturalmente complexas e não se sensibiliza o mundo moderno, ainda que as sanções internacionais não se concretizem de modo simples e claro, com a imprudência de um Estado ao atribuir à sua norma tributária um alcance indesejável para a comunidade internacional e que dificulte de alguma forma a liberdade das pessoas em suas atividades, além de ferir o princípio da não transitividade das leis.

Enfim, estão aí alguns dos problemas dos quais não cabe análise neste curso, mas que servem para espicaçar a curiosidade daqueles que se interessam pela matéria, advertindo-os que uma boa noção de Direito Internacional Público (elementos do Estado, território, povo, poder, e outros) é essencial para o desenvolvimento do raciocínio, bem como noções próprias do Direito Internacional Privado, como os elementos de estraneidade e os elementos de conexão, sem descurar, é certo, do Direito Constitucional e do Direito Tributário.

É o que pensamos, embora a matéria se preste às mais profundas ordens de considerações pelos especialistas em Direito Tributário, cuja seara nos é estranha. Nossa visão é sob o aspecto da teoria geral do Direito Internacional e do Direito Internacional Tributário. Remetemos o estudioso aos doutrinadores maiores do Direito Tributário como *Roque Antonio Carrazza, Paulo de Barros Carvalho, José Souto Maior Borges, Heleno Taveira Tôrres, Ives Gandra da Silva Martins* e outros, compatibilizando seus ensinamentos com aqueles advindos dos estudiosos do Direito Internacional, para enfrentar os novos caminhos, a que chamamos de Direito Internacional Tributário e de Direito Tributário Internacional.

4. Procedimento para a aprovação interna

A competência do Congresso Nacional limita-se à aprovação ou rejeição do texto do tratado, não se admitindo que a ele acrescente qualquer regra, e/ou modifique o seu conteúdo.

O procedimento parlamentar é o seguinte:

— Recepção da mensagem do presidente da República, acompanhada de exposição de motivos do Ministro das Relações Exteriores, a ele endereçadas.

— Acompanha a mensagem e a exposição de motivos o texto de inteiro teor do tratado internacional.

— A mensagem tramita primeiro pela Câmara dos Deputados.

— Caso aprovada pela Câmara vai ao Senado. Caso não aprovada, a questão nem chega ao Senado.

— Em plenário é dada a leitura (princípio da publicidade), para que todos os deputados tomem conhecimento.

— Forma-se o processo (designação de "mensagem"), com número próprio.

— É remetido à Comissão de Relações Exteriores, que designará um relator.

— O Relator dá um parecer, apresentando um projeto de Decreto Legislativo.

— Depois é submetido ao crivo da Comissão de Constituição, Justiça e Redação.

— Aprovado pelas Comissões será submetido à votação em plenário (art. 47 — Tratados Comuns; art. 5º, § 3º — Tratados de Direitos Humanos da Constituição Federal).

— Aprovado em um (Tratados Comuns) turno ou em dois turnos (Tratados de Direitos Humanos) terá o projeto sua redação final apresentada pela Comissão de Constituição e Justiça.

— Aprovada a redação é o projeto encaminhado ao Senado Federal.

— Lido e publicado será no Senado enviado à Comissão de Relações Exteriores e Defesa Nacional.

— As emendas são possíveis, tanto na Câmara, como no Senado; mas, emendas ao Decreto (ao Projeto), e não ao tratado.

— Passado pelo exame da Comissão de Relações Exteriores, o projeto pode ser incluído na ordem do dia do plenário.

— Aprovado em plenário, conforme procedimento de cada tratado, sem emendas, dispensada a redação final.

— O presidente do Senado faz a promulgação pelo Congresso Nacional.

— Decreto Legislativo promulgado, recebendo um número e publicado no Diário Oficial da União e no Diário do Congresso.

— Ao presidente da República, em virtude do art. 84, compete sancionar, promulgar, fazer publicar as leis, bem como expedir decretos e regulamentos para o seu fiel cumprimento. Trata-se de Decreto de execução que tem a finalidade de declarar, atestar solenemente, que foram cumpridas as formalidades exigidas.

— O último caminho é a publicidade.

O tratado, depois de publicado, tem força normativa, revoga as disposições em contrário e deve ser obedecido por todos, sendo que direitos dele decorrentes podem ser reivindicados perante o Judiciário. Por enquanto, essa é a *via crucis* do tratado.

QUADRO SINÓTICO

— Tratados

- Conceito — Acordo entre sujeitos de Direito Internacional
- Teorias sobre a vigência
  - 1. Validade do Tratado
  - 2. Invalidade
  - 3. Pode ou não ser válido
- Adotada pela Convenção de Viena — A terceira teoria
- Tratados de direitos humanos — art. 5º, § 3º, da CF
- Tratados em matéria tributária — art. 98 do CTN
- — art. 151, III, CF
  - discussão: preeminência do tratado
  - discussão: isenção de tributo concedida a outro Estado pela União/competência dos estados-membros e municípios
- Brasil — pelo art. 49, I, CF parece filiar-se à terceira teoria
- Competência — Para aprovação ou rejeição do Tratado do Congresso
- Controle da constitucionalidade — Feito pelo Judiciário
- Vigência do Tratado Internamente
  - a) Decreto Legislativo
  - b) Decreto de Promulgação
  - c) Publicidade

CAPÍTULO VI

ESTADOS

1. Nascimento. Reconhecimento do Estado e do Governo. 2. Extinção e sucessão. 3. Direitos inatos e adquiridos. Deveres, intervenção e restrições. 4. Responsabilidade internacional do Estado. Isenções. Reparação. 5. Jurisdição. Nacionais e estrangeiros. Aquisição da nacionalidade. Deportação, expulsão, extradição e asilo político. Quadro sinótico.

1. Nascimento. Reconhecimento do Estado e do Governo

Os Estados são sujeitos primários da ordem internacional, sendo seu nascimento um fato histórico.

O reconhecimento do Estado é ato unilateral pelo qual um Estado declara ter tomado conhecimento da existência de outro, como membro da comunidade internacional. Assim, por ser, o nascimento do Estado, um fato, o reconhecimento não passa de um simples ato de constatação — teoria declarativa.

Existem aqueles que emprestam ao reconhecimento de um Estado por outro função mais relevante. Dizem que a personalidade do novo Estado é constituída por esse ato. A personalidade estatal seria criada pelo ato de reconhecimento — teoria constitutiva.

Entendemos que a teoria declarativa encontra melhor amparo na realidade internacional, porque o Estado existirá mesmo sem o reconhecimento formal; no entanto, seu período de vida poderá encurtar-se ou pelo menos ter enormes dificuldades de sobrevivência se não criar relações com outros membros internacionais.

A prática internacional, bem como alguns julgados internacionais, mostram-se favoráveis à teoria declarativa.

Tendo, pois, os elementos necessários, o Estado possui personalidade jurídica, e o reconhecimento apenas consigna um fato preexistente, a não ser que seja o reconhecimento ato de concessão de independência de uma colônia.

Não existe obrigação jurídica de se reconhecer um novo Estado. Porém, há obrigação de não fazê-lo — obrigação moral — quando do nascimento de Estado resulte ato contrário ao Direito Internacional[(98)].

---

(98) *Henry Stimsom*, Secretário de Estado da União Norte-Americana, em 1932, manifestou-se nesse sentido a propósito do conflito sino-japonês (*Doutrina Stimsom*).

O reconhecimento de um Estado pode ser expresso, com a declaração objetiva, ou tácito, quando resulta de algum ato que torne claro o tratamento de Estado, como iniciar relações diplomáticas.

Não existem regras quanto à oportunidade desse reconhecimento. *Accioly* indica três princípios: "1º) se se trata de Estado surgido de um movimento de sublevação, o reconhecimento será prematuro enquanto não cessar a luta entre a coletividade sublevada e a mãe-Pátria, a menos que esta, após luta prolongada, se mostre impotente para dominar a revolta e aquela se apresente perfeitamente organizada em Estado; 2º) desde que a mãe-Pátria tenha reconhecido o novo Estado, este poderá ser logo reconhecido pelos demais membros da comunidade internacional; 3º) se se trata de Estado surgido por outra forma, ele poderá ser reconhecido logo que apresente todas as características de um Estado perfeitamente organizado e demonstre, por atos, sua vontade e sua capacidade de observar os preceitos do Direito Internacional"(99).

A transformação da organização política de um Estado ou de seu território tem interesse para o Direito Internacional.

Com o reconhecimento do Estado, há o estabelecimento de relações diplomáticas.

Só pelo fato de ser admitido numa Organização Internacional, não significa o reconhecimento automático do Estado, uma vez que este só existirá, como tal, perante a própria organização, que tem personalidade distinta da dos seus membros.

As modificações das instituições políticas são de alçada do Direito Interno de cada Estado e não modificam a personalidade internacional do Estado; mas os governos resultantes têm necessidade de ser reconhecidos para a mantença ou feitura de novas relações internacionais.

Esse reconhecimento pode ser expresso ou tácito, da mesma forma que ocorre com aquele dado ao Estado, devendo levar em conta, para tal fim: a) a existência real de um governo aceito e obedecido pelo povo; b) estabilidade administrativa; e c) aceitação pelo novo governo das obrigações internacionais.

Algumas doutrinas se destacam sobre esta matéria, a saber: doutrina *Monroe*; doutrina *Tobar*; doutrina *Drago*; doutrina *Estrada* e doutrina *Brum*.

a) *Doutrina Monroe*

Esta doutrina nasceu de uma mensagem que o Presidente *James Monroe* dirigiu ao Congresso dos Estados Unidos em dezembro de 1823, enumerando princípios destinados à política externa norte-americana, afirmando a proibição de ocupação do continente americano por parte de

---

(99) *Manual de direito internacional público*. 14. ed., p. 83.

qualquer potência europeia, a inadmissibilidade de intervenção de potência europeia nos negócios internos ou externos de qualquer país americano e observando que os Estados Unidos não intervirão em qualquer país europeu. No século XX, outro Presidente dos Estados Unidos, *Theodor Roosevelt*, transformou a doutrina original para o que se chamou de *Roosevelt corollary to the Monroe doctrine*, desenvolvendo uma hegemonia protetora deste país, principalmente em relação aos países que estão neste continente, o que de certo modo perdurou até os dias atuais, na política externa norte-americana, expandindo-se para além da América, na proteção aos países amigos, aliados ou sob o domínio político norte-americano. O princípio da não intervenção é que se infere, basicamente, dessa doutrina[(100)].

b) *Doutrina Tobar*

Pretende que não se deve reconhecer qualquer governo que seja oriundo de golpe de Estado ou de revolução enquanto o povo do respectivo país não o tenha reorganizado constitucionalmente, com representantes livremente eleitos[(101)].

Estabeleceu tal doutrina o princípio da legitimidade, como condição do reconhecimento do governo, bem como o princípio da efetividade, visando com isso diminuir as revoluções, que eram comuns na América Latina.

c) *Doutrina Drago*

Veio de *Luís Maria Drago*, que não negava a obrigação da nação devedora de reconhecer as dívidas que possui e procurar responsabilizar-se pelas mesmas, mas condenava a cobrança coercitiva das mesmas. A dívida pública não pode motivar a intervenção armada ou a ocupação do território americano por potências europeias. Mais tarde foi transformada na Convenção Porter que condena o emprego da força para a cobrança de dívidas, salvo se o Estado devedor não der resposta positiva para tentativas de solução do problema (p. ex.: arbitragem)[(102)].

d) *Doutrina Estrada*

Proclamou que o reconhecimento de governos fere a soberania da nação interessada e importa atitude de crítica[(103)].

Tal reconhecimento seria um ato de intervenção no assunto interno de outro Estado. Em outras palavras, não há necessidade de reconhecimento expresso e oficial.

Na verdade, o reconhecimento do Estado é uma prática internacional que não deve ser abandonada, porque não se trata de interferência de um Estado em outro, mas da consequência natural das relações internacionais.

---

(100) James Monroe. Presidente norte-americano, 1823.
(101) Carlos Tobar era ministro das Relações Exteriores do Equador em 1907.
(102) Luís Maria Drago era ministro das Relações Exteriores da Argentina, 1810.
(103) Genaro Estrada era ministro das Relações Exteriores do México em 1930.

e) *Doutrina Brum*

Baltasar Brum é o seu autor. Após a Primeira Guerra Mundial afirmou a ideia de que os países americanos deveriam ter estreita unidade de ação. Atenta para a solidariedade entre estes países[(104)].

2. Extinção e sucessão

Assim como o Estado nasce, pode ocorrer de se extinguir. Temos, aí, seu desaparecimento, que acontece quando seus elementos constitutivos desaparecem: o território (um cataclismo físico, p. ex.), o povo (hipótese acadêmica) ou o poder político soberano (hipótese de possibilidades mais reais: incorporação em outros Estados, fusão convencional ou divisão do território em outros Estados). Um exemplo recente de incorporação foi o das Alemanhas, ex-RDA na ex-RFA. Quanto à fusão, tivemos, em 1964, Tanganica e Zanzibar, que cederam lugar à Tanzânia. E de divisão existem vários exemplos ocorrendo no mundo, como a extinção da ex-URSS e o nascimento concomitante de novos Estados, compondo a Comunidade de Estados Independentes — CEI — ou a extinção da Tcheco-Eslováquia e sua substituição (nascimento) por dois novos Estados: República Tcheca e República Eslovaca; ou, ainda, o exemplo da Iugoslávia se desfazendo em vários outros países.

Já a sucessão de Estados é problema um pouco mais denso, que mereceu na Comissão de Direito Internacional uma codificação das Convenções de Viena de 1978 e de 1983.

As Convenções mencionadas estabelecem conceito para a sucessão: a substituição de um Estado por outro na responsabilidade pelas relações internacionais.

A extinção de Estados, nos exemplos citados acima, provoca, também, a figura da sucessão.

Há sucessão de Estados não só quando o Estado desaparece totalmente, tomando-lhe o lugar outro Estado, como quando ele não desaparece, mas sofre mudança profunda em qualquer um dos seus elementos constitutivos.

Quando a mudança é de governo, o princípio internacional é que a responsabilidade do Estado continua pelos seus compromissos internacionais. Em outras palavras, os problemas políticos internos do Estado e as consequências que eles provocam não podem mudar a responsabilidade do Estado, como ente de Direito Internacional. Se assim não fosse, a insegurança na vida internacional seria muito grande.

A sucessão, contudo, pode nascer, também, de modificações territoriais, assim como a transferência de territórios de um Estado para outro, de forma total (sucessão total) ou de forma parcial (sucessão parcial).

---

(104) Baltasar Brum, ministro das Relações Exteriores do Uruguai, 1917.

Sucessão, se aplicássemos o instituto nos termos do Direito Civil, só haveria, na verdade, diante do desaparecimento total do Estado, equivalendo à morte deste. O Estado dito predecessor daria lugar no seu território ao herdeiro ou sucessor. O Direito Internacional, no entanto, empresta significado mais amplo à palavra "sucessão", como vimos, abrangendo hipóteses também referentes ao desaparecimento parcial do território.

As alterações que não afetam a personalidade jurídica do Estado suscitam problemas em relação aos bens públicos, nacionalidade dos que nele vivem, dívidas contraídas etc.

São casos em que ocorre a sucessão: a emancipação, a fusão, a anexação total e a anexação parcial. A emancipação ocorre quando uma colônia se desprende da subordinação ao Estado que a mantém e se consagra como novo Estado. A fusão acontece quando dois ou mais Estados, ao se reunirem, formam um terceiro. A anexação total é um caso de absorção de um Estado por outro, desaparecendo o primeiro. Na anexação parcial, o Estado perde parte de seu território em proveito de outro. Nos casos de fusão e anexação total, existe uma sucessão universal, enquanto a emancipação e a anexação parcial provocam uma sucessão parcial.

O instituto da sucessão visa a proteger as relações jurídicas, e é, por isso, mantenedor da sociedade internacional, na ocorrência dos fenômenos apontados.

No caso de absorção, o Estado sucessor não tem obrigação de adequar os tratados que antes existiam.

Na anexação, em relação aos tratados comerciais, depende da vontade dos participantes do tratado continuá-lo com o anexante ou não. Subsistem, porém, em favor dos cessionários, os convênios que dizem respeito diretamente ao território cedido. Por sua vez, os tratados do anexante passam a ter aplicação no território anexado.

A prática internacional nessas questões não é muito uniforme. As dívidas de um Estado absorvido, por lógica, devem passar ao Estado anexante. Isso, contudo, nem sempre acontece.

Na anexação parcial, se a dívida foi contraída para benefício do território cedido, deverá (ou deveria) passar à responsabilidade do cessionário. Outras soluções podem ser tomadas. Alguns sustentam que, se a dívida objetivava favorecer a totalidade do Estado, este assume apenas pagar a obrigação decorrente da quota-parte proporcional à capacidade financeira do referido território.

Os bens do Estado anexado de domínio público ou de domínio privado passam para o Estado anexante. A legislação a ser respeitada na parte anexada é a do Estado anexante. No que tange à nacionalidade dos habitantes, estes adquirem a nacionalidade do Estado anexante; mas, se a anexação for parcial, as pessoas nascidas e domiciliadas no território anexado terão direito de opção entre conservar a nacionalidade ou adquirir a nova.

Quando se tratar de fusão, as soluções são, pelo menos aparentemente, mais fáceis. Os tratados assinados anteriormente perdem sua eficácia, porque feitos com cada um dos Estados que existiam ou só com um deles (a personalidade jurídica era outra), podendo ser ratificados pela nova entidade (o novo Estado), se o outro interessado anuir. As dívidas públicas, não há dúvida, o novo Estado assume-as. Os nacionais estarão sujeitos a uma nova legislação e adquirirão uma nova nacionalidade, aquela resultante da fusão.

3. Direitos inatos e adquiridos. Deveres, intervenção e restrições

São direitos fundamentais do Estado, ou inatos: direito à defesa, direito à liberdade, direito à igualdade. Tais direitos advêm de uma visão antropomórfica do Estado, que o considera semelhante aos indivíduos, com direitos naturais e inatos. Apesar do engano desse tipo de concepção, por uma exigência da vida internacional e para que os países mais fracos possam sobreviver, encontra-se aquela concepção consagrada. Vamos, então, aos direitos:

a) Direito à defesa — Compreendem-se nesse direito todos os atos necessários à defesa, considerados inimigos internos e externos: medidas policiais, tribunais, leis penais, acordos com finalidade defensiva, etc.

b) Direito à liberdade — O Estado, dentro dos limites fixados pelo Direito Internacional, é livre para realizar os atos de que necessitar, sem precisar pedir autorização para qualquer outro Estado. É uma expressão de soberania do Estado; soberania, esta, relativa, porque limitada pelo próprio Direito Internacional.

c) Direito à igualdade — Decorre da independência dos Estados e consiste no direito de serem considerados iguais perante a lei internacional. Tal direito está consagrado no "Preâmbulo" da Carta das Nações Unidas: "Igualdade soberana de todos os seus membros". Em tese, a manifestação ou voto, por exemplo, no âmbito das Nações Unidas, tem a mesma valia para todos os Estados.

É certo que o princípio não foi respeitado na composição e funcionamento do Conselho de Segurança, porque o direito de veto foi dado aos cinco chamados "Grandes": EUA, URSS, Grã-Bretanha, França e China. A justificativa é a de que os Estados que possuem maiores obrigações na ordem internacional teriam direito de possuir alguma vantagem.

Esses são os direitos inatos; mas costumam ser considerados também os direitos adquiridos, que se originam dos convênios pactuados e dos costumes internacionais.

Como existem direitos, existem deveres ou restrições. Como sempre, o binômio direitos e deveres anda a par. Reside aí o equilíbrio da justiça e de todo sistema ou concepção de Direito. Destacam-se entre os deveres o respeito à soberania e independência dos demais, não intervenção nos assuntos internos e externos dos demais membros da sociedade internacional e não permitir que no seu território se desenvolvam atos que possam ser motivo de perturbação para os demais Estados.

Temos entre as restrições: a imunidade de jurisdição, as capitulações e certas restrições ao direito de propriedade, como as garantias internacionais, as servidões internacionais, os arrendamentos, o condomínio, a neutralidade permanente e a proteção às minorias.

Os deveres do Estado são divididos em morais e jurídicos. Entre os morais, o principal é o de assistência mútua, como o abrigo concedido nos portos de um Estado a navios estrangeiros em arribada forçada, em casos de naufrágio, incêndio a bordo de navio, medidas sanitárias para impedir a propagação de epidemias, etc.

Entre os jurídicos, estão todos aqueles consistentes em respeitar os direitos fundamentais dos Estados. Destes decorre o dever de não intervenção nos negócios internos e externos do outro Estado.

Não constitui intervenção a ingerência de um Estado protetor ou suserano nos negócios do Estado protegido ou vassalo, nem a oferta de bons ofícios ou mediação ou a ingerência expressamente autorizada por um tratado.

Tem-se admitido, em outra doutrina, exceções, como a intervenção em nome do direito de defesa, por motivos de humanidade, proteção dos direitos humanos, ou, ainda, a intervenção financeira, aquela decorrente do não pagamento de dívidas. Contudo, nenhuma intervenção se tem como desejável. Em caso de guerra civil também é possível a intervenção.

Luís Maria Drago, que foi ministro das Relações Exteriores da Argentina, manifestou seu pensamento em repúdio do recurso à força para obrigar o Estado a pagar suas dívidas públicas (Doutrina Drago). Não negava o ministro a obrigação do Estado, mas condenava a obrigação coercitiva, porque podia conduzir as nações mais fracas à ruína. A dívida pública, segundo *Drago*, não pode motivar a intervenção armada.

Temos, sob outro aspecto, a Doutrina Monroe, que encontrou acolhida no Pacto da Liga das Nações e mesmo na Carta das Nações Unidas, e consiste basicamente na não intervenção nos assuntos de interesse americano (EUA). Surgiu como fundamento da política exterior americana, repelindo a recolonização dos Estados latino-americanos.

Vitoriosa, a doutrina foi adotada em diversas conferências internacionais.

A Carta das Nações Unidas, no entanto, permite a intervenção coletiva, promovida pelo Conselho de Segurança, em casos de ameaça à paz, ruptura da paz e atos de regressão (arts. 39 a 45)[(105)].

a) Imunidade de jurisdição — O direito à jurisdição é um dos atributos da soberania interna. Porém, algumas pessoas não sofrem o peso dessa jurisdição, estando no território de outro país.

A imunidade é, pois, privilégio reconhecido a certas pessoas estrangeiras em virtude dos cargos ou funções que exercem. Direito de estar à margem da jurisdição civil e criminal do Estado.

Gozam desse direito o soberano ou chefe de outro Estado, os agentes diplomáticos, certos cônsules, as tropas estrangeiras que tenham permissão de atravessar o território ou ocupar temporariamente parte dele, os oficiais e tripulações de navios de guerra admitidos nas águas do Estado e os oficiais e tripulações de aviões militares autorizados a pousar no território.

É possível, no entanto, o Estado acreditante renunciar à imunidade de jurisdição. Tal renúncia é um ato do Estado soberano, e não do diplomata que o representa.

Na verdade, dois tipos de renúncia podem existir: a renúncia à imunidade de jurisdição e a renúncia à imunidade de execução. Tais temas têm algum desenvolvimento no item 7, do Capítulo IX, deste nosso curso.

Apesar da imunidade apontada é fato que o Estado acreditante, por intermédio de seus representantes diplomatas e de seus cônsules, está obrigado a obedecer as leis do território em que tais profissionais se encontram. É o primado do Direito local, o que, também demonstra que a soberania do Estado, cuja relação diplomática é mantida, é respeitada. Não poderia ser diferente, conforme a Convenção de Viena sobre relações diplomáticas, a exemplo de seu artigo 41.1: "*Sem prejuízo de seus privilégios e imunidades, todas as pessoas que gozem desses privilégios e imunidades deverão respeitar as leis e os regulamentos do Estado acreditado. Têm também o dever de não se imiscuírem nos assuntos internos dos referidos Estado.*"

Acresça-se que a imunidade de jurisdição cobre, em princípio, os chamados atos de império (*jus imperii*) e não os atos de gestão (*jus gestionis*).

b) Capitulações — Consistem no conjunto de privilégios e garantias concedidos aos estrangeiros ou a alguns destes, com base em tratados. Tal sistema desapareceu, podendo, todavia, vir a ser implantado, dependendo da vontade dos Estados envolvidos.

---

(105) Embora os arts. 42 a 44 estabeleçam a obrigação dos membros das Nações Unidas de proporcionar forças armadas para uma intervenção, é fato que os resultados históricos não são animadores. Em geral, as forças da ONU mostram-se desarticuladas.

c) Certas restrições ao direito de propriedade — Compreendem as garantias internacionais, as servidões, os arrendamentos, o condomínio, a neutralidade permanente e a proteção às minorias:

c.1) Garantias internacionais — Têm por base uma convenção e por finalidade assegurar a execução de um tratado. Podem traduzir-se numa permissão ao penhor temporário dos rendimentos do seu território, na ocupação por tempo limitado de área do seu território por funcionários de outro Estado, com o objetivo de administrar a área, ou na ocupação militar de uma área territorial sua, sem que tal medida afaste o exercício da soberania.

c.2) Servidões internacionais — O Estado que as sofre se compromete a não exercer determinados direitos ou a permitir que seu território possa ser utilizado por outros Estados.

c.3) Arrendamentos — Ocorrem quando o Estado, em virtude de um tratado, pode renunciar em favor de outros, por determinado prazo, direitos sobre parcela de seu território. Quando o prazo não é fixado, ao mesmo fenômeno dá-se o nome de "administração".

c.4) Condomínio — Quando um território se encontra submetido à competência de mais de um Estado.

c.5) Neutralidade permanente — É também estabelecida convencionalmente, sendo uma restrição à soberania estatal, porque o Estado fica sujeito ao dever de não fazer guerra nem concluir tratados que o levem à guerra, além do dever de imparcialidade nas relações exteriores. Conserva o Estado, no entanto, o direito fundamental de legítima defesa.

4. Responsabilidade internacional do Estado. Isenções. Reparação

A regra em torno do Estado é a de que deve este ir ao encontro de suas obrigações internas e internacionais com seu povo e com outros Estados e organismos internacionais, sujeitando-se às sanções cabíveis para corrigir dano material ou ético provocado por ato praticado.

Possui a responsabilidade internacional uma natureza compensatória. *Luís Ivani de Amorim Araújo* explicita bem esse aspecto, reproduzindo decisão da Corte Permanente de Justiça Internacional: "A jurisprudência internacional segue esse entendimento, consoante se testifica na decisão prolatada, em 26.7.1927, pela Corte Permanente de Justiça Internacional, na demanda germano-polonesa: 'É um princípio de Direito Internacional que a violação de um compromisso acarreta a obrigação de reparar a falta cometida. A reparação é, pois, complemento indispensável para a devida aplicação de um convênio, sem que seja preciso que assim se haja estipulado no mesmo', e na sentença do mesmo Pretório de 14.7.1938, relacionada com os fosfatos (*sic*) de Marrocos: 'Tratando-se de ato imputável a um Estado e que aparece como contrário aos direitos convencionais de outro, a responsabilidade internacional se estabelece diretamente no plano das relações entre eles'".[106]

Assim, as obrigações e direitos são o substrato das relações internacionais, como nas ordens internas. Quando um Estado viola um dever e causa prejuízo a outro Estado, sujeita-se à pena. A responsabilidade do Estado é direta quando a violação é concretizada por ele ou seus agentes, e indireta quando cometida pelos indivíduos.

Há conexão dos seguintes fatos: violação de regra jurídica internacional escrita ou costumeira, dano resultante, imputação do ato ao Estado.

O fundamento da responsabilidade internacional do Estado tem sido colocado no campo da moral; mas não escapa de considerações jurídicas porque na área internacional, e para segurança das relações específicas, nada pode ficar a largo do Direito.

Podemos considerar uma ordem jurídica internacional constituída pelos tratados, costumes e princípios e o dever do Estado reparar o dano causado a outro por um ato ou uma omissão contrária às suas obrigações na ordem mundial.

Cita-se o caso "Mavpommatis" julgado pela Corte Permanente de Justiça Internacional em 1928, em que a condenação foi afastada por não haver prejuízo.

O prejuízo, portanto, é importante para que a responsabilidade do Estado seja considerada. Ensina *Celso A. Mello* que a natureza dessa responsabilidade é civil e não penal, a não ser de forma excepcional, no caso dos criminosos de guerra e crimes contra a paz da humanidade.

Tal responsabilidade opera-se de Estado para Estado, não se observando responsabilidade direta do indivíduo, ainda que este seja a vítima ou autor do ilícito.

Existem exceções na área do crime internacional, havendo uma Resolução do Conselho de Segurança da ONU de n. 808, de 22.2.1993, criando um Tribunal para julgar as violações graves do direito humanitário internacional, cometidas no território da ex-Iugoslávia depois de 1991.

É a responsabilidade internacional ainda um instituto consuetudinário e tem aspecto político na tentativa de limitar o uso da força ou evitar a guerra.

Pode, ainda, a responsabilidade ser direta, quando se tratar de ato ilícito cometido pelo seu governo, um dos órgãos deste, funcionários ou por um Estado-membro de um Estado federal.

---

(106) *Curso de direito internacional público*. 8. ed., p. 143.

Será indireta quando o ilícito for cometido por uma coletividade que o Estado representa, no caso, por exemplo, de um Estado tutelado ou de um Estado protegido.

Diz-se por comissão quando o ato resulta de ação do Estado e por omissão quando deixa o Estado de praticar o ato que era obrigatório.

Por fim, convencional será a responsabilidade quando advinda do descumprimento de um tratado e delituosa quando surge de norma costumeira.

Temos, assim, as características da responsabilidade internacional: civil, de Estado para Estado, consuetudinária, política, direta ou indireta, comissiva ou omissiva, convencional ou delituosa.

Nessa questão de responsabilidade internacional do Estado, as teorias se sucedem, como no Direito Interno, falando-se na teoria do risco, na teoria da culpa e outras.

Na teoria da culpa, a vítima deve fazer a prova da culpa do agente e na do risco a presunção é de que o agente é responsável. Esta última está mais de acordo com o mundo moderno e com a responsabilidade que ele pode acarretar da efetiva inserção do Estado na sociedade internacional.

São requisitos, portanto, para a responsabilidade internacional do Estado: a) a existência de ato ilícito, isto é, lesão decorrente de uma violação de norma internacional; b) nexo de causalidade entre o ato violador do Direito Internacional ao responsável causador do dano. Tem-se nesse caso o vínculo jurídico entre o Estado (ou organismo) que causou o dano e o Estado (ou organismo) que sofreu o dano. De qualquer modo, o dano praticado pelo agente e o sofrido pela pessoa jurídica ou física são considerados como praticados pelo Estado (ou organismo) e sofridos pelo Estado (ou organismo), para fins de endosso; e c) efetivo prejuízo material ou imaterial.

Todas as questões em torno do Estado devem ser conhecidas e julgadas pela Corte Internacional de Justiça (Estatuto, art. 36.2-“D”).

O estrangeiro que sofreu alguma ação ou omissão danosa do Estado terá seus interesses restaurados ou compensados mediante ação de seu Estado de origem, que dirigirá a reclamação por meio de “endosso”, significando o endosso quando o Estado faz sua a demanda do indivíduo seu nacional. Além disso, diz-se que o indivíduo deve esgotar os recursos existentes na legislação interna do Estado e o prejudicado deve ter as mãos limpas — *clean hands* —, ou seja, ser inocente na questão.

Em resumo, são condições para a concessão do endosso (isto é, o Estado dirigindo a reclamação ao organismo competente, em virtude de um seu cidadão ou pessoa jurídica nacional ter sofrido dano por ação de outro Estado): a) ser a vítima nacional do Estado (pessoa física ou jurídica). No caso de indivíduos que possuem mais de uma nacionalidade (polipátridas), o endosso poderá acontecer por um dos Estados de sua nacionalidade, salvo a reclamação de um Estado contra o outro, de que também é nacional. Em relação aos apátridas (indivíduos sem nenhuma nacionalidade), considerar-se-á para fins de endosso, ou de eventual proteção diplomática, a possibilidade de agir do Estado em que o apátrida tenha estabelecido sua residência: b) ter havido esgotamento dos recursos internos, existindo mecanismos para tanto; c) ter a vítima agido sem culpa. Objetivamente, a possibilidade de ser considerada, num primeiro momento, por avaliação do próprio Estado endossante, que a ação da vítima estava correta e que, portanto, a ação do Estado ofensor, que provocou a lesão, tenha se revelado injusta.

Também é aplicável o instituto da responsabilidade internacional aos organismos internacionais, em relação, por exemplo, aos seus agentes. Mas o caso é de proteção funcional. Os organismos internacionais são responsáveis por atos de seus agentes e podem naturalmente defendê-los em situações diversas.

Há diferença entre as expressões "proteção diplomática" e "proteção funcional", porquanto esta última trata dos privilégios e imunidades diplomáticas (diplomatas de carreira, agentes consulares, agentes de organismos internacionais).

Resta dizer ainda que uma forma de efetivar a responsabilidade internacional é pela proteção diplomática. A vítima de eventual dano dirige uma reclamação ao Estado de que é nacional para que este possa agir pleiteando a devida indenização. É possível em algumas situações, excepcionais, a proteção diplomática aos cidadãos de outro Estado. Amaral Júnior exemplifica o caso I`m Alone *"que opôs o Canadá aos EUA, sustentou-se que era permitido ao Canadá conceder proteção diplomática e receber indenização paga pelo governo norte--americano, em proveito da família de um marinheiro francês, que se encontrava no navio apreendido pelas autoridades aduaneiras norte-americanas devido ao transporte ilícito de bebidas alcoólicas."*(107)

Os requisitos para tal proteção, em regra, são: nacionalidade da vítima, esgotamento dos recursos internos e o comportamento correto do prejudicado, uma vez que quem viola normas internas ou internacionais não pode servir-se dessa espécie de proteção, que faz parte da responsabilidade do Estado.

Algumas possibilidades existem de isenção do Estado diante de atos praticados que normalmente o responsabilizariam. Entre elas, destacamos as seguintes: a legítima defesa, a prescrição liberatória, a renúncia à proteção diplomática e o estado de necessidade.

a) Legítima defesa — Quando o Estado repele um ataque armado, conforme estabelecido na própria Carta das Nações Unidas: "Art. 51. Nada

---

(107) AMARAL JÚNIOR, Alberto do. *Curso de direito internacional público*. 4. ed., Atlas, p. 324-325.

na presente Carta prejudicará o direito inerente de legítima defesa individual ou coletiva no caso de ocorrer um ataque armado contra um membro das Nações Unidas, até que o Conselho de Segurança tenha tomado as medidas necessárias para a manutenção da paz e da segurança internacionais. As medidas tomadas pelos membros no exercício desse direito de legítima defesa serão comunicadas imediatamente ao Conselho de Segurança e não deverão, de modo algum, atingir a autoridade e a responsabilidade que a presente Carta atribui ao Conselho para levar a efeito, em qualquer tempo, a ação que julgar necessária à manutenção ou restabelecimento da paz e da segurança internacionais".

b) Prescrição liberatória — Ocorre quando o prejudicado silencia, não reclama (*dormientibus non sucurrit jus*).

c) Renúncia à proteção diplomática — O indivíduo prejudicado renuncia em recorrer à proteção diplomática de seu Estado, nos termos da Cláusula Calvo, ou seja, considera-se que as divergências e problemas que surjam entre os pactuantes não tenham natureza internacional. Tal cláusula é considerada nula por muitos, porque as pessoas não podem contrair obrigações que as deixem fora da proteção diplomática.

Claro está que não se trata, como vimos explicando, não só do indivíduo, mas também das pessoas jurídicas, uma vez que poderiam estas renunciarem à proteção. Tal pode ocorrer com as empresas comerciais que ao assinarem um contrato, neste conste a cláusula de que renunciam à proteção de seu Estado em caso de litígio.

Resta dizer que a reparação é devida quer em relação aos danos materiais, quer no que se refere aos danos morais. A primeira forma de reparação é a *restitutio in integrum*, consistente no restabelecimento da situação anterior. Após a *restitutio in integrum* temos a indenização. Esta ocorre porque o interessado prefere a indenização ou porque restituir as coisas como se encontravam antes do dano não seja possível.

Quando os danos cometidos pelo Estado são de natureza moral ou política, a forma de reparação adquire o nome de "satisfação". Esta significa a apresentação de desculpas por via diplomática no julgamento e punição dos culpados pelos danos.

d) Estado de Necessidade — Consagra-se numa determinada situação em que o Estado tem seu território, ou soberania, ameaçado e da qual ele se defende violando os interesses dos estrangeiros, protegidos pelo direito das gentes.

É o "Estado de Necessidade" uma circunstância de natureza que exclui ou limita a responsabilidade internacional do Estado. Está fundado no direito de conservação do Estado, direito fundamental, de sua existência e, por esse fato, o ato praticado pelo Estado, que normalmente o responsabilizaria, não traz essa consequência. Exemplo: apropriar-se o Estado de uma propriedade inimiga por "necessidade imperiosa da guerra", para não sofrer consequências fatais que ponham em risco a sua existência.

A reparação do dano pelo Estado ou organismo internacional pode revestir-se de diversas formas, dentre elas destacam-se: a) restituição *in natura*; b) indenização; c) satisfação; e d) garantia de não repetição.

A "restituição *in natura*" é a forma mais comum de reparação, pela qual o ente faltoso, normalmente o Estado, restabelece a ordem anterior. Aquela que existia antes do ato praticado. Indenização é o pagamento compensatório do dano, abrangendo o eventual dano cessante (por exemplo, caso de lesões pessoais, morte, etc.). A "satisfação", que pode ser um pedido formal de desculpas ou um reconhecimento formal do caráter do ato praticado como um ilícito, o que após poderia vir gerar uma indenização respectiva. A "garantia de não repetição", o direito que o Estado lesado tem de exigir do Estado faltoso a garantia de que o fato não se repetirá.

5. Jurisdição. Nacionais e estrangeiros. Aquisição da nacionalidade. Deportação, expulsão, extradição e asilo político

O Estado exerce jurisdição exclusiva em seu território sobre todas as pessoas que nele existam: nacionais e estrangeiros.

Nacionais são aqueles submetidos à autoridade direta do Estado, que a eles reconhece direitos civis e políticos e dispensa proteção além de suas fronteiras.

Pode ser a nacionalidade originária ou adquirida, resultando a primeira do nascimento, obra da vontade do Estado que lhe fixa as regras, e a outra, obra da vontade do indivíduo.

Como explica *Ilmar Penna Marinho:* "Nacionalidade é palavra que pode ser tomada em duas acepções distintas: uma, ampla, sociológica; outra, restrita, jurídica.

No primeiro sentido, o vocábulo 'nacionalidade' se presta a inúmeros diletantismos literários e exaustivas divagações filosóficas. Por isso, a ele se têm dedicado muitos literatos, filósofos e sociólogos, que, em elucubrações fascinantes, percorreram todas as gamas da formação étnica dos povos. No sentido jurídico, aquele que nos vai unicamente interessar no presente trabalho, a nacionalidade possui um caráter preciso, um conceito definido, um campo de ação circunscrito. Aparece como uma qualidade política do Homem socializado. Do Homem que abandonou a tribo, o clã. Do Homem que faz parte da organização social mais perfeita — O Estado."[108]

---

(108) *Tratado sobre a nacionalidade*, v. 1, p. 13.

Em princípio, todo indivíduo deve ter uma nacionalidade. Porém, às vezes, encontram-se indivíduos com mais de uma nacionalidade e outros, até, sem nacionalidade, chamados de apátridas ou heimatlos.

Ilmar Penna, mais uma vez, nos ensina: "*Niboyet* assinala que a nacionalidade de origem é de importância basilar e constitui uma verdadeira lei social, praticada, hoje, universalmente: a de que 'todo o indivíduo tem e deve ter uma nacionalidade de origem', da mesma forma que possui um domicílio de nascimento. A este respeito, grandes progressos foram realizados, no fim do século, relativamente aos indivíduos pertencentes aos grupos migratórios e que, pelo jogo de certas leis sobre a nacionalidade, ficavam, às vezes, desprovidos de uma cidadania. Via-se, com efeito, desenvolverem-se os núcleos de apátridas. Ora, o heimatlosado seria, se se o deixasse proliferar, um flagelo social, ao mesmo tempo que estranha anomalia.

Grupos compactos de indivíduos viveriam nos territórios dos Estados sem fazer parte de nenhum deles, escapando a todas as obrigações dos nacionais, mas, também, privados de todos os direitos em relação ao Estado e sem ter autoridade efetiva alguma para os proteger. Hoje, os Estados são acordes em tomar as necessárias providências para matar a apatria em seu ovo, atribuindo uma nacionalidade de origem a todo o indivíduo. E a vantagem disso é que ninguém nasce apátrida".(109)

Três sistemas existem que determinam a nacionalidade: o do *jus sanguinis*, o do *jus soli* e o misto.

Pelo *jus sanguinis*, o indivíduo tem a nacionalidade dos seus pais, pouco importando o local em que tenha nascido. Deveria, na verdade, ter outro nome, porque não é exatamente o sangue que dá nacionalidade, mas a filiação.

Pelo *jus soli*, o indivíduo tem a nacionalidade do Estado em cujo território nasceu.

E o sistema misto é aquele que combina os dois sistemas, ocorrendo na maioria dos países, inclusive no Brasil.

O art. 12 da Constituição Federal de 1988 estabelece esse sistema; mas, com prevalência do *jus soli*. São brasileiros os nascidos no Brasil, ainda que de pais estrangeiros, desde que estes não estejam a serviço de seu país (art. 12, I, *a*). Essa é a regra. Abre-se exceção ao *jus sanguinis* quando nascido no estrangeiro, de pai ou mãe brasileiros, quando qualquer deles esteja a serviço do Brasil, ou ainda quando venham a residir no Brasil e optem, em qualquer tempo pela nacionalidade brasileira, após atingida a maioridade. São todos chamados brasileiros (art. 12, I, *b* e *c*)(110).

---

(109) MARINHO, Ilmar Penna. *Op. cit.*, p. 135 e 136.

(110) BASTOS, Celso Ribeiro e MARTINS, Ives Gandra. *Comentários à Constituição do Brasil*, v. 2º. p. 547-554.

Igualmente são brasileiros os nascidos de pai ou mãe brasileiros no estrangeiro, se registrados em repartição brasileira competente, no exterior.

Adquirida é a nacionalidade que o indivíduo passa a possuir posteriormente ao seu nascimento ou, ainda, quando necessita da manifestação de sua vontade para conservar a nacionalidade. São, no Brasil, os casos do art. 12, II, da Constituição Federal.

Outrossim, poderíamos inferir que são brasileiros (não há norma específica a respeito) os nascidos a bordo de navio ou aeronave que tenham o pavilhão nacional, quando estiverem fora do espaço aéreo nacional.

Há de se observar que os Estados podem instituir, e normalmente o fazem, os requisitos relativos à nacionalidade dos bens, como navios, aeronaves e engenhos espaciais. A Convenção das Nações Unidas sobre o Direito do Mar, a Convenção de Chicago de 1944, a Convenção de New York de 1975 são alguns dos documentos internacionais que aludem à nacionalidade desses bens. O vínculo deve ser substancial entre o Estado e o navio, o que vem retratado nos papéis que possui como registro, e para as aeronaves a regra é a de que a nacionalidade é a do Estado em que estejam registradas.

Em teoria, é possível a aquisição da nacionalidade por benefício de lei, pelo casamento, pela naturalização, pelo *jus laboris*, no caso de mutações territoriais, e pelo *jus domicilii*, como explica *Albuquerque Mello*[(111)]:

a) Por benefício de lei — Prende-se ao texto legislativo, quando este determina a nacionalidade independente de qualquer manifestação de vontade (é a vontade da lei), como ao estabelecer que aqueles que casarem com nacionais e tiverem filhos também serão nacionais, ou quando, ao contrário, há necessidade de manifestação de vontade do indivíduo (permissão da lei), ainda que seja para conservar a nacionalidade que já existe, como é o caso da alínea *c* do inciso I do art. 12 de nossa Constituição, em sua parte final: aqueles que venham a residir no Brasil, nascidos no estrangeiro, de pais brasileiros e optem pela nacionalidade brasileira.

b) Casamento — É o caso de uma pessoa adquirir a nacionalidade de outra pelo casamento. Essa espécie de aquisição, na verdade, baseia-se no princípio de que a mulher deve seguir a condição política e civil do marido. Hoje, o Direito Internacional, por meio de Convenção sob os auspícios da ONU, de 1957, protege o direito da mulher de escolher, se for o caso, a nacionalidade que deseja.

c) Mutações territoriais — É a anexação ou cessão de territórios a um Estado estrangeiro, podendo os indivíduos mudar de nacionalidade. Os Estados, durante a sua vida, podem passar por diversos fenômenos:

---

(111) *Curso de direito internacional público*, v. 1º, p. 674.

fracionamento, transformação, dilatação (mais territórios), diminuição (perda de territórios), confederalizam-se, fundem-se com outros Estados; enfim, mudam de soberania e alteram sua personalidade jurídica.

Classicamente, a incorporação do território produzia a nacionalização automática dos indivíduos habitantes da parte anexada. No Direito moderno, o indivíduo deixou de ser um acessório da terra para ser elemento constitutivo do Estado. Daí surgiram algumas teorias para a nacionalidade no caso desses fenômenos territoriais: 1) a mudança de nacionalidade pode ser aplicável unicamente aos nacionais domiciliados no território anexado (sistema do domicílio); 2) apenas aos nacionais originários do Estado anexado, tenham ou não aí o seu domicílio (sistema de origem); 3) simultaneamente aos nacionais originários ou domiciliados na parte anexada (sistema de domicílio e origem); 4) indistintamente aos nacionais originários ou domiciliados na parte anexada (sistema do domicílio ou origem).

Normalmente, a prática internacional inclina-se para o sistema do domicílio.

d) *Jus laboris* — Quando a nacionalidade é adquirida por indivíduo que exerce função pública ou quaisquer outras funções consideradas pelo Estado.

e) Naturalização — É a nacionalidade concedida ao estrangeiro que a requereu, obedecidos os requisitos exigidos pelo Estado.

Como se adquire a nacionalidade, esta também pode ser perdida quando tiver o nacional cancelada sua naturalização, mediante decisão judicial, em decorrência de exercer atividade nociva ao interesse nacional ou de adquirir outra nacionalidade por ato de vontade própria.

De qualquer modo, a nacionalidade é de competência exclusiva de cada Estado[(112)].

A matéria é importante para o Direito Internacional Público e para o Direito Internacional Privado[(113)].

Definindo-se o nacional, tem-se, por exclusão, o estrangeiro. É fato corriqueiro no mundo moderno a grande movimentação humana, que faz os Estados regrarem a entrada de estrangeiros em seu território. Admitido o estrangeiro, este deverá comportar-se perante o Estado conforme as leis deste. Em contrapartida, o Estado tem deveres perante o estrangeiro, resultantes do Direito Internacional[(114)].

---

(112) "Em face do Estado todo indivíduo ou é nacional ou é estrangeiro." (BASTOS, Celso Ribeiro e MARTINS, Ives Gandra. Ob. cit., v. 2º. p. 547)

(113) "O Estado soberano é livre para conferir disciplina legal à sua nacionalidade." (REZEK, J. F. *Direito internacional público. Curso elementar*, p. 187)

(114) No Direito Internacional Privado, a nacionalidade é considerada critério determinador do estatuto pessoal. Forma um elemento de conexão importante para a solução de casos em que existam elementos de estraneidade, isto é, estranhos ao Estado nacional: "[...] A antiga

Há que se distinguir, entre os imigrantes, aqueles que se instalam com ânimo definitivo, e os forasteiros temporários, como os turistas. Sem falar naqueles que têm o visto diplomático, concedido aos representantes de soberanias estrangeiras.

Ao estrangeiro deve o Estado proporcionar garantias de vida; integridade física; o gozo dos direitos civis, com poucas exceções; o exercício do trabalho remunerado, acessível somente ao estrangeiro residente, etc. Essa proteção é dever do Estado, ainda que o estrangeiro esteja em trânsito em um aeroporto, o que, infelizmente, nem sempre ocorre(115).

Os direitos políticos são vedados, não podendo votar ou ser votado, exceção feita às convenções que podem normatizar a matéria, como é o caso do Estatuto da Igualdade entre brasileiros e portugueses de 1971, que foi revogado com o aperfeiçoamento de propósitos por outro Tratado, Tratado de Amizade e Cooperação e Consulta entre a República Portuguesa e o Brasil, de 22.4.2000(116). Este último tratado implementou uma série de objetivos, direitos e deveres, entre os quais fazemos os seguintes destaques:

— o Tratado é de ampla cooperação nos campos político, cultural, científico, econômico e financeiro, estabelecendo visitas regulares entre os presidentes dos dois países, bem como reuniões de trabalho com os representantes da política externa e altos funcionários do Ministério das Relações Exteriores do Brasil e o Ministério dos Negócios Estrangeiros de Portugal;

— estabelece que os titulares de passaporte diplomático dos países poderão entrar no território das partes Contratantes ou dele sair sem necessidade de visto;

— para os titulares de passaporte comum, que desejarem entrar no território da outra Parte, para fins culturais, empresariais, jornalísticos ou turísticos, por período de até 90 dias, ficam isentos de visto, podendo esse prazo ser prorrogado;

Introdução dizia, no art. 7º, que a lei nacional da pessoa determina a capacidade civil, os direitos de família, as relações dos bens no casamento, sendo lícito quanto a este a opção pela lei brasileira. Atualmente, a Lei de Introdução ao Código Civil, ao tratar do problema no art. 7º, diz: 'A lei do país em que for domiciliada a pessoa determina as regras sobre o começo e o fim da personalidade, o nome, a capacidade e os direitos de família'". (STRENGER, Irineu. *Direito internacional privado — Parte geral*, v. I. p. 269)

(115) Observa-se em alguns países da Comunidade Europeia, nos dias atuais, certa xenofobia. Não são poucas as notícias de destrato de estrangeiros, principalmente em aeroportos. Verdade se diga, porém: as autoridades locais, quando a notícia vem a público, procuram desfazer a má impressão, porque a solidariedade e a reciprocidade são princípios do mundo moderno. Todos somos, de certa forma, cidadãos do mundo.

(116) Estatuto da Igualdade, firmado em Brasília em 7.9.1971, aprovado pelo Decreto Legislativo n. 82, de 24.11.1971, entrada em vigor em 22.4.1972. Depois, veio o Tratado de Amizade, Cooperação e Consulta entre a República Portuguesa e o Brasil, assinado em Porto Seguro, em 22.4.2000, Decreto Legislativo n. 165 de 30.5.2001; Decreto de Promulgação n. 3.927 de 19.9.2001 e entrada em vigor em 5.9.2001.

— em relação ao Estatuto da Igualdade, tem-se que brasileiros e portugueses devem requerê-lo para os benefícios, desde que civilmente capazes e com residência fixa no país em que é requerido, ao Ministério da Justiça no Brasil e ao Ministério da Administração Interna em Portugal;

— por esse Estatuto, temos o seguinte: a) gozo de iguais direitos e deveres, o que não implica em perda da nacionalidade; b) gozo de direitos políticos quando o interessado, (português no Brasil e brasileiro em Portugal) tiverem residência habitual por três anos; c) brasileiros e portugueses beneficiários do Estatuto ficam submetidos à lei penal do Estado de residência, nas mesmas condições dos respectivos nacionais; d) não estão sujeitos à extradição, salvo se requerida pelo Governo do Estado da Nacionalidade.

— Para ter os benefícios do Estatuto, são necessários os seguintes documentos: **a)** Requerimento do SEF (Serviços de Estrangeiros e Fronteiras), que já vem impresso e se encontra no *site* do órgão; **b)** Cópia do título de residência; **c)** Certificado de nacionalidade emitido pelo Consulado do Brasil em Portugal. Em algumas cidades daquele país, as Juntas de Freguesia fornecem o certificado.

É possível que o brasileiro nato e/ou o naturalizado possam perder o vínculo político-jurídico com o Estado, isto é, perde a nacionalidade, como em caso de aquisição de outra nacionalidade, por naturalização voluntária, salvo nos casos de: reconhecimento da nacionalidade originária pela lei estrangeira; imposição de naturalização, ao brasileiro residente no estrangeiro, pela norma do respectivo país, como condição para que este possa permanecer no território ou para o exercício dos direitos civis. Nestes termos foi instituída, excepcionalmente, a dupla nacionalidade (art. 12, II, § 4º, letras "a" e "b", da C. Federal).

Quanto ao estrangeiro, isto é, aquele que não é nacional conforme regras supramencionadas, a preocupação internacional sempre foi muito grande. Já na Convenção de Havana de 1928 determinou que os Estados concedessem as mesmas garantias individuais aos estrangeiros domiciliados ou em trânsito no território nacional, que estabeleciam para os seus nacionais. No mesmo sentido há dispositivos no Pacto sobre Direitos Econômicos, Sociais e Culturais, no Pacto sobre Direitos Civis e Políticos, de 1966, e na Convenção Americana de Direitos Humanos de 1969.

No Brasil as regras referentes aos estrangeiros estão basicamente na Constituição Federal, que dá as linhas fundamentais do tratamento que dispensamos a todos nacionais e estrangeiros, e em relação aos estrangeiros, de forma específica, alguns dos artigos ora apontados, como os arts. 5º, 14, 172, 176, § 1º, 190, 222 o art. 3º. Do Código Civil, Lei n. 6.815, de 19 de agosto de 1980, com a redação alterada pela Lei n. 6.964, de 9 de dezembro de 1981, o Decreto n. 82.307, de 1978. Os direitos existentes são gozados por brasileiros e estrangeiros com relativa igualdade, somente algumas restrições são postas quando autorizadas pela Constituição, em virtude de interesses específicos de nossa soberania, como restrições sobre a pesquisa e a lavra de recursos naturais, propriedade de empresa jornalística e radiodifusão sonora e de sons e imagens, exercício pleno dos direitos políticos etc.

Aplicável a nova Lei de Migração — Lei n. 13.445, de 24.05.2017. A grosso modo, alguns fenômenos podem ocorrer com os estrangeiros, verificando-se as possibilidades dentro da nova lei e do sistema jurídico brasileiro, fundamentado, basicamente, na Constituição Federal: expulsão, extradição, asilo político e refúgio.

a) Deportação — É forma de exclusão do território nacional de estrangeiro que entrou irregularmente ou cuja estada se tenha tornado irregular. Todavia, a deportação é precedida de um prazo para que o estrangeiro se regularize, não excluindo eventuais direitos adquiridos em relações contratuais ou decorrentes de lei. Os procedimentos de deportação, no entanto, respeitam o contraditório e a ampla defesa e a garantia de recurso com efeito suspensivo.

b) Expulsão — É outra forma de exclusão do estrangeiro que, por exemplo, sofra uma condenação criminal, pressupondo inquérito que tem curso no âmbito do Ministério da Justiça. Ao final, o presidente da República, por meio de decreto, materializa a expulsão. Tanto a deportação quanto a expulsão dependem de certa discricionariedade do Estado, do seu Poder Executivo. A expulsão é conjugada com o impedimento de reingresso por prazo determinado. Poderá dar causa à expulsão a condenação com sentença transitada em julgado em crimes de genocídio, contra a humanidade, de guerra, de agressão (Estatuto de Roma), crime doloso de pena privativa de liberdade. Não se procederá à expulsão quando o expulsando tiver filho brasileiro, que esteja sob sua guarda ou dependência econômica ou socioafetiva ou pessoa brasileira sob sua tutela, tiver cônjuge ou companheiro residente no Brasil, reconhecido judicialmente ou legalmente, tiver ingressado no Brasil até doze (12) anos de idade, for pessoa com mais de 70 anos, residente no país há mais de (10) dez anos. Como em qualquer processo, sempre garantidos o contraditório e a ampla defesa.

c) Extradição — É a entrega de um indivíduo de um Estado a outro, a pedido deste, para responder a processo penal ou cumprir pena. Nesse caso, envolve o Poder Judiciário. Normalmente, a extradição tem por fundamento um tratado entre os países envolvidos ou o princípio de reciprocidade. A Constituição brasileira vedou a extradição de brasileiros, que poderá, no entanto, ocorrer em relação ao naturalizado, quando for constatada a prática de crime comum, antes da naturalização, ou de comprovado envolvimento em tráfico ilícito de entorpecentes e drogas afins, na forma da lei. Também não será concedida extradição de estrangeiro por crime político ou de opinião. Não se concederá a extradição para o cumprimento da pena de morte no exterior. Não se dará a extradição quando o extraditando for beneficiário de refúgio, nos termos da Lei n. 9.474/97. Em caso de processo julgado pelo TPI, a entrega de brasileiro é possível.

De qualquer modo, o Brasil estabelece princípios e garantias para o estrangeiro, como universalidade e interdependência dos direitos humanos, repúdio à xenofobia, não discriminação, acolhida humanitária, garantia de desenvolvimento em todas as áreas da atividade humana, igualdade de tratamento, inclusão social, proteção, reconhecimento acadêmico, liberdades civis, sociais, culturais e econômica, direito de associação, acesso aos serviços públicos, direito à abertura de conta bancária e outros.

d) Asilo político — É o acolhimento pelo Estado de estrangeiro perseguido, em seu país, por causa de dissidência política, delitos de opinião, crimes relacionados com a segurança do Estado, não configurando quebra do Direito Penal Comum.

Concede-o o Estado, no exercício de sua soberania, ao estrangeiro que, cruzando a fronteira, o requerer. Trata-se do asilo territorial, diferente do asilo diplomático, embora tenham os mesmos pressupostos.

O asilo diplomático pode dar-se nas missões diplomáticas, sendo a autoridade asilante, geralmente, o embaixador, que examinará os pressupostos já mencionados e, havendo-os, reclamará da autoridade local a expedição de um salvo-conduto. Com este, o asilado deixará em segurança o Estado territorial para encontrar abrigo no Estado cuja embaixada acionada representa.

e) Refúgio — Refúgio e asilo político são institutos diversos. Enquanto o asilo é regulado pelos tratados internacionais e pelos costumes, o refúgio tem normas elaboradas pelo "Alto Comissariado das Nações Unidas para Refugiados — ACNUR", que é organização vinculada à ONU. A Resolução 428 (V) da Assembleia Geral das Nações Unidas, de 1950, aprovou a o Estatuto do Alto Comissariado das Nações Unidas para Refugiados.

No anexo, em seu Capítulo I, estabelece: "*1. O Alto Comissariado das Nações Unidas para Refugiados, atuando sob a autoridade da Assembleia Geral, assumirá a função de proporcionar proteção internacional, sob os auspícios das Nações Unidas, aos refugiados que se enquadrem nas condições previstas no presente Estatuto, e de encontrar soluções permanentes para o problema dos refugiados, prestando assistência aos governos e, com o consentimento de tais governos, prestando assistência também a organizações privadas, a fim de facilitar a repatriação voluntária de tais refugiados ou a sua integração no seio de novas comunidades nacionais.*"

Outros textos básicos existem, como o Protocolo de 1967, a Declaração das Nações Unidas sobre o Asilo Territorial, adotada pela Assembleia Geral em 14 de dezembro de 1967 (Resolução n.2312 (XXII), a Declaração de Cartagena, adotada pelo Colóquio sobre Proteção Internacional dos Refugiados na América Central, México e Panamá: Problemas Jurídicos e Humanitários, Cartagena, 1984, a Declaração de San Jose sobre Refugiados e Pessoas Deslocadas, dezembro de 1994.

No Brasil, em decorrência dessas normas internacionais, temos a Lei n. 9.747, de 22 de julho de 1997, que definiu os mecanismos para a implementação do Estatuto e criou o CONARE — Comitê Nacional para os Refugiados, vinculado ao Ministério da Justiça, a Resolução Normativa n. 4, de 01 de dezembro de 1998, estendendo a condição de refugiado aos familiares, cônjuge, ascendente ou descendente e demais integrantes do grupo familiar que dependam economicamente do refugiado e se encontrem em território nacional.

Há, pois, uma vasta rede de proteção nacional e internacional, outorgando a condição de refugiado para qualquer pessoa que em razão de perseguição por motivo de raça, religião ou de nacionalidade, ou pertencer a determinado grupo social, ou por opinião política diversa está fora do país de origem e se veja impedida de recorrer a ele para salvaguardar seus direitos. Recebe o refugiado o "documento de viagem", que veio substituir o passaporte para os refugiados (passaporte Nansen, criado pelo norueguês Fridtjof Nansen), que garante a proteção internacional para aqueles que se encontrem nessa condição.

A lei brasileira define os mecanismos para a implementação do Estatuto dos Refugiados. Basicamente teríamos:

— o estrangeiro que chegar ao território nacional poderá expressar a vontade de ser reconhecido como refugiado a qualquer autoridade migratória, em virtude de problemas referentes a raça, nacionalidade, religião, grupo social ou opinião política;

— não será feita a sua deportação para fronteira do território nacional, em que sua vida ou liberdade esteja ameaçada;

— este benefício não pode ser invocado por refugiado considerado perigoso;

— a autoridade ouve a solicitação e prepara o termo de declaração;

— a referida solicitação suspende qualquer procedimento administrativo ou criminal por entrada irregular;

Reconhecida a condição os eventuais procedimentos serão arquivados;

— a solicitação de refúgio e a decisão deverão ser comunicadas à Polícia Federal.

O CONARE é constituído por um representante do Ministério da Justiça, do Ministério das Relações Exteriores, Ministério do Trabalho, Ministério da

Saúde, Ministério da Educação e desporto, do Departamento de Polícia Federal, de organização não-governamental.

Em caso de decisão negativa cabe recurso ao Ministro de Estado da Justiça e a decisão do Ministro não será recorrível. No caso de recusa definitiva fica o solicitante sujeito à legislação de estrangeiros.

Perde-se a condição de refugiado quando houver renúncia, prova da falsidade dos fundamentos invocados para reconhecimento da condição de refugiado ou a existência de fatos, que se conhecidos quando do reconhecimento, teriam ensejado a negativa, exercício de atividade contrária à segurança nacional ou à ordem pública e saída do território nacional sem prévia autorização do Governo.

A repatriação de refugiados aos seus países de origem deve ser voluntária.

Aí estão alguns tópicos importantes da Lei n. 9.474/97 (passaporte Nansen, criado pelo norueguês Fridtjof Nansen)", que garante a proteção internacional para aqueles que se encontram nessa condição. Há lei no Brasil, a de n. 9.474, de 22.7.1997, que define os mecanismos para implementação do Estatuto dos Refugiados. Basicamente, o diploma apontado diz: deve ser reconhecido como refugiado, aquele que tem fundados temores de perseguição por motivo de raça, religião, nacionalidade, grupo social e opiniões políticas (repetindo o conceito) e que por qualquer motivo não possa ter ou não queira a proteção de seu país de origem; ou, que não possa regressar ao seu país; ou, esteja impossibilitado de agir, por causa da grave violação dos direitos humanos. Diz ainda a lei que a condição de refugiado, quando reconhecida, é estendida ao cônjuge e aos ascendentes e descendentes, bem como aos demais membros da família.

Quanto aos vistos de permanência no Brasil, temos: de visita (para estadia de curta duração, nos casos de turismo, negócios, trânsito, atividades artísticas ou desportivas); temporário (venha para estabelecer residência por tempo determinado — em caso de pesquisa, ensino ou extensão acadêmica, tratamento de saúde, acolhida humanitária, estudo, trabalho, férias-trabalho, prática de atividade religiosa ou serviço voluntário, realização de investimento ou atividade com relevância econômica, social, científica, tecnológica ou cultural, reunião familiar, atividades artísticas ou desportivas com contrato por prazo determinado, imigrante beneficiado de tratado em matéria de vistos; diplomático, oficial ou de cortesia (concedidos, prorrogados ou dispensados na forma da lei — Lei n. 13.445/2017).

Há ainda regra sobre o residente fronteiriço, em relação ao qual poderá ser concedida autorização para atos da vida civil e regras sobre proteção ao apátrida na lei supramencionada.

QUADRO SINÓTICO

ESTADO

— Nascimento do Estado: fato histórico

— Reconhecimento: ato unilateral — teoria declarativa

— Tipos de reconhecimento: expresso ou tácito

— Doutrinas sobre o reconhecimento
- Tobar: não se deve reconhecer governo oriundo de golpe
- Estrada: o reconhecimento de governos fere a soberania

— Extinção do Estado: quando os elementos constitutivos desaparecem

— Sucessão de Estados
- substituição de um Estado por outro na responsabilidade pelas relações internacionais mudança de governo: a responsabilidade do Estado continua
- Casos de sucessão
  - fusão
  - anexação parcial
  - anexação total
  - emancipação

— Direitos do Estado
- inatos
  - direito à defesa
  - direito à liberdade
  - direito à igualdade
- adquiridos: por meio de convenção

— Restrições aos direitos dos Estados
- imunidade de jurisdição
- capitulações
- garantias internacionais
- arrendamento
- condomínio
- neutralidade permanente
- proteção às minorias

— Deveres
- morais: assistência mútua
- jurídicos: decorrentes do respeito aos direitos fundamentais

— Intervenção
- Princípio: não pode haver intervenção
- exceção
  - em nome do direito de defesa
  - por motivos de humanidade
  - proteção dos direitos humanos
  - intervenção financeira decorrente de não pagamento
  - guerra civil
- Doutrina Drago
  - repúdio ao recurso à força para obrigar o Estado a pagar suas dívidas
- Doutrina Monroe
  - não intervenção nos assuntos de interesse americano

— Jurisdição do Estado
- sobre nacionais e estrangeiros
- nacionalidade: originária ou adquirida
- sistema de nacionalidade: *jus sanguinis*, *jus soli* e misto
- aquisição de nacionalidade: por benefício da lei, mutações territoriais, casamentos, *jus laboris*, *jus domicilii*

— Fenômenos que podem ocorrer com os estrangeiros
- deportação
- expulsão
- extradição
- asilo político
- refúgio

CAPÍTULO VII

ESTADO (TERRITÓRIO)

1. Território. Modos de aquisição. 2. Domínio fluvial. 2.1. Princípio da utilização equitativa e razoável das águas; 2.2. Princípio da participação equitativa e razoável dos Estados; 2.3. Princípios da utilização ótima e sustentável; 2.4. Princípio da obrigação de não causar danos significativos aos cursos de água; 2.5. Princípio da obrigação geral de cooperar; 2.6. Princípio do intercâmbio regular de dados e de informação; 2.7. Princípio da satisfação das necessidades humanas vitais. 3. Domínio marítimo: 3.1. Mar territorial; 3.2. Zona contígua; 3.3. Zona marítima de pesca e zona econômica exclusiva; 3.4. Plataforma continental. 4. Mares internos — águas — lagos; 4.1. Estreitos e canais; 4.2. O solo marítimo. 5. Amazônia azul. 6. Zona costeira. 7. Alto-mar: 7.1. Princípio da liberdade de alto-mar; 7.2. Direitos do Estado em alto-mar. 8. Domínio aéreo. 9. Direito da navegação. 9.1 Aeronaves. 9.2. Navios. 10. Estados sem litoral e os geograficamente desfavorecidos. Quadro sinótico.

1. Território. Modos de aquisição

Como vimos no capítulo II, o território é um dos elementos caracterizadores do Estado, em seu sentido técnico. É a porção da superfície do solo, abrangendo terras, o subsolo e a coluna de ar correspondente (espaço aéreo).

Tem o Estado soberania sobre tal porção, sendo importante que possamos especificá-la de forma mais minuciosa.

A extensão do domínio terrestre do Estado é demarcada por linhas imaginárias, seus limites. Estes podem ser naturais ou arcifínios, ou seja, os que seguem os traços físicos do solo, e os artificiais, intelectuais ou matemáticos, criados pelo Homem. Tais limites provêm de acontecimentos históricos ou de acordos, inexistindo regras internacionais prévias(117). Aqui se trata de domínio terrestre propriamente dito.

Quando, em Direito Internacional, se fala em aquisição e perda do domínio, a referência leva em conta apenas o domínio territorial, uma vez que os outros são dele acessórios.

Temos, entre os modos de aquisição a ocupação, a acessão, a cessão e a prescrição. Tais modos são igualmente correspondentes quanto à perda.

a) Ocupação — Ocorre quando um Estado se apropria de território *res nullius* para exercer sua soberania. Alcança, como é óbvio, o território efetivamente ocupado.

---

(117) Quando por qualquer razão criam-se novos limites, geralmente é invocado o princípio do *uti possidetis* ou o *uti possidetis juris*, isto é, fato da posse efetiva ou baseado em algum título antigo.

b) Acessão — É o acréscimo de um território determinado por fato natural, como a ação de rios ou do mar. A acessão pode ser natural (aluvião, avulsão, formação de ilhas e abandono de leito por um rio), entendendo-se, nesses casos, em contrapartida, a acessão artificial como a construção pelo Homem de diques e quebra-mares.

c) Cessão — É a transferência, mediante acordo entre Estados, da soberania sobre determinado território. A cessão pode ser voluntária ou involuntária, no caso de conquista, com base em operações militares e anexação total ou parcial do território pertencente ao Estado vencido. Sob este último aspecto, haveria desaparecimento de um dos contendores. Alguns doutrinadores opinam que, por ter o Estado perdedor deixado de existir, haveria ocupação.

d) Prescrição — Alguns falam em usucapião. Ocorre quando a aquisição de um território se dá pelo domínio efetivo, ininterrupto e pacífico por prazo longo e suficiente para presumir a renúncia tácita do antigo soberano. É o caso da prescrição aquisitiva.

Antes de adentrarmos ao domínio fluvial, que podem ser vistos como curso de águas, isto é, águas correntes, artificiais ou naturais, rios representam preocupação específica para o Direito e para o Direito Internacional, porquanto fazem parte da natureza que influencia a vida sobre a Terra.

Como se sabe, tais águas, como tudo na natureza, são produto desse organismo vivo que é o planeta. A água transfere-se da atmosfera para a superfície terrestre (precipitação/chuva). A água das chuvas atinge o solo e parte dela forma os cursos d'água, ou acresce-se a estes ou caminha para os oceanos, ou fica na vegetação ou molha a terra, exceção feita à que se evapora, antes de alcançar o piso logo abaixo. Em contrapartida após isso a água dos rios, dos oceanos e dos lagos também se evolam e evaporam para a atmosfera, fechando o ciclo hidrológico. Ainda flui pelas rochas e pelos diversos obstáculos que encontra pela frente, remanejando partículas sólidas, acomodando-as, alterando os recursos hídricos. Daí a importância das águas e desse ciclo que por meio delas se completa, para a conservação da vida. No mundo atual em que as precipitações revelam-se catastróficas, que os rios se elevam a três ou quatro metros de seu ponto normal, derrubando casas, matando as pessoas, a fauna e fazendo perder as plantações e a flora, tornando a vida quase impossível, é fundamental a consciência jurídica em torno das águas em geral, e dos cursos de águas em especial, desse ciclo hidrológico, dos recursos hídricos, quer influenciem um ou mais territórios e quando isto acontece, passando por mais de um Estado (rios internacionais), o Direito Internacional busca regrar a matéria.

2. Domínio fluvial

O domínio fluvial compreende os rios e cursos d'água que cortam o território. Recebem a classificação de nacionais e internacionais. Aqueles, quando correm inteiramente no território de um só Estado, e os últimos, quando atravessam ou separam os territórios de dois ou mais Estados.

Os rios internacionais, assim como os nacionais, constituem-se em unidades hidrológicas naturais, obedecendo às leis da natureza e não as leis do homem. Desse modo, a utilização de parte do rio afeta as demais partes, em princípio não utilizadas, porque o curso de água contínua é um todo.

Nenhum problema se vislumbra em relação aos nacionais, porque pertencem ao domínio público do Estado soberano daquele território. Os internacionais ou são contíguos, quando correm entre territórios de dois ou mais Estados, ou são sucessivos, quando atravessam mais de um Estado. No primeiro caso, a soberania é exercida sobre o curso d'água compreendido no território respectivo.

Algumas questões podem surgir sobre a liberdade de navegação dos rios. Nos nacionais, regulada pelo Estado, e, nos internacionais, dependente de acordos. Em relação a estes últimos, a prática internacional tende à liberdade plena de navegação; mas não constitui princípio geral.

Tudo pode ser resolvido por meio de tratados, principalmente quanto ao aproveitamento industrial ou agrícola das águas. A pesca, no entanto, pertence à nação dentro de cujo domínio se encontre a porção do rio, contíguo ou sucessivo, não se olvidando a realização de acordos entre interessados, a fim de que a pesca em uma parte do rio, do modo pelo qual venha a ser praticada, não prejudique o outro Estado.

Para a exata compreensão da gestão internacional das águas dos rios existem alguns princípios internacionais que devem ser lembrados, conforme lições de Paulo Affonso Leme Machado, baseadas nas proposições da Comissão de Direito Internacional das Nações Unidas:[(118)]

a) princípio da utilização equitativa e razoável das águas; b) princípio da participação equitativa e razoável dos Estados; c) princípio da utilização ótima e sustentável; d) princípio da obrigação de não causar danos significativos aos cursos de água internacionais; e) princípio da obrigação geral de cooperar; f) princípio do intercâmbio regular de dados e de informação; e, g) princípio da satisfação das necessidades humanas vitais.

2.1. Princípio da Utilização Equitativa e Razoável das Águas

Significa que tais águas devem ser utilizadas e valorizadas de forma equitativa pelos Estados, no que concerne aos recursos proporcionados pelas águas, bem como contribuir de modo equitativo. As Normas de Helsinki (Conferência de 1966, da "International Law Association — ILA): "Art. 5º

(118) MACHADO, Paulo Affonso Leme. *Direito dos cursos de água internacionais*. São Paulo: Malheiros, 2009. p. 86-175.

Fatores relevantes, os quais devem ser considerados incluídos, além de outros. 1. A geografia da bacia, incluindo, especialmente, a extensão da área de drenagem no território de cada Estado da bacia. 2. A hidrologia da bacia, incluindo, especialmente, a contribuição de água de cada Estado da bacia. 3. O clima que afeta a bacia. 4. A utilização anterior das águas da bacia, incluindo, especialmente a utilização existente. 5. As necessidades econômicas e sociais de cada Estado da bacia. 6. A população dependente das águas da bacia, em cada Estado da bacia. 7. Os custos comparativos das medidas alternativas para satisfazer as necessidades sociais e econômicas de cada Estado da bacia. 8. A disponibilidade de outros recursos. 9. A evitação de resíduos desnecessários na utilização das águas da bacia. 10. A efetividade da compensação para um ou mais Estados da mesma bacia, como medida de ajustamento de conflitos entre os usos. 11. O grau em que as necessidades de um Estado da bacia possam ser satisfeitas sem causar dano substancial a um Estado da mesma bacia". Outras regras surgiram, no mesmo sentido, como a Convenção sobre o Direito Relativo à Utilização dos Cursos de Água Internacionais para Fins Diversos dos de Navegação (ONU/1997) e a Conferência de Berlim, de 2004, em relação aos fatores relevantes, como o geográfico, o hidrográfico, o hidrológico, o hidrogeológico, o climático, o ecológico, as necessidades sociais e econômicas dos Estados, a população que vive no entorno da bacia, os usos existentes e potenciais das águas, a conservação, a proteção, o desenvolvimento e a economia dos recursos hídricos, a sustentabilidade e a minimização do prejuízo ambiental.

2.2. Princípio da Participação Equitativa e Razoável dos Estados

Por este princípio a participação do Estado no uso do curso de água internacional. Tal participação inclui o direito de utilizar o rio, como a obrigação de cooperar em sua proteção e aproveitamento. A soberania exercida pelo Estado sobre as águas, por óbvio, não pode ser absoluta, mas limita-se, tendo em vista não existir linha específica, sólida e fixa de separação entre o domínio de um Estado e o domínio de outro sobre as águas. Desse modo, o Estado tem o direito de exercer de forma plena a sua soberania desde que não cause dano aos demais Estados. Os recursos naturais devem ser compartilhados — não necessariamente uma administração comum, salvo acordo nesse sentido, mas com interdependência —, tanto para os rios contíguos como para os rios sucessivos.

Um destaque contrário que se pode fazer do princípio em estudo é o da chamada "Doutrina Harmon", originada de uma disputa entre o México e os Estados Unidos sobre a utilização das águas do Rio Grande.[119] O

(119) É o quinto rio em extensão da América do Norte, nasce nas montanhas de San Juan, no Colorado, por intermédio do Novo México, servindo de fronteira entre o Texas e o México (o Texas foi anexado pelos EUA e o México não reconheceu tal anexação, gerando um conflito entre 1846 e 1848).

embaixador do México nos Estados Unidos endereçou uma nota de protesto e o Procurador-Geral dos EUA, *Judson Harmon,* deu um parecer jurídico, dizendo que a jurisdição do Estado sobre o seu território é absoluta e exclusiva, sendo que os eventuais limites são aqueles impostos pelo próprio Estado, o que contraria o princípio em referência. Toda celeuma foi causa pelo fato de que fazendeiros e pecuaristas dos Estados do Novo México e do Colorado passaram a fazer a derivação de considerável parte das águas do Rio Grande, ocorrendo, em consequência disso, redução no abastecimento de águas para os habitantes da região de Ciudad Juarez, no México.[(120)]

2.3. Princípio da Utilização Ótima e Sustentável

A sustentabilidade é o tema. Importante a Declaração sobre o Direito ao Desenvolvimento, oriunda da Resolução 41/128 da ONU, de 1986, observando que o desenvolvimento é um processo global, econômico, social, cultural e político, sendo o ser humano o centro do desenvolvimento, destinatário do direito a este desenvolvimento. Vários eventos internacionais propugnaram por esta ideia: Declaração de Estocolmo, de 1972; Convenção para a Proteção e Utilização dos Cursos de Água Transfronteiriços e dos Lagos Internacionais, Helsinki, de 1992; Declaração do Rio de Janeiro, de 1992; Conferência de Copenhague sobre o Desenvolvimento Social, de 1995; Declaração de Nova Delhi de Princípios de Direito Internacional Relativos ao Desenvolvimento Sustentável, de 2002; Conferência de Berlim, de 2004. A utilização do rio deve levar em conta tal sustentabilidade. Esta significaria a harmonização entre os aspectos econômicos e o meio ambiente, promovendo mais do que o crescimento, o desenvolvimento considerado em todos os aspectos e que tem por fim a vida humana plena.

2.4. Princípio da Obrigação de não causar Danos Significativos aos Cursos de Água Internacionais

Declaração de Madri, de 1911 — "Quando um curso de água forma a fronteira de dois ou mais Estados, nenhum desses Estados pode, sem o consentimento do outro e sem o título jurídico especial, causar ou deixar que sejam causadas, por particulares, sociedades etc., alterações prejudiciais à margem do outro Estado. De outro lado, nenhum dos dois Estados pode, em seu território, explorar ou deixar que se explore a água de uma maneira que acarrete um atentado grave à sua exploração para um outro Estado ou para seus particulares."

Esta é a base do referido princípio, que se coaduna com os demais princípios sobre a utilização dos cursos de águas. O dano causado, devidamente

---

(120) MACHADO, Paulo Affonso Leme. *Direito dos cursos de água internacionais*. São Paulo: Malheiros, 2009. p. 117.

apurado e feita a conexão com o agente causador (Estado, empresas etc.), deve ser objeto de uma indenização ao Estado prejudicado.

2.5. Princípio da Obrigação Geral de Cooperar

A cooperação é com base na igualdade soberana, embora, por tratar-se de curso de água, em movimento constante, tal soberania não se concretiza de igual modo, com o exercício da soberania sobre o território, o espaço aéreo, as águas interiores. De qualquer modo, a preocupação é manter a integridade do espaço de domínio.

2.6. Princípio do Intercâmbio Regular de Dados e de Informação

A cooperação entre Estados depende dessa troca de dados, da confiança das informações passadas sobre a qualidade da água, os eventuais problemas existentes, o mecanismo e a técnica a ser utilizada para dirimi-los; a obrigação de informar outros Estados, que usam o curso de água eventuais riscos que estão correndo por conta de um problema e os danos que possam vir a ser causados.

2.7. Princípio da Satisfação das Necessidades Humanas Vitais

Tais necessidades alcançam a água para beber, para cozinhar, produção de alimentos, de remédios, para higiene pessoal, e, pois o direito de acesso à água e a possibilidade de seu tratamento (água potável). Enfim, todas as necessidades do ser humano.

Em Istambul foi realizado, em março de 2009, um Fórum Mundial da Água e discutiu-se se esta — a água — faria parte dos direitos humanos. Não temos dúvida que assim ocorra, todavia, estranhamente o Brasil, ainda apegado às ideias de soberania e independência, manifestou-se oficialmente em sentido contrário. Erro, nosso entendimento. A soberania do Brasil, a sua independência não está em jogo quando se fala em águas como parte dos direitos humanos. Há, já, vários instrumentos internacionais, envolvendo, por exemplo, a Comissão das Nações Unidas sobre Direitos Econômicos, Sociais e Culturais, bem como outros organismos que já declararam essa dimensão da água como um direito humano e fundamental. Não poderia ser diferente, uma vez que se trata do líquido mais precioso para a vida e existem projeções catastróficas de sua possível falta em futuro não muito longínquo, se não atentarmos para a sua essencialidade e para a necessidade dos governos elaborarem legislações que a preservem e insiram a problemática como regra em suas respectivas constituições (Direito fundamental), porque não há dúvida de que se trata de um direito de cunho universal (Direito Humano).

3. Domínio marítimo

O domínio marítimo abrange as águas internas, o mar territorial, a zona contígua entre o mar territorial e o alto-mar, zona econômica exclusiva, plataforma continental, solo marítimo, estreitos e canais.

A Convenção das Nações Unidas sobre o Direito do Mar — CNUDM III — especificou ao Direito do Mar um caráter universal; com 320 artigos, é considerada a "Constituição do Mar", definindo de forma precisa os espaços marítimos e é nela que nos baseamos para algumas das noções que se seguem:

3.1. Mar territorial

É a faixa marítima que ladeia a costa de um território.

O direito de jurisdição, mencionado, sofre limitações pela passagem inocente(121). A passagem inocente nos termos da Convenção de Genebra, conforme nota de rodapé, compreende o parar e o fundear, na medida em que tais procedimentos sejam impostos por força maior, dificuldade grave, em virtude de auxílio a pessoas, navios ou aeronaves em perigo, ou constituam incidentes comuns de navegação.

Há de se destacar que a jurisdição do Brasil, no mar territorial, é exercida com exceção à jurisdição civil e penal em navio mercante estrangeiro em passagem inocente. A jurisdição, neste caso, é o da bandeira do navio. Faz parte das águas territoriais, porque estas compreendem o mar territorial e as águas internas. Quanto a estas últimas, não se vislumbra qualquer problema, já que são partes do território estatal onde a soberania do Estado é completa. Em relação ao mar, longa é a lista de direitos do Estado ribeirinho, tais como: direito exclusivo de pesca, de exploração e extração do seu leito e subsolo, de cabotagem(122), de polícia, incluindo-se neste a faculdade de estabelecer regulamentos sobre sinais e manobras, instalação de boias, serviços de pilotagem, de jurisdição civil e penal. Tratando-se de navios de guerra, estão estes isentos da jurisdição local desde que se conformem com as regras do Estado. Os crimes praticados em navios mercantes, se não tiverem qualquer relação com o Estado ribeirinho, não exigem solução deste, que não é competente, segundo o Código Bustamante. Já o Tratado de Direito Penal

---

(121) A passagem inocente ou inofensiva (arts. 14-17 da Convenção de Genebra) é aquela não prejudicial à boa ordem e segurança do Estado, só se justificando para os navios que não sejam de guerra, embora de ordinário não se proíba a passagem destes, podendo ser regulamentadas as condições em que se fará. "Os submarinos são obrigados a navegar à superfície e arvorar o respectivo pavilhão". (art. 14.5 da Convenção de Genebra)

(122) Cabotagem significa transporte de pessoas e mercadorias de um porto nacional para outro.

Internacional de 1940 estipula o contrário. A Convenção de Genebra de 1958, em seu art. 19, estabelece que a jurisdição penal do Estado ribeirinho não se aplica nesses casos, salvo se as consequências da infração disserem respeito ao Estado, se perturbada a paz pública, se as medidas se fizerem necessárias para a repressão do tráfico ilícito de estupefacientes ou se a assistência do Estado ribeirinho tiver sido pedida pelo capitão do navio ou pelo cônsul do Estado.

De qualquer forma, pode o Estado tomar medidas para efetuar prisões ou praticar atos de instrução a bordo de navios estrangeiros em passagem, vindos de águas interiores.

A largura do mar territorial brasileiro é de 12 milhas marítimas, conforme a Lei n. 8.617/93, que reduziu as anteriores 200 milhas.

A medição do mar territorial depende do conceito de "linha de base" (Convenção de 1982). Essa linha é aquela a partir da qual se mede a largura desse mar em direção ao alto-mar. É considerada a linha de base aquela ao longo da costa na baixa-mar.

3.2. Zona contígua

Segundo o art. 24 da Convenção de Genebra sobre o Direito do Mar, é uma faixa de alto-mar, adjacente ao mar territorial, especificando, todavia, que este não pode se estender além de 12 milhas a partir da linha-base, que serve de ponto de partida para medir aquele mar, o que, na prática, vem a significar que o Estado que tiver fixado essa largura do mar territorial não terá a zona em questão.

O art. 33 da Convenção das Nações Unidas sobre o Mar de 1982, no entanto, estabelece a largura de 24 milhas marítimas, no máximo, para a zona contígua.

Na zona contígua, pode o Estado ribeirinho exercer fiscalização aduaneira, fiscal, sanitária ou de imigração, porque se trata da porta de entrada do mar territorial.

3.3. Zona marítima de pesca e zona econômica exclusiva

Cada país, pelo costume internacional, tem o direito de reclamar as zonas exclusivas de pesca até 12 milhas.

Pela Convenção de 1982, foi introduzida a chamada "Zona Econômica Exclusiva — ZEE", que está situada além do mar territorial e a este adjacente, não podendo se estender além de 200 milhas marítimas, contadas a partir da linha de base. O país costeiro tem direitos soberanos sobre os recursos econômicos do mar, do leito e do subsolo (peixes, minerais, etc.).

Na verdade a CNUDM III estipulou 188 milhas para a zona econômica exclusiva, a contar do mar territorial; se for contar da linha de base deste, teremos o máximo de 200 milhas. Estados com costas adjacentes, frente a frente terão delimitação feita por acordo entre estes mesmos Estados. Uma definição melhor se faz necessária dessa divisão do mar. Na verdade se trata de um meio para proteger os direitos dos Estados costeiros, no que concerne à pesca e extração dos recursos vivos, concedendo a estes direitos econômicos preferenciais. Ela está situada além do mar territorial e a este adjacente, que se sobrepõe à zona contígua.

Nela o Estado goza de alguns direitos de soberania e outros de simples jurisdição. A soberania tem por finalidade o aproveitamento econômico: exploração, conservação e gestão dos recursos naturais renováveis (vivos) ou não renováveis (não vivos) das águas sobrejacentes e ao leito do mar e subsolo; produção de energia e etc. A jurisdição é exercida quanto à colocação e utilização de ilhas artificiais, instalações e estruturas; investigação científica marinha; proteção e preservação do meio marinho.

Os demais Estados gozam da liberdade de navegação e sobrevoo, bem como a colocação de cabos e dutos submarinos, levando em conta as regras dos Estados costeiros.

3.4. Plataforma continental

Compreende o leito e o subsolo das áreas submarinas que se estendem além do seu mar territorial, em toda extensão do prolongamento natural do seu território terrestre, até o bordo exterior da margem continental ou até uma distância de 200 milhas das linhas de base.

A disciplina jurídica dessa parte objetiva o aproveitamento dos recursos situados nas suas águas, solo e subsolo; recursos minerais e combustíveis fósseis como o petróleo e o gás natural.

Em doutrina se fala em "plataforma continental geográfica" (PCG) e "plataforma continental jurídica" (PCJ), buscando uma certa ampliação do regime estabelecido pela CNUDM III, que somente se refere à PCJ. A plataforma continental geográfica compreende exatamente as 12 milhas do mar territorial, detendo o Estado soberania plena; só não tem jurisdição penal e civil sobre navio mercante em passagem inocente (a jurisdição destas embarcações é do Estado da bandeira do navio). Também, há soberania sobre o espaço aéreo respectivo. A plataforma continental jurídica compreende a faixa que transcende as 12 milhas da linha de base do mar territorial. O Estado tem soberania para efeitos de exploração e aproveitamento de seus recursos naturais.

4. Mares internos — águas — lagos

Existem, ainda, os chamados "mares internos", porções de água salgada cercadas de terra que podem ou não ter comunicação com o mar livre — mares fechados e mares abertos.

As águas dos golfos ou baías internas e os estuários dos rios são nacionais e têm conotação diversa do mar territorial, pois ali não existe o direito de passagem inocente, o mesmo ocorrendo com os portos e ancoradouros.

Os lagos são superfícies maiores ou menores de água doce rodeadas por terra, aplicando-se as mesmas normas dos mares internos. Quando o lago se comunica com o mar por meio de um curso de água, que se situa em território de mais de um Estado, as normas do domínio fluvial é que deverão ser aplicadas.

4.1. Estreitos e canais

Os estreitos e os canais, como vias de comunicação entre dois mares, são objeto de estudo do Direito Internacional. Estreitos são obras da Natureza, e os segundos, resultados de transformações feitas pelo Homem.

Tanto os mares internos como os estreitos e canais terão a soberania do Estado a que pertencem, ou, se abrangerem mais de um Estado, aplicar--se-ão as regras de soberania partilhada, gozando os navios do direito de passagem inocente.

Podem existir regulamentações convencionais específicas, como as dos canais de Suez[(123)] de Kiel[(124)] e do Panamá[(125)].

4.2. O solo marítimo

O solo marítimo próximo das costas, de maneira geral, não desce abruptamente, existindo uma espécie de planície submarina que se inclina

---

(123) Suez foi construído pela engenharia francesa e aberto à navegação comercial e de guerra em 1869. A Inglaterra o ocupou militarmente em 1882, para proteger o Governo do Egito contra a insurreição de Arabi Pachá. As tropas inglesas abandonaram o Canal em 1956 e o Egito nacionalizou a Cia. Universalle, seguindo-se uma intervenção militar franco-britânica e bloqueio pelo Egito. A partir da Guerra dos Seis Dias com Israel, o Canal ficou fechado, e o acordo de paz de 26.3.1979 previu a reabertura para navegação internacional.

(124) Kiel foi construído pelos alemães em 1895 e internacionalizado pelo Tratado de Versalhes.

(125) Panamá foi administrado pelos Estados Unidos desde 1901. Em 1977, foi assinado e ratificado um acordo pelos Estados Unidos para a reaquisição da soberania sobre o Canal, por parte do Panamá, com prazo da dominação americana tendo se esgotado em 31.12.1999. Foi discutido pelos EUA e pelo Panamá em 1998 o estabelecimento na Zona do Canal, de um centro de combate ao narcotráfico; mas, por enquanto, as negociações não tiveram bom termo.

gradualmente até grande distância do litoral e que se denomina "plataforma submarina". Nessa área, o Estado costeiro pode explorar os recursos naturais e outros não vivos do leito do mar e do subsolo, bem como organismos vivos pertencentes às espécies sedentárias.

O Decreto n. 28.840/50, no Brasil, declarou integrada ao território nacional a plataforma submarina correspondente a esse território. O Decreto n. 63.164, de 26.8.1969, complementou o primeiro diploma.

O solo marítimo, consoante a Convenção de 1982, abrange todas as partes do mar não incluídas na zona econômica exclusiva, no mar territorial ou nas águas interiores de um Estado, nem nas águas arquipelágicas de um Estado arquipélago.

5. Amazônia Azul

Pelo Decreto n. 95.787/88, revogado pelo Decreto n. 98.145/89, o Brasil instituiu o Leplac — Plano de Levantamento da Plataforma Continental Brasileira, com o objetivo de determinar o limite exterior da plataforma continental além das 200 milhas. O Brasil apresentou o pedido de extensão, em 2004 para a Comissão da ONU que trata dos limites da Plataforma Continental. A proposição do Brasil é de extensão para 350 milhas, além da inclusão de algumas áreas. Assim a chamada "Amazônia Azul" deveria ser integrada pelo mar territorial de 200 milhas marítimas e pela plataforma continental de até 350 milhas marítimas de largura, a partir da linha de base, num total de quase 4,5 milhões de Km^2, de acordo com o art. 76 (Definição de plataforma marítima), inciso 5, da CNUDM, que permite tal extensão. Ainda não foi definida tal extensão, uma vez que a Comissão propôs, em 2007, ao Brasil uma sugestão para outros limites, menores que a proposta. De qualquer modo, o que se espera é que esta área da Amazônia Azul acabe ocorrendo, com aumento do território marítimo nacional.

6. Zona costeira

Zona costeira é o espaço geográfico de interação do ar, do mar e da terra, faixa marítima e terrestre. Diz o art. 225, § 4º, da C. Federal: "A Floresta Amazônica brasileira, a Mata Atlântica, a Serra do Mar, o Pantanal Mato--Grossense e *a Zona Costeira são patrimônio nacional, e sua utilização far-se-á, na forma da lei, dentro de condições que assegurem a preservação do meio ambiente, inclusive quanto ao uso dos recursos naturais*". (grifos nossos)

Foi instituído um plano de gerenciamento costeiro para atender a finalidade constitucional pela Lei n. 7.661/88, observando que as praias são bens públicos de uso comum do povo, com o asseguramento de acesso a elas e ao mar. Também, não permite a urbanização ou qualquer forma de utilização do solo da zona costeira.

7. Alto-mar

O alto-mar não pertence a nenhum Estado. É *res communis usus* para os Estados. A liberdade, nessa parte, é indiscutível, e os Estados podem navegar, pescar, colocar cabos e oleodutos submarinos, construir ilhas artificiais, sobrevoar — tudo exclusivamente com fins pacíficos.

7.1. Princípio da liberdade de alto-mar

Tem esse princípio o significado de se abstraírem os Estados de usos arbitrários, contrários à liberdade de cada Estado usar o mar de forma ampla, sem prejuízo aos demais componentes da sociedade internacional, compreende: a liberdade de navegação; liberdade de sobrevoo; liberdade de colocar cabos e tubos submarinos; liberdade de construir linhas artificiais e outras instalações permitidas pelo Direito Internacional; liberdade de pesca nos termos do Direito Internacional; liberdade de investigação científica.

7.2. Direitos do Estado em alto-mar

São os direitos que os Estados em Alto-mar têm, como o de jurisdição do estado de bandeira sobre o navio; o direito de visita em alto-mar; direito de perseguição em alto-mar e direito à autodefesa em alto-mar.

a) Jurisdição do Estado de bandeira sobre o navio — o estado de bandeira exerce sua jurisdição sobre navios que arvorem sua bandeira em alto-mar.

b) Direito de visita em alto-mar — é o direito de um navio de guerra verificar a identidade de um navio comercial estrangeiro suspeito. É o chamado "direito de aproximação", que se concretiza em casos de suspeita de pirataria, tráfico de escravos, transmissões não autorizadas, falta de nacionalidade, uso de bandeira falsa. Caso não se observe a fundamentação nesse sentido, para a aproximação, o navio visitado poderá pedir a devida indenização por perda ou dano que tenha sofrido.

Para exercer o direito de visita, o navio de guerra pode enviar uma embarcação ao navio suspeito, sob o comando de um oficial, tudo nos estreitos termos da CNUDM III, artigo 110.

Considera-se pirataria o saque, a depredação, o apresamento de navio, com a prática de atos violentos e para interesses particulares. Nestes casos um navio de guerra pode apresar o navio pirata e este navio e os seus ocupantes serão submetidos às leis e aos tribunais do Estado que efetuou o apresamento. Tal pode ocorrer também quando se tratar de aeronaves piratas, apresadas de alguma forma.

c) Direito de perseguição em alto-mar — é o *hot pursuit*, que significa o direito de o Estado ribeirinho perseguir o navio estrangeiro que viola as leis e regulamentos do estado soberano do mar territorial, iniciando-se ainda neste ou nas águas internas ou na chamada zona contígua até alto-mar, somente cessando quando o navio perseguido entrar em mar territorial de terceiro ou no seu mar territorial.

A perseguição somente poderá ser iniciada após a emissão de um sinal de parar, visual ou auditivo. A CNUDM III garante uma indenização ao navio perseguido erradamente, por qualquer dano ou perda que possa ter sofrido.

d) Direito à autodefesa em alto-mar — é o eventual direito que o Estado tem de interferir em navios comerciais estrangeiros, com fundamento na autodefesa.

Em caso de acidente marinho envolvendo dois navios, de bandeiras distintas, deve haver cooperação entre os Estados, na abertura de inquérito para a apuração das causas do acidente (competência concorrente). No caso de incidente de navegação, em que tenha sido perdido vida de pessoa de outro Estado (que não o da bandeira do navio) ou mesmo causado ferimentos, ou danos graves em pessoas ou propriedades de outro Estado, o Estado de bandeira deve ordenar a abertura de inquérito.

Se houver transmissões não autorizadas a partir do alto-mar, por qualquer pessoa, a bordo de qualquer tipo de embarcação, tal pessoa pode ser processada perante os tribunais: do Estado de bandeira do navio; do Estado de registro da instalação; do Estado do qual a pessoa é nacional; de qualquer Estado que receba as transmissões; de qualquer Estado cujos serviços autorizados de radiocomunicações sofram interferência.

A jurisdição penal em caso de abalroamento ou qualquer outro incidente é do Estado de bandeira, salvo imunidade de jurisdição de navios de Estado. Todavia, há a possibilidade de jurisdição concorrente, o que estaria mais de acordo com a cooperação internacional.

Ainda sobre o alto-mar novas considerações serão feitas no capítulo sobre os "Espaços Internacionais".

8. Domínio aéreo

A dificuldade, quanto ao domínio aéreo, é que as fronteiras não são demarcadas de forma visível, e de igual forma o limite vertical.

Tem-se que o espaço aéreo superior à atmosfera é *res communis*, havendo direito natural de passagem, desde que inofensiva.

9. Direito de navegação

9.1. Aeronaves

O primeiro congresso internacional sobre locomoção aérea não oficial foi realizado na Itália em 1910, e os juristas que a ele compareceram concluíram que: "a) a atmosfera, dominando o território e o mar territorial, seja considerada como uma atmosfera territorial sujeita à soberania do Estado, e que a atmosfera dominando os territórios inocupados e o mar livre seja considerada livre; b) que no espaço territorial a passagem e a circulação das aeronaves sejam livres, ressalvadas as regras de polícia necessárias à proteção dos interesses públicos e privados e o regime jurídico inerente à nacionalidade das aeronaves".(126)

Daí por diante, muitas convenções têm sido feitas e muitos estudos consagrados sobre o espaço aéreo e sua navegação, principalmente porque o Direito Aéreo tem sofrido grande processo de internacionalização, uma vez que é sensível a todos os países, por todos possuírem espaço aéreo, o que nem sempre acontece em relação ao mar territorial.

O Direito Aéreo abrange o Direito Aeronáutico; enquanto este diz respeito à navegação propriamente dita, aquele estuda todos os fenômenos do espaço juridicamente relevantes.

A regulamentação convencional do espaço aéreo de 1910, de Paris, afirmou que o Estado tem a soberania completa e exclusiva sobre o espaço atmosférico acima do seu território. Outra Convenção, de 1944, de Chicago, reafirma tal conceito, consagrando cinco liberdades do ar: 1) direito de sobrevoo, que corresponde ao direito de passagem inocente do Direito Marítimo; 2) direito de escala técnica para reparações, correspondendo ao direito de ancorar do Direito Marítimo; 3) direito de embarcar no território do Estado contratante mercadoria e passageiros e correio com destino ao Estado de que a aeronave é nacional; 4) direito de desembarcar no território do Estado contratante mercadorias e passageiros e correio que tenham sido embarcados no Estado de que a aeronave é nacional; e 5) direito de embarcar passageiros e mercadorias e correio com destino ao território de qualquer contratante e direito de desembarcar passageiros e mercadorias originárias do território de qualquer Estado contratante. As três últimas são liberdades comerciais, e as duas primeiras são consideradas fundamentais.

Luís Ivani de Amorim Araújo cita *Aldo Pinto Pessoa* no que tange à identificação da aeronave durante o voo, uma exigência da Convenção de Chicago e do Código Brasileiro de Aeronáutica: *Aldo Pinto Pessoa*, em "Duas Marcas de Nacionalidade e Matrícula das Aeronaves em Geral", depois de

(126) ARAÚJO, Luís Ivani de Amorim. *Curso de direito internacional público*. 8. ed. p. 216.

ligeiro histórico sobre o assunto, nos ensina que: "Após a Resolução 436, da CINA, isto é, a partir de 1.1.1929, a marca da nacionalidade das aeronaves civis brasileiras passou a ser representada pelas letras PP e a de matrícula reconhecida pelas combinações das 26 letras do alfabeto, tomadas 3 a 3, excluídas as letras acentuadas e as combinações SOS (sinal de socorro); XXX (sinal de urgência); PAN (sinal de urgência no Serviço Rádio-Elétrico (*sic*) Aeronáutico); TTT (sinal de segurança), assim como as combinações que tenham W como segunda letra".[(127)]

As aeronaves comerciais em território estrangeiro encontram-se sujeitas à jurisdição do Estado territorial; quando em alto-mar ou em território de ninguém, estão subordinadas apenas à jurisdição de seu Estado nacional. No caso de aeronaves públicas, a subordinação, por óbvio, dá-se ao Estado a que pertencem.

Qualquer ato praticado dentro de uma aeronave é de interesse do Estado proprietário, salvo se de alguma forma o ato praticado fere os interesses do Estado subjacente.

Se a aeronave está em pleno voo, nenhum interesse há para o Estado sobre o qual ela está passando, o mesmo ocorrendo quando a aeronave está voando sobre o alto-mar ou sobre terra de ninguém. Se a aeronave está pousada em Estado estrangeiro, aplica-se a lei territorial. Se ela for militar, a lei do país a que pertence.

Uma preocupação moderna é o aumento de sequestro e violências várias no que concerne a área da navegação civil. Tal situação fez surgirem tratados para a garantia da segurança.

Algumas Convenções revelam-se conhecidas, a saber: Convenção de Tóquio, de 1963 (sobre infrações praticadas a bordo de aeronaves); Convenção de Haia, de 1970 (repressão do apoderamento ilícito de aeronaves); Convenção de Montreal, de 1971 (repressão dos atos ilícitos contra a aviação civil); Protocolo de Montreal, de 1984 (para proteger o tráfego aéreo contra os abusos do próprio Estado).

Não podemos deixar de mencionar, embora com finalidade específica de organização da atividade aérea, a Convenção de Chicago, de 1944, que sofreu ao longo dos anos diversas revisões. Esta Convenção estabeleceu a Organização de Aviação Civil Internacional — OACI, uma agência especializada das Nações Unidas.

Todas essas Convenções buscam a melhoria da navegação aérea e a sua segurança, o que é vital para o mundo moderno, de extrema mobilidade e de esgarçamento das fronteiras dos Estados.

---

(127) ARAÚJO, Luís Ivani de Amorim. *Op. cit.*, p. 216.

9.2. *Navios*

Quanto aos navios, iguais problemas podem ser estudados.

Embarcação é toda construção suscetível de se locomover na água. O navio, assim, é uma espécie de embarcação. O Decreto n. 15.788/22, que regula a execução dos contratos de hipoteca de navios, define-a como sendo: "Toda construção náutica destinada a (*sic*) navegação de longo curso, de grande ou pequena cabotagem, apropriada ao transporte marítimo ou fluvial".

É navio toda embarcação que se destina à navegação transportando pessoas ou coisas. Da mesma forma que o avião, o navio é, em princípio, bem móvel.

Classificam-se os navios em públicos e privados. Públicos são os dos Estados, que tanto podem ser empregados no transporte comercial ou não. Quando empregados no transporte comercial — mercadorias ou passageiros — serão considerados, para todos os efeitos, como particulares.

Entre navios privados, existem os cargueiros (mercadorias), os para passageiros e os mistos (mercadorias e passageiros). O certo é que a maior parte dos navios que estão em navegação é de cargueiros, sendo que os de passageiros quase não existem como linhas regulares de porto a porto, apenas funcionando nesse aspecto os navios turísticos.

Com base na Lei n. 2.180/54, temos na atividade mercante, uma classificação comercial dos navios, que pode ser assim retratada: a) navio cargueiro (projetado para transporte de cargas); b) navio de passageiro (utilizado somente para transporte de passageiro); e, c) navio misto (para cargas e passageiro).

Vale aqui uma menção aos petroleiros, aos gaseiros, aos químicos e aos graneleiros. Os primeiros são os construídos e adaptados para o transporte de óleo a granel, equipados com serpentinas de aquecimento instaladas nos tanques de carga, para a devida proteção diminuindo a viscosidade do produto; os segundos são os destinados ao transporte de gases líquidos a granel, derivados ou não do petróleo; os terceiros transportam substâncias nocivas líquidas e os últimos transportam carga seca a granel, ou cereais, sal, carvão e outras. Todos esses tem construção apropriada e regime jurídico específico, comercial e trabalhista.

Observe-se que o navio é individualizado por sua identidade, manifestada pelo nome que ele recebe , pela classe a que ele pertence, pela tonelagem e arqueação (diz respeito este último item ao volume do navio — capacidade em pés cúbicos dos espaços dentro do casco do navio, além de considerar-se outros espaços, disponíveis para cargas e provisões).

Por fim, interessa apenas dar um toque quanto a classificação do navio em relação à sua bandeira: a) navio nacional (registrado no Brasil); b) navio estrangeiro (registro estrangeiro); e, c) navio apátrida (sem registro).

Os navios públicos, por sua vez, podem ser classificados em civis — serviços de polícia marítima — e militares — quando comandados por militares. O navio de guerra, consoante a Convenção sobre o Direito do Mar, é navio que pertence às Forças Armadas de um Estado, trazendo sinais exteriores distintivos dos navios de guerra (belonaves).

A Convenção sobre Direito do Mar da Jamaica, de 1982, permite que os navios arvorem bandeiras da ONU e de organismos especializados quando a serviço desses entes.

Algumas definições mais conhecidas na navegação marítima estão abaixo descritas, embora nem sempre tenham interesse para o Direito Internacional, conforme livro de *J. Haroldo dos Anjos* e *Carlos R. C. Gomes*(128):

a) Avaria — Danos, perdas e despesas extraordinárias que o navio sofre, ou sua carga, durante a navegação (art. 761 do C. Comercial). Avaria ou *Average*, significa, enfim danos concernentes ao navio e/ou à carga. Daí falar-se em avarias grossas ou *general average* ou *gross average*, que impõem despesas extraordinárias e avarias particulares ou *particular average*. Tais fatos são regulamentados pelo Código Comercial e pelas regras de York e Antuérpia, de 2004 (York & Antwerp Rules — RYA).

b) Acidentes da navegação — Naufrágio, encalhe, colisão, abalroamento, água aberta, explosão, incêndio, varação, arribada e alijamento (Lei n. 2.180/54).

c) Naufrágio — É a submersão do navio nas águas, sem possibilidade de reimersão (submarino) por meios próprios.

d) Encalhe — É o que ocorre com o navio que fica impedido de navegar porque "deu no seco".

e) Varação — Quando o navio é colocado intencionalmente no seco pelo seu comandante.

f) Abalroamento — É o choque entre duas embarcações.

g) Colisão — É o choque entre uma embarcação e um objeto.

h) Arribada forçada — Quando o navio entra em porto para o qual não estava escalado, por razões que independem da vontade do capitão.

i) Praticagem — É a arte de navegar junto à costa, em águas rasas. Também assim se considera a entrada e saída de barras, manobras, atracação de navios, navegação em rios, canais, lagos, lagoas, manobras para entrada e saída de dique.

---

(128) *Curso de direito marítimo.*

10. Estados sem litoral e os geograficamente desfavorecidos

O Direito Internacional preocupa-se com tais Estados, e a Convenção das Nações Unidas estabeleceu tais figuras de Estado, visando uma certa equidade na distribuição dos recursos naturais vivos do mar, o que de certa forma implica em algumas restrições aos Estados costeiros.

Vale a intenção do Direito Internacional, baseada na vontade soberana de todos os Estados, copartícipes das Convenções sobre o Mar, o que pode dar uma certa garantia de que os fatos se equilibrem e que os Estados não aquinhoados pela natureza possam também usufruir, de alguma forma, das riquezas marinhas. Para tanto, propugna a CNUDM III, a feitura de acordos bilaterais, sub-regionais ou regionais, sobre o aproveitamento dos recursos vivos da zona econômica exclusiva.

Estados sem litoral, por óbvio, não necessitam de explicação sobre a sua situação geográfica, já os Estados geograficamente desfavorecidos são aqueles costeiros, incluindo ribeirinhos de mares fechados ou semifechados, cuja situação geográfica não permite total independência de outros Estados da mesma região.

QUADRO SINÓTICO

ESTADO (TERRITÓRIO)

— Território: abrange a superfície do solo, subsolo, coluna de ar correspondente

— Linhas que demarcam os limites territoriais
- naturais/arcifínios: seguem os traços físicos do solo
- artificiais/intelectuais/matemáticos: criados pelo Homem

— Aquisição do domínio
- ocupação: Estado apropria-se de um território res nullius
- acessão: acréscimo de território determinado por um fato natural (aluvião, avulsão etc.)
- cessão: transferência mediante acordo entre Estados
- prescrição: domínio efetivo e ininterrupto e longo (usucapião)

— Domínio fluvial: rios e cursos d'água que cortam o território

- Domínio marítimo
  - águas internas, mar territorial, zona contígua
  - mar territorial: faixa de 12 milhas que ladeia a costa
  - zona contígua: faixa do alto-mar adjacente ao mar territorial. Convenção das Nações Unidas, máximo de 24 milhas
  - águas internas: porções de água salgada cercada de terra
  - estreitos: obras da natureza
  - canais: obras do Homem
  - solo marítimo: planície e plataforma marítima
  - Domínio do Estado
  - alto-mar: *res communis*
  - lagos: superfícies de água doce cercadas de terra
  - Amazônia Azul
  - Zona costeira

- Domínio aéreo
  - espaço aéreo
  - liberdades
    - direito de sobrevoo
    - de escala técnica
    - de embarcar no território
    - de desembarcar no território do Estado
    - de embarcar passageiros e mercadorias em qualquer território do Estado contratante

- Navios (embarcação que se locomove na água)
  - nacionalidade: bandeira, matrícula e domicílio
  - avaria: danos
  - acidentes
  - naufrágios: submersão
  - encalhe: navio "deu no seco"
  - varação: navio colocado intencionalmente no seco
  - abalroamento: choque entre duas embarcações
  - colisão: choque entre uma embarcação e um objeto
  - arribada forçada: navio entra em porto não escalado
  - praticagem: navegação junto à costa

CAPÍTULO VIII

ESPAÇOS INTERNACIONAIS

1. Conceito. 2. Nova conceituação de tais espaços. 3. Espaços comuns/ extraterritoriais/internacionais. 4. Especifica ainda a internacionalização de alguns territórios. 4.1 Cidade de Tanger. 4.2. Cidade de Gdansk. 4.3. Cidade de Triestre. 4.4. Ilha de Irian ocidental. 5. Alto-mar. 6. Fundos oceânicos. 7. Espaço ultraterrestre. 8. Domínios polares. 8.1. Polo Sul/Antártico. 8.2. Polo Norte Ártico. 9. Conclusão.

1. Conceito

São os espaços que escapam ao controle de qualquer soberania, abertos que são às diversas pessoas de Estados diversos e aos próprios Estados, por intermédio de seus representantes e afetos a atividades pacíficas.

Não é essa a regra, porquanto o sistema é ainda do domínio dos Estados e a relação entre estes e as áreas situadas além do alcance da soberania dos Estados, se equiparam a coisa nenhuma (*res nullius*), sendo passíveis de apropriação pelos mais fortes. Pela concepção dos espaços internacionais, estes não podem ser objeto de apropriação por parte de nenhum Estado.

2. Nova Conceituação de tais espaços

Na perspectiva moderna do Direito Internacional tais espaços deixam de ser *res nullius* e passam a ser *res communis*, bem comum da humanidade, conforme magistral Capítulo XX, sobre os Espaços internacionais: *res nullius* a patrimônio comum da humanidade, do Livro Direito Internacional dos Espaços de Paulo Borba Casella (Atlas, 2009, p. 565-586).

3. Espaços Comuns/Extraterritoriais/Internacionais

Os nomes acima representam sinônimos e foram postos para que se observe a exata dimensão da ideia. No caso dos rios internacionais, por exemplo, que representam caminhos em que a liberdade de navegação se manifesta e é necessária para o desenvolvimento do comércio, das relações civis e contratuais, para facilitação do encaminhamento de bens comuns, e que deve servir para a possibilidade de ampla comunicação em todos os níveis e de distribuição e utilização racionais dos bens, este deveria ser o regime consagrado, mas ainda, tal não acontece, porquanto os Estados fazem questão de consagrar o seu domínio na parte que lhe cabe, pela posição geográfica.

Há, no entanto, uma preocupação, uma busca em se firmar os espaços comuns, em benefício da comunidade de interesses, entre Estados ribeirinhos, como os referentes aos rios internacionais, aqueles que passam por mais de um Estado.

A mesma questão — esta já consagrada — se fez em relação ao alto-mar, em que o princípio da liberdade, como já explicado, restou aprovado e aclamado em todos os documentos.

De igual modo, no que tange ao espaço aéreo, insuscetível de apreensão, ainda que determinado Estado tenha, por sua tecnologia, possibilidade de domínio total ou quase total. Claro que tal espaço não pode ser utilizado para prejudicar o território subjacente e o povo que sobre ele vive, motivo pelo qual existem regras internacionais, que devem ser obedecidas e respeitada a soberania do Estado, para a sua defesa.

Também, verificamos a mesma preocupação com os astros em geral, a Lua, por exemplo, com o fundo dos oceanos, com a Antárctica.

Já em 1963, pela Assembleia Geral das Nações Unidas, foi feita uma Declaração de princípios que regulamentam as atividades dos Estados em matéria de exploração e utilização do espaço extra-atmosférico, bem como sobre o mar e os fundos marinhos.

Invocamos, mais especificamente os arts. 55 e 56 da referida Declaração:

O art. 55:

> Com o fim de criar condições de estabilidade e bem-estar, necessárias às relações pacíficas e amistosas entre as Nações, baseadas no respeito ao princípio da igualdade de direitos e da autodeterminação dos povos, as Nações Unidas favorecerão:
>
> a) níveis mais altos de vida, trabalho efetivo e condições de progresso e desenvolvimento econômico e social;
>
> b) a solução dos problemas internacionais econômicos, sociais, sanitários e conexos; a cooperação internacional, de caráter cultural e educacional; e
>
> c) o respeito universal e efetivo dos direitos humanos e das liberdades fundamentais para todos, sem distinção de raça, sexo, língua ou religião.

E o art. 56:

> Para a realização dos propósitos enumerados no Artigo 55, todos os Membros da Organização se comprometem a agir em cooperação com esta, em conjunto ou separadamente.

Embora, tais normas não tenham tido o impacto necessário para a implementação de regras e princípios em defesa de uma espécie de propriedade comum, ou de domínio da humanidade e não de um ou de outro Estado. De qualquer modo, sobrou a conquista da "cláusula do bem comum", bem expressa no art. 1º do Tratado do Espaço:

"A exploração e o uso do espaço cósmico, inclusive da Lua e demais corpos celestes, só deverão ter em mira o bem e interesse de todos os países, qualquer que seja o estágio de seu desenvolvimento econômico e científico, e são incumbência de toda a humanidade."

Doutrina *Paulo Barbosa Casella*: "Sendo, por definição espaços abertos — e isso, tanto fisicamente quanto legalmente — esses espaços não passam exatamente por gestão comum dos estados, mas pela justaposição de competências nacionais que se autolimitam, por si mesmas, no sentido de que estas dizem respeito somente aos respectivos nacionais e atividades, que frequentem essas áreas. Justamente por isso, no passado, em relação a tais espaços, como o alto-mar ou o espaço exterior, se punha a noção de *res nullius*. Existe considerável diferença em relação aos espaços, submetidos a gestão comum e necessariamente mais estreitamente regulamentados, como os grandes fundos marinhos (a "Zona"), ou Antártica. Em relação a estes será mais adequado falar em *res communis omnium*. Deixam de ser coisas de ninguém e passam a ser bens comuns a todos. Depois de aceita a ideia, cabe assegurar seja esta adequadamente implementada".[129]

O referido doutrinador ainda cita o art. 89 das Convenções das Nações Unidas sobre o Direito do Mar: "nenhum estado pode legitimamente pretender submeter qualquer parte do alto-mar à sua soberania".

4. Territórios Internacionalizados

Interessantes os territórios abaixo mencionados que tiveram domínio internacional. Domínio internacional define-se pela existência de espaço territoriais, nos casos descritos, cujo uso interessa a mais de um Estado ou à própria sociedade internacional, ainda que o espaço esteja sujeito à soberania de um Estado. Tal domínio é disciplinado pelo Direito Internacional, impulsionado por atos internacionais. Foge ao nosso desiderato e a este subtítulo, o estudo e a ideia de que espaços não territoriais, como a *internet* possa ser considerado como domínio público internacional, mas é uma possibilidade a ser estudada.

4.1. Cidade de Tanger

Esta cidade foi submetida ao regime de gestão internacional de 1923 até 1956, por ter sido objeto de reivindicação de vários países, ficou sendo administrada internacionalmente por quatro países: Espanha, França, Grã-Bretanha e Marrocos, depois integrou-se a este último Estado.

---

(129) CASELLA, Paulo Borba. *Direito internacional dos espaços*. Atlas, 2009. p. 571.

4.2. Cidade de Gdansk

Cidade que atualmente fica na Polônia, província de Pomerânia, na foz do rio Vístula, ficou sobre dominação alemã entre 1793 e 1945, quando recebia o nome de Danzig. Passado a 1ª Guerra Mundial, esta cidade foi objeto de reivindicações da Alemanha e da Polônia. O Tratado de Versalhes regulou o estatuto da cidade livre de Danzig (art. 100).

4.3. Cidade de Trieste

Situada no nordeste da Itália, no Mar Adriático, foi no passado, importante cidade do Império Austro-Húngaro. Tornou-se por sua posição geográfica um importante ponto de contato e de confronto entre povos latinos, germânicos e eslavos e dada esta situação, estabeleceu-se a possibilidade de um regime de gestão internacional, após a Segunda Guerra Mundial, que nunca chegou a acontecer.

4.4. Ilha de Irian ocidental

Parte ocidental de Nova Guiné, integrada geograficamente ao arquipélago indonesiano, com reivindicações de domínio pelos países baixos e pela indonésia, desde sua independência em 1949. Esta área foi colocada sob a administração direta da ONU, entre 1962 e 1963. Depois, passou a fazer parte da Indonésia.

Além das cidades que por algum período de tempo ficaram numa gestão internacional, hoje destacam-se, como já apontado, o alto-mar, os fundos oceânicos e o espaço ultraterrestre, bem como os domínios polares.

5. Alto-Mar

A matéria sobre este espaço vem estudada no Capítulo VII, quando destacamos apenas o princípio da liberdade e os direitos do Estado, jurisdição e auto defesa dos Estados quando nesta área, agora, vamos localizar esta área dentro daquelas em que o espaço é considerado da humanidade.

Algumas afirmações são importantes e estão plenamente consagradas nos dias de hoje: trata-se de um espaço marítimo que não pode ser objeto de qualquer apropriação de qualquer soberania estatal e nem do direito de propriedade, embora deva ter alguma espécie de regime jurídico ou de regra que o regulamente, para não servir de área para os mais poderosos e aventureiros, contrariando os interesses comuns da humanidade.

Os Estados em alto-mar, sejam eles quais forem, não podem exercer qualquer autoridade sobre os navios públicos ou privados de outros Estados, exceção feita à pirataria, cujo combate é um dever de todos e o direito de perseguição (*hot pursuit*). Nunca é demais repetir, os navios em alto-mar estão submetidos apenas ao seu pavilhão.

A definição do alto-mar está no art. 86, da Convenção de Montego Bay, de 1982, por exclusão das demais partes do Mar: "As disposições da presente Parte aplicam-se a todas as partes do mar não incluídas na zona econômica exclusiva, no mar territorial ou nas águas interiores de um Estado arquipélago. O presente artigo não implica limitação alguma das liberdades de que gozem todos os Estados na zona econômica exclusiva de conformidade com o art. 58". Desse modo, alto-mar é toda porção do mar que não está dentro do mar territorial, da zona econômica exclusiva e nas águas interiores.

O art. 58, a que se refere o art. 86, da mesma Convenção, explicita as liberdades que os Estados gozam na ZEE, de navegação e sobrevoo e de colocação de cabos e dutos submarinos, bem como de outros usos do mar, considerados lícitos.

O oceano, alto-mar, deve ser considerado *res communis*, isto é, pertencendo a todos os Estados, patrimônio da coletividade humana. Particularmente, entendo que esta última expressão é melhor, porquanto o ser humano pode usufruir do alto-mar, independentemente do Estado de que é nacional. A preocupação aqui está realçada, no que concerne à riqueza marinha, que não pertence a ninguém e a nenhuma organização criada pelo homem, mas a todos, sendo que as organizações criadas pelo homem, incluindo os Estados, os organismos internacionais, as ONGs, as empresas transnacionais ou nacionais, tem um dever comum de preservação.

A liberdade em alto-mar, significa liberdade de navegação, de pesca, de construção de ilhas artificiais, liberdade de investigação científica, liberdade de pesca, mas como se observa, não se trata de área de ninguém, e sim, muito importante, a conceituação, de área de todos: todos tem efetiva responsabilidade, uns com os outros. Exploração é possível nos termos da referida Convenção e de outras já mencionadas, ao longo deste curso, mas não predatória, mas não aleatória, e sim, dentro das regras de convivência e de preservação. Assim, destaque-se o item 2, do art. 86, já mencionado: "Tais liberdades devem ser exercidas por todos os Estados, tendo em devida conta os interesses de outros Estados no seu exercício da liberdade do alto-mar, bem como os direitos relativos às atividades na Área previstos na presente Convenção."

Também, fundamental, o art. 87: "O alto-mar será utilizado para fins pacíficos". E, por fim, o art. 89, dentre outros: "Nenhum Estado pode legitimamente pretender submeter qualquer parte do alto-mar à sua soberania".

6. Fundo Oceânico

O leito marinho é patrimônio comum da humanidade. Dele é possível extrair minérios, como o ferro, o manganês e o cobre, bem como é possível encontrar petróleo, além de retirar dele a matéria multifacetada da vida.

Houve uma declaração de princípios pela ONU, em 1973, na qual se estabeleceu este patrimônio da humanidade, mas na época, como sói acontecer com os interesses humanos e políticos, os países dividiram seus interesses em blocos. Assim, os do bloco socialista, disseram que tal patrimônio deveria ser incluído em futura convenção, sem referir-se aos recursos marinhos. O bloco dos países industrializados, queriam a concessão pública ou privada regulada e o pagamento de uma taxa e os dos países em desenvolvimento, entendiam que caberia a entidade delinear quem poderia explorar o fundo do oceano e definir os benefícios que deveriam ser repartidos.

A Convenção de Montego Bay, deixou claro que essa área se encontra fora dos limites da jurisdição dos Estados. Aliás a referida Convenção chama de "Área" essa parte, o que pode, a nosso ver, provocar alguma confusão, embora explique no art.133, os termos utilizados: "Art. 133. Para efeito da presente Parte: a) 'recurso' significa todos os recursos minerais sólidos, líquidos ou gasosos *in situ* na Área, no leito do mar ou no seu subsolo, incluindo os nódulos polimetálicos; b) os recursos, uma vez extraídos da Área, são denominados 'minerais' ". Os arts. 136 e 137 completam e estabelecem a natureza da "Área": "Art. 136. A Área e seus recursos são patrimônio comum da humanidade". "Art. 137. 1. Nenhum Estado pode reivindicar ou exercer soberania ou direitos de soberania sobre qualquer parte da Área ou seus recursos; nenhum Estado ou pessoa física ou jurídica pode apropriar-se de qualquer parte da Área ou dos seus recursos. Não serão reconhecidos tal reivindicação ou exercício de soberania ou direitos de soberania nem tal apropriação. 2. Todos os recursos da Área pertencem à humanidade em geral, em cujo nome atuará a Autoridade. Esses recursos são inalienáveis. No entanto, os minerais extraídos da Área só poderão ser alienados de conformidade com a presente Parte e com as normas, regulamentos e procedimentos da Autoridade. 3. Nenhum Estado ou pessoa física ou jurídica poderá reivindicar, adquirir ou exercer direitos relativos aos minerais extraídos da Área, a não ser de conformidade com a presente Parte. De outro modo, não serão reconhecidos tal reivindicação, aquisição ou exercício de direitos".

7. Espaço Ultraterrestre

Antes de adentrarmos no espaço ultraterrestre, cuja proteção do Direito deve estender-se, principalmente para o futuro, como forma preventiva de manutenção da vida na Terra, não podemos esquecer que apesar do avanço desta ideia, o ser humano está se esquecendo, ou não tem força para mudar o atual cenário em relação à camada de atmosfera que encobre o planeta e onde acontecem a maioria dos fenômenos que nos atingem.

Assim, apesar das regras internacionais, a proteção não parece ser muito boa em termos de atmosfera, cuja junção com o solo do planeta, este espaço, que vai do chão ao que conhecemos como céu, visível e invisível nas camadas mais profundas, forma o que chamamos de biosfera. A biosfera é um conjunto formado pelos diferentes ecossistemas, que vai das florestas, dos rios, dos desertos em interação com tudo o que acontece na atmosfera pela ação da própria natureza e pela ação do homem.

Exatamente nessa biosfera é que o mundo tem sofridos percalços, que os jornais noticiam e para os quais nem sempre temos as respostas adequadas, como: o efeito estufa, as chuvas ácidas, as ilhas de calor nas cidades, os buracos de ozônio, a poluição dos oceanos e rios, o desmatamento indiscriminado, a extinção de espécies da flora e da fauna.

Ocorre que na biosfera — solo e céu e tudo que está dentro desta vasta área — os Estados, as empresas e o próprio ser humano agem em busca de interesses de poder, de lucro e de interesse específico, tornando as regras e princípios internacionais impotentes. Ainda há muito do domínio soberano do Estado, de sua apropriação relativa à camada de ar sobre o seu território e o poder que esse Estado exerce, em virtude, principalmente das máquinas que possui. Ainda estamos um pouco primitivos nestas questões.

O fato é que o que escapa da fronteira física, delineada e desenhada pela natureza ou pela mão do homem, como a água e o ar, tem comunicação direta com todos os demais componentes do globo, pouco adiantando leis ou declarações bem intencionadas de utilização os dos recursos. Assim, a poluição atmosférica produzida por determinada empresa em determinado país, alcançará o país vizinho e quiçá outros mais, sem a mínima possibilidade de opor obstáculos físicos, quanto mais jurídicos a isto.

Por isso fazemos a preleção, de que é preciso tratar bem a atmosfera, para que a vida prossiga, nada adiantando, o tratamento jurídico equitativo e justo dado aos espaços ultraterrestres, por iniciativa dos Estados.

De qualquer modo, é bom saber que existe a seguinte divisão, constatada pela ciência:

ATMOSFERA — camada, de mais ou menos mil quilômetros, com densidade maior nas camadas inferiores, motivo pelo qual o ar vai se rarefazendo à medida de alturas e penetrações maiores nesta camada. A maioria das aeronaves voam na atmosfera. Está a atmosfera dividida em TROPOSFERA, que vai da superfície da Terra até a base da estratosfera, mais ou menos de 7 km a 17 km, dependendo do lugar geográfico em que se mede; ESTRATOSFERA, tem espaço de até 50 km, aviões a jato conseguem voar nessa faixa; MESOSFERA, até 85 Km e TERMOSFERA até 640 Km, orbita o ônibus espacial.

Toda esta camada de atmosfera que envolve o planeta e dele faz parte física e atuante, deve ser preservada por todos os Estados e empresas, porquanto é dela, que, efetivamente virão os nossos maiores problemas, como já tem ocorrido no mundo, e dos quais demos pálida ideia linhas atrás.

Quando falamos de ESPAÇO ULTRATERRESTRE nos referimos a algumas preocupações doutrinárias e legislativas, consideradas estas últimas, normas pensadas e implantadas no mundo, por intermédio dos tratados e das organizações internacionais.

Em Direito, há um ramo que aos poucos se destaca como estudo específico que é o do Direito Espacial, Sideral ou Cósmico. O ser humano e suas organizações políticas buscam a conquista e a concretização do poder. Parece que os séculos passam e embora estejamos na era da tecnologia, o ser humano continua socialmente primitivo, pouco escapamos dos macacos no sentido de domínio e de sobrevivência.

O fato é que se tem como termo inicial, da exploração do espaço sideral, o lançamento do satélite Sputinik 1, da União Soviética.

Algumas Convenções Internacionais foram importantes: Convenção de Paris, de 1919; Convenção de Chicago, de 1944, não sobre o Direito Espacial, porém mais sobre o Direito Aeronáutico, objetivando a soberania absoluta do Estado sobre o espaço aéreo acima de seu território.

Apesar disso, e por isso, e tendo o fato científico auspicioso do Sputinik 1, é que se poderia esperar uma reação internacional, porquanto o referido satélite percorreu sua órbita sobre diversos Estados. No entanto, os países não estavam adiantados para interceptar o satélite em questão e aceitou-se sem qualquer protesto esse voo, feito não nas camadas da atmosfera, aptas a serem dominadas pelo poderio tecnológico dos Estados. Conclui-se pela natural internacionalidade desse espaço, insuscetível de apreensão. Aí está o fato básico da nossa matéria sobre o espaço ultraterrestre, embora não faltassem e, talvez, não faltem perspectivas de colonização do espaço sideral pelas superpotências.

Decorreram de tais preocupações a responsabilização dos Estados pelos artefatos que lançavam no espaço, quer quanto ao combustível que utilizam, quanto os eventuais efeitos do lançamento e as consequências de seus erros, com a regulamentação do uso e da exploração do espaço em análise.

Algumas normas vieram à tona: a Resolução 1.148 (XII), de 1957 (lançamento de objetos espaciais deveria obedecer apenas os interesses pacíficos e científicos); a Resolução 1.721 (XVI), de 1961, reconhecendo a aplicação do Direito Internacional ao espaço e aos corpos celestes e o registro de que tal exploração estaria aberta a todos os Estados; a Resolução 1.472 (XIV), que criou o Comitê das Nações Unidas para Uso Pacífico do Espaço (COPUOS — Committee on the Peaceful Uses of Outer Space); a Resolução 1.962 (XVIII), de 1963, com uma Declaração de princípios jurídicos reguladores das atividades dos estados na exploração e uso do espaço cósmico; Acordo Bilateral entre a Academia de Ciências da URSS e a Agência da administração aeronáutica e espacial estadunidense (NASA — National Aeronautics and Space Administration), de 1962, para a cooperação e coordenação de programas de lançamento de satélites científicos, nas áreas da meteorologia, comunicação e pesquisa no campo magnético terrestre; a Resolução 1.884 (XVIII), de 1963, contra as armas nucleares e quaisquer outras espécies de destruição em massa; Tratados do Espaço, de janeiro de 1967; Tratado sobre princípios reguladores das atividades dos estados na exploração e uso do espaço cósmico, inclusive a Lua e demais corpos celestes; Acordo de Salvamento de Astronauta e restituição de astronautas e de objetos lançados ao espaço; Responsabilidade internacional dos Estados, 1972; Convenção relativa ao registro de objetos lançados no espaço cósmico, 1975; Resolução 37/92, de 1982, sobre Princípios reguladores do uso pelos estados de satélites artificiais da terra para transmissão direta internacional de televisão; Resolução 41/65 da ONU, de 1986, vincula o monitoramento da superfície terrestre aos princípios gerais de Direito Espacial, previstos no Tratado do Espaço; Resolução 47/68, de 1992, disciplina critérios mínimos de segurança para a utilização de combustível nuclear, em foguetes e em satélites artificiais; a Resolução 51/122, de 1996, cooperação entre os Estados para as disposições do Tratado do Espaço, além de outros documentos.

8. Domínios Polares

Duas áreas devem ser localizadas: o Polo Norte (Ártico) e o Polo Sul (Antártico).

8.1. Polo Sul/Antártico

É representado por uma massa continental, localizado quase inteiramente dentro do Círculo Polar Antártico, cercado pelo oceano Antártico, formado pelas águas dos oceanos Atlântico, Pacífico e Índico, é, pois, um oceano aberto. É o 5º continente em extensão. Em setembro de 1983, o Brasil foi admitido como membro do Conselho Consultivo do Tratado da Antártida, assinado tal tratado em 1.12.1959, em Washington, em vigor desde 1961. Tal tratado foi aprovado pelo Decreto Legislativo n. 56, de 29.6.1975, posto que a adesão foi em 16.5.1975, e promulgado pelo Decreto n. 75.963, de 11.7.1975.

Interessante o teor do art. I, do referido tratado: "1. A Antártida será utilizada somente para fins pacíficos. Serão proibidas, *inter alia*, quaisquer medidas de natureza militar, tais como o estabelecimento de bases e fortificações, a realização de manobras militares, assim como as experiências com quaisquer tipos de armas. 2. O presente Tratado não impedirá a utilização de pessoal ou equipamento militar para pesquisa científica ou para qualquer outro propósito pacífico".

Em fevereiro de 1984 foi inaugurada a Estação Antártica Comandante Ferraz. Outro tratado que deve ser citado é, na verdade, o Protocolo ao

Tratado da Antártida sobre Proteção ao Meio Ambiente, de 1991, cujo art. 3º § 1º diz: "Art. 3º Princípios Relativos à Proteção ao Meio Ambiente: 1. A proteção ao meio ambiente antártico e aos ecossistemas dependentes e associados, assim como a preservação do valor intrínseco da Antártida, inclusive suas qualidades estéticas, seu estado natural e seu valor como área destinada à pesquisa científica, especialmente à pesquisa essencial à compreensão do meio ambiente global, serão considerações fundamentais no planejamento e na execução de todas as atividades que se desenvolverem na área do Tratado da Antártida. 2. Com esse fim: a) as atividades a serem realizadas na área do Tratado da Antártida deverão ser planejadas e executadas de forma a limitar os impactos negativos sobre o meio ambiente antártico e os ecossistemas dependentes e associados; b) as atividades a serem realizadas na área do Tratado da Antártida deverão ser planejadas e executadas de forma a evitar: I) efeitos negativos sobre os padrões de clima ou de tempo; II) efeitos negativos significativos sobre a qualidade do ar ou da água; III) modificações significativas no meio ambiente atmosférico, terrestre (inclusive aquáticos), glacial ou marinho; IV) mudanças prejudiciais à distribuição, quantidade ou produtividade de espécies ou populações de espécies animais e vegetais; V) riscos adicionais para as espécies ou populações de tais espécies animais e vegetais, em perigo ou ameaçados de extinção; VI) degradação ou sério risco de degradação de áreas com significado biológico, científico, histórico, estético ou natural; c) as atividades a serem realizadas na área do Tratado da Antártida deverão ser planejadas e executadas com base em informações suficientes que permitam avaliações prévias e uma apreciação fundamentada de seus possíveis impactos no meio ambiente antártico e nos ecossistemas dependentes e associados, assim como na importância da Antártida para a realização da pesquisa científica; essas apreciações deverão levar plenamente em consideração: I) o alcance da atividade, sua área, duração e intensidade; II) o impacto cumulativo da atividade, tanto por seu próprio efeito quanto em conjunto com outras atividades na área do Tratado da Antártida; III) o efeito prejudicial que puder eventualmente ter a atividade sobre qualquer outra atividade na área do Tratado da Antártida; IV) a disponibilidade de meios tecnológicos e procedimentos capazes de garantir que as operações sejam seguras para o meio ambiente; V) a existência de meios de monitoramento dos principais parâmetros relativos ao meio ambiente, assim como dos elementos dos ecossistemas, de maneira a identificar e assinalar com suficiente antecedência qualquer efeito negativo da atividade e a providenciar as modificações dos processos operacionais que puderem ser necessárias à luz dos resultados do monitoramento ou de um melhor conhecimento do meio ambiente antártico e dos ecossistemas dependentes e associados; e VI) a existência de meios para intervir rápida e eficazmente em caso de acidentes, especialmente aqueles com efeitos potenciais sobre o meio ambiente; d) um monitoramento regular e eficaz deverá ser mantido para permitir uma avaliação do impacto das atividades em curso, inclusive a verificação do impacto previsto; e) um monitoramento regular e eficaz deverá ser mantido para facilitar uma identificação rápida dos eventuais efeitos imprevistos sobre o meio ambiente antártico e os ecossistemas dependentes e associados que resultarem de atividades realizadas dentro ou fora da área do Tratado da Antártida". Sua validade é de 50 anos. Cita-se, por fim, a Convenção sobre a Conservação dos Recursos Vivos Marinhos Antártidos de 1980, que busca a conservação de tais recursos na região.

8.2. Polo Norte/Ártico

Tem a confluência de oito países, junto ao Círculo Polar Ártico: Noruega, Suécia, Finlândia, Rússia, Estados Unidos (Alasca), Canadá, Dinamarca (Groenlândia), Islândia.

Permite-se a realização de pesquisas científicas, mas como existem Estados com interesse na pesca da região, alguns Estados específicos, como Estados Unidos, Dinamarca, Canadá e Rússia, pleiteiam a soberania, com fundamento na contiguidade territorial — teoria criada pelo senador canadense Poirier (teoria dos setores), a Rússia, no entanto, se fia numa realidade geográfica, dizendo que a cadeia montanhosa Lomonosov pode estar nos fundos marinhos do Polo Norte, o que lhe daria legitimidade para a reivindicação. Tais tentativas revelaram-se frustradas.

Como se trata de oceano, isto é, não é terra firme, como a que existe no Polo Antártico, a Convenção que regula esta área é a Convenção das Nações Unidas sobre o Direito do Mar, de 10.12.1982, aprovada no Brasil pelo Decreto Legislativo 5, de 9.11.1987, ratificada em 22.12.1988, promulgada pelo Decreto n. 99.165, de 12.3.1990. Há uma grande preocupação com o derretimento da calota polar, ante o fenômeno do aquecimento global. A preocupação, como pode parecer, não é localizada, porque a mudança climática, o derretimento das geleiras e as alterações profundas que tal situação desencadeia significa transformações em todo globo, nas economias dos países, na forma de vida das pessoas, nas suas necessidades, no comércio, na indústria e em todos os setores da vida humana.

9. Conclusão

A regulamentação de certos espaços, que são vitais para a sobrevivência da humanidade, passou a ser preocupação do Direito Internacional, denominados extraterritoriais ou espaços internacionalizados, que se localizam no mar, nos fundos marinhos, nos extremos do planeta, acima da sua atmosfera. Este novo capítulo do nosso curso, é uma pálida ideia da matéria a ser estudada.

CAPÍTULO IX

ESTADO: ÓRGÃOS DE RELAÇÃO EXTERNA

1. Diplomacia. Política Externa. Conceitos

Ensina *Belfort de Mattos*, citando o *Barão Szilassy*, quanto à origem do termo "diplomacia": do grego *diplos*, que significa "falso", "imbuído de duplicidade". Outros entendem vir da palavra helênica *diploma*, "ato dobrado", referência às credenciais dobradas ao meio[(130)].

A carreira diplomática surgiu em fins do século XVI na Europa — Ocidente Europeu —, com a multiplicação das embaixadas. Antes eram apenas os enviados extraordinários. No entanto, pelas funções que exerciam, os procuradores dos reis romanos junto à Cúria Romana — *procuratores in Romanam Curiam* —, gozando de imunidades e com representação permanente, podem ser considerados os antecessores dos diplomatas.

Quanto aos cônsules, o que se tem na História é um significado diverso em relação ao termo, porque assim eram tratados os chefes de Estado na Roma republicana; porém, como são entendidos hoje, os cônsules têm seu ancestral histórico nos *prostates* na Grécia, que eram pessoas escolhidas pelos estrangeiros residentes em uma cidade grega para intermediar as relações destes com o governo da cidade.

Também havia os *proxenos*, embora com aspectos mais políticos, para fazer a intermediação. Alguns afirmam que essas figuras eram apenas criações internas da Administração local para proteger os estrangeiros, e que a instituição surgiu no período medieval. Como veremos, desde aquelas épocas as atividades exercidas por tais pessoas eram técnico-administrativas e de intermediação, e não de representação do seu governo ou de seu Estado.

---

(130) *Manual de direito internacional público*, p. 250.

Na verdade, as missões diplomáticas, formas de negociação e de evitar a guerra são muito antigas. O sistema de diplomacia, tal qual o conhecemos hoje, teve início em Veneza, em que designavam embaixadores para outras cidades e países, sendo aqueles obrigados a relatarem periodicamente o que acontecia no lugar para onde foram designados. Esse modelo foi seguido por outros Estados italianos e, ao final do século XV, grande parte dos territórios possuía embaixadores residentes, junto a grandes Estados e junto ao Papa, buscando negociar, conversar, sustentar interesses. E toda diplomacia nasceu dessa forja e alimentou as características modernas da diplomacia. Biancheri descreve: "O sistema diplomático dos Estados italianos era naturalmente funcional a esses objetivos e procurava suprir com a astúcia a ausência de uma força comparável à dos grandes Estados europeus. E, uma vez que a emergente diplomacia europeia teve como modelo original a italiana, e muitos diplomatas da península foram recrutados ao exterior por Francisco I, por Henrique VII e por outros príncipes transalpinos, a tradição de astúcia e de ambiguidade da diplomacia italiana identificou-se de certa forma com o próprio exercício da diplomacia (...) Com o nascimento de uma profissão diplomática organizada de modo mais ou menos homogêneo nas capitais da Europa, começa-se a distinguir entre política externa e ação diplomática. Uma coisa é a escolha entre várias opções possíveis que se apresentam a um país nas suas relações internacionais, e outra coisa é a maneira como essa escolha é feita. A expressão 'diplomacia', compreendida corretamente, aplica-se apenas a esta última situação, e o fato de hoje a palavra não raro ser usada como sinônimo de 'política externa' não contribui para a clareza em uma matéria que nem sempre é conhecida perfeitamente pelas pessoas que a discutem".

Uma coisa é a decisão política, outra a execução técnica, embora devam andar juntas. Não raro, nos dias de hoje, cuja complexidade do mundo é maior, uma decisão política errada pode ser corrigida com prévia orientação de um conselheiro diplomático, em geral, encarnado na figura do Ministro das Relações Exteriores, ou que outro nome venha a ter em outros Estados (Ministro de Estado, Ministro dos Negócios Estrangeiros etc.). Todavia, não se há de confundir. O primeiro Ministério do Exterior, noticia-nos Biancheri, foi criado por Richelieu, em 1626, com estrutura centralizada, coordenando ou comandando a rede de embaixadores enviados a outras capitais. Uma burocracia eficiente para apresentar e representar o Estado.

Essa rede burocrática deve andar de braços dados com o poder interno do Presidente da República, que define o caminho maior. No caso do Brasil, quando o Presidente da República é eleito, escolhe os seus ministros e, dentre eles, o Ministro das Relações Exteriores. Normalmente, costuma-se dizer que este Ministro será o responsável em gerir a política externa. A frase não está tecnicamente correta. A política externa é gerida, comandada, objetivada como proposta, programa de governo, daquele que assume o poder. Ele, presidente (como no Brasil), é que dá as diretrizes de sua política externa, não como um próprio de suprema vontade, porquanto tal vontade deve ser conjugada com a orientação maior de seu governo, escudada na Constituição Federal, da qual não pode se afastar.

Em nosso caso, exemplifica-se, não importa a ideologia, a religião ou a falta dela, a filosofia do dirigente maior, há estrita necessidade de obedecer aos ditames do art. 4º, da Constituição Federal:

> Art. 4º A República Federativa do Brasil rege-se nas suas relações internacionais pelos seguintes princípios: I — independência nacional; II — prevalência dos direitos humanos; III — autodeterminação dos povos; IV — não intervenção; V — igualdade entre Estados; VI — defesa da paz; VII — solução pacífica dos conflitos; VIII — repúdio ao terrorismo e ao racismo; IX — cooperação entre os povos para o progresso da humanidade; X — concessão de asilo político."

Assim, nenhum Presidente da República brasileiro pode fugir dessas regras que o vinculam, porque vinculam o Brasil.

A política externa é o direcionamento da política do governo na representação e participação do Estado no concerto mundial. Trata-se de um conjunto de medidas, decisões e programas de governo para a área internacional, mas que se acomoda dentro dos parâmetros da Lei Maior (no caso do Brasil) e deve ser viabilizada pelos técnicos altamente capacitados: os diplomatas.

Como sói acontecer, cada governante eleito pode e deve ter a sua política externa, como uma das marcas de seu governo. Luís Inácio Lula da Silva, por exemplo, voltou-se para os países da América Latina e em desenvolvimento e para os países da África. Fernando Henrique Cardoso buscou dar uma força maior para a inserção internacional do Brasil, como partícipe no desenho de uma nova ordem, com transformação externa e desenvolvimento. Ambos, no entanto, rigorosamente, dentro dos preceitos constitucionais.

A diplomacia é técnica, mas uma técnica apurada por um vasto conhecimento histórico, geográfico, econômico, humano, composta de profissionais especializados para servir o Estado, mais do que ao Presidente, embora siga as diretrizes básicas por este estabelecidas, diretrizes de sua política externa.

No Brasil, a preocupação com os relacionamentos externos vieram desde as primeiras Constituições: nomeação de embaixadores, agentes diplomáticos e comerciais, pelo Executivo (1824); a partir da República as funções relativas à política externa passaram a ser do Senado e na atual Constituição Federal de 1988 a atribuição é exclusiva da União e de competência privativa do presidente da República com o auxílio de seu Ministério.

Fala-se em espécies de diplomacia: diplomacia secreta; diplomacia bilateral; diplomacia multilateral; diplomacia de cúpula; diplomacia econômica e comercial; e diplomacia do Estado empresário, entre outras, conforme lição de *Guido Soares*, no livro *Órgãos do Estado nas Relações Internacionais*, Rio de Janeiro: Forense, 2001.

1.1. Diplomacia secreta

Diplomacia que se notabilizou no final do século XIX e início do século XX, com a feitura de alianças militares, sem que os representantes legítimos dos Parlamentos soubessem o que estava se passando. A esse tipo de diplomacia houve reação por parte dos EUA, pelo presidente Wilson que, numa mensagem mandada ao Congresso justificando a entrada americana na Guerra de 1914-1918, desenvolveu tese contrária à diplomacia secreta.

1.2. Diplomacia bilateral

É a diplomacia feita nas relações bilaterais, isto é, a relação entre dois sujeitos de Direito Internacional — Estados e/ou organismos internacionais — recebendo e enviando diplomatas. Desenvolve-se por intermédio das Missões Diplomáticas, Missões Especiais, etc.

1.3. Diplomacia multilateral

Desenvolveu-se mais no século XX, com a atuação de vários Estados nos foros internacionais com decisões coletivas, resultantes de negociações entre vários partícipes da comunidade internacional, envolvendo, inclusive, Estados que podem eventualmente estar em posições econômicas e políticas opostas. Tal diplomacia pode resultar na composição de blocos regionais, tratados multilaterais sobre diversas matérias, defesa de interesses momentaneamente comuns. Desenvolve-se nos Congressos e Conferências Internacionais.

1.4. Diplomacia de cúpula

É uma diplomacia que se desenvolve fora dos parâmetros oficiais — funções do chefe do Executivo e/ou do ministro das Relações Exteriores, traduzindo-se na condução pessoal de assuntos de política externa, sem seguir as regras conhecidas, mantendo uma comunicação mais intensa com o Legislativo e a opinião pública. A utilização dos meios de comunicação e o aproveitamento das ocasiões especiais, encontro de chefes de Estados, aberturas de eventos, como a abertura da Assembleia da ONU, e reuniões em outras organizações internacionais.

1.5. Diplomacia econômica e comercial

Está voltada para a regulamentação econômica, em foros temáticos, envolvendo preocupações referentes ao planejamento econômico e à melhoria das relações comerciais. São as negociações comerciais multilaterais de vital importância nos dias atuais, como aquelas referentes à Organização Mundial do Comércio, envolvendo organismos econômicos, financeiros, bancos, movimentação de moedas, empréstimos, integrações econômicas.

1.6. Diplomacia do Estado empresário

Diz respeito às relações entre empresas estatais ou controladas por Estados e empresas de outros Estados ou de Direito Privado, envolvendo, também, empresas de cunho mercantil entre Estados para a exploração de determinadas atividades, como se exemplifica com a Binacional de Itaipu, entre Brasil e Paraguai. A matéria não se adapta bem nem ao Direito Internacional Público, nem ao Direito Internacional Privado, nem ao Direito do Comércio Internacional. Tal diplomacia não se utiliza apenas de profissionais do Estado — diplomatas — mas de economistas, advogados, políticos, empresários, para o favorecimento do Estado e aperfeiçoamento de suas relações nesse campo.

2. Representação do Estado

A representação do Estado pertence ao chefe de Estado — monarca ou presidente da República. Quando o chefe de Estado assume o poder, normalmente comunica aos demais Estados, por intermédio de sua Chancelaria, que está à frente da nação. Esse fato não provoca nenhuma reação diversa na sociedade internacional, sendo normal e esperado que assim ocorra. Entretanto, se aquele que alcançou a chefia suprema da nação o fez por meio de uma revolução, a carta comunicando a assunção do poder aos demais Estados da sociedade internacional será, normalmente, recebida com expectativa, porque importará o reconhecimento do governo, necessitando-se ter certeza de que o governo anterior não mais tem a possibilidade de retomada do poder, para não criar situações internacionais constrangedoras.

O chefe de Estado goza de privilégios em território estrangeiro, por ser representante máximo do Estado. Tais privilégios são: 1) inviolabilidade de sua pessoa e de sua residência; 2) isenção de impostos diretos; 3) liberdade de comunicar-se com seu Estado, inclusive usando códigos; 4) imunidade de jurisdição, quer civil, quer penal, exceção feita às ações referentes a imóveis a si pertencentes, como simples particular, e quando, de forma voluntária, o chefe de Estado aceitar a jurisdição do Estado em que se encontra.

Ao Direito Interno é que cabe a definição de quem é o chefe de Estado — Direito Constitucional e Direito Administrativo. Assim, para o Direito Internacional, será chefe de Estado, não importando o nome que receba, quem o Estado indicar: presidente da República, rei, ditador no exercício efetivo do poder, imperador e outros, porque esse é um problema de competência interna.

A diferença que se costuma fazer entre chefe de Estado e chefe de governo, embora de certa forma irrelevante para o Direito Internacional, tem suas especificações conhecidas, bastando dizer que, nas repúblicas presidencialistas, como é o caso do Brasil, o chefe de Estado é igualmente chefe do governo, ou seja, governa e administra, ao contrário, por exemplo, da Inglaterra — parlamentarista —, em que a rainha reina, mas não governa, separando-se as figuras do chefe de Estado e do chefe de governo.

Neste último caso, quem administra é o primeiro-ministro. Não significa que o chefe de governo não tenha as mesmas regalias que o chefe de Estado quando visita países estrangeiros, o que não seria razoável. Assim, sempre que o chefe de governo visitar outros Estados, exercerá o *treaty making power, ad referendum* do Parlamento. Contudo, o chefe de governo não representará o Estado, pois tal representação cabe ao chefe de Estado, e sim representará — se é que se pode assim dizer — a Administração do Estado, não mais do que isso.

Essas imunidades estendem-se à sua família e às pessoas de sua cortesia.

A Constituição brasileira estabelece as competências privativas do chefe de Estado (art. 84), como: de manter relações com os Estados estrangeiros e acreditar seus representantes diplomáticos; celebrar tratados, convenções e atos internacionais, *ad referendum* do Congresso Nacional; declarar a guerra, depois de autorizado pelo Congresso Nacional, ou sem prévia autorização, no caso de agressão estrangeira ocorrida no intervalo das sessões legislativas; fazer a paz, com autorização ou *ad referendum* do Congresso Nacional; e permitir, nos casos previstos em lei complementar, que forças estrangeiras transitem pelo território nacional ou nele permaneçam temporariamente.

É, todavia, nestes e noutros afazeres, o chefe de Estado auxiliado pelo ministro das Relações Exteriores ou por aquele que detém função equivalente.

O Brasil, por intermédio de seus representantes — chefe de Estado e ministro das Relações Exteriores —, deve relacionar-se internacionalmente com base nos princípios estabelecidos pela própria Constituição Federal em seu art. 4º, a saber: 1) independência nacional; 2) prevalência dos direitos humanos; 3) autodeterminação dos povos; 4) não intervenção; 5) igualdade entre Estados; 6) defesa da paz; 7) solução pacífica dos conflitos; 8) repúdio ao terrorismo e ao racismo; 9) cooperação entre os povos para o progresso da Humanidade; 10) concessão de asilo político; 11) promoção da integração econômica latino-americana.

3. Ministério das Relações Exteriores

O Ministério das Relações Exteriores é órgão interno do Estado e, ao mesmo tempo, órgão de relações com os demais países.

Também conhecido como Itamaraty. Este último nome (Palácio do Itamaraty) vem da associação da sede do Ministério na Rua Larga, no Rio de Janeiro, desde 1899, a seu antigo proprietário, o Barão Itamaraty. Hoje, o Itamaraty conta mais ou menos com 90 Embaixadas, 7 Missões junto a organismos internacionais, 36 Consulados e 15 Vice-Consulados. Os interesses da política externa são conduzidos no Itamaraty pela Secretaria do Estado das Relações Exteriores — SERE.

Dentre as funções exercidas pelo Ministro das Relações Exteriores, temos: 1) seguir a política exterior determinada pelo presidente da República; 2) dar as informações necessárias para a execução da política exterior; 3) representar o governo brasileiro; 4) negociar e celebrar tratados; 5) organizar e instruir missões especiais; 6) coordenar as conferências internacionais que se realizarem no Brasil; 7) proteger os interesses brasileiros no exterior; 8) representar o governo brasileiro nas relações oficiais com missões diplomáticas estrangeiras e junto a organismos internacionais, conforme o Decreto n. 71.534, de 12.12.1972.

4. Relacionamento externo

O relacionamento externo do Estado é exercido, portanto, pelo chefe de Estado e pelo ministro das Relações Exteriores, também chamado "chanceler", e pelo corpo diplomático e consular.

Os agentes diplomáticos são pessoas que o governo acredita em outro Estado. A matéria é de domínio interno do Estado[131], que regula a carreira diplomática. No Brasil, os futuros agentes diplomáticos saem do Instituto Rio Branco e vão para o Itamaraty, nome que passou a ser conhecido como sinônimo da diplomacia brasileira[132].

---

(131) *"Desígnase generalmente con el nombre de agentes diplomáticos a todos aquellos que, según las leyes constitucionales de los Estados y las reglas generales de Derecho Internacional, tienen poder y facultad de mantener las relaciones diplomáticas entre los Estados, y realizar actos en los que representan oficialmente al Estado que los confirió el poder correspondiente. Sólo la ley de cada país puede determinar a quién puede confiarse la facultad de negociar oficialmente en nombre del Estado."* (FIORE, Pasquale. *Tratado de derecho internacional público*, v. 3. p. 147)

(132) O Barão do Rio Branco foi Ministro das Relações Exteriores entre 1902 e 1912. Sua atuação à frente do Ministério deu dignidade ímpar à diplomacia e uma competência funcional tida como exemplo para o serviço público. Após a proclamação da República, o palacete que pertencia ao Conde de Itamaraty foi requisitado pelo Governo para a presidência, e só depois de algum tempo passou para a Secretaria das Relações Exteriores.

Exige-se do futuro diplomata formação humanística apreciável. E, para ingressar no Instituto Rio Branco, as provas a que são submetidos os candidatos revelam essa exigência: Português, Francês, Inglês, História, Geografia, Ciência Política, Economia e Direito e questões internacionais, entre outras. O currículo do curso, no entanto, vem sendo constantemente atualizado, com aulas sobre Direito Internacional, direitos humanos, meio ambiente, etc.

Na verdade, a seleção de diplomatas é feita pelo IRBr — Instituto Rio Branco — que foi criado em 18.4.1945 e em 1946 estabeleceu o "Curso de Preparação à Carreira Diplomática', datada desta época a obrigatoriedade de concurso público pelo IRBr para acesso à carreira.

Dentre os objetivos do IRBr, como nos noticia o próprio Instituto, podem ser mencionados: 1) harmonizar os conhecimentos adquiridos nos cursos universitários com a formação para a carreira diplomática; 2) desenvolver a compreensão dos elementos básicos da formulação e execução da política externa brasileira; e 3) iniciar os alunos nas práticas e técnicas da carreira.

Para a carreira da diplomacia há necessidade de alguns requisitos: ser brasileiro nato, estar no gozo dos direitos políticos, estar em dia com as obrigações do serviço militar, estar em dia com as obrigações eleitorais, ter diploma de curso superior, idade mínima de 18 anos, aptidão física e mental para o exercício das atribuições do cargo.

As provas são feitas em três fases com caráter eliminatório e classificatório: 1ª Fase (prova objetiva): Língua Portuguesa; História do Brasil; História Mundial; Geografia; Política Internacional; Língua Inglesa; Noções de Economia; Noções de Direito; e, Direito Internacional Público: 2ª Fase (prova escrita), de Português; 3ª Fase (prova escrita), História do Brasil, Língua Inglesa, Geografia, Política Internacional, Noções de Direito, Noções de Direito Internacional Público, Noções de Economia, Espanhol e Francês. Além disso haverá uma avaliação física e psicológica e a matrícula.

O curso de formação dura três anos e é integral. Dentre as matérias oferecidas é possível elencar as que seguem: Cerimonial e Protocolo; desenvolvimento Sustentável; Diplomacia Consular; Diplomacia e promoção Comercial; Direito Internacional Público; Direitos Humanos e temas Sociais; Economia I e II; História da América do Sul; História da Política Externa Brasileira; Linguagem Diplomática I e II; Módulos profissionalizantes; Organização e Métodos de Trabalho do MRE; Organizações Econômicas Internacionais e Contenciosos; Organizações Políticas Internacionais; Orientação profissional; Planejamento Diplomático; Política internacional e Política Externa Brasileira I e II; Técnicas de Negociação; Teoria das Relações Internacionais; Teoria geral do Estado e Direito da Integração; Visões do Brasil I e II; Árabe, Chinês e Russo, I, II e III; Espanhol I, II e III; Francês I, II e III; e, Inglês I, II e III.

No mundo moderno, sem esquecer a formação acadêmica, o diplomata necessita cada vez mais de conhecimentos específicos na área do Direito e da Economia. *Roberto Campos*, economista e diplomata de carreira, revela bem tais necessidades no livro *Lanterna na Popa*[(133)].

Tornou-se regra, a partir de 1937, o concurso para ingresso na carreira, começando o agente diplomático como 3º secretário, depois passando a 2º secretário, 1º secretário, conselheiro, ministro de 2ª classe e, finalmente, ministro de 1ª classe. O cargo de embaixador só pode ser exercido por ministro de 1ª classe, que, uma vez nomeado, conservará o título mesmo após abandonar a embaixada. Entretanto, embaixador não é grau da carreira diplomática, podendo uma embaixada ser exercida por pessoa estranha[(134)].

Ao conjunto de chefes de missão diplomática, dá-se o nome de corpo diplomático, cujo porta-voz — isto é, aquele que fala em nome do corpo — é o decano, o diplomata mais antigo da primeira categoria ou o núncio apostólico. Ao decano, cabe a obrigação de defender os privilégios e as imunidades do corpo diplomático.

A carreira diplomática, no Brasil, é privativa de brasileiro nato (art. 12, § 3º, V, da CF), assim como os cargos de presidente da República, presidente da Câmara dos Deputados, presidente do Senado, ministro do

---

(133) "Qual a sua experiência acadêmica? — Indagou-me ele.
— Filosófica e teológica — respondi-lhe.
— Trata-se — disse ele — de uma formação interessante, porém, totalmente inadequada para justificar um atalho na exigência de créditos de Economia. E que é que a Teologia tem a ver com a Economia?
Respondi-lhe que os teólogos não deveriam ser subestimados. O Bispo e Príncipe Tayllerand costumava dizer que 'quem aprende a enganar a Deus será facilmente proficiente na arte de enganar os homens'. Acheson sorriu, mas não se comoveu. Disse-me que o comentário era interessante, mas que eu teria, de qualquer maneira, de fazer três cursos — Introdução à Economia, História Econômica e Comércio Internacional. Se obtivesse o grau 'A' em todas essas matérias, poderia ser admitido como *sophomore*.
(...)
Mas o que era um castigo se transformou em uma bonança. Durante bastante tempo fui monopolista, por ser o único diplomata brasileiro formalmente graduado em Economia. Fui mesmo o iniciador de uma escola, que depois veio a incluir membros ilustres, como Miguel Osório de Almeida, João Batista Pinheiro, Otávio Dias Carneiro e Oscar Lorenzo Fernandes. Era um aceno favorável do destino, de vez que, precisamente após a minha chegada a Washington, a diplomacia econômica, relativamente desprivilegiada em relação à estratégia militar ou à diplomacia política, começara a adquirir relevância" (*Lanterna na popa*, p. 48, 49 e 53).

(134) Profissional é o diplomata de carreira, que utiliza sua técnica, sua formação e aprendizado a serviço da Nação. Necessariamente, não é o caso do embaixador, que, às vezes, se notabiliza pela sua expressão política. *Oswaldo Aranha* e *San Tiago Dantas* não eram diplomatas de carreira, mas imprimiram no Itamaraty uma nova filosofia, uma nova maneira de agir. Apesar dessas considerações, entendemos que uma embaixada deva ser ocupada, na grande maioria das vezes, pelos homens de carreira, só se justificando a presença de outra pessoa de forma excepcionalíssima.

STF e oficial das Forças Armadas, porque são cargos que dizem respeito ao centro das decisões nos três Poderes e, no caso da carreira diplomática, fica evidenciada, por meio do agente, a posição estratégica do Brasil perante as nações estrangeiras.

Nas relações entre os países, antes de se acreditar chefe de missão diplomática junto a um Estado, consulta-se este para saber se o indicado é ou não *persona grata*, se existe óbice à sua investidura. É o que se chama "pedido de *agreement*".

Na verdade, o Estado acreditado poderá a qualquer momento, sem se justificar, notificar o Estado acreditante, que o chefe da missão ou qualquer membro do pessoal diplomático da missão é "persona non grata" ou não aceitável. Quando, por exemplo, o diplomata indicado, ou outra pessoa do pessoal diplomático, tenha participado em manifestações contra o governo local. Claro está que fazer a justificativa faz parte do que se entende por boa diplomacia.

A Convenção de Viena sobre Relações Diplomáticas, de 1961, explicita as funções do chefe de missão diplomática: 1) representar o Estado acreditante perante o Estado acreditado; 2) proteger no Estado acreditado os interesses do Estado acreditante e de seus nacionais; 3) negociar com o governo acreditado; 4) promover relações amistosas e desenvolver as relações econômicas, culturais e científicas entre os dois Estados.

5. Agentes diplomáticos

Acrescenta-se a essas funções, em relação ao Brasil: a) expedir e visar passaportes oficiais; b) solicitar o cumprimento de rogatórias que lhes forem encaminhadas pelo seu país; c) transmitir aos consulados brasileiros as instruções recebidas de seu governo; e d) encaminhar os pedidos de extradição.

Da missão diplomática, também participa o pessoal de apoio ao agente diplomático, como secretária e técnicos, criptógrafos, etc., dependendo da necessidade específica. A Convenção de Viena de 1961 é farta nas definições sobre os diversos cargos ocupados em uma missão diplomática, como abaixo se transcreve:

> Art. 1º Definições — Para efeitos da presente Convenção:
>
> a) "Chefe de Missão" é a pessoa encarregada pelo Estado acreditante de agir nessa qualidade;
>
> b) "membros da Missão" são o Chefe da Missão e os membros do pessoal da Missão;
>
> c) "membros do pessoal da Missão" são os membros do pessoal diplomático, do pessoal administrativo e técnico e do pessoal de serviço da Missão;
>
> d) "membros do pessoal diplomático" são os membros do pessoal da Missão que tiverem a qualidade de diplomata;

e) "Agente Diplomático" é o Chefe da Missão ou um membro do pessoal diplomático da Missão;

f) "membros do pessoal administrativo e técnico" são os membros do pessoal da Missão empregados no serviço administrativo e técnico da Missão;

g) "membros do pessoal de serviço" são os membros do pessoal da Missão empregados no serviço doméstico da Missão;

h) "criado particular" é pessoa do serviço doméstico de um membro da Missão que não seja empregado do Estado acreditante;

i) "locais da Missão" são os edifícios, ou parte dos edifícios, e terrenos anexos, seja quem for seu proprietário, utilizados para as finalidades da Missão, inclusive a residência do Chefe da Missão." (Convenção de Viena sobre Relações Diplomáticas)

Normalmente, o Estado acreditado pode determinar o efetivo das missões diplomáticas, e tal limitação é feita com base em acordo ou na reciprocidade:

Art. 11, § 1º Não havendo acordo explícito sobre o número de membros da Missão, o Estado acreditado poderá exigir que o efetivo da Missão seja mantido dentro dos limites que considere razoáveis e normais, tendo em conta as circunstâncias e condições existentes nesse Estado e as necessidades da referida Missão.

§ 2º O Estado acreditado poderá igualmente, dentro dos limites e sem discriminação, recusar-se a admitir funcionários de uma determinada categoria. (Convenção de Viena sobre Relações Diplomáticas)

Têm os agentes diplomáticos algumas imunidades:

1. inviolabilidade para o desempenho das funções diplomáticas. Abrange a missão diplomática e as residências particulares dos agentes diplomáticos, considerada a mais importante das prerrogativas. Não é uma consequência da inviolabilidade do Chefe de Missão, mas um atributo do Estado acreditante, pelo fato dos locais serem usados como sede da missão. A inviolabilidade dos locais de missão é diversa da inviolabilidade pessoal. A primeira está prevista no art. 22 da Convenção de Viena de 1961, enquanto a pessoal encontra-se nos arts. 29 e 30 do mesmo diploma. Todavia, apesar de ser um direito absoluto, os locais de missão "não devem ser utilizados de maneira incompatível com as funções da missão" (art. 41, § 3º da Convenção).

2. imunidade de jurisdição civil e administrativa, criminal e de execução (porque invioláveis os bens da missão diplomática). Historicamente, decorreria do princípio absolutamente da inviolabilidade do representante. Há exceções no art. 31, da Convenção: a) ação real sobre imóvel privado situado em território do Estado acreditado; b) ação sucessória na qual o agente diplomático figure, a título privado e não em nome do Estado, como executor testamentário, administrador, herdeiro ou legatário; c) ação referente a qualquer profissão liberal ou atividade comercial exercida pelo agente diplomático no Estado acreditado fora das funções oficiais (para os países que permitem que seus agentes desenvolvam atividades profissionais e comerciais). Em relação à imunidade administrativa, a missão diplomática goza da liberdade de comunicação (art. 27, da Convenção), mas a instalação e uso de uma

emissora de rádio, a missão diplomática só pode fazer tal instalação com o consentimento do Estado acreditado. Quanto ao mais, a correspondência oficial, a mala diplomática e os volumes que a constituam, o correio diplomático, têm proteção, devendo ser respeitados pelo Estado acreditado.

3. isenção de impostos. Possuem os agentes diplomáticos isenção de todos os impostos e taxas pessoais ou reais, nacionais, regionais ou municipais, exceção feita aos impostos indiretos que estejam normalmente incluídos no preço das mercadorias ou dos serviços, aqueles sobre bens imóveis privados, os de remuneração a serviços específicos, os direitos de registro, de hipoteca, custas judiciais e impostos de selo relativos a bens imóveis. A isenção de impostos não se estende às pessoas que contratam com a missão diplomática.

Além dessas imunidades, têm os agentes diplomáticos: 1) direito ao culto privado; 2) direito de arvorar o pavilhão nacional; 3) liberdade de circulação e trânsito, salvo em zona que interesse à segurança nacional.

Os privilégios e imunidades dos agentes diplomáticos tiveram por base algumas teorias que tentaram justificá-los: a) o agente diplomático representa o soberano ou o Estado, sendo este propriedade daquele, daí a imunidade; b) extraterritorialidade: a embaixada faz parte do território do Estado de que ela é nacional; c) direito de legação: decorre daí a imunidade, fazendo parte do Direito Natural; e d) teoria do interesse da função: atualmente consagrada, tem em mira que a finalidade de tais privilégios e imunidades não é beneficiar os indivíduos, mas o desempenho das missões diplomáticas. A Convenção de Viena de 1961 regulamenta todos os aspectos acima delineados.

Os agentes diplomáticos terminam suas funções, em geral, quando há rompimento das relações diplomáticas e, por óbvio, quando o Estado desaparece ou quando os Estados — acreditante e acreditado — se desentendem.

O Brasil, atualmente, tem embaixadas nos seguintes locais: África do Sul, Alemanha, Angola, Arábia Saudita, Argélia, Argentina, Austrália, Áustria, Bangladesh, Bélgica, Bolívia, Bulgária, Cabo Verde, Camarões, Canadá, Chile, China, Cingapura, Colômbia, Coreia do Sul, Costa do Marfim, Costa Rica, Cuba, Dinamarca, Egito, El Salvador, Emirados Árabes Unidos, Equador, Espanha, EUA, Filipinas, Finlândia, França, Gana, Grécia, Guatemala, Guiana Francesa, Guiné-Bissau, Haiti, Holanda, Honduras, Hong Kong, Hungria, Índia, Irã, Irlanda, Israel, Itália, República Federal da Iugoslávia, Croácia, Eslovênia (embaixador residente em Viena), Macedônia (embaixador, também de Sófia), Jamaica, Japão, Jordânia, Kwait, Líbano, Líbia, Malásia, Marrocos, México, Moçambique, Namíbia, Nicarágua, Nigéria, Noruega, Panamá, Paquistão, Paraguai, Peru, Polônia, Porto Rico, Portugal, Quênia, Reino Unido, República Dominicana, República Tcheca, Romênia, Rússia, Suécia, Suíça, Suriname, Tailândia, Trinidad e Tobago, Tunísia, Turquia, Ucrânia, Uruguai, Vaticano, Venezuela, Vietnã, Zaire, Zâmbia e Zimbábue.

6. Agentes consulares

Os agentes consulares, por sua vez, são funcionários administrativos do Estado que este envia para proteger seus interesses comerciais, legalizar documentos nacionais que estão no estrangeiro e outras funções determinadas pelo governo.

O cônsul está subordinado ao Ministério das Relações Exteriores. Recebe sua investidura por meio de carta patente assinada pelo chefe de Estado e o Estado receptor dá sua autorização, isto é, seu *exequatur*.

Existem os cônsules honorários ou *electi*, escolhidos entre os nacionais do Estado em que vão servir, e os cônsules *missi*, para os quais serve o primeiro conceito dado, sendo verdadeiros funcionários públicos.

Em geral, os cônsules honorários recebem gratificações; mas, a remuneração é paga aos de carreira, embora no Brasil não exista carreira específica para o cônsul, sendo este escolhido entre os agentes diplomáticos.

As prerrogativas dos cônsules são: 1) inviolabilidade pessoal (não se estendendo à família); 2) inviolabilidade da residência oficial, da correspondência oficial com seu governo, da correspondência com o representante diplomático do seu país e daquela com o corpo consular estrangeiro; 3) inviolabilidade de arquivo; 4) imunidade de jurisdição; e 5) isenção de impostos.

A função consular pode terminar pela anulação do *exequatur*, pela declaração de guerra entre os Estados, pela demissão, pela aposentadoria ou pela morte.

Interessantes as diferenças entre os agentes diplomáticos e os cônsules, como tais didaticamente apontadas por *Albuquerque Mello* e que ora reproduzimos: "a) o cônsul não tem aspecto representativo no sentido político, enquanto o agente diplomático tem; b) o cônsul tem funções junto às autoridades locais, enquanto o agente diplomático as tem junto ao governo central; c) os agentes diplomáticos têm maiores privilégios e imunidades do que os cônsules; d) diversidade de funções (por exemplo, os cônsules não tratam de assuntos políticos, como fazem os agentes diplomáticos); e) o agente diplomático recebe credenciais do Estado acreditante, enquanto o cônsul recebe carta patente do Estado de envio; f) o agente diplomático entra em função após a entrega das credenciais, enquanto o cônsul o faz após a concessão do *exequatur;* g) o cônsul só tem atuação no distrito consular, enquanto o agente diplomático a tem em todo o território do Estado".[135]

---

(135) *Curso de direito internacional público*, v. 2º, p. 1.242.

7. Renúncia e imunidade de jurisdição (processo nas embaixadas e consulados)

Diz a regra *par in parem nom habet imperium* (entre iguais não há império). Assim, entre Estados soberanos há de ser considerada a igualdade jurídica.

Tal regra, no entanto, não prevalece se o conflito surge, não de um "ato de império" do Estado, mas de um "ato de gestão". A matéria não é clara e muitas dúvidas existem quanto a essas espécies de atos. Tal distinção pode ser feita pela *lex fori*, considerada também a prática internacional. Alguns atos de gestão encontram-se, mais ou menos, definidos, a saber: causas imobiliárias, inventários, partilhas sucessórias, atos de comércio (contratos, transações), relações de trabalho, subordinados ou não. Todas essas matérias servem à guisa de interpretação em cada caso concreto; no entanto, teoricamente, são atos de gestão.

O Estado ao praticar "ato de gestão" não deixa de ser soberano; entretanto, em virtude do ato praticado deve se submeter ao regime jurídico do Direito Privado.

O Supremo Tribunal Federal se posicionava a favor da imunidade absoluta de jurisdição do diplomata estrangeiro, mas em causas que prevaleçam os atos de gestão e não de império, tal imunidade deve ser minimizada.

Assim, a teoria moderna admite que o direito à imunidade de jurisdição não é absoluto (Teoria da Imunidade Relativa).

Em relação a tal matéria temos as seguintes perspectivas:

a) se o Estado estrangeiro não se opuser à jurisdição interna de outro Estado, o processo transcorrerá normalmente até sentença final;

b) se o Estado estrangeiro alegar a imunidade de jurisdição, surgirá daí um novo conflito; o conflito entre este Estado e o Estado da jurisdição. Tal incidente processual deve ser solucionado à luz do Direito Internacional Público, que tem por regra básica, consuetudinária, a imunidade de jurisdição;

c) não pode o juiz em ação promovida em face de o Estado estrangeiro, de plano, indeferir a citação do referido Estado, porque este pode renunciar a tal imunidade. Portanto, a citação é sempre necessária (ver novo CPC, arts. 238 em diante, incluindo a possibilidade de citação eletrônica — Lei n. 11.419/2006);

d) para a citação do Estado estrangeiro não há no CPC norma apropriada. Embora a prática seja a de determinar a citação na embaixada ou consulado, é fato que tais órgãos não possuem personalidade jurídica; são meras representações do Estado. Assim, o melhor caminho seria a citação por intermédio do Ministério das Relações Exteriores, salvo convenção internacional dispondo em contrário;

e) quanto ao prazo para contestar e recorrer, do Estado estrangeiro, entendemos razoável que se dê à "Fazenda Pública Estrangeira" o mesmo privilégio da "Fazenda Nacional" (ver novo CPC, Lei n. 13.105/015, art. 183, § 1º). Na área civil, por exemplo, sessenta dias para apresentar sua resposta à ação impetrada. Na área trabalhista, embora a resposta seja dada em audiência (art. 847 da CLT), o prazo entre a notificação (citação) e a realização da audiência, em que será oferecida a resposta, não pode ser menor do que vinte dias (art. 841 da CLT);

f) o silêncio do Estado estrangeiro não comparecendo à audiência trabalhista, ou não respondendo à citação (cível), não pode ser tido como revelador da renúncia à imunidade de jurisdição. Tal renúncia é um ato do Estado e deve ser expressa, ainda que verbalmente, e tomada a termo em audiência (art. 32, § 2º da Convenção de Viena). Observe-se que o direito de renúncia pertence ao Estado e não ao seu agente diplomático ou consular. Não é a vontade do agente que conta, mas do próprio ente internacional;

g) ao contrário, o silêncio do Estado significa a afirmação da prerrogativa de renúncia. Esta é a interpretação mais coerente, porquanto se produzidos os efeitos da revelia e confissão quanto à matéria de fato ante a falta de defesa, graves seriam as consequências, salvo se interpretarmos tratar-se de ato de gestão em relação ao qual, naturalmente, não há imunidade. Ainda assim, a ação provavelmente não teria vida longa, ou efetiva consequência, porque para o Estado estrangeiro ser executado, seria necessária, também, a renúncia à imunidade de execução: duas renúncias, portanto — imunidade de jurisdição (processo de conhecimento) e imunidade de execução (processo de execução). A extinção do processo sem julgamento do mérito seria a única saída;

h) uma saída, também, é a de comunicar o Ministério das Relações Exteriores da existência de Ação contra o Estado estrangeiro, para que aquele entre em contato com o referido Estado, antes da citação, para dele obter a resposta de que se submete à jurisdição nacional. Teríamos, aí, dois atos: uma simples consulta anterior à citação e depois a citação. Houve uma decisão similar da lavra do ministro Celso de Mello, datada de agosto de 2000 (STF, Ação Cível Originária n. 575, com base nos arts. 22 e 30 da Convenção de Viena sobre Relações Diplomáticas). No entanto, este procedimento vai contra o princípio da celeridade e da economia processual. Não acreditamos ser a melhor solução;

i) a citação deve ser feita; contudo, a preocupação maior deve ser com a forma de citação. Neste ponto, concordamos com aqueles que pensam que o oficial de justiça não é o meio adequado e que, talvez, a citação pelo correio não seja a melhor solução. A comunicação com a citação deve ser enviada ao Ministério das Relações Exteriores;

j) deve-se considerar, no entanto, que se o Estado comparecer com sua defesa não alegando a imunidade, haverá renúncia tácita porque o ato processual de defesa é incompatível com a imunidade;

k) no que concerne à imunidade de execução tem-se que, também, esta não é absoluta, pois devem ser ressalvadas as hipóteses de: renúncia por parte do Estado estrangeiro à prerrogativa da intangibilidade dos seus próprios bens ou de existência em território do Estado da jurisdição de bens que, embora pertencentes ao Estado estrangeiro, sejam estranhos, quanto à sua destinação ou utilização, às legações diplomáticas ou representações consulares por ele mantidas no país;

l) no caso do Brasil, quem, em nome do país, pode renunciar à imunidade de jurisdição (diplomatas, cônsules, outras figuras)? Isto é, poderá o Brasil voluntariamente submeter-se à jurisdição estrangeira? Alguns entendem que somente o Congresso pode fazê-lo em nome do Brasil, com arrimo do art. 49, I da Constituição Federal. Outros argumentam que é da Advocacia-Geral da União, instituição que tem por incumbência constitucional representar judicialmente o Estado (art. 131 da CF). Há aqueles que reconhecem tal competência ao chefe de missão diplomática. Entendemos que a interpretação não pode ser rígida e concretizar obstáculos intransponíveis e lentos quanto à tomada de decisão em um mundo que prima pelas decisões rápidas.

Assim, parece-nos razoável que o chefe de missão diplomática, em nome do Estado, pode renunciar à imunidade de jurisdição, tendo em vista as implicações do caso concreto; claro está, que a renúncia impensada ou com consequências desastrosas submeteria o chefe de missão diplomática a um processo interno de responsabilização. Entretanto, diante de um caso específico, o chefe de missão diplomática deverá, sempre que possível, consultar o Ministério das Relações Exteriores e a Advocacia-Geral da União. Trata-se de aplicação do Princípio da Razoabilidade, ante a seriedade com que devem ser tratados esses casos, que podem ensejar grave repercussão internacional.

De qualquer modo, de nossa parte, afastamos a competência exclusiva do Congresso Nacional, posto que a norma do art. 49, I, da Constituição Federal, não é exclusiva para o ato de renúncia em relação a uma ação específica. Todavia, fica a discussão em aberto.

8. Princípios sobre relações exteriores

O Estado, por intermédio de seus representantes, deve atuar nas suas relações com a sociedade internacional em obediência aos seguintes princípios: independência nacional, prevalência dos direitos humanos, autodeterminação dos povos, não intervenção, igualdade entre os Estados, defesa da paz, solução pacífica dos conflitos, repúdio ao terrorismo e ao racismo, cooperação entre os povos para o progresso da humanidade, concessão de asilo político e a integração econômica, política, social e cultural dos povos da América Latina, visando à formação de uma Comunidade Latino-Americana de Nações (art. 4º e parágrafo único da CF), como já parcialmente destacado no item 5 do capítulo I. Vamos especificar um pouco melhor:

8.1. Independência nacional

Deve ser vista como independência de atuação, principalmente independência econômica. Preocupação constante dos legisladores constituintes, como no art. 170 (soberania nacional como princípio da ordem econômica), no art. 172 (investimento de capital estrangeiro, subordinando-se ao interesse nacional), no art. 176 (restringindo a exploração dos recursos naturais por pessoas ou capital estrangeiro), no art. 178 (assegurando a predominância nacional na atividade de transporte), no art. 219 (estabelecendo que o mercado interno integra o patrimônio nacional).

8.2. Prevalência dos direitos humanos

O Brasil, com esse princípio, está voltado para a proteção do indivíduo na ordem jurídica interna, apoiando os sistemas internacionais de proteção e propugnando de forma ativa pela formação de um Tribunal Internacional dos Direitos Humanos (art. 7º do ADCT).

8.3. Autodeterminação dos povos

Representa esse princípio um prestígio aos princípios da soberania e da independência nacional e que, de certa forma, poderia contrariar a existência de uma ordem internacional superior, continuando os Estados como sujeitos principais e primários do sistema internacional. Também vem inserta a ideia de que cada nação deve corresponder a um Estado soberano.

8.4. Não intervenção

É a não interferência nos assuntos internos de outros Estados, mais uma vez firmando a soberania como um dos princípios máximos de sustentação da ordem internacional. Não se tem ferido o princípio quando o Estado que está sofrendo algum problema pede a intervenção ou pratica atos que a permitam. Fica para discussão o problema dos direitos humanos violados por um Estado, ou guerras internas que contrariam princípios humanitários, se tais situações extremas permitiriam ao Brasil imiscuir-se na ordem de outro país, conjuntamente com outros Estados e em nome de princípios gerais maiores.

8.5. Igualdade entre os Estados

Trata-se de igualdade formal e reconhecida aos Estados soberanos; porém, dá ensejo, também, a uma interpretação mais ampla de igualdade material. É preciso buscar a higidez econômica dos Estados para que todos possam relacionar-se com a mesma força.

8.6. Defesa da paz

Está o princípio conectado com o da solução pacífica dos conflitos e a proibição da guerra de conquista, como estava na Carta anterior.

8.7. Solução pacífica dos conflitos

Significa que os conflitos internacionais devem ser resolvidos por negociações diretas, arbitragem e outros meios pacíficos.

8.8. Repúdio ao terrorismo e ao racismo

A preocupação do legislador constituinte está de acordo com os acontecimentos mais modernos, porque o terrorismo internacional de uns tempos para cá tornou-se mais constante e atinge toda a coletividade, desestabilizando a estrutura mínima da ordem interna de cada país.

O repúdio ao racismo é uma expressão dos direitos humanos. Está ligado ao art. 5º, XLII (racismo como crime inafiançável) e ao art. 5º, XLIII (responsabilizando mandantes, executores e os que se omitirem).

8.9. Cooperação entre os povos para o progresso da humanidade

Privilegia a busca de acordos para a solução dos problemas, o que está em conformidade com o art. 1º da Carta Magna das Nações Unidas, sendo este um dos propósitos da ONU.

8.10. Concessão de asilo político

Está coerente com a defesa dos direitos humanos, porque é a proteção da pessoa contra a violência e o arbítrio do Estado.

8.11. Integração da América Latina

É, como ensina *Celso Ribeiro Bastos*, a autorização constitucional para buscar a integração numa comunidade maior, regional, abordando, ainda que não expressamente, a possibilidade de ceder parcela da soberania para esse fim[136].

QUADRO SINÓTICO

ESTADOS: ÓRGÃOS DE RELAÇÃO EXTERNA

— Representação do Estado: Chefe de Estado

- Chefe de Estado
  - privilégios em território estrangeiro
  - inviolabilidade de sua pessoa e residência
  - isenção de impostos diretos
  - liberdade de comunicar-se com seu Estado
  - imunidade de jurisdição

- Ministro das Relações Exteriores
  - auxilia o Chefe de Estado
  - Ministro é órgão interno do Estado e órgão de relações com os demais países
  - tem por função
    - seguir a política exterior determinada pelo presidente da República
    - representar o governo
    - negociar e celebrar tratados
    - organizar e instruir missões especiais
    - proteger interesses brasileiros no exterior
    - representar o Governo brasileiro junto aos organismos internacionais

— Relacionamento externo do Brasil: chefe de Estado e ministro das Relações Exteriores

- — Agentes diplomáticos
  - pessoas que o governo acredita em outro Estado saem do Instituto Rio Branco
  - carreira
    - 3º secretário
    - 2º secretário
    - 1º secretário
    - conselheiro
    - ministro de 2ª classe
    - ministro de 1ª classe

---

(136) BASTOS, Celso Ribeiro e MARTINS, Ives Gandra da Silva. *Comentários à Constituição do Brasil*, v. 1. p. 464.

— Cargo de Embaixador: somente pelo ministro de 1ª classe
— Corpo Diplomático: conjunto de chefes de missão diplomática
— Decano: diplomata mais antigo da 1ª categoria ou o núncio apostólico

— Convenção de Viena de 1961: fala sobre as missões diplomáticas	inviolabilidade imunidade de jurisdição isenção de impostos
— Agentes consulares	funcionários administrativos do Estado enviados para proteger interesses comerciais subordinação ao Ministério das Relações Exteriores

— Art. 4º da Constituição Federal: princípios referentes às relações exteriores

CAPÍTULO X

O ESTADO E A SOBERANIA

1. Noção de soberania. 2. Escorço histórico. 3. Características do Estado atual. 4. Características da soberania. 5. A Constituição e a soberania do mundo moderno. Quadro sinótico.

1. Noção de soberania

A noção de soberania está intimamente ligada ao Estado, à plenitude do Poder Público, ao exercício do mando. Vem do latim *superomnia*, ou *superanus*, ou, ainda, de *supremitas*, caráter dos domínios que não dependem senão de Deus, como explana *Machado Paupério*(137).

Duas ideias caracterizam a soberania: a supremacia interna e a independência da origem externa.

É a qualidade do absoluto, daquele que não necessita de nenhum outro. *Jellinek* afirma que a soberania é uma propriedade não suscetível nem de aumento, nem de diminuição(138).

Será que essa é uma ideia condizente com o mundo moderno, que cada vez mais se mostra dependente em suas divisões político-administrativas?

Queirós Lima afirma o caráter negativo da soberania, conceituando-a como a impossibilidade para o Estado de ter seu poder limitado por outro qualquer, tanto nas relações internas como nas externas, ou seja, todo Estado vencido que se vê forçado a aceitar as condições impostas pelo vencedor deixa, nesse momento, de ser soberano, perde essa qualidade(139).

Na sua concepção clássica, a soberania tem os atributos da unidade, indivisibilidade, inalienabilidade e imprescritibilidade. Pela unidade, há que se entendê-la uma só — dentro de determinada ordem não haveria mais de uma soberania. A segunda característica significa que ela não é divisível, podendo, portanto, haver delegação de poderes. Na terceira, se expressa sua intransferibilidade. Sua renúncia não é possível. Finalmente, pela última característica, a soberania é eterna(140).

---

(137) *O conceito polêmico de soberania.*

(138) *Apud* PAUPÉRIO, Machado. Ob. cit., p. 19.

(139) *Ibidem*, p. 26 e 27.

(140) BASTOS, Celso Ribeiro. *Curso de teoria do estado e ciência política*, p. 27.

Tal concepção de soberania de há muito não tem mais razão de ser. Já mesmo para *Grotius*, no *De Jure Belli ac Pacis,* a soberania era limitada pela lei divina, pela lei natural, pela lei das nações e pelos pactos celebrados entre governantes e governados.

As concepções mais modernas reconheceram na soberania uma qualidade que vinha do povo, e as Constituições de diversos países assim consignaram (EUA, Argentina, Brasil, Cuba, México, Alemanha, Finlândia, Áustria, etc.).

Kelsen igualou o Estado e o Direito e entendeu a soberania como qualidade de uma ordem que deve sua qualidade a uma ordem superior.

Não é estranho, pois, que se veja a soberania sem a qualidade de absoluta, visto que muitos assim a enxergam.

Intimamente ligada ao Estado, a soberania e este formam um binômio — Estado/soberania — que está na origem dos grandes acontecimentos mundiais.

Na ordem interna, o Estado sempre foi soberano; mas, na ordem internacional tal não ocorre com a mesma intensidade, porque o Estado, nesta, está em igualdade com os demais, embora essa igualdade seja apenas jurídica, como ensina *Celso Bastos*(141).

A palavra "Estado", por sua vez e conforme *Pontes de Miranda*, apareceu para marcar a passagem da organização política medieval para as formas estatais transcendentes à *land*, à terra.

Ainda é o nosso jurista e professor que ensina ser o Estado cientificamente composto de relações morais, jurídicas, políticas, estéticas, econômicas, de moda, linguísticas, e não pode ser encarado como coisa ou, tal qual o fazia o realismo ingênuo, como um simples nome.

Não se pode olvidar, no entanto, que, além dessas relações que o compõem, o Estado é algo mais que coordena, normatiza e imprime o ritmo e, às vezes, o conteúdo de tais interações.

O Direito Internacional, apesar da integração e globalização, firma a soberania do Estado. A própria Carta da ONU estabelece em seu art. 2º, § 1º que: "A organização é baseada no princípio da igualdade soberana de todos os seus membros". Também, a Carta da OEA, em seu art. 3º-F, afirma o respeito à personalidade, à soberania e à independência do Estado. Na verdade, a soberania representa a autonomia interna do Estado de resolver a vida em seu território; em relação à vida internacional o Estado é independente, e em certas situações interdependente.

O Brasil tem como fundamento a soberania (art. 1º, I da CF); mas, rege-se nas relações internacionais com independência (art. 4º, I da CF). O vocábulo "independência" (princípio da independência) significa, na área internacional,

---

(141) BASTOS, Celso Ribeiro. *Op. cit.*, p. 27.

que o Estado tem sua personalidade; todavia, admite a personalidade de outros Estados, motivo pelo qual vive numa sociedade internacional. Tal sociedade não poderia se basear na soberania absoluta dos Estados (princípio da soberania), porque isto levaria ao caos.

A soberania é o poder absoluto. Considerada sob esse aspecto, a sociedade internacional estaria fadada a não dar certo, porque cada Estado apenas consideraria como certas as suas ações.

O conceito de soberania na Constituição Brasileira aparece dentre outros nos seguintes dispositivos: arts. 1º, I, 14, 91, 170, I e 231, § 5º. Trata-se de um conceito jurídico-positivo, como afirma *José Souto Maior Borges:* "Naquilo que não contrapuser ao regime constitucional positivo, a doutrina tradicional da soberania deve ser descartada. Por mais indeterminado que constitucionalmente seja, o de soberania é um conceito jurídico-positivo ou, mais especificamente, de direito constitucional. E, no Brasil, o âmbito de referibilidade da soberania, enquanto categoria jurídico-positiva, é a ordem interna".[(142)]

Em vista dessas concepções, fala-se em soberania do Estado, em soberania relativa, expressão equivocada, ou independência, na órbita internacional, e com base nesta mesma realidade (internacional) fala-se em interdependência, quando se focaliza principalmente o aspecto econômico.

Assim, não seria absurdo considerar que um Estado soberano tem independência na vida internacional e é para determinados fins interdependente.

Tais conceitos ainda carecem de uma melhor definição; mas, não podemos ter uma visão do mundo atual, com os conceitos clássicos de Estado e soberania.

Quase sempre, quando tais conceitos sobrevivem, o Estado que se vê como soberano absoluto, tende a ditar suas normas para o resto do mundo. Isto leva a atitudes bélicas, incompatíveis com uma vida internacional de cooperação, progresso e paz.

2. Escorço histórico

Breves linhas históricas põem à mostra a figura do Estado, e não poderíamos deixar de escrevê-las, para melhor situarmos a matéria, esclarecendo que a organização do mundo em Estados veio a lume em 1648, ano em que foi assinada a Paz de Westfália.

Saía-se da era medieval, em que o poder de mando repartia-se entre reinos, feudos, cidades e corporações, convergindo na suprema autoridade do Papa e do imperador, fundamentos da soberania.

Havia necessidade de um poder que se colocasse em patamar superior a tais grupos.

---

(142) BORGES, José Souto Maior. *Curso de direito comunitário*. São Paulo: Saraiva, 2005. p. 199.

Balladore Pallieri[143] explica que, quando as autoridades acima foram negadas, nasceu o Estado, tal como o conhecemos, muito embora continuasse a deparar com algumas resistências ao seu poder, a exemplo do que também ocorria com a Igreja Católica.

O combate, contudo, estava ganho. A partir daquela época, o Estado passou definitivamente a ter o domínio, porque sua força era indispensável para a própria sobrevivência da sociedade.

A soberania estava no fato de não haver qualquer outro poder que com ela se ombreasse. Doutrina *Celso Bastos*: "O Estado nada mais é do que um aparato de forças que subjuga a sociedade a fim de impor a ela certos fins prioritários em detrimento de outros. É uma realidade ideal que envolve o Homem".[144]

A essência do Estado reduz-se num jogo de forças, de origens diversas, que atuam dentro dos limites impostos.

Albuquerque Mello vai mais adiante e, citando *Henrique Lefèvre*, diz: "O Estado não é um fim, mas um campo de luta, e desaparecerá".[145]

Não cremos que isso realmente ocorra. Contudo, é certo que, com o Direito Internacional, o Estado viu-se obrigado a certas adaptações, uma vez que nem sempre pode dar, em todos os assuntos, a última palavra, premido que está por necessidades políticas, econômicas e sociais, compensadas pela ordem internacional, independentemente de ser um Estado de pequeno território ou de imensa massa de terra.

3. Características do Estado atual

O Estado é um sorvedouro das contradições e tensões sociais e tem papel relevante porque impõe aos que vivem sob sua tutela caminhos a serem seguidos, tornando possível a vida em sociedade.

É, hoje, o Estado dependente da comunidade em que se encontra. Essa dependência é tão acentuada que as comunidades tomam suas bases

(143) "... Por um lado, estas maiores entidades territoriais, tendo adquirido notável poder e uma acentuada autonomia, bem depressa reivindicam a sua completa independência de qualquer autoridade superior, pontifícia ou imperial. Quebram o superior universal laço que primeiro existia entre elas, cada uma se apresentando como inteiramente independente das outras e único árbitro de seus destinos, sem nada de exterior que a ligue e a force ao prosseguimento de finalidades mais gerais: cada uma delas pretende determinar-se exclusivamente por si mesma, repelindo qualquer ordem ou sugestão vinda do exterior. Por outro lado, cada uma delas trava luta sem quartel contra todas as autonomias existentes no seu interior, esforçando-se por tudo anular ou reduzir à sua apertada dependência: as lutas contra o feudalismo, contra as autonomias comunais, contra as corporações, são momentos da imensa batalha travada pelo Estado moderno para se constituir a si mesmo. Ao cabo desse processo encontramos, precisamente, o Estado, tal como hoje o concebemos, isto é, o Estado Soberano." (*A doutrina do Estado*, v. I, 20, p. 18-19)

(144) *Curso de direito constitucional*, p. 17.

(145) MELLO, Celso Albuquerque. *Curso de direito internacional público*, 1º vol., 11. ed. Rio de Janeiro: Renovar, p. 337.

sobre as necessidades de cada Estado e sobre as de todos em comum, gerando na condução das soluções possíveis de um determinado problema a supremacia dos caminhos de cooperação internacional.

Ensina *Celso Bastos:* "Há, de outra parte, quem veja na crescente intensificação das relações internacionais indícios de uma futura supremacia da comunidade internacional e do Direito por ela gerado sobre os Estados tradicionais".[146]

O poder não é ilimitado, nem interna, nem externamente. A soberania — qualidade de alguns poderes — é sempre relativa[147].

Quanto mais os Estados abdicarem daquela concepção absolutista da soberania, melhores condições terão de sobreviver na sociedade internacional, que exige cooperação e solidariedade.

O chamado "orgulho nacional", necessário em alguns momentos, não raro levou o mundo às guerras gerais ou localizadas.

Balladore Pallieri assevera, com autoridade, sobre a soberania: "Ela nada tem de onipotente, nada tem de originária, nem é a única regra de valoração das ações humanas. Na realidade, é apenas um centro de autoridades ao lado de muitos outros, e nem sempre em posição de superioridade e vantagem".[148]

Grupos religiosos, sindicatos, grupos empresariais, a própria sociedade internacional e outras coletividades influenciam o modo de atuar do Estado. Chegam a intervir e impor particulares comandos ou porque o Estado, expressa ou tacitamente, admite, ou porque não tem força para fazer valer sua contrariedade, ou, ainda, porque não possui capacidade de, sozinho, resolver um determinado problema.

4. Características da soberania

A soberania, antes de ser um atributo do Estado, absoluto e inatingível, é circunstancial, só atuando na falta de pressões externas legítimas, como aquelas decorrentes dos tratados ratificados do Direito Comunitário e Internacional.

É o exemplo da América Latina, na qual os Estados que compõem essa parte do mundo têm excepcional endividamento externo. Não vemos como possam conviver com seus iguais sem negociar, sem estar atentos para as suas necessidades e as de outros, recuando e avançando no jogo político e econômico à medida que o exige a situação!

O Estado assina tratados e se relaciona na órbita internacional por absoluta necessidade.

---

(146) *Apud* MELLO, Celso Albuquerque. Ob. cit., p. 337.

(147) PAUPÉRIO, A. Machado. Ob. cit., p. 19.

(148) Ob. cit., v. 1, p. 155.

Os problemas políticos, sociais, econômicos, educacionais e outros envolvem um número de interesses incalculável, já o disse *Ilmar Penna*, e a sua resolução só é possível com a colaboração internacional.

O Continente Europeu, nesse aspecto, avançou um pouco mais. Veja-se o exemplo da Constituição portuguesa, que, em seu art. 8º, estabelece:

> 1. As normas e os princípios de Direito Internacional geral ou comum fazem parte do Direito Português.
>
> 2. As normas constantes de convenções internacionais regularmente ratificadas ou aprovadas vigoram na ordem interna após a sua publicação oficial e enquanto vincularem internacionalmente o Estado Português.
>
> 3. As normas emanadas dos órgãos competentes das organizações de que Portugal seja parte vigoram diretamente na ordem interna, desde que tal se encontre estabelecido nos respectivos tratados constitutivos.

É a ideia da interdependência, o que está de acordo com o art. 189 do Tratado de Roma:

> Para desempenho das suas atribuições e nos termos do presente Tratado, o Conselho e a Comissão adotam regulamentos e diretivas, tomam decisões e formulam recomendações e pareceres. O regulamento tem caráter geral. É obrigatório em todos os seus elementos e diretamente aplicável em todos os Estados-Membros. A diretiva vincula o Estado-Membro destinatário quanto ao resultado a alcançar, deixando, no entanto, às instâncias nacionais a competência quanto à forma e aos meios.
>
> A decisão é obrigatória em todos os seus elementos para os destinatários que ela designar. As recomendações e os pareceres não são vinculativos.

Pouco importa se o Estado é um Estado forte ou é considerado um Estado fraco, se tem grande ou pequena porção de terra. A soberania, voltamos a afirmar, no âmbito internacional transforma-se em independência ou interdepedência, salvo se considerarmos a soberania sob o ponto de vista estritamente interno; esta, é absoluta.

Mesmo que a questão não seja tocada em tratados, como o foi o Tratado de Roma, ou que não venha a ser regulada na Carta Magna do país, como na Constituição portuguesa, o mundo moderno caracteriza-se pela interdependência.

A soberania é hoje vista como uma qualidade que os Estados detêm sobre o território e sobre o povo que nele vive, que se consubstancia na exclusividade e plenitude das competências.

Isso, entretanto, não significa que o Estado, para a sua sobrevivência, não acate as decisões de outros países ou da comunidade internacional.

5. A Constituição e a soberania no mundo moderno

Na verdade, no mundo interno não podemos falar com propriedade em soberania absoluta e soberania relativa ou expressões correlatas, porquanto o Estado nos dias atuais necessita apresentar-se de forma mais coerente com as suas necessidades e tendo em vista a sua sobrevivência.

Assim, o Estado moderno não deixa de ser soberano, mas tal soberania deve ser exercida de forma consciente, dentro da comunidade internacional, e, para tanto, deve, antes de tudo, sob pena de não conseguir cumprir seu papel interna e internacionalmente, cooperar com os demais Estados e com os organismos internacionais.

Não se concebe, embora existam, Estados que não tenham arcabouço jurídico compatível para enfrentar os novos desafios, como o da extrema necessidade de compatibilizar a participação no mundo capitalista com o atendimento do bem-estar de seu povo, na expressão mais ampla e fundamental que se possa dar a essa premissa.

Daí observarem-se disposições constitucionais que instituam as bases de um edifício jurídico mais dinâmico e ao mesmo tempo sólido, referentes à busca da paz no mundo, a responsabilidade do Estado pelos atos que pratica, a implementação dos Direitos Humanos, regramentos que viabilizem a concretização dos tratados assinados e ratificados, e, principalmente, o princípio ou regra geral básica que impulsione o Estado sempre a objetivar a solidariedade e a cooperação.

Peter Häberle fala em "Estado Constitucional Cooperativo", como um tipo ideal de Estado, oposto ao Estado egoísta, individualista, agressivo[(149)], diríamos, aquele que enfrenta a política internacional pelos olhos e o coração da guerra de conquista: de conquista territorial, de conquista econômica, de conquista de zonas de influência, de conquista de poder.

Tal teoria nos agrada e está de acordo com a realidade, que se tem — como ideal — mais espiritualizada do mundo moderno. O mundo do dever ser, mesmo no Direito Internacional, e, principalmente neste, deve ser o mundo das possibilidades a serem conquistadas para a melhoria da vida e plenitude do ser humano, em todas as suas dimensões. Não se tem correto que as concepções do Direito estatal possam sobrepor-se ao direito elementar a uma vida digna. O fim último é o homem. As leis são para os homens. Os Estados e todas as organizações internas e internacionais, todas as pessoas jurídicas criadas e todos os sistemas de regras são do, para e pelo homem. Outro sentido não se poderia dar ao Estado, que não existe por si, a não ser por uma abstração técnica e doutrinária.

No entanto, não há aqui uma teoria do desfazimento do Estado, e sim, uma concepção de Estado que se forma e atua para contribuir como um elo no progresso da humanidade, independentemente de ideologias.

Para esse desiderato utilizamos, em parte, dessa concepção elementar, e por isso mesmo genial de *Häberle*, sobre o Estado cooperativo, e que se resumiria em propiciar, por intermédio de suas estruturas jurídico-políticas, a abertura para as relações internacionais, fazendo cumprir internamente medidas eficientes para tanto (permeabilidade); a realização internacional conjun-

---

(149) HÄBERLE, Peter. *Estado constitucional cooperativo*. Rio de Janeiro: Renovar, 2007. p. 7.

ta de tarefas da comunidade de Estados, processual e materialmente e a disposição para a cooperação além fronteiras, com a proteção ao meio ambiente, combate ao terrorismo, fomento à cooperação jurídico privada, e assim, coloca-se no lugar do Estado constitucional nacional. Nas palavras do autor mencionado: "Hoje acumulam-se, mundialmente, 'tarefas de comunidade' as humanidades do planeta azul, que vão além dos Estados como unidades autônomas. Pode ser que muitos Estados, no seu autoentendimento, em sua literatura política e científica (dogmático-jurídica) e nos seus 'textos constitucionais', apresentem, em parte, somente confissões superficiais de cooperação — mas, em geral, reportam-se à 'soberania' e 'assuntos internos', ao *domaine reserve* para desviar da responsabilidade comum. Isso é — politicamente — seu problema. A ciência do Estado constitucional livre e democrático tem sua própria tarefa: Ela somente pode subsisitir se perceber, de forma conceitual-dogmática, responsabilidade regional e global para além do Estado — esta é sua missão ético-constitucional! A ideia do 'Estado constitucional cooperativo' e do 'direito comum de cooperação' procuram lhe fazer".[150]

Para nós, pois, a soberania só tem razão de ser quando de posse de suas capacidades institucionais, o Estado legisla, administra e age, interna e externamente para cooperar internacionalmente, estabelecendo regras fundamentais — comuns a todos os Estados, no âmbito da sobrevivência humana — e se submete aos mecanismos internacionais de fiscalização. A soberania moderna não é exatamente relativa, em oposição à soberania absoluta, é a soberania que se perfaz e se constitui, de modo responsável, voltada para a cooperação social do Estado em um mundo em transformação.

QUADRO SINÓTICO

SOBERANIA

— Supremacia interna e independência externa

— Concepção clássica	unidade, indivisibilidade, inalienabilidade, soberania absoluta: nenhum poder se iguala à soberania o Estado soberano tem o poder interno e não se curva a nenhum outro poder na esfera mundial
— Concepção moderna	limitada, relativa, circunstancial está vinculada à ordem internacional os Estados são interdependentes

Característica do mundo moderno: interdependência

(150) *Op. cit.*, p. 71-72.

CAPÍTULO XI

AS ORGANIZAÇÕES INTERNACIONAIS

1. Conceito. Elementos. Classificação. 2. Responsabilidade internacional. 3. ONU. 4. OIT. 5. UNESCO. 6. OMS. 7. FAO. 8. OMM. 9. UPU. 10. AIEA. 11. FMI. 12. BIRD. 13. AID. 14. SFI. 15. UIT. 16 IMCO/IMO. 17. OACI. 18. OMPI. 19. UNCTAD. 20. UNIDO. 21. FIDA. 22. GATT. 23. OMC. 24. Outras organizações. Quadro sinótico.

1. Conceito. Elementos. Classificação

Conhecida a definição de *Angelo Piero Sereni:* "Organização internacional é uma associação voluntária de sujeitos de Direito Internacional constituída por ato internacional e disciplinada nas relações entre partes por normas de Direito Internacional, que se realiza em um ente de aspecto estável, que possui um ordenamento jurídico interno próprio, por meio dos quais realiza as finalidades comuns de seus membros mediante funções particulares e o exercício de poderes que lhe foram conferidos".(146)

Agenor Pereira de Andrade ensina que as organizações internacionais "são coletividades interestatais, criadas mediante tratado, com constituição e objeto definidos"(147).

O *Yearbook of International Organization*, como mencionado por *Albuquerque Mello*, dá os critérios para que um ente seja considerado uma organização internacional: a) deve ter pelo menos três Estados com direito a voto; b) ter uma estrutura formal; c) os funcionários não devem ter a mesma nacionalidade; d) pelo menos três Estados devem contribuir substancialmente para o orçamento; e) deve ser independente para escolher seus funcionários; f) deve desempenhar atividades normalmente; g) tamanho, sede, política, ideologia e nomenclatura são irrelevantes; e h) deve ter objetivo internacional(148).

Paul Reuter destaca os caracteres de tais organizações, como seguem: a) não possuem território, nem população; b) compreendem apenas um elemento, os órgãos aptos a exercerem as funções que lhes forem estabelecidas; c) o que dá existência a uma organização, apesar do tratado em que foi constituída, é o fato de que ela, por intermédio de seus órgãos,

(146) *Apud* MELLO, Celso Albuquerque. *Curso de direito internacional público.* 11. ed. Rio de Janeiro: Renovar, p. 551.

(147) *Manual de direito internacional público.* 5. ed. São Paulo: Sugestões Literárias, p. 143.

(148) *Curso de direito internacional público*, v. 1º, p. 580.

exerce efetivamente as funções esperadas; d) as organizações e os seus agentes se beneficiam de imunidades funcionais; e) o direito de cooperar com outras organizações; f) a responsabilidade ativa e passiva da organização é consequência da participação de fato numa atividade internacional; g) cada organização tem um Direito próprio — direitos e obrigações — que define os elementos de sua personalidade; e h) nenhuma organização internacional é soberana, no sentido em que os Estados o são, apenas tem atribuições próprias, limites de competência e limites funcionais determinados em sua carta constitutiva.

André Gonçalves Pereira e *Fausto de Quadros*, em Portugal, dão, de forma clara, uma classificação das organizações internacionais[(149)].

Em resumo, alegam, de início, que existem dois elementos que aparecem em todas as organizações: o elemento "organização", que implica "permanência" e vontade própria, e o elemento "internacional".

Do elemento "permanência" há que se consagrar a existência de uma sede — *accords de sièges* — e um mínimo de estrutura orgânica e de condições que permitam o seu funcionamento.

Tem a organização internacional vontade própria e, portanto, personalidade jurídica para atuar na sociedade internacional e cumprir a finalidade para a qual foi criada. Aí, temos o "elemento internacional", porque criada por meio de tratado para ser um sujeito de Direito Internacional.

As organizações internacionais podem ser classificadas da seguinte forma: a) quanto ao objeto; b) quanto à sua estrutura jurídica; e c) quanto ao seu âmbito territorial de ação ou de participação.

a) *Quanto ao objeto* — Atende ao objeto social de cada organização e está dividido em organizações de fins gerais e organizações de fins especiais.

a.1) De fins gerais — São, em regra, predominantemente políticas, com multiplicidade de fins.

Temos: a ONU (Organização das Nações Unidas), a OEA (Organização dos Estados Americanos) e a OUA (Organização da Unidade Africana).

a.2) De fins especiais — Visam a um objeto determinado, subdividindo-se em: organizações de cooperação política, organizações de cooperação econômica, organizações de cooperação militar, organizações de cooperação social e humanitária; e organizações dotadas de finalidades culturais.

a.2.1) Organizações de cooperação política — Exemplo: Conselho da Europa.

(149) *Manual de direito internacional público*, p. 411-426.

a.2.2) Organizações de cooperação econômica — Exemplo: OCDE (Organização de Cooperação e Desenvolvimento Econômico), EFTA (Associação Europeia de Comércio Livre), BIRD (Banco Internacional para Reconstrução e Desenvolvimento) e FMI (Fundo Monetário Internacional).

a.2.3) Organizações de cooperação militar — Exemplo: OTAN (Organização do Tratado do Atlântico Norte) e SEATO (Organização do Tratado do Sudeste Asiático).

a.2.4) Organizações de cooperação social e humanitária — Exemplo: FAO (Organização Internacional para a Alimentação e Agricultura), OIT (Organização Internacional do Trabalho) e OMS (Organização Mundial de Saúde).

a.2.5) Organizações para finalidades culturais — Exemplo: UNESCO (Organização da Nações Unidas para a Educação e a Ciência).

b) *Quanto à sua estrutura jurídica* — Atende à estrutura jurídica das organizações. Duas espécies devem ser consideradas: organizações intergovernamentais e organizações supranacionais. A terminologia não é das mais felizes, porque fala em governo e nação, que não se confundem com o Estado. Melhor seria "organizações interestaduais e supraestaduais", como ponderam *André Gonçalves Pereira* e *Fausto de Quadros*(150). Entretanto, como já se encontram consagrados, mantêm-se os nomes apontados.

b.1) Organizações intergovernamentais — O objetivo principal é fomentar relações multilaterais de cooperação. Exemplo: ONU (Organização das Nações Unidas) e OUA (Organização da Unidade Africana).

b.2) Organizações supranacionais — Limitam a soberania dos Estados, transferindo poderes dos Estados para a organização. Exemplo: as três Comunidades Europeias — CECA (Comunidade Europeia do Carvão e do Aço), CEE (Comunidade Econômica Europeia, ou CE) e EURATOM (Comunidade Europeia da Energia Atômica).

c) *Quanto ao âmbito de sua participação* — Atende ao critério da maior ou menor dimensão no âmbito de sua atuação, e, assim, temos: as organizações parauniversais e as organizações regionais, estas últimas segundo critério geográfico e segundo critério ideológico ou geopolítico.

c.1) Organizações parauniversais — São aquelas que podem abarcar todos os Estados da sociedade internacional. Exemplo: ONU (Organização das Nações Unidas), OIT (Organização Internacional do Trabalho) e FMI (Fundo Monetário Internacional).

c.2) Organizações regionais — Estão abertas a um reduzido número de Estados.

---

(150) Ob. cit., p. 421, nota de rodapé.

c.2.1) Critério geográfico — Exemplo: OEA (Organização dos Estados Americanos), Conselho da Europa e OTAN (Organização do Tratado do Atlântico Norte).

c.2.2) Critério ideológico ou geopolítico — Exemplo: OCDE (Organização de Cooperação e Desenvolvimento Econômico).

Aí temos um esboço de teoria das organizações internacionais, adotando-se conceitos gerais de *Albuquerque Mello, Paul Reuter* e, de forma mais específica, conceitos emanados de *André Gonçalves Pereira* e *Fausto Quadros*.

As Nações Unidas, em sua Carta Constitutiva, acolhem e incentivam a criação de organizações regionais para a manutenção da paz.

No Capítulo IX da Carta — *Cooperação Econômica e Social Internacional* — as Nações Unidas favorecem a realização de propósitos que venham a "criar condições de estabilidade e bem-estar necessárias às relações pacíficas e amistosas entre Nações ..." (art. 55). E, com isso, abrangem em suas preocupações as organizações internacionais, ao se referirem às entidades especializadas:

> Art. 57-1. As várias entidades especializadas, criadas por acordos intergovernamentais, e com amplas responsabilidades internacionais, definidas em seus instrumentos básicos, nos campos econômico, social, cultural, educacional, sanitário e conexos, serão vinculadas às Nações Unidas, de conformidade com as disposições do art. 63.
>
> Art. 63-1. O Conselho Econômico e Social poderá estabelecer acordos com qualquer das entidades a que se refere o art. 57, a fim de determinar as condições em que a entidade interessada será vinculada às Nações Unidas. Tais acordos serão submetidos à aprovação da Assembleia Geral.

Para as Nações Unidas, são tais organizações entidades especializadas, criadas entre governos e com responsabilidades internacionais.

Sorensen parte da Carta das Nações Unidas para abordar o tema em seu "Manual": *"En la práctica, la expresión 'organismos especializados' se usa para señalar las instituciones que han entrado en relaciones con las Naciones Unidas según los términos del art. 63 de la Carta (...) Los satélites principales del sistema son los organismos especializados, cada uno de los cuales ha sido creado por un acuerdo intergobernamental que le confiere una personalidad internacional distinta y amplias responsabilidades en un campo determinado"*.(151)

Conceituados tais organismos e dadas suas características, o melhor que temos a fazer é desvendá-los à medida de sua importância, pois não vivemos mais num mundo de Estados. Junto com estes rivalizam entidades às vezes com maior influência e poder na sociedade internacional.

---

(151) *Manual de derecho internacional público*, p. 132.

Embora estejamos falando de organismos especializados, propomos, aqui, neste capítulo, discorrer sobre as organizações que atuam na vida internacional. Em outras palavras, sobre aqueles entes que não são Estados, e sim criaturas destes. E, como tal, não poderíamos deixar de lado o maior de todos, considerado por alguns o próprio centro da vida internacional: a ONU. A partir daí, iremos aos poucos focalizando as demais organizações e entidades especializadas.

2. Responsabilidade internacional

Importante a noção de responsabilidade internacional, porquanto esta dá a verdadeira dimensão do sujeito, que ao agir internacionalmente responsabiliza-se pelos atos praticados. Daí porque falar-se em responsabilidade do Estado (que já está bem desenvolvida, por serem os sujeitos primários da ordem internacional), aprofundando-se agora estudos sobre a responsabilidade das organizações internacionais e até a dos indivíduos e das empresas transnacionais. É um tema ainda a ser desenvolvido, mas basta uma noção para visualizarmos o seu cuidado na teoria geral das organizações internacionais.

Não foge tal responsabilidade à ideia geral sobre a matéria: as regras costumeiras sobre esta temática pressupõem a existência de dano. É uma discussão influenciada, como não poderia deixar de ser, pelo Direito interno.

Um curso, como o nosso, não tem o objetivo de aprofundar a questão, embora a sua importância, entretanto, algumas teorias sobre a responsabilidade das organizações podem ser esclarecidas.

Anzilotti afirma que a responsabilidade deveria basear-se no *pacta sunt servanda*. Charles de Visscher observava a responsabilidade como corolário da soberania, o que a faz certa apenas para os Estados, na área internacional. Outros a encaram sob os pontos de vista da obrigação, da penalidade ou do simples risco.

Tais concepções têm por pressuposto uma regra, escrita ou não, que se desobedecida provoca um ilícito internacional. O fato é que o tema sobre responsabilidade internacional ainda carece de maiores estudos. As regras gerais sobre a responsabilidade dos Estados podem ser igualmente aplicadas às organizações internacionais.

Não se deve olvidar, no entanto, que em relação às organizações o problema se torna mais complexo, porque estas são compostas de Estados, que por suas atuações na sociedade internacional, bem como nas associações de que participam, responsabilizam-se por seus atos. Pergunta-se: Haveria diante de um mesmo fato, de um mesmo ilícito, dupla responsabilidade:

da organização internacional e a dos Estados, que nela se inserem como membros ativos e que tomaram a decisão pelo organismo? Aí está uma discussão que promete.

Entendemos, em princípio, que os fatos devem ser bem analisados: há uma responsabilidade do Estado perante a própria organização, quando age em desacordo do estatuto organizacional; há uma responsabilidade da organização no mundo internacional, como ente personificado (sujeito de direitos e obrigações), Não podendo esta invocar a responsabilidade exclusiva de um seu membro; e, pode se concluir pela responsabilidade de ambos, dependendo do fato, de suas consequências e da influência (política, econômica, militar) que um ou mais Estados exerçam dentro do organismo internacional.

Alguns pontos comuns entre Estados e organizações, no que diz respeito à responsabilidade; de igual modo, existem diferenças. Pontos comuns: Estados e organizações tem personalidade jurídica internacional e se submetem, em seus contratos, em suas relações negociais, ao Direito Internacional, ou mesmo aos princípios gerais do Direito, podendo resolver os conflitos que daí surgirem, por arbitragem (um dos caminhos). Pontos diferentes: o direito das organizações internacionais é baseado em seu estatuto, o dos Estados, numa sociedade complexa que lhe serve de arrimo; as competências funcionais das organizações estabelecem limites às suas operações de Direito Privado, já em relação aos Estados leva-se em conta a imunidade, como ente soberano, existindo princípios e regras que se aplicam na sua atividade internacional, melhor definidos em vários tratados internacionais, e que ainda está em construção diante de casos concretos, levando-se em conta os atos de império e os atos de gestão; os contratos firmados pelas organizações internacionais, em geral, estão na área do fornecimento de bens, bem como prestação de serviços para realizar os seus fins, enquanto que os Estados têm, em grande parte, contratos na área dos investimentos, submetendo-se a regras próprias de seu Direito territorial, embora com consequências, internacionais, que devem ser apuradas em cada caso. De tais pontos em comum e tais diferenças surgem medidas diversas para a responsabilidade internacional. Aqui estão algumas considerações para estimular o desenvolvimento do estudo sobre esta matéria.

3. ONU — Organização das Nações Unidas

A ideia de uma organização para a paz sempre foi um sonho acalentado pelo ser humano. As duas guerras mundiais concretizaram essa ideia, primeiro com a SDN (Sociedade das Nações), de curta vida, e depois com a ONU.

A Carta da ONU entrou em vigor em 24.10.1945, inspirada na ideia de um governo mundial, com as finalidades básicas de manter a paz entre os Estados, mobilizar a comunidade internacional para deter uma agressão e promover o respeito aos direitos humanos.

Possui duas categorias de membros, os originários e os admitidos, sendo aqueles primeiros os que estiveram presentes na Conferência de São Francisco[(152)].

A ONU é composta de Estados e de organismos e agências a ela inerentes. Como ensina *Manuel de Almeida Ribeiro*, compreende-se nesta organização maior três tipos de entidades, além dos Estados, as instituições especializadas, criadas por ela, mas que possuem personalidade jurídica autônoma, as organizações, com estreitas ligações com a ONU e os organismos[(153)].

Dentre seus órgãos especiais integrados, temos: A Assembleia Geral, o Conselho de Segurança, o Conselho Econômico e Social, o Conselho de Tutela, a Corte Internacional de Justiça e o Secretariado.

Algumas instituições especializadas cooperam com os objetivos da ONU, a saber: a OIT — Organização Internacional do Trabalho; a FAO — Organização das Nações Unidas para a Alimentação e Agricultura; a UNESCO — Organização das Nações Unidas para a Educação, a Ciência e a Cultura; a OMS — Organização Mundial da Saúde; o FMI — Fundo Monetário Internacional; a IDA — Associação Internacional para o Desenvolvimento; o BIRD — Banco Internacional para Reconstrução e Desenvolvimento; BM — Banco Mundial; a SFI — Sociedade Financeira Internacional; a UPU — União Postal Universal; a UIT — União Internacional das Telecomunicações; a OMN — Organização Meteorológica Mundial; a OMCI — Organização Intergovernamental Consultiva da Navegação Marítima; a OMC — Organização Mundial do Comércio; a OMPI — Organização Mundial da Propriedade Intelectual; o FIDA — Fundo Internacional de Desenvolvimento Agrícola; a OMI — Organização Marítima Internacional; e o INSTRAW — Instituto Internacional de Pesquisa e Treinamento para o Progresso da Mulher.

---

(152) Um sistema de segurança coletiva já era ideia encontrada na Declaração Interaliada de 12.6.1941 e na Carta do Atlântico de 14.8.1941. Em janeiro de 1942, foi constituída uma aliança dos que lutavam contra o Eixo. Em 1943, na Conferência de Moscou, fez-se menção, pela primeira vez, de se criar uma organização internacional após o término da guerra. Em Dumbaton Oaks, Washington, 1944, desenrolaram-se as negociações entre EUA, URSS e Grã-Bretanha, e, depois, EUA, Grã-Bretanha e China, para a constituição de uma nova organização. Em fevereiro de 1945, Churchill, Stalin e Roosevelt resolveram os últimos pontos para esse desiderato. Finalmente, foi realizada a Conferência de São Francisco de 25.4 a 26.6.1945, denominada "Conferência das Nações Unidas para a Organização Internacional", sendo a expressão "Carta das Nações Unidas" proposta por Roosevelt. Como tal, a Carta entrou em vigor em 24.10.1945, passando o dia 24 de outubro a ser considerado Dia das Nações Unidas.

(153) RIBEIRO, Manuel de Almeida. *A Organização das Nações Unidas.* Coimbra: Almedina, 1998. p. 51.

Alguns órgãos subsidiários ajudam a Assembleia Geral, como: UNRWA — Agência das Nações Unidas de Auxílio e de Trabalho para os Refugiados da Palestina e Próximo Oriente; a CNUCED — Conferência das Nações Unidas para o Comércio e o Desenvolvimento; o PNUD — Programa das Nações Unidas para o Desenvolvimento; a ONUDI — Organização das Nações Unidas para o Desenvolvimento Industrial; o UNITAR — Instituto de Formação de Pesquisa das Nações Unidas; a UNICEF — Fundo das Nações Unidas para a Infância; e ACENUR — Alto Comissariado das Nações Unidas para os Refugiados.

Junto ao Conselho Econômico e Social atuam: o PNUE — Programa das Nações Unidas para o Meio Ambiente; a UNU — Universidade das Nações Unidas; o FNUAMP — Fundo das Nações Unidas para as Atividades em Matéria de População; a OACI — Organização da Aviação Civil Internacional, além de diversas Comissões Técnicas e Regionais.

São suas línguas oficiais: inglês, francês, espanhol, russo, chinês e árabe.

A sede da ONU é na cidade de Nova Iorque.

Assim vimos que a sua estrutura básica é constituída de: Assembleia Geral, Conselho de Segurança, Conselho Econômico e Social, Conselho de Tutela, Secretariado e Corte Internacional de Justiça, além de organismos subsidiários criados por seus órgãos. Vamos a cada um:

a) *Conselho de Segurança* — É formado por quinze membros, sendo cinco permanentes (EUA, Rússia (ex-URSS), China, França, e Grã-Bretanha)[(154)]. Suas decisões devem ser cumpridas pelas Nações Unidas, com a possibilidade de veto dos Grandes. As funções do Conselho podem ser resumidas em: regulamentar os litígios entre os Estados-membros, regulamentar os armamentos, agir em casos de agressão e ameaça à paz e decidir sobre medidas a serem tomadas para a execução das sentenças da Corte Internacional de Justiça.

É sem dúvida o órgão principal das Nações Unidas e tem competência, dentre outras, para: supervisão do regime de tutela; regulamentação de armamentos; apreciar questões que envolvam ameaça à paz e segurança internacionais; intervenções em situações de crise política e militar; votar a admissão de novos membros; votar a suspensão de algum membro; votar a exclusão de algum membro; votar a nomeação do Secretário Geral; eleger juízes para a Corte Internacional de Justiça; manter a paz e segurança internacionais; investigar situações que possam vir a criar conflitos internacionais;

(154) Os membros não permanentes, em número de dez, são eleitos pela Assembleia Geral pelo prazo de dois anos. O Brasil chegou a ser proposto como sexto membro permanente, por Roosevelt, mas foi vetado pela URSS e pela Inglaterra.

buscar soluções para controvérsias internacionais; formular um sistema de controle de armamentos; determinar quando existe uma ameaça à paz e tomar as medidas cabíveis; decretar sanções econômicas e outras que não envolvam o uso de forças armadas para impedir ou parar uma agressão; adotar medidas militares contra um agressor.

Cada membro do Conselho tem direito a um voto, sendo que as suas decisões são tomadas pelo voto afirmativo de nove de seus membros. As decisões do Conselho nas questões processuais é também tomada pelo voto afirmativo de nove membros, incluindo o voto dos membros permanentes. Este procedimento distingue os membros permanentes dos não permanentes, porque se qualquer um daqueles Estados votar contra (veto), a resolução não será adotada, sendo que a ausência ou abstenção de um membro permanente não significa veto.

Os membros não permanentes são eleitos pela Assembleia Geral para um período de dois anos. A distribuição dos assentos atende a uma questão geográfica, a saber: três Estados da África; dois Estados da Ásia; um Estado da Europa Oriental; dois Estados da América Latina; dois Estados da Europa Ocidental e outros.

Os membros permanentes possuem o poder de veto, segundo o art. 27 da Carta, nas questões não processuais: "1. Cada membro do Conselho de segurança terá um voto. 2. As decisões do Conselho de Segurança, em questões processuais, serão tomadas pelo voto afirmativo de nove membros. 3. As decisões do Conselho de Segurança, em todos os outros assuntos, serão tomadas pelo voto afirmativo de nove membros, inclusive os votos afirmativos de todos os membros permanentes, ficando estabelecido que, nas decisões previstas no Capítulo VI e no § 3º do art. 52, aquele que for parte em uma controvérsia se absterá de votar". A ausência ou "abstenção" de um Estado permanente não implica no seu veto.

As questões processuais não estão definidas na Carta, mas a prática do Conselho fez consagrar como próprias as seguintes matérias: aprovação do regimento interno; criação de órgão subsidiário; convite a um Estado para participar dos debates e inscrição de um item na agenda do dia. Todas as demais questões não são processuais.

Algumas críticas têm sido feitas a esse sistema, uma vez que os Estados considerados fortes (membros permanentes), vetam a ação da ONU nos assuntos que têm interesse direto ou indireto. Existem propostas de reforma, como o aumento do número de membros permanentes e, portanto, com o poder de veto, ou a abolição do veto e etc., para que não continue na ONU, em especial no seu Conselho, o domínio das mais importantes questões mundiais, pelos países mais poderosos.

O governo brasileiro propõe a expansão do Conselho, sua ampliação para abranger 25 Estados, ampliando também aqueles considerados permanentes, entre eles o Brasil. Outros Estados reivindicam a entrada permanente para esse grupo seleto, como a Índia, a Alemanha, o Japão.

Não parece que a mudança virá rápido ou mesmo que virá, porquanto, não se vota na ONU a redefinição do Conselho, por influência exatamente dos membros permanentes, que não querem ou não têm interesse na mudança da composição do órgão.

Além, portanto, dos membros permanentes, existem os membros não permanentes, que são eleitos pela Assembleia Geral para um período de dois anos (ficam em rodízio), não sendo permitida a reeleição, buscando atender a uma distribuição geográfica, como, 3 da África, 2 da Ásia, 1 da Europa Oriental, 2 da América Latina, 2 da Europa Ocidental e outros.

Existem órgãos subsidiários ao Conselho, que auxiliam o Conselho na sua missão, como: a Comissão de Construção da Paz, o Comitê contra o Terrorismo, o Comitê 1450 (sobre a aquisição de armas de destruição em massa por parte de atores não estatais), podendo ser criados outros.

b) *Assembleia Geral* — É o órgão em que todos os Estados encontram-se representados por intermédio de seus delegados. Reúne-se anualmente. Funciona por meio de Comissões específicas e tem por finalidades: discutir e fazer recomendações sobre quaisquer assuntos, de acordo com a Carta, sobre desarmamento e regulamentação do armamento, sobre os princípios gerais de cooperação na manutenção da paz e segurança internacionais, sobre a cooperação em diversos campos, como econômico, social e cultural, sobre a solução pacífica dos conflitos. Além dessas finalidades, a Assembleia Geral tem atribuições de: eleger os membros permanentes do Conselho de Segurança, os membros do Conselho Econômico e Social e do Conselho de Tutela, autorizar os organismos especializados a solicitarem pareceres à Corte Internacional de Justiça e coordenar as atividades dos organismos especializados.

Como se observa, a Assembleia Geral tem competência também para apreciar questões relacionadas à paz e à segurança internacionais, cuja competência é do Conselho de Segurança. Trata-se de competência concorrente. O poder da Assembleia, no entanto, é limitado no art. 12, da Carta, porque se o Conselho de Segurança estiver examinando determinada questão no que tange à paz e segurança, a Assembleia não fará qualquer recomendação, salvo se solicitada pelo próprio Conselho. No entanto, a Assembleia Geral não fica totalmente inerte, porque pode tratar dos assuntos sob um ângulo mais amplo, examinando aspectos sociais, econômicos e humanitários do conflito. A Resolução 377 (V) da Assembleia, de 3.11.1950, estabelecia — isto na época da chamada Guerra Fria — que a Assembleia devia se ocupar dos problemas que ameaçassem a paz quando o Conselho de Segurança não assumisse tal responsabilidade (paralisia do Conselho, por falta de consenso entre os membros permanentes). Essa Resolução foi utilizada algumas vezes, poucas, como nos seguintes casos: invasão da Hungria e crise de Suez, na questão Líbia em 1958, no conflito indo-paquistanês em 1971, Jordânia em 1980, Namíbia em 1981, Bósnia-Herzegóvina em 1992, mas não se tem na ONU pensamento majoritário nesse sentido, observando-se uma discussão até em relação à constitucionalidade da Resolução (vista em face da Carta e do art. 12, já referido).

A Assembleia Geral possui uma natureza parlamentar, porque reúne todos os membros das Nações Unidas para discussão e decisão sobre os temas de sua competência. Participam como observadores nas suas reuniões várias entidades, a saber: Bancos de Desenvolvimento Africano e Asiático, Banco Interamericano de Desenvolvimento, Agência para a Proibição do Uso de Armas Nucleares na América Latina e Caribe, Associação dos Países Caribenhos, Autoridade Internacional para os Fundos Marinhos, Associação Sul-Asiática para a Cooperação Regional, Comitê Internacional da Cruz Vermelha, Centro Internacional para o Desenvolvimento de Políticas de Integração, as Comunidades Andina, Caribenha, dos Estados Sahelo-Saarianos, do Leste-Africano, dos Países de Língua Portuguesa, para o Desenvolvimento Sul-africano, Econômica dos Estados da África Central, Econômica dos Estados do Oeste-Africano, Euro-asiática, Europeia, Conferência de Haia sobre Direito internacional Privado, Conferência Ibero-americana, Conselho de Cooperação de Alfândegas, Conselho da Europa, Corte Permanente de Arbitragem, Estados Independentes da Commonwealth, Fórum das Ilhas do Pacífico, Fundo Comum para *Commodities*, Grupo de Estados do Caribe e Pacífico, GUAM, Instituto Internacional para a Democracia e Assistência Eleitoral, Liga dos Estados Árabes, Ordem Militar da Soberana de Malta; Organizações: da Conferência Islâmica, de Cooperação Econômica, de Cooperação Econômica do Mar Negro, de Cooperação de Shanghai, do Tratado de Segurança Coletiva, dos Estados Americanos, dos Estados do Leste-Caribenho, Hidrográfica Internacional, Internacional da Francofonia, Internacional da Polícia Criminal (Interpol), Internacional de Migração, Internacional para o Desenvolvimento do Direito, Jurídica Consultiva Afro-Asiática, para Cooperação Econômica e Desenvolvimento, para Segurança e Cooperação na Europa, Palestina, Parceiros em População e Desenvolvimento, Parlamento Latino-americano, Santa Sé, Secretariado da Commonwealth, Sistema de Integração Centro-americano, Sistema Econômico Latino-americano, Tribunal Internacional para o Direito do Mar, Tribunal Penal Internacional, União Africana, União Internacional para Conservação da Natureza e Recursos humanos, União Interparlamentar.

Vários são os órgãos subsidiários da Assembleia Geral, dentre eles: Comissão de Desarmamento, Comissão de Serviço Civil Internacional, Comissão de Direito Internacional, a Uncitral (sobre Direito Internacional Comercial), a UNCCP (Comissão de Conciliação para a Palestina), o Comitê para a Eliminação da Discriminação contra as Mulheres, o Comitê para os Usos Públicos do Espaço Sideral, o Comitê de Direitos Humanos, o Comitê contra a Tortura e outros.

No seu procedimento de decisão assemblear, a Assembleia Geral vota a pauta a ser discutida, é eleito um presidente para dirigir os trabalhos, assessorado por 21 vice-presidentes, além dos presidentes das grandes comissões, com representantes da África (seis), da Ásia (cinco), do Leste-Europeu (um), da América Latina (três), dos Estados que possuem assentos permanentes (cinco) e presidentes dos Comitês, África (dois) e os demais, Ásia, Leste-Europeu, América Latina, Europa Ocidental e América Latina ou Ásia, que ocupam alternadamente o cargo pelo período de um ano (um).

c) *Conselho Econômico e Social* — É formado por 54 membros eleitos para um período de três anos, abrangendo a África, Europa Ocidental, América Latina e Ásia. É o órgão que prepara relatórios e estudos e faz recomendações sobre assuntos econômicos e sociais, convoca conferências e faz projetos de convenção, negocia acordos entre a ONU e as organizações especializadas, promove o respeito e a observância dos direitos do Homem e das liberdades fundamentais.

São órgãos subsidiários do Conselho: Comissão de Estatística, Comissão sobre População e Desenvolvimento, Comissão para o Desenvolvimento Social, Comissão de Direitos Humanos, Comissão sobre a Condição da Mulher, Comissão sobre Narcóticos, Comissão sobre Prevenção de Crimes e Justiça Criminal, Comissão de Ciência e Tecnologia para o Desenvolvimento, Fórum das Nações Unidas sobre Florestas. Regionalmente, funcionam as seguintes Comissões: Comissão Econômica para a América Latina e o Caribe (Cepal), Comissão Econômica para a África (ECA), Comissão Econômica para a Europa (ECE), Comissão Econômica e Social para a Ásia Ocidental (ESCWA), além de alguns comitês permanentes.

d) *Secretariado* —Assim como o Conselho de Segurança, o Secretariado é, também, um órgão permanente, porque encarregado da parte administrativa da ONU. Seu chefe é o Secretário-Geral, com um mandato de cinco anos. É indicado pela Assembleia Geral, mediante recomendação do Conselho de Segurança. As atribuições do secretário, técnico-administrativas, estão descritas no art. 99 da Carta das Nações.

e) *Conselho de Tutela* — Tem por composição os membros da ONU que administram territórios tutelados. É formado pelos membros mencionados no art. 23 da Carta, chamados "Grandes", que não estão administrando tais territórios, e por Estados, somados aos Grandes que não têm tutela, que deem um número igual ao de países que possuem tutela (art. 86 da

Carta). A finalidade da tutela é conduzir os povos colocados nesse regime à independência política. Ela se concretiza mediante acordos entre a ONU e a potência administradora.

f) *Corte Internacional de Justiça* — É o principal órgão judiciário das Nações Unidas, composto de quinze juízes, não podendo dois deles ser nacionais do mesmo Estado. Têm mandato de nove anos, que pode ser renovado. São eleitos pela Assembleia Geral em conjunto com o Conselho de Segurança, independentemente um do outro, de uma lista apresentada pelos grupos nacionais da Corte Permanente de Arbitragem.

Devem ser pessoas que gozem de alta consideração moral e possuam condições exigidas pelos respectivos Estados de que são nacionais para o desempenho das mais altas funções judiciárias, ou, então, que sejam jurisconsultos de reconhecida competência em Direito Internacional. O estatuto da Corte ordena, ainda, que os eleitos representem as mais altas formas de civilização e os principais sistemas jurídicos do mundo.

A Corte tem sua sede em Haia, sendo que o presidente e o escrivão são obrigados a residir nessa cidade.

Em regra geral, funciona a Corte com a presença de todos os juízes, sendo o *quorum* mínimo de nove, mas podendo funcionar em Câmaras, conforme previsão da própria Carta (arts. 26 e 29).

Atua em litígios em que são partes os Estados, incluindo aqueles que não são membros da ONU, desde que acionada para tanto.

As despesas da Justiça Internacional são pagas pela ONU, e a jurisdição dessa Corte será obrigatória, se assim vier expressamente previsto em tratados.

Os quinze juízes funcionam em todos os casos, podendo, todavia, funcionar *ad hoc*, ou seja, os indicados pelos Estados partes no litígio.

A elaboração da sentença prevê um sistema democrático, pois cada juiz prepara seu projeto de julgamento, depois discutem entre si e somente em fase posterior é eleita uma Comissão de Redação com dois juízes que reflitam melhor a opinião da Corte.

Ressalte-se que a Corte também funciona como órgão consultivo, dando pareceres.

As questões submetidas à Corte são decididas de acordo com o Direito Internacional, conforme o art. 38 do Estatuto, aplicando: a) as convenções internacionais, gerais ou especiais que estabeleçam regras conhecidas e reconhecidas pelos Estados litigantes; b) o costume internacional; c) os princípios gerais de Direito, reconhecidos pelas nações civilizadas; e d) as decisões judiciárias e a doutrina dos publicistas de nomeada das diferentes nações.

Pela sua importância, a Corte Internacional de Justiça será especificada em capítulo à parte, de n. XVIII.

4. OIT — Organização Internacional do Trabalho

Criada no Tratado de Versalhes, de 1919, como parte da Sociedade das Nações, da qual percebia a receita destinada ao custeio de suas atividades. Em 1946, a OIT transformou-se em organismo especializado da ONU. Em capítulo especial, discorreremos um pouco mais sobre esse importante organismo, apenas destacando que o funcionamento da OIT, com sua composição *sui generis* — governo, empregados e empregadores —, proporciona às suas decisões legitimidade indiscutível. Cabe, ainda, revelar, por ora, que possui essa Organização três órgãos: 1) a Conferência Internacional do Trabalho (onde todos os membros são representados); 2) o Conselho de Administração (seu órgão executivo); e 3) o *Bureau* Internacional do Trabalho (seu secretariado).

5. UNESCO — Organização das Nações Unidas para a Educação, Ciência e Cultura

Começou a funcionar em 1946. Tem por finalidade promover a colaboração entre as nações por meio da educação, da ciência e da cultura, além da difusão da cultura e impulsão da educação popular, entre outras. Tem sede em Paris.

6. OMS — Organização Mundial de Saúde

Seu início foi em 1948, com a função de erradicar as epidemias; estabelecer padrões internacionais para produtos biológicos e farmacêuticos e métodos de diagnósticos; auxiliar os governos; coordenar as atividades internacionais em matéria de saúde; e contribuir para o aperfeiçoamento do ensino médico. Tem sede em Genebra.

7. FAO — Organização das Nações Unidas para a Alimentação e a Agricultura

Sua primeira sessão foi realizada em 1945. Tem por objetivo preparar informações sobre produção, distribuição e consumo referentes à agricultura, pesca, nutrição e silvicultura; fornecer assistência técnica; e promover a melhoria nas áreas supramencionadas. Tem sede em Roma.

8. OMM — Organização Meteorológica Mundial

Entrou em funcionamento em 1951, procurando promover o rápido intercâmbio entre os Estados sobre as informações meteorológicas; intensificar a aplicação meteorológica à navegação marítima e aérea e à agricultura; intensificar as pesquisas nesse campo; e estabelecer rede de estações meteorológicas. A sede é em Genebra.

9. UPU — União Postal Universal

Tornou-se uma organização especializada das Nações Unidas em 1948. Tem por finalidade desenvolver a cooperação internacional e os serviços postais. A sede é em Berna.

10. AIEA — Agência Internacional de Energia Atômica

Em 1957, começou a funcionar. Seu objetivo: facilitar a troca de dados e de cientistas, incrementando a utilização pacífica da energia atômica. A sede é em Viena.

11. FMI — Fundo Monetário Internacional

Surgiu na Conferência Monetária e Financeira das Nações Unidas em Bretton-Woods, em 1944. Finalidades: desenvolver o comércio internacional; evitar a depreciação das moedas; e colocar à disposição dos Estados-membros os recursos de que dispõe. Tem sede em Washington.

12. BIRD — Banco Internacional de Reconstrução e Desenvolvimento

É também conhecido como Banco Mundial. Surgiu na reunião de Bretton-Woods, tendo por finalidade favorecer o desenvolvimento e conceder empréstimos. Sua sede é em Washington.

13. AID — Associação Internacional de Desenvolvimento

Surgiu em 1960, sendo mais um órgão de complementação do BIRD, com objetivo fundamental de melhorar o nível de vida dos povos e aumentar a produtividade. Está sediada em Washington.

14. SFI — Sociedade Financeira Internacional

Criada pelo BIRD, em virtude de uma resolução da Assembleia Geral da ONU em 1954, começou a funcionar em 1956 com o fito de incrementar o desenvolvimento econômico, auxiliando o crescimento da empresa privada produtiva nos países-membros, especialmente em áreas menos desenvolvidas. Está em Washington. O conjunto destes três últimos organismos (BIRD, AID e SFI) é designado o "Grupo do Banco Mundial".

15. UIT — União Internacional de Telecomunicações

Entrou em vigor em 1961. Tem por finalidade cooperar no domínio das telecomunicações no nível internacional e desenvolver a técnica neste setor. A sede é em Genebra.

16. IMCO/IMO — Organização Intergovernamental Marítima Consultiva ou International Maritime Organization

Entrou em funcionamento em 1958 para cooperar e trocar informações no campo internacional a respeito de assuntos técnicos de navegação comercial; desenvolver a segurança no mar; e reunir conferências sobre navegação. Tem sede em Londres.

17. OACI — Organização da Aviação Civil Internacional

Criada em Chicago em 1944, entrou em vigor em 1947 para dar maior segurança de voo, incrementar o desenvolvimento ordenado da aviação civil, enfim, estudar os problemas da aviação civil internacional. A sede é em Montreal.

18. OMPI — Organização Mundial da Propriedade Intelectual

Criada em 1967, ingressou no sistema das Nações Unidas em 1974. Deve proteger a propriedade intelectual. A sede é em Genebra.

19. UNCTAD — Conferência das Nações Unidas para o Comércio e Desenvolvimento ou United Nation Conference on Trade and Development

Foi criada em 1964. Tem o objetivo de favorecer a expansão do comércio internacional, principalmente entre países em vias de desenvolvimento. Tem sede em Genebra.

20. UNIDO — Organização das Nações Unidas para o Desenvolvimento Industrial ou United Nations Industrial Development Organization

Criada em 1965 para promover o desenvolvimento industrial nos países subdesenvolvidos. A sede é em Viena.

21. FIDA — Conferência das Nações Unidas para a Criação de um Fundo Internacional para o Desenvolvimento da Agricultura

Criada em 1976. Tem a finalidade de aumentar a produção alimentar e melhorar o nível de nutrição das populações mais pobres, cooperando com a FAO. A sede é em Roma.

22. GATT — Acordo Geral de Tarifas e Comércio ou General Agreement on Tariffs and Trade

Não era, propriamente, uma organização especializada da ONU, mas estudada entre as que o são. Surgiu em 1947 e entrou em vigor em 1948. Procurava promover o emprego, o comércio internacional e aumentar o padrão de vida, reduzindo, em base de reciprocidade e vantagens mútuas, as tarifas alfandegárias, eliminando a discriminação no comércio internacional. Agora, o GATT foi substituído pela OMC.

23. OMC — Organização Mundial de Comércio

Criada para substituir o GATT a partir de 1995, com sede na Suíça, em Genebra, é resultado da transformação do GATT em uma organização internacional. Continuará funcionando como o organismo anterior, tendo por base o acordo e o consenso mútuos entre os governos.

A OMC, contudo, tem regras mais fortes e objetivas, porque aplicáveis a todas as áreas do comércio mundial, desde a agricultura até a contabilidade. Tem a OMC um Conselho Geral e uma reunião bienal de ministros.

Essa organização já era prevista na Carta de Havana, desde 1947, para formar, ao lado do FMI e do BIRD, o tripé da economia mundial. Agora, realizado o sonho, pelo acordo de Marrakesh, em abril de 1994, será a OMC uma agência especializada das Nações Unidas.

A OMC tem sede em Genebra, possui atualmente 146 membros. Dentre as suas principais funções possui: a) administrar os acordos comerciais dela própria; b) promover foros para negociações comerciais; c) mediar disputas comerciais; d) monitorar políticas nacionais de comércio; e e) dar assistência técnica e treinamento a países em desenvolvimento.

24. Outras organizações

Ainda outras organizações surgiram e surgem no cenário mundial, intergovernamentais, como a ONU e a OIT, ou regionais, na Europa, na África, na Ásia e na América, entre as quais destacamos:

a) Conselho da Europa — Constituído pelos países que formavam o Tratado de Bruxelas — Bélgica, Inglaterra, Holanda, França, Luxemburgo, Islândia, Itália, Suécia e Noruega — para favorecer o progresso econômico e social, com sede em Estrasburgo.

b) Conselho Nórdico — Constituído pelos países dessa região — Dinamarca, Suécia, Finlândia, Noruega e Islândia —, em 1952, estabelece um conselho interparlamentar entre os países, propondo a cooperação entre seus membros, nos domínios cultural e social e das regras de Direito.

c) AELE (Associação Europeia de Livre Comércio) — Entre Dinamarca, Noruega, Portugal, Áustria, Suíça, Inglaterra e Suécia, Finlândia e Liechtenstein. Começou a funcionar em 1960 e tem por fim proporcionar melhores condições de negociação com a Comunidade Econômica Europeia.

d) BENELUX — Entre Bélgica, Holanda e Luxemburgo, tendo sido instituída a união econômica em 1958. Tem objetivos aduaneiros e econômicos e se insere nas Comunidades Europeias.

e) CECA (Comunidade Europeia do Carvão e do Aço) — Estabelecida mediante o Tratado em que participaram a França, Itália, Alemanha Ocidental, Bélgica, Holanda e Luxemburgo. Entrou em vigor em 1952, com o objetivo de estabelecer o mercado comum do carvão e do aço. Depois, outros países vieram integrá-la, como a Irlanda, a Dinamarca e a Grã-Bretanha.

f) EURATOM (Comunidade Europeia de Energia Atômica) — Criada em Roma, em 1957, com o fito de estabelecer um mercado comum em matéria nuclear, incrementar pesquisas e indústrias nucleares, com elevação do nível de vida dos Estados-membros. Composta dos mesmos membros das Comunidades Europeias.

g) CEE (Comunidade Econômica Europeia) — Conhecida como Mercado Comum Europeu. Surgiu em 1957, pelo tratado de Roma, com os seis países acima mencionados, que formaram o CECA. As três organizações, CECA, CEE e EURATOM, embora distintas, com a fusão, em 1965, pelo Tratado de Bruxelas — Tratado de Fusão —, que instituiu um Conselho Único e uma Comissão Única das Comunidades, passaram a ser conhecidas como Comunidade Europeia — CE —, sendo certo que o Parlamento Europeu, em 1978, adotou essa denominação para a Comunidade por meio de uma resolução. Sobre a Comunidade Europeia, pela grandiosidade de seu projeto e pelo que representa em experiência humana, econômica, social e política, temos neste livro um capítulo, singelo, mas específico, ao qual remetemos o estudioso.

h) UEO (União da Europa Ocidental) — Surgida em 1954, com os signatários do Tratado de Bruxelas (França, Bélgica, Grã-Bretanha, Países Baixos, Luxemburgo, Alemanha e Itália), com o objetivo militar, no sentido de estabelecer uma aliança defensiva entre seus membros.

i) COMECOM (Conselho de Assistência Econômica Mútua) — Estabelecido em 1949 pelos países do bloco soviético (URSS, Polônia, Hungria, Tcheco-Eslováquia e Bulgária, depois Albânia, Mongólia, Vietnã e Cuba) para aumentar a produtividade, elevar o nível social, desenvolver a economia de modo planificado, a industrialização, etc.

j) OTAN/NATO (Organização do Tratado do Atlântico Norte) — De 1954, com participação de EUA, França, Itália, Bélgica, Inglaterra, Islândia, Dinamarca, Canadá, Luxemburgo, Noruega, Portugal, Holanda, Turquia, Grécia, Alemanha e Espanha. Constitui pacto de defesa coletiva, uma vez que qualquer ataque desferido contra um dos seus membros seria considerado uma agressão a todos os demais, envolvendo, também, além do interesse militar, outros interesses, como econômico, social e cultural.

Como resposta à OTAN, em 1955, a URSS criou uma aliança militar com os países comunistas da Europa e a República Democrática Alemã, que ficou conhecida como "Pacto de Varsóvia" — um Tratado de Amizade, Cooperação e Assistência Mútua extinto em 1991.

Em dezembro de 1996, os chanceleres de dezesseis países que pertencem à OTAN marcaram para o princípio de julho de 1998 o início para a ampliação da influência dessa organização, de sua coalização de defesa ocidental abrigando os primeiros países do Leste.

k) OECE/OCDE — Antes, Organização Europeia de Cooperação Econômica, resultante do Plano Marshall, de 1947, com os Estados: França, Bélgica, Dinamarca, Holanda, Suécia, Inglaterra, Turquia, a zona francesa na Alemanha ocupada e a zona anglo-americana e mais a Grécia, Áustria, Suíça, Suécia, Islândia, Irlanda, Luxemburgo, Itália, Noruega e Portugal. Depois foi reformulada e surgiu a Organização de Cooperação e Desenvolvimento Econômico, em 1960, com todos os membros já mencionados mais o Canadá, EUA, Japão, Austrália, Finlândia e a Nova Zelândia, com o objetivo de elevar o nível de vida, expandir a economia, manter a estabilidade financeira, contribuir para o comércio internacional. A sede é em Paris.

l) ANZUS — Organização de Segurança e Assistência entre a Austrália, Nova Zelândia e EUA. Constituída no Tratado de São Francisco, em 1951, para coordenar a política e defesa coletiva de seus membros. A sede é em Washington.

m) Conselho de Cooperação dos Estados Árabes do Golfo — Criado em 1981, tem sede em Riad. É constituído pela Arábia Saudita, Kuwait, Emirados Árabes, Bahrein, Oman e Quatar, visando à segurança e ao desenvolvimento econômico de seus integrantes.

n) UDEAC (União Aduaneira e Econômica da África Central) — Constituída em 1964, com participação de Camarões, Congo, Gabão e República Central Africana. Tem em vista a criação gradual de um mercado comum. Em 1983 foi concluído um Tratado criando a Comunidade Econômica Centro-Africana, com Angola, Burundi, Camarões, República Centro-Africana, Guiné, Gabão, Ruanda, São Tomé e Príncipe e Zaire.

Outras comunidades com o mesmo objetivo vieram à luz internacional na África, como a África do Oeste, a dos Países dos Grandes Lagos, etc.

o) OUA (Organização da Unidade Africana) — Agrupa todos os Estados africanos, e, com a democratização da África do Sul, também esta terá acesso. A questão básica que envolve essa organização é a luta contra o colonialismo e o imperialismo. Seus fins estão previstos no art. 2º da Carta: a) reforçar a unidade e a solidariedade dos Estados da África e do Malgache; b) coordenar e intensificar a colaboração e os esforços para oferecerem melhores condições de vida aos povos da África; c) defender sua soberania, sua integridade territorial e sua independência; d) eliminar todas a formas de colonialismo no continente; e e) fomentar a cooperação internacional, tendo em conta a Carta das Nações Unidas e a Declaração Universal dos Direitos do Homem.

p) Liga dos Estados Árabes — Surgida em 1945, no Cairo. Para coordenar a política dos Estados, os assuntos econômicos e financeiros e desenvolver o intercâmbio comercial.

q) ALALC/ALADI (Associação Latino-Americana de Livre Comércio) — Criada em 1960, para uma zona de livre comércio, com sede em Montevidéu. Em 1980, foi concluído o Tratado de Montevidéu, substituindo a ALALC pela ALADI — Associação Latino-Americana de Desenvolvimento e Integração, visando a criar um mercado comum latino-americano, com Brasil, Colômbia, Argentina, Bolívia, Equador, Venezuela, Chile, Paraguai, México, Peru e Uruguai. Dela falaremos um pouco mais no capítulo sobre "Relações Internacionais na América Latina".

r) Outras organizações apareceram com objetivos semelhantes, como a CARICOM, em 1973, com as Repúblicas de Barbados, Guiana, Jamaica e Trinidad e Tobago — Tratado de Chaguaramas —, criando a Comunidade do Caribe, substituindo a CARIFTA, de 1968. Aderiram depois à CARICOM outros Estados, como Granada, Dominica, Santa Lúcia, Belize e Antígua.

s) OEA (Organização dos Estados Americanos) — Criada em 1948, entrou em vigor em 1951. A reforma da Carta se deu em 1970 e em 1985, com o objetivo de assegurar a paz no continente e promover o bem-estar social. Tem, na sua atual estrutura, os seguintes órgãos: Assembleia Geral, Reunião de Consulta dos ministros das Relações Exteriores, Conselho Permanente da Organização, Conselho Interamericano Econômico e Social, Conselho Interamericano de Educação, Ciência e Cultura, Comissão Jurídica Interamericana de Direitos Humanos e Secretaria Geral.

A exemplo da ONU, possui a OEA também organismos especializados, como a Junta Interamericana de Defesa e a Organização Pan-Americana de Saúde.

t) Grupo Andino — Formado de início por Bolívia, Chile, Colômbia, Equador e Peru, com finalidade de desenvolvimento da região, em 1969 (Tratado de Cartagena) e depois, Bolívia, Equador, Peru, Colômbia e Venezuela, com a entrada deste último em 1973 e a saída do Chile em 1976. Tem estrutura específica, inclusive com uma Corte de Justiça. A sede é em Lima.

u) OLAE (Organização Latino-Americana de Energia) — Criada em 1973, proclama o direito dos Estados de se defenderem e de utilizarem recursos naturais.

v) MERCOSUL (Mercado do Cone Sul) — Concluído pelo Tratado de Assunção entre Brasil, Argentina, Uruguai e Paraguai para a eliminação das barreiras aduaneiras e estabelecimento de uma tarifa externa comum. O objetivo do Mercosul pelo seu art. 1º do Tribunal de Assunção é ser um Mercado Comum. O Tratado se encontra aberto à adesão de todos os Estados-membros da ALADI. Em capítulo específico, estudaremos com mais vagar essa entidade.

x) ALCA (Área de Livre Comércio das Américas) — O processo dessa integração teve início em 1994, durante a Iniciativa Empresarial das Américas, patrocinada pelos Estados Unidos. Ao todo existiram sete reuniões ministeriais: 6.95, Denver, EUA; 3.96, Cartagena, Colômbia; 5.97, BH, Brasil; 3.98, São José, Costa Rica; 4.98, Santiago, Chile; 11.99, Toronto, Canadá; 4.01, Buenos Aires, Argentina; 11.02, Quito, Equador; e 11.03, Miami, EUA. Até março de 1998 (Costa Rica) foi a fase preparatória. De abril de 1998 (Chile) estamos na fase de negociações (Cúpula das Américas). A tentativa é de concluir a negociação até 2005.

y) NAFTA ("North American Free Trade Agreement", ou Acordo Norte-Americano de Comércio Livre) — Assinado em 13.8.1992 entre EUA, Canadá e México. Entrou em vigor em 1.1.1994. Está aberto a todos os Estados da América Central e do Sul.

Tem por objeto eliminar as barreiras aduaneiras, bem como ocupar-se com a saúde, o ambiente e a segurança.

z) UNASUL (CSN/CASA) — É a União das Nações Sul-Americanas ou Comunidade Sul-Americana de Nações. Criada em 8.12.2004 pela Declaração de Cuzco, tem como membros Argentina, Bolívia, Brasil, Colômbia, Chile, Equador, Guiana, Paraguai, Peru, Suriname, Uruguai e Venezuela. Busca uma coordenação diplomática e política para a região.

Enfim, aí estão algumas organizações que, ao lado dos Estados, atuam na vida internacional ou nela atuaram e que são mencionadas, a exemplo do "Pacto de Varsóvia", pela sua influência e consequência posteriores ao seu término.

O estudo das organizações internacionais merece uma reflexão maior do que a que foi dada neste capítulo, porque representam uma intrincada teia de interesses, por vezes fundamentalmente político-econômicos, que pode revelar àquele que se debruça sobre a matéria o verdadeiro jogo de forças do mundo atual e, com um pouco de raciocínio e sensibilidade, desvendar o futuro.

A dinâmica das relações sociais dentro e fora dos Estados, em virtude da incapacidade destes e mesmo das organizações pelos mesmos criadas, está, contudo, fazendo surgir no cenário do Direito Internacional as chamadas ONGs.

QUADRO SINÓTICO

ORGANIZAÇÕES MUNDIAIS

— Organizações internacionais
- coletividades interestatais criadas mediante tratados, com constituição e objeto definidos
- têm personalidade jurídica

Divisão das organizações internacionais
- quanto ao objeto
  - de fins gerais
  - de fins especiais: organizações de cooperação política
  - organizações de cooperação econômica
  - organizações de cooperação militar
  - organizações de cooperação social
  - organizações de cooperação cultural
- quanto à estrutura
  - organizações intergovernamentais
  - organizações supranacionais
- quanto ao âmbito de participação
  - organizações parauniversais
  - organizações regionais

(para as Nações Unidas: as organizações são entidades especializadas, criadas entre governos e com responsabilidade internacional)

— Organizações

- ONU (Organização das Nações Unidas)
- OIT (Organização Internacional do Trabalho)
- UNESCO (Organização das Nações Unidas para a Educação, Ciência e Cultura)
- OMS (Organização Mundial de Saúde)
- FAO (Organização das Nações Unidas para a Alimentação e Agricultura)
- OMM (Organização Meteorológica Mundial)
- UPU (União Postal Universal)
- AIEA (Agência Internacional de Energia Atômica)
- FMI (Fundo Monetário Internacional)
- BIRD (Banco Internacional de Reconstrução e Desenvolvimento)
- AID (Associação Internacional de Desenvolvimento)
- SFI (Sociedade Financeira Internacional)
- UIT (União Internacional de Telecomunicações)
- IMCO (Organização Intergovernamental Marítima Consultiva)
- OACI (Organização da Aviação Civil Internacional)
- OMPI (Organização Mundial da Propriedade Intelectual)
- UNCTAD (Conferência das Nações Unidas para o Comércio e o Desenvolvimento)
- UNIDO (Organização das Nações Unidas para o Desenvolvimento Industrial)
- FIDA (Confederação das Nações Unidas para a Criação de um Fundo Internacional para o Desenvolvimento da Agricultura)
- GATT (Acordo Geral de Tarifas e Comércio)
- OMC (Organização Mundial do Comércio)
- Outras organizações: AELE, BENELUX, CECA, EURATOM, CEE, UEO, COMECOM, OTAN, OECE/OCDE, ANZUS, UDEAC, OUA, ALADI, OEA, OLAE, NAFTA, ALCA, Mercosul, UNASUL

CAPÍTULO XII

AS ORGANIZAÇÕES NÃO GOVERNAMENTAIS — ONGs

1. Noções gerais. 2. História e classificação. 3. Espécies. Quadro sinótico.

1. Noções gerais

Quando falamos dos sujeitos internacionais no capítulo II, já estudamos um pouco sobre essas figuras, situando-as no campo referente a outras coletividades.

Reafirmamos agora essa ideia de que as ONGs — Organizações Não Governamentais —, internacionais estão ganhando *status* de sujeitos de Direito Internacional, embora com capacidade muito restrita se comparadas a outros sujeitos conhecidos (Estados, Organismos, etc.).

Não tem sentido no mundo moderno considerar *beligerantes* e *insurgentes*, por exemplo, como pertencentes a tal categoria e não considerar uma Organização Não Governamental, que se mostra com objetivo permanente, provoca e participa de fatos na área internacional. Portanto, não temos dúvida em relação às ONGs internacionais, revelando-as o que são, na sua natureza intrínseca, uma vez criadas para atuar no mundo, em matérias quase sempre de importância fundamental para a própria sobrevivência do ser humano, e sobre as quais o Estado não se sensibiliza de forma eficaz: meio ambiente, educação, minorias sociais, saúde, etc.

Essa denominação "Organizações Não Governamentais" qualifica todas as organizações que não dependem do Estado, quer econômica ou institucionalmente, voltadas para aquelas tarefas, apontadas no parágrafo anterior, de forma exemplificativa, que o Estado, em virtude de seu forte condicionamento econômico, vem relegando.

Nos termos do § 7º da Resolução n. 1.296 (XLIV) do Conselho Econômico e Social — ECOSOC —, datado de 23.5.1968, define as ONGs como organizações internacionais que não foram criadas por acordos governamentais.

Essa definição pela negativa — "que não foram criadas por acordos" — revela que o Direito Internacional não está, ainda, totalmente preparado para esse fenômeno.

Alguns referem-se às ONGs como Terceiro Setor (autores norte-americanos) ou OSC — Organizações da Sociedade Civil (outros países) ou ainda *Charities*/caridades (Inglaterra).

O "Institute for Police Studies da Johns Hopkins Universite" é que faz uma pesquisa sobre o setor privado, não lucrativo em diversos países, incluindo o Brasil, isto é, sobre as novas organizações, voltadas para o fortalecimento da sociedade civil e da participação dos cidadãos.

As denominações explicitadas nos parágrafos anteriores revelam aspectos da realidade dessas organizações, que se desenvolveram de modo espantoso nas últimas décadas. São milhares no mundo, com atuação interna dentro do território de cada Estado e internacionalmente.

O tema objeto dessas associações passa pela produção de alimentos, drogas, álcool, condição de inferioridade das mulheres, grupos indígenas, minorias de todas as espécies, prostituição infantojuvenil, crianças de rua, proteção da fauna e flora; enfim, inesgotáveis, tantos são os aspectos da vida humana.

Tem-se entendido que uma das causas de proliferação das ONGs está na crescente perda de confiança na capacidade do Estado de efetivamente gerar o bem-estar social e ao mesmo tempo fomentar o processo econômico.

Há a impressão de que, quanto mais a sociedade moderna, comandada pelo Estado, progride econômica e tecnologicamente, mais os valores básicos do ser humano, ligados à sua vida, liberdade, ambiente, vão sendo sufocados. Daí só restar à sociedade civil auto-organizar-se: é uma questão de sobrevivência.

Num mundo globalizado, com supremacia das forças de mercado, é natural que processos políticos e sociais venham a desenvolver-se para fortalecer a essência da vida, principalmente quando há o crescimento dos conflitos armados, localizados, ameaças à segurança alimentar, a desnacionalização dos Estados, o aumento dos excluídos e a privatização da cidadania.

As ONGs representam uma forma nova de solidariedade internacional, que não tem e não pode ter como obstáculo as fronteiras dos Estados, assim como o capitalismo mundial não as tem.

Conflituam tais instituições com os poderes estabelecidos, quando as ONGs não viram órgãos simplesmente técnicos, encaixados nas regras conhecidas e de certa forma passam a cooperar pela dominação da economia globalizada.

2. História e classificação

Mais ou menos há cerca de trinta anos as ONGs começaram a ter maior participação na esfera internacional e o fizeram combatendo a fome, a superpopulação e a degradação ambiental. Desse modo, o principal objetivo dos grupos, ora estudados e verdadeiros, é a preservação dos direitos fundamentais: direitos humanos, democracia, ajuda humanitária, direito dos refugiados e outros, como já expressados.

A proliferação das ONGs nos países em desenvolvimento é um fato. Duas espécies básicas: as de base e as de apoio.

As de base trabalham para a sua própria comunidade; as de apoio ultrapassam o território do Estado e às vezes têm ligação com as primeiras.

Edison Barbieri, no excelente artigo escrito para a revista *Mundo e Missão*, no Ano Internacional do Voluntário, do qual retiramos algumas informações, dá um exemplo concreto ao afirmar que em Oranji, Paquistão, uma ONG conseguiu abastecer de água potável e criar centros de saneamento para 100 mil pessoas.

Outro exemplo é o de uma organização na Índia que em rede com outras, moveu-se contra a corrupção e defesa dos direitos humanos, obtendo a destituição de quarenta arrecadadores de impostos.

Darcy de Oliveira informa que "amigos e vizinhos da cidade de Trondheim na Noruega encontram-se uma vez por semana na sala de reuniões da igreja local para escrever cartas às autoridades de um país que, com dificuldade, localizam no mapa, cobrando respeito aos direitos humanos de prisioneiros políticos 'adotados' pelo grupo por sugestão da Anistia Internacional"(155).

Por esses fatos vê-se a importância das ONGs e o que elas podem fazer.

As ONGs obtiveram o Estatuto Consultivo no ECOSOC — Conselho Econômico e Social da ONU — um dos seis órgãos principais das Nações Unidas, como já anunciado no capítulo sobre os sujeitos de Direito Internacional.

O *status* consultivo obedece a um desiderato expresso no art. 71 da Carta da ONU, que estabelece a possibilidade do Conselho criar dispositivos para se valer da Consultoria de Organismos Não Governamentais.

Existem *status* consultivos de diversas naturezas: geral, especial e outros.

Geral — concedido às ONGs internacionais, cuja atuação abrange todas as matérias imagináveis, no âmbito, indicadas linhas atrás: educação, ecologia, direitos, energia atômica, etc.

Especial — concedido às ONGs especializadas (competência específica para assuntos delimitados).

---

(155) OLIVEIRA, Miguel Darcy de. *Cidadania e globalização:* A política externa brasileira e as ONGs. Instituto Rio Branco. Brasília: Fundação Alexandre Gusmão, Centro de Estudos Estratégicos, 1999. p. 21.

Outros (*Rostow*) — concedido àquelas que podem dar contribuições ocasionais.

Dois grupos claros parecem reunir as ONGs: no primeiro compreendendo os organismos de concertação, caracterizados pela permanência de objetivos, buscam cooperar com o Estado e/ou com outras organizações, encontram-se os partidos políticos, setores esportivos e sindicais; e os segundos, os organismos de intervenção, desenvolvem desafios específicos e concretos, em favor do meio ambiente ou de ações humanitárias, cujo exemplo claro é o *Greenpeace*.

3. Espécies

Algumas ONGs internacionais, portanto, podem ser destacadas: *Greenpeace*, Anistia Internacional, Médicos sem Fronteiras e outras.

Greenpeace

Necessário o destaque a essa organização que tem tido uma atuação alentada no mundo moderno. Surgiu como um movimento específico em 1971, vinculado a protestos contra provas nucleares dos Estados Unidos, a serem realizadas no território do Alaska. Foi uma atitude espontânea de canadenses e estadunidenses que se dirigiram ao local das provas para impedir a ação americana, por intermédio de um barco velho batizado de *Greenpeace*. O fato foi registrado nos meios de comunicação com grande cobertura e por isso conseguiram suspender as provas nucleares no Alaska. Outros grupos foram criados com o nome de *Greenpeace*, oficialmente organizados em 1978 com o nome de "*Greenpeace* Internacional". Em 1994, já possuíam 4 milhões de sócios e uma organização estruturada, hierárquica e coordenada, com mais de trinta *Greenpeace* nacionais. Recebem financiamentos privados dos próprios sócios.

O *Greenpeace* tem procurado denunciar os atentados ao meio ambiente com ações específicas, com repercussão em jornais, revistas, televisão, etc.

Anistia Internacional

Sua origem remonta aos idos de 1960. Dois estudantes portugueses foram condenados a sete anos de prisão por motivo de opinião — por terem brindado a liberdade de um país que vivia em regime ditatorial. Um advogado britânico, Peter Benenson, protestou perante a embaixada portuguesa em Londres, sem resultado, mas que o motivou a iniciar uma campanha junto à imprensa internacional sobre os "presos de consciência", com amplo apoio de várias pessoas em todo o mundo e com vasta repercussão.

Dedica-se o movimento à defesa e promoção dos direitos humanos, buscando libertar presos que estão sofrendo o constrangimento de suas liberdades por motivo de crenças, origem étnica, sexo, idioma, etc., abolição da pena de morte, erradicação da tortura. Não aceita subvenções estatais para continuar com total independência, retirando recursos de seus próprios membros.

Médicos sem Fronteiras

Criado em Paris, em 1971, suas origens remontam à guerra de Biafra, quando um grupo de médicos franceses atendeu ao chamado da Cruz Vermelha Internacional para assistir os feridos de guerra. Daí surgiu o movimento: médicos que levam a assistência às vítimas de guerra, testemunhando os horrores da guerra e em consequência dos campos de refugiados e de prisioneiros. Também é denominada "Diplomacia Humanitária", reivindicando o direito de assistência médica a populações em situação de miséria ou casos de instabilidade político-militar, bem como objetivando criar estruturas sanitárias. Possui médicos de todas as especialidades, hospitais conveniados, sistema de rotação e de convocação emergencial de médicos que podem viajar para qualquer parte do mundo para a consumação dos seus objetivos.

A Segunda Conferência das Nações Unidas para o Meio Ambiente, realizada no Rio de Janeiro em 1992, com a presença de uma centena de estadistas, teve atuação específica da sociedade civil por intermédio das ONGs, como a *Greenpeace*, a *World Wildlife Fund* — *WWF* —, a Associação da Educação Global e outras, estrangeiras e nacionais, reivindicando, por exemplo, um papel específico para as mulheres na administração ambiental, bem como a participação das comunidades indígenas.

A partir de 1980, é que tais organizações passaram a ter um crescimento considerável, estabelecendo trabalho produtivo com governos e organismos internacionais. Sobrevivem pelas doações que recebem de seus militantes e simpatizantes, de empresas, organizações e até por financiamento de outras ONGs mais ricas.

O seu campo de atuação, como vimos, é inesgotável. Transitam de forma mais ou menos livre e com maior desenvoltura do que outros entes, porque representam a mobilização de partes conscientes da sociedade, um poder que se acresce à atividade política do homem comum interna e internacionalmente[156].

---

(156) Em 1997, uma dessas ONGs, a *TI* — *Transparency International*, com sede em Berlim, fez uma pesquisa sobre o índice de percepção de corrupção, relativo a 52 países, em que a Dinamarca obteve o melhor índice. Tal pesquisa teve repercussão perante alguns governos cujos Estados não foram bem classificados.

O eventual regime jurídico que possam ter, sua personalidade jurídica e a crescente influência na vida internacional carecem ainda de estudos e reflexões.

QUADRO SINÓTICO

ONGs	Conceito — Organizações da sociedade civil voltadas para a sobrevivência do ser humano espiritual e fisicamente
	Status jurídico — Sujeitos de direito internacional (lato sensu) — Órgão consultivo
	Classificação — Quanto ao fim: geral, especial, outros — Organismos de concertação — Organismos de intervenção
	Espécies — Exemplos: Greenpeace, Anistia Internacional, Médicos sem Fronteiras, World Wildlife Fund — WWF —, Associação da Educação Global

CAPÍTULO XIII

DIREITO DA INTEGRAÇÃO

1. Globalização/Regionalização. Noções. 2. Interdependência. 3. Fases da integração: 3.1. Zona de livre comércio; 3.2. União aduaneira; 3.3. Mercado comum; 3.4. União econômica e monetária; 3.5. União política. 4. Direito comunitário. Quadro sinótico.

1. Globalização/Regionalização. Noções

É um novo ramo do Direito Internacional Público, que trata das integrações regionais, estuda as suas fases e o Direito que as envolve.

A regionalização ocorre como um caminho natural na era do globalismo. Os Estados se unem para a defesa de seus interesses, propiciam novas oportunidades aos seus nacionais, que acabam ampliando suas possibilidades profissionais, sociais, culturais e econômicas e se impõem com outra roupagem, como novos interlocutores no mundo globalizado.

Já tivemos oportunidade de expressar nossa ideia de que o regionalismo, de certa forma, se opõe à globalização — outros entendem que a completam —, porque os Estados de uma região se unem para sofrer com menos intensidade os impactos econômicos.

Existem, entretanto, outras ideias, em torno desse fenômeno, como a de *Octavio Ianni:* "A globalização do capitalismo está sendo acompanhada da formação de vários sistemas econômicos regionais, nos quais as economias nacionais são integradas em um todo mais amplo, criando-se assim condições diferentes para a organização e o desenvolvimento das atividades produtivas. Em lugar de ser um obstáculo à globalização, a regionalização pode ser vista como um processo por meio do qual a globalização recria a nação, de modo a conformá-la à dinâmica da economia transnacional".[(157)]

Alerta que "além de suas expressões nacionais, bem como dos sistemas e blocos articulando regiões e nações, países dominantes e dependentes, começa a ganhar perfil mais nítido o caráter global do capitalismo. Declinam os Estados-Nações, tanto dependentes como os dominantes. As próprias metrópoles declinam, em benefício de centros decisórios dispersos em empresas e conglomerados novos, movendo-se por países e continentes, ao acaso dos negócios, movimentos e mercado, exigências de reprodução ampliada do capital"[(158)].

---

(157) *A era do globalismo*, p. 115.

(158) IANNI, Octavio. *A sociedade global*, p. 39.

E prossegue o notável professor, lembrando que o primeiro esboço de projeto de integração regional foi o Plano Marshall, em 1947, acompanhado da criação da Organização para a Cooperação Econômica Europeia e pelo Programa de Reconstrução Europeia.

A globalização vai ganhando, dia a dia, interpretação mais elástica, escapa de seus primitivos contornos econômicos e se insere nas sociedades internas, na moda, no ensino, na referência das comidas e das bebidas, nos objetivos de vida.

Embora entendamos que a sociedade internacional e o direito que a sustém são uma realidade, os fatores ditos "globalizantes", principalmente divulgados pelos meios de comunicação, representam também instrumentos de dominação dos países mais desenvolvidos.

A unidade assim concebida é contrária ao progresso porque impõe uma camisa de força de número igual a todos os povos, raças, nações, Estados, como se não existissem diferenças específicas a serem respeitadas. Isso faz um desserviço ao Direito Internacional e ao próprio Direito.

A noção de "aldeia global" sofre com uma análise mais apurada, porquanto poderá ser considerada tal aldeia, se fixarmos alguns centros do mundo civilizado (metrópoles conhecidas — nos EUA, Inglaterra, Japão, China) e todas as demais cidades e territórios como periferias desta "aldeia global". O mercado mundial não torna o planeta mais homogêneo, mas sim, aprofunda as diferenças locais. E, "a globalização é, de certa forma, o ápice do processo de internacionalização do mundo capitalista".

Na verdade, embora a tecnologia, por meio dos computadores e celulares, tenha aproximado as informações e desencadeado movimentos e percepções globalizadas, principalmente para as classes dominantes, permanecendo a grande maioria da população, em determinado território, e no mundo, apenas seguindo automaticamente as grandes linhas de costumes — que se tornaram universais — na vestimenta, nos interesses imediatos, na busca do sucesso, nos gostos alimentares e nos das bebidas, e nos julgamentos individuais do que se considera certo ou errado, moral ou imoral nos relacionamentos. É uma forma de dominação mais eficaz e deletéria do que as armas no mundo pré-final do século XX. A informação produz conhecimento instantâneo do que se passa no mundo, pelos olhos interpretativos da hermenêutica oficial, dos interesses globais, que provocam crises estruturais e permanentes, porque, para elas, não há soluções globalizadas: crises institucionais, sociais, econômicas, que têm — quando têm — respostas imediatas, locais e precárias.

Diz Milton Santos: "Há um verdadeiro retrocesso quanto à noção de bem público e de solidariedade, do qual é emblemático o encolhimento das funções sociais e políticas do Estado com ampliação da pobreza e os crescentes agravos à soberania, enquanto amplia o papel político das empresas na regulação da vida global".

No dizer de Milton Santos, nos últimos cinco séculos, a competitividade tomou lugar da competição.

O aspecto ruim da globalização, tal como posta no mundo de hoje, "mata a noção de solidariedade, devolve o homem à condição primitiva de cada um por si e, como se voltássemos a ser animais da selva, reduz as noções de moralidade pública e particular a um quase nada". "Com a globalização, o que temos é um território nacional da economia internacional."

Findo o bloco socialista e o conflito Leste-Oeste, bem como a queda do muro de Berlim, houve quem entendesse ser o fim da história, como *Francis Fukuyama*, o que não resiste a uma análise lógica.

Os fatos mudaram as perspectivas e agora temos o início de uma nova história, a partir de uma sociedade internacional diversificada em seus países e regiões, um Direito Internacional mais atuante e perspectivas político--econômicas ainda não conhecidas.

Os países casam seus interesses e buscam negociar com outros blocos em igualdade de condições. Atrás desse fato outras possibilidades políticas e institucionais passam a crescer no horizonte que, por ora, tibiamente delineamos, como as comunidades regionais.

O mundo caminha para uma nova conformação de forças: a desintegração do bloco socialista e o enfraquecimento da chamada "guerra fria" e do comunismo, no início da década de 90, o capitalismo domina o mundo, a globalização toma conta do cenário e o regionalismo ascende gerando nova ordem no mundo.

O certo é que o processo de integração nos leva ao Mercosul e à União Europeia, entre os muitos exemplos que poderíamos mencionar, como algumas associações que foram mencionadas no capítulo anterior.

Nos dois casos citados, temos escalas diversas de integração. Na Europa, já se fala há algum tempo em "Direito Comunitário", que se separa da integração pura e simples, porque esta última supõe um desenvolvimento e aperfeiçoamento econômico da região e é um caminho de transitoriedade para a integração maior, a do Direito Comunitário mencionado, quando este é o objetivo, como na consecução de um mercado comum ou de uma união econômica e monetária ou quiçá numa união política. O "Direito Comunitário ou o Direito Supranacional" cuida exatamente de fase mais aperfeiçoada da integração porque não está preocupado apenas com a integração econômica, mas com a integração política e jurídica, já que a integração regional chega a uma intensidade mais acentuada.

Antonio Rodrigues de Freitas Jr., por fim, faz um estudo comparativo entre a integração regional e globalização, diferenciando o que ele chama de: integração regional; globalização geral; globalização econômica; e globalização jurídico-política, na seguinte forma:

> Integração regional — a estratégia política induzida pelos agentes econômicos e implementada por intermédio do Estado, por via de compromissos internacionais e supranacionais, geradora de unificações aduaneiras, mercados comuns ou uniões econômicas.
>
> Globalização geral — fenômeno social, consistente na aproximação de distâncias geográficas e na homogeneização das expectativas de consumo, de imaginários culturais e de práticas políticas, decorrentes da globalização econômica.
>
> Globalização econômica — é a internacionalização dos mercados de bens, serviços e créditos, induzida pela redução de tarifas de exportação, de obstáculos aduaneiros e pela padronização das operações mercantis, resultando na fragmentação e na dispersão internacional das etapas do processo produtivo.
>
> Globalização jurídico-política — é o deslocamento da capacidade de formulação, de definição e de execução de políticas públicas, antes radicada no Estado-Nação, para arenas transnacionais ou supranacionais, decorrente da globalização econômica e de seus efeitos sobre o alcance do poder soberano(159).

2. Interdependência

Os modelos de cooperação econômica percorrem várias fases ao longo do tempo e os Estados vão se adaptando àquilo que se propuseram.

Cada degrau ou fase conseguida representa para os Estados da região uma conquista de solidariedade, mas, talvez, uma perda ou uma renúncia crescente de algumas competências inerentes à sua soberania. Passam da soberania absoluta à soberania relativa ou, como preferem alguns, mudando a visão do fenômeno, concedem soberanamente perder um pouco de poderes específicos em prol da integração comunitária.

---

(159) FREITAS JR., Antonio Rodrigues de. *Globalização, Mercosul e crise do Estado--nação*, p. 73.

Sem dúvida, é um progresso e um novo fenômeno que o mundo moderno oferece aos olhos de todos os estudiosos.

3. Fases da integração

São fases da integração: zona de livre comércio; união aduaneira; mercado comum; e união econômica e monetária. Acrescentamos, ainda, a união política, como uma possibilidade teórica que só poderia ser alcançada dentro de uma liberdade de associação econômica após as demais fases.

3.1. Zona de livre comércio

É o primeiro passo. Reduzem-se os encargos, equalizando o regime tributário de cada país, usualmente na tarifa zero, sendo que ao final da implantação devem circular todos os produtos sem gravames aduaneiros, quando produzidos e consumidos no território das nações envolvidas.

Veio conceituada no art. XXVI do GATT (*General Agreement on Tariffs and Trade*), que autorizava tal zona: "(...) se entenderá por zona de livre comércio, um grupo de dois ou mais territórios aduaneiros entre os quais se eliminam os direitos de aduana e as demais regulamentações comerciais restritivas (...) com respeito ao essencial dos intercâmbios comerciais dos produtos originários dos territórios constitutivos de dita zona de livre comércio".

Em sua grande maioria, os blocos econômicos caracterizam-se por estarem nessa fase ou por terem optado em ficar nesse modelo de integração.

3.2. União aduaneira

É o passo seguinte, porque mantém a zona de livre comércio e resolve a relação com terceiros países, isto é, aqueles que estão fora do bloco.

O art. XXIV do GATT diz: "(...) se entenderá por território aduaneiro todo território que aplique uma tarifa distinta ou outras regulamentações a uma parte substancial de seu comércio com os demais territórios".

Cria-se com a União aduaneira a TEC, isto é, uma Tarifa Externa Comum, para a negociação com os demais países. O Mercosul está na fase da União Aduaneira, enquanto a Europa já está entrando na fase da União Econômica e Monetária.

3.3. Mercado comum

É um aperfeiçoamento das etapas anteriores que consagra, por assim dizer, a derrubada das fronteiras com as cinco liberdades básicas: livre circulação de bens, livre circulação de pessoas, livre prestação de serviços, liberdade de capitais e a liberdade de concorrência.

Livre circulação de bens

É a abertura de fronteiras externas quanto às barreiras alfandegárias, para que os produtos possam circular de forma livre entre Estados.

Livre circulação de pessoas

É essencial para que o mercado comum aconteça que não só os bens circulem, mas que também o façam os cidadãos de cada Estado, livres de regras impeditivas.

Livre prestação de serviços

Decorre naturalmente das liberdades anteriores, como a possibilidade de desenvolver o trabalho em qualquer local na região comunitária, fora do Estado de origem, sendo o trabalho subordinado ou não.

Liberdade de capitais

Dá plenitude à liberdade de comércio, sendo que qualquer operação relativa à importação-exportação, investimento, etc., implique a disponibilidade dos meios de pagamento. A unificação da moeda pode propiciar o exercício pleno dessa liberdade.

Liberdade de concorrência

É o mecanismo de base da economia de mercado, ensejando que a relação de consumo possa ser exercitada com serviços de qualidade, preços mais baixos, numa disputa sadia de mercado. Regras que sejam as mesmas para as empresas e empresários.

3.4. União econômica e monetária

Ocorre quando se agrega ao mercado comum toda coordenação dos setores da economia, como moeda comum, contábil ou escritural e posteriormente a de circulação, com uma estratégia cambial unificada, desaguando no social e no político e ainda em etapa posterior com o aperfeiçoamento das instituições comuns.

O sistema financeiro passa a ter um único planejamento, um único banco central, agregando o conjunto dos bancos centrais dos diversos países.

3.5. União política

Finalmente, acrescentamos a "união política", como um exercício de imaginação, porque não faz parte do caminho comum da integração, mas poderia ocorrer, havendo uma só representação política ou uma espécie de confederação, seria a possibilidade última e final da comunidade com a integração total e completa.

4. Direito comunitário

Entendemos o direito comunitário como um aperfeiçoamento da integração econômica. Tal integração abrange de forma específica as duas primeiras fases da integração: a Zona de Livre Comércio e a União Aduaneira.

A partir do mercado comum, a preocupação do bloco não é somente a integração econômica, mas uma integração maior, como vimos, abrangendo múltiplos aspectos: social, político, jurídico, econômico.

Vamos lembrar que as cinco liberdades é que marcam o bloco, que deixa de ser econômico para uma realidade maior simbolizada pela quebra das fronteiras.

A liberdade de circulação das pessoas é a mais importante, porque condiciona as demais; a circulação de trabalhadores, serviços dos capitais, bens e concorrência.

Há, pois, no bloco comunitário um mecanismo para sustentar a vitalidade de suas regras, que na União Europeia vem informado pela supranacionalidade. Isto é, a criação de órgãos comuns dos países que compõem a comunidade, dos quais emanam regras que devem ser seguidas.

Fundamental o papel dos princípios comunitários, que são as regras básicas das quais emanam as demais, e que vitalizam o bloco regional. Mais uma vez o melhor exemplo é a União Europeia, na qual pode-se perceber, efetivamente, a atuação de tais princípios. Podemos destacar os seguintes, colecionados por *José Souto Maior Borges*:

1. Princípio da Subsidiariedade — dá relevância aos Estados, porque a Europa comunitária concretiza-se na união dos Estados, mas não no sacrifício de suas identidades, devendo a comunidade atuar subsidiariamente ao Direito intraestadual;

2. Princípio da Competência por Atribuição — a comunidade só deve exercer suas funções nos limites de suas atribuições, conforme instituídas pelos tratados;

3. Princípio da Proporcionalidade — segundo o qual a comunidade não deve ultrapassar os meios necessários para alcançar o seu objetivo;

4. Princípio da Coesão — que visa à coesão econômica e social na área comunitária;

5. Princípio da Lealdade — pelo qual os Estados-membros da comunidade devem observar a boa-fé diante dos compromissos assumidos;

6. Princípio da Igualdade — as relações entre as pessoas jurídicas de Direito Público e de Direito Privado e entre umas e outras devem pactuar-se pela igualdade. A busca é da integração cada vez maior, e não da dicotomia entre o Direito comunitário e os Direitos nacionais, embora os Estados-membros conservem sua personalidade jurídica internacional;

7. Princípio da Democracia — reforça o caráter democrático das instituições (Tratado de Maastricht, art. 1º). Decisões tomadas com abertura e divulgação, para que os cidadãos europeus possam delas ter consciência;

8. Princípio da Supranacionalidade — concretiza o primado do Direito comunitário sobre o direito interno. Acreditamos, ao contrário de outros, que o Mercosul somente viabilizaria a consecução de seu objetivo (Mercado Comum) se o direito do Mercosul prevalecesse sobre o Direito dos Estados partes;

9. Princípio da Preservação do Acervo Comunitário — mantém os tratados (conquistas) em vigor, mesmo para os novos Estados que ingressarem na comunidade(160).

QUADRO SINÓTICO

GLOBALIZAÇÃO {
- Econômica (uma mesma realidade econômica)
- Total — econômica, social, cultural, etc.

REGIONALIZAÇÃO {
- Caminho para a globalização
- ou Reação à globalização

(160) BORGES, José Jorge Souto Maior. *Curso de direito comunitário*. São Paulo: Saraiva, 2005. p. 347-379.

FASES DA INTEGRAÇÃO REGIONAL

- — Zona de Livre Comércio — ZLC
- — União Aduaneira — UA
- — Mercado Comum — MC
- — União Econômica e Monetária — UEM
- — União Política — UP

PRINCÍPIOS DO DIREITO COMUNITÁRIO

- — Da subsidiariedade
- — Da competência por atribuição
- — Da proporcionalidade
- — Da coesão
- — Da lealdade
- — Da igualdade
- — Da democracia
- — Da supranacionalidade
- — Da preservação do acervo comunitário

CAPÍTULO XIV

A UNIÃO EUROPEIA. ASPECTOS GERAIS

1. Esboço histórico. 2. Realizações. 3. União Europeia. 4. Estrutura jurídica: 4.1. Comissão Europeia; 4.2. Conselho de Ministros; 4.3. Tribunal de Justiça; 4.4. Parlamento Europeu; 4.5. Comitê Econômico e Social e Comitê Consultivo da CECA; 4.6. Tribunal de Contas. 5. Finalidade das instituições; 5.1. Atos comunitários; 5.2. Outras considerações. Quadro sinótico.

1. Esboço histórico

A civilização europeia, berço do mundo moderno, é o resultado, como já se disse, das instituições jurídicas e sociais romanas, do espólio helênico e do ideário judaico-cristão.

João Ameal cita, na *História da Europa — XXIV*, frase de *Didier Lazrd,* in *L'Occident — quel Occident*, que aqui se reproduz: "Hoje, as três correntes estão mais visíveis do que nunca: o nosso individualismo radical é ateniense; as nossas leis e as nossas instituições impregnadas de espírito aristocrático são romanas; a nossa paixão da justiça social é cristã."

Apesar de suas diferenças, os diversos povos europeus, ou por tendência natural ou por veleidade dos conquistadores da época, sempre tentaram a unificação.

Primeiro foi Roma, depois o Cristianismo, por intermédio do Papa, tentando impor uma unidade espiritual e política. *Carlos Magno* surge nesse cenário e também as Cruzadas, como objetivo comum aos povos estabelecidos na região.

Napoleão e *Hitler* tentaram conquistá-la pela força; mas, nos tempos modernos ela se une pela necessidade e pelo bom senso.

A transformação que ocorreu na Europa é consequência de fatores históricos e da escolha natural pelo diálogo entre os povos, com base no desenvolvimento, além de conjunturas políticas e um certo receio de ver sua unidade territorial quebrada pelo domínio de países estranhos, como o expansionismo russo do pós-guerra.

A análise política e histórica é necessária como pré-conhecimento das instituições que o Direito cria, principalmente o Direito Internacional. Interessa-nos o fenômeno jurídico que é a Comunidade Europeia, consagrando o devaneio Hugoniano: "No século XX haverá uma nação extraordinária ... esta Nação terá por capital Paris, mas não se chamará França — chamar-se-á Europa".

Premonitório o discurso de *Churchill* na Universidade de Zurique, em 19.9.1946: "Eu pretendo falar-vos hoje da Europa ... Se a Europa se unisse um dia para partilhar a sua herança comum, não haveria limites à felicidade, à prosperidade e à glória de que poderia gozar a sua população de 300 ou 400 milhões de almas".

O Tratado de Roma de 1957 veio consagrar essas palavras. É, em nosso entender, talvez um dos fatos jurídicos mais importantes deste século e vem demonstrar que o Direito Internacional, como sistema, é possível desde que a cooperação supere o conceito de soberania.

A necessidade de defesa ditou as regras iniciais, com o Tratado de Bruxelas, de 1948, que instituiu uma organização composta da Grã-Bretanha, França, Bélgica, Holanda e Luxemburgo, e que mais tarde tornar-se-ia a União da Europa Ocidental — UEO —, comportando o compromisso de assistência automática em caso de agressão armada na Europa.

Depois de receber ajuda americana, foi realizado o Tratado do Atlântico Norte — OTAN —, em 4.4.1949. Paralelamente, e a partir daí, foram surgindo, no campo econômico e político, vários acordos, como o da Organização Europeia de Cooperação Econômica — OECE, em 15.4.1948, a substituição desta pela OCDE — Organização de Cooperação e Desenvolvimento Econômico, em 14.12.1968. Em 5.5.1949, foi criado o Conselho da Europa, com sede em Estrasburgo, tendo por Estados componentes: França, Grã-Bretanha, Bélgica, Holanda, Luxemburgo, Irlanda, Itália, Dinamarca, Suécia e Noruega.

Seu objetivo era a "união mais estreita entre os membros, a fim de salvaguardar e promover os ideais e princípios que são seu patrimônio comum e de favorecer o respectivo progresso econômico e social" (art. 1º da Convenção de Londres).

Em 18.4.1951, veio a Comunidade Europeia do Carvão e do Aço — CECA —, pelo Tratado de Paris, entrando em vigor em 1952. Elegeu-se o setor siderúrgico para o início do processo de integração política.

Essa Comunidade foi o passo mais significativo para a Comunidade Europeia, porque os Estados iam abdicando de parte de sua soberania para a instituição comunitária e criando bases comuns de desenvolvimento para diversos setores econômicos, além de contribuir para o aumento do emprego e do nível de vida, com um mercado comum.

Essa instituição fundiu-se com a Comunidade Econômica Europeia, apresentando por escopo um exército europeu subordinado à OTAN. Nasceu a CED — Comunidade Europeia Ocidental, em 1954, que, após a queda do Muro de Berlim e a desintegração do bloco soviético, voltou a ser repensada.

Temos, finalmente, a EURATOM (CEEA), Comunidade Europeia de Energia Atômica, 1957, que, juntamente com a CEE, tem por finalidade o desenvolvimento da indústria nuclear.

Três organizações, portanto, compõem a Comunidade Europeia na sua gestação histórica — CECA, CEE e CEEA —, cada uma com objetivos e instituições delineadas, que se fundiram em 1965 pelo Tratado de Bruxelas, que instituiu um Conselho Único e uma Comissão Única das Comunidades.

Importante, ainda, o Ato Único Europeu, que entrou em vigor em 1.7.1987, procedendo à revisão dos três tratados comunitários, e tratou das questões do mercado interno e política comum, estabelecendo progressivamente o referido mercado, com o término programado para 31.12.1992.

Acrescente-se o Tratado de Maastricht de 7.2.1992 (Tratado da União Europeia), que consolidou os Espaços Comunitários e a Política Externa de Segurança Comum (PESC) entre outros pontos; o Tratado de Amsterdã de 18.6.1997, que modifica o Tratado da União; o Tratado de Nice, de 26.2.2001, que contém versões consolidadas do Tratado da União e dos Tratados Constitutivos.

Em 12.2001, encomendou-se um Projeto de Constituição para a Europa que foi aprovado em Roma em 29.10.2004, dando início a um longo processo de ratificação pelos membros da União.

Há ainda o Tratado de Lisboa de 1.12.2009 que confere à U.E. instituições modernas, altera os Tratados da União Europeia e da Comunidade Europeia, dá maior participação dos parlamentos nacionais, maior relevância aos cidadãos, maior eficiência no processo de tomada de decisões, cria a função de presidente do Conselho, dá mais poderes aos cidadãos, reforça as liberdades política, econômica e social e toma providências para maior transparência e representatividade da U.E.

O Reino Unido, por votação de seus cidadãos em 23.6.2015, resolveu sair da União Europeia (Brexit — formado pela união de *Britain*/Grã-Bretanha e *exit*/saída) o que produzirá incontáveis consequências comerciais e políticas, entendendo-se a saída demorará ao longo de um período de dois anos (art. 50 do Tratado de Lisboa). Na verdade, ainda, continuará mantendo relações com os demais países da Europa, perdendo acesso ao mercado único. A teoria da matéria conferida neste Capítulo é esta, e o desmembramento de um co-partícipe dessa União provoca e provocará certamente muitas mudanças no relacionamento, mas enquanto existir o bloco, e tudo faz crer que continuará, as regras são as atualmente postas.

Com isso, o Reino Unido deixará de fazer parte dos tratados que a União Europeia celebra e terá outros efeitos nos seus relacionamentos internacionais, que não passam por um rompimento com os demais países, e sim com novos interesses, ora priorizados pelos seus cidadãos.

É fato que o Reino Unido perderá acesso ao mercado único. Sem impostos nem tarifas comerciais o quadro dos relacionamentos ficará mais difícil, uma vez que esta é a base da economia europeia. Tal referendo (Brexit) poderá desestimular o bloco e/ou influenciar outros países.

A verdade é que a saída da União Europeia, a ser efetivada, é possível de ser compreendida juridicamente, mas as repercussões políticas, sociais e econômicas contribuem para as incertezas que grassam no Reino Unido, além do que há países, pertencentes ao grupo inglês, que não parecem querer sair do bloco.

2. Realizações

O mercado interno vem ali conceituado como um espaço sem fronteiras, com livre circulação de mercadorias, pessoas, serviços e capitais.

A Comunidade Europeia é produto de longa evolução, legitimidade que nem sempre as criações normativas internas possuem. Começou com Alemanha, França, Itália, Países Baixos, Bélgica e Luxemburgo, obtendo em 1972 a adesão do Reino Unido, Dinamarca e Irlanda — Tratado de Adesão de Egmont. Em 1979, aderiu a Grécia, e em 1985, Portugal e Espanha. Em janeiro de 1995, aderiram a Áustria, Finlândia e Suécia, num total de quinze países.

Em 1º.5.2004, entraram os seguintes países: Chipre, Eslováquia, Eslovênia, Estônia, Hungria, Letônia, Lituânia, Malta, Polônia e República Checa.

Em 2007 entraram para a União Europeia a Bulgária e a Romênia. São candidatos a entrar para o bloco a Macedônia, a Croácia e a Turquia.

É uma realidade que passou a desempenhar o papel de grande potência econômica com a previsão de 499,7 milhões de habitantes para janeiro de 2009 com a unificação alemã, liderando o comércio internacional.

Algumas realizações já ocorreram, a saber: a) livre circulação dos trabalhadores, conseguida em 1968; b) direitos dos trabalhadores e família de entrar e permanecer em outro Estado membro; c) mobilidade profissional; d) acesso à reconversão profissional, subsídio de instalação em novo emprego, mantendo o nível de remuneração quando o emprego for reduzido ou suspenso — desde 1960; e) igualdade na remuneração, acesso ao emprego e formação entre homens e mulheres, em 1975; f) segurança e ambiente de trabalho, em 1978; g) ampliação do papel do CES — Conselho Econômico e Social, como instituição comunitária, no seu caráter consultivo.

Observe-se que a preocupação é grande com o tema social, sendo que, desde 1985, o CES, juntamente com outros órgãos, vem desenvolvendo grandes esforços para dar contorno ao chamado "espaço social europeu", compreendendo três espaços básicos: o do emprego, o da mobilidade e o da solidariedade (obtenção de recursos).

É preciso dizer que tais espaços, principalmente no que concerne aos dois primeiros, importam a extinção de toda distinção em relação à nacionalidade, o que já vem assegurado no Tratado de Roma:

> Art. 48-1. A livre circulação dos trabalhadores deve ficar assegurada, na Comunidade, o mais tardar no termo do período de transição.
>
> 2. A livre circulação dos trabalhadores implica a abolição de toda e qualquer discriminação em razão da nacionalidade entre trabalhadores dos Estados-membros no que diz respeito ao emprego, à remuneração e demais condições de trabalho.

A livre circulação afeta mais ou menos 5 milhões de pessoas residentes fora de seus Estados e oito milhões de imigrantes de países fora da comunidade[(161)].

O espaço solidário é baseado na coesão econômica e social, com três fundos específicos, o social, o de orientação à agricultura e o de desenvolvimento, que obtêm seus recursos do orçamento da Comunidade, em que com maior fatia colaboram os Estados mais desenvolvidos.

Vera Thorstensen menciona ações que têm por alvo populações mais vulneráveis e desfavorecidas, como os jovens, porque o desemprego entre eles, considerados estes os menores de 25 anos, atinge 30% ou mais, as mulheres, porque o número de desempregadas é superior ao dos homens, e os deficientes, estimados em trinta milhões de cidadãos, além da pobreza em geral[(162)].

Cremos que essa preocupação ainda é uma realidade, no ano 2000 e na Europa atual.

Ainda sob o aspecto social, em 1985 foi adotada a Carta dos Direitos Fundamentais dos Trabalhadores, consubstanciando os direitos mencionados e fixando outros.

Deve-se à iniciativa do Presidente Mitterrand, que, após duras negociações, conseguiu a assinatura de onze Estados, menos da Inglaterra.

---

(161) THORSTENSEN, Vera. *Tudo sobre a comunidade europeia*, p. 156: "Ponto básico foi a aprovação da diretiva de um sistema geral de reconhecimento de diplomas de ensino superior para fins profissionais, através da comparabilidade da formação em substituição à harmonização total tentada anteriormente. As ações desenvolvidas incluem uma série de programas de intercâmbio e de cooperação em formação, como: COMETT e II — *Community Programme in Education* (...); ERASMUS — *European Community Action Scheme for the Mobility of University Studies* (...); YEAS — *Youth for Europe*".

(162) THORSTENSEN, Vera. Ob. cit., p. 157.

Doze direitos básicos foram ali estabelecidos: 1) liberdade de movimento; 2) remuneração justa; 3) melhoria de vida e condições de trabalho; 4) proteção legal; 5) liberdade de associação; 6) treinamento; 7) tratamento igual entre homens e mulheres; 8) participação na vida da empresa; 9) proteção à saúde e segurança no trabalho; 10) renda na aposentadoria; 11) proteção às crianças; e 12) integração dos deficientes.

Em 1990, foi elaborado mais um programa de ação, que se resume na organização de horário de trabalho, na participação dos trabalhadores e empregadores dentro do contexto de maior mobilidade na saúde, na segurança, no trabalho e no diálogo social com bases permanentes.

A questão do "mercado comum de trabalho" teve o pioneirismo não da Comunidade Europeia, mas do Conselho Nórdico de 1954, formado pela Dinamarca, Finlândia, Islândia, Noruega e Suécia, em virtude do qual os trabalhadores oriundos dos Estados que firmaram a respectiva convenção regional adquiriram o direito de trabalhar, com ressalva de alguns serviços, em qualquer dos membros dos mencionados países.

Tem-se, como se observa, que, apesar das dificuldades para a união completa no campo econômico e político, a dimensão social é a área mais sensível, atuando o Direito Internacional do Trabalho, sob pena de a comunidade não realizar seus propósitos.

A massa de trabalhadores que se movimenta no território europeu, se contrariada, desestabilizaria qualquer tratado ou elaboração geniosa de programa econômico e político.

Sem que se observe com clareza o fator "trabalho", regulamentando-o e o considerando juntamente com os fatores econômicos, as comunidades não saem do papel.

De novo citamos *Thorstensen*, que, com muita acuidade, observa: "A dimensão social é considerada como uma das áreas mais frágeis da CE. Muitos críticos alegam que a construção do Mercado Interno de 1992, que já pode ser considerado um sucesso econômico, pode se converter em um fracasso social".(163)

Uma política administrativa, constitucional, tributária e até criminal tem de, necessariamente, passar pelo enfoque social.

Nem se deve pôr alguma ênfase na separação entre nacionais e estrangeiros, já que o tratado que introduz uma comunidade terá de visar à livre circulação.

Segundo *Alonso Olea*, no livro *Derecho del Trabajo*, nas palavras de *Süssekind:* "O principal objetivo da Comunidade Econômica Europeia não é

---

(163) THORSTENSEN, Vera. *Tudo sobre a comunidade europeia*, p. 152.

gerar um direito comum, mas impedir que qualquer de seus membros discrimine na aplicação de suas próprias normas contra o trabalhador estrangeiro procedente de outro país na Comunidade, buscando a equiparação no máximo com o trabalhador nacional (*Lyon-Caen* e *Giugni*), ainda que possa pensar que a largo tempo se chegue a uma igualdade de direitos".[(164)]

A lição mais importante que se extrai da experiência vivida pela Comunidade Europeia, no campo do trabalho, conforme *Süssekind*, na mesma obra citada, é que as diferenças entre países-membros, quanto às normas sociais, não constituem obstáculos intransponíveis ao rápido progresso e integração da Comunidade.

O progresso das comunidades só pode ser iniciado a partir da integração social. Quando o homem se adapta, é sinal de que a sociedade cumpriu seu papel.

Jorge de Jesus Ferreira Alves, docente da Universidade Portucalense, assevera: "Seria irreal pretender construir um mercado comum, e isto para falar apenas na integração europeia no plano econômico, se só houvesse liberdade de circulação de mercadorias sem liberdade de circulação de pessoas".[(165)]

As liberdades de circulação de pessoas, serviços e de capitais devem estar intimamente relacionadas[(166)], só havendo restrições por motivo de ordem pública no que concerne à segurança e à proteção da vida.

A busca é da harmonização nas legislações dos diversos Estados, e não da sua uniformização, pelo menos num primeiro momento.

No caso da Comunidade Europeia ou, mesmo, do Mercosul, a preocupação é com a adaptação das normas sociais às peculiaridades de cada Estado-membro, para que diferenças gritantes não ocorram entre um e outro país, a ponto de provocar grave comprometimento do equilíbrio regional.

Nos arts. 48 a 51 do Tratado de Roma essa adaptação vem prevista e os regulamentos posteriores foram tornando realidade as medidas enunciadas, que são: a) proibição de novas restrições; b) adoção de programas gerais; c) supressão das restrições e realização progressiva das liberdades; d) coordenação das diversas legislações nacionais mediante adoção de diretivas;

---

(164) SÜSSEKIND, Arnaldo. *Direito internacional do trabalho*, p. 293.

(165) *Os advogados na Comunidade Europeia*, p. 17: "Várias são as etapas da integração; por ordem crescente, são: a zona de comércio livre, a união aduaneira, o mercado comum, a união econômica e monetária e a união política (...). O Mercado Comum já é mais que uma união aduaneira. Na primeira apenas existe livre circulação de produtos. No Mercado Comum, além disso, existe também a livre circulação de fatores produtivos: liberdade de circulação de pessoas e de capitais. O Mercado Comum implica a adoção de políticas comuns, a coordenação ou harmonização da legislação fiscal, das sociedades etc.".

(166) *Ibidem*, p. 18.

e) garantia da equivalência de certos títulos probatórios; e f) reconhecimento mútuo dos diplomas, certificados e outros títulos. Tudo informado pelo princípio maior da não discriminação.

Com isso se quer dizer, também, que os Estados-membros não podem impedir a transferência de divisas para efeito de pagamento das prestações de serviços, mas podem e devem ter o controle, para evitar a transferência de capitais não autorizados, conforme fase de transição.

Tudo depende de um pacto social reunindo os Estados, trabalhadores e empresas para enfrentarem as novas questões que surgirem, nesse sentido, para o equilíbrio do desenvolvimento econômico das sociedades nacionais.

A distinção que se faz em torno da mão de obra, conforme se depreende do Tratado, é a de que há três classes de estrangeiros: a) os cidadãos comunitários, nacionais de outro Estado-membro; b) os cidadãos de terceiros Estados; e c) os refugiados e apátridas.

O requisito da cidadania de um Estado-membro só é exigido aos prestadores de serviços, e não para os beneficiários. A livre circulação impõe que aquele que presta serviços e aquele que recebe o serviço prestado sejam de países diferentes.

O Direito Comunitário, para o trabalhador nacional do Estado ao qual empresta a sua energia de trabalho e para o empregador ou destinatário também aí nacional, não se aplica, e sim o Direito Interno, enquanto não se chegar à unidade total e completa: o Estado Europeu ou uma Federação ou Confederação.

De certa forma é o que acontece, hoje, com a União Europeia. Iniciada como uma forma de integração econômica da Europa, avançou tanto na direção da supranacionalização de suas decisões que muitos autores já veem nela uma verdadeira Federação.

3. União Europeia

Por fim, em meio a tantas lições que a Comunidade Europeia nos dá, a fundamental e da qual dependem todas as outras, como já falamos, é a da soberania relativa de seus membros. Premissa maior para a subsistência do Direito Comunitário e Internacional.

O Tratado da União Europeia, assinado em 7.2.1992, na cidade de Maastricht, implementou a União Europeia, de forma sucessiva, com sua efetivação a partir de 10.11.1993.

O propósito é alcançar a união econômica e monetária, também em relação à moeda única, o ECU — *European Currency Unit.* É o ECU uma cesta de moedas dos Estados-membros, emitidas pelo Fundo Europeu de Cooperação Monetária — FECOM —, contra depósitos dos Estados-

-membros em ouro e em dólares. Tal moeda é usada como unidade de conta para fazer o orçamento de todas as despesas e receitas.

Já em 1995, o nome aceito, em definitivo, foi "EURO", introduzido oficialmente em 1º.1.1999, de início circulando somente em transações bancárias, com a possibilidade de que a circulação viesse a ser comum nas demais áreas do comércio e da vida social, o que acabou acontecendo.

A implantação do "EURO" foi realizada em duas etapas: até dezembro de 2001 poderia o mesmo ser substituído por moedas nacionais dos países participantes do novo sistema monetário conforme taxa de conversão fixada pelo Conselho da União Europeia. A partir de janeiro de 2002 todas as operações passaram a ser convertidas automaticamente em EURO, ainda que negociadas na moeda nacional de um dos países, obedecendo as taxas de conversão, com o início de circulação do papel-moeda e desaparecimento das moedas nacionais, exceção da Grã-Bretanha.

Este último é apenas um dos aspectos da União, que já tem objetivos bem definidos:

> "• promoção de progresso econômico e social equilibrado e sustentável, mediante a criação de espaço sem fronteiras internas, o reforço da coesão econômica e social e o estabelecimento de união econômica e monetária, que incluirá, a seu tempo, a adoção de moeda única, de acordo com as disposições do Tratado;
>
> • afirmação de identidade comunitária no cenário internacional, por meio da execução de política externa e de segurança comuns, incluindo a definição, a seu tempo, de política de defesa comum;
>
> • reforço da defesa dos direitos e dos interesses dos nacionais dos Estados-membros, mediação e instituição de cidadania da União;
>
> • desenvolvimento de estreita cooperação nos campos da justiça e dos assuntos internos;
>
> • manutenção da integralidade do acervo comunitário e seus desenvolvimentos, expressos nas políticas e formas de cooperação institucional."

O euro é a moeda que está circulando nos seguintes países: Alemanha, Áustria, Bélgica, Chipre, Eslovênia, Eslováquia, Estônia, Espanha, Finlândia, França, Grécia, Irlanda, Itália, Luxemburgo, Malta, Países Baixos, Portugal. Ainda não circula na Bulgária (a moeda é o LEV), na Dinamarca (a moeda é a Coroa Dinamarquesa), na Hungria (a moeda é o Forint), na Letônia (a moeda é o Lats), na Lituânia (a moeda é o Litas), na Polônia (a moeda é o Zloty), no Reino Unido (a moeda é a Libra Esterlina), na República Checa (a moeda é a Coroa Checa), na Romênia (a moeda é a LEU) e na Suécia (a moeda é a Coroa Sueca).

São candidatos a entrar como membros da EU os seguintes países: Croácia, Islândia, Macedônia, Montenegro, Turquia, Albania, Bósnia e Herzegovina, Sérvia e Kosovo.

Não se pode esquecer que há a Associação Europeia de Livre Comércio, abrangendo a Islândia, Liechtenstein, Noruega e Suíça.

Acrescente-se que tais Estados mantêm relações econômicas e jurídicas com a UE, o que também ocorre com os chamados microestados: Andorra, Mônaco, San Marino e o Vaticano, incluindo o uso do Euro.

Por fim, também não se pode esquecer de um acordo entre os países europeus para a abertura das fronteiras, com membros da EU e com não membros, chamado espaço Schengen, institucionalizado pelo Tratado de Amsterdã, de 1997, e aperfeiçoado pelo Tratado de Lisboa.

Apesar de tudo isso, o bloco regional passa por momentos economicamente difíceis, com notícias diárias nos jornais de enfraquecimento econômico, mas temos certeza serão superados, não cabendo neste curso uma análise da mencionada situação.

4. Estrutura jurídica

A estrutura jurídica da Comunidade Europeia passa por suas instituições, espinha dorsal da Comunidade: 1) a Comissão Europeia; 2) o Conselho de Ministros; 3) o Tribunal de Justiça; 4) o Parlamento Europeu; 5) o Comitê Econômico e Social; e 6) o Tribunal de Contas. As características abaixo são tiradas de uma coleção publicada em conjunto pelo Parlamento Europeu e pela Comissão das Comunidades ("A Europa: Nosso Futuro").

4.1. Comissão Europeia

Composta, pelo menos, por um cidadão de cada país. São os membros designados de comum acordo pelos países da Comunidade para um período de quatro anos.

Tem os seguintes objetivos: a) garantir o respeito das regras comunitárias; b) garantir o respeito dos princípios do mercado comum; c) velar pela aplicação correta das disposições dos tratados e das decisões das instituições comunitárias; d) pronunciar-se sobre pedidos de salvaguardas que permitam a não observância transitória dos tratados; e) tem o poder de inquérito e de infligir multas aos particulares; f) propor ao Conselho de Ministros todas as medidas consideradas úteis para o desenvolvimento da agricultura, indústria, energia, ambiente, comércio, etc.; g) executar as políticas comunitárias com base nas decisões do Conselho; h) administrar fundos e programas comuns.

A Comissão tem, ainda, competência para formular recomendações e pareceres sobre a matéria prevista nos tratados instituintes da comunidade. Como ela colabora estreitamente com o Conselho, tem-se que este e a Comissão formam uma espécie de órgão "bicéfalo" da comunidade.

Ela está prevista no art. 211 do Tratado da Comunidade Europeia; seus membros não podem exercer qualquer outra atividade, remunerada ou não.

A Comissão está sujeita apenas ao controle do Parlamento Europeu.

4.2. Conselho de Ministros

É composto por ministros de cada Estado-membro, e a presidência é exercida rotativamente por um deles durante seis meses.

O objetivo desse órgão é definir as principais políticas da Comunidade. O Conselho é assistido pelo Comitê dos Representantes Permanentes — COREPER —, que coordena os trabalhos preparatórios das decisões comunitárias, e pelo Secretariado Geral.

Vem o referido Conselho previsto no art. 202 da Comunidade Europeia, cabendo-lhe: a) assegurar a coordenação das políticas econômicas; b) dispor de poder de decisão; c) atribuir a competência de execução das normas que estabelece.

Salvo disposição em contrário, suas decisões são tomadas por maioria de votos. É ao mesmo tempo um órgão comunitário e intergovernamental de cooperação política.

4.3. Tribunal de Justiça

É composto originariamente por quinze juízes (este número tende a modificar-se com o aumento de Estados-membros), assistidos por seis advogados-gerais; tanto os juízes como os advogados são nomeados por seis anos, de comum acordo com os Estados-membros.

O objetivo do Tribunal é o de pronunciar-se, a pedido de um tribunal nacional, sobre a interpretação ou validade das disposições comunitárias. Pode, também, anular, a pedido de uma constituição comunitária, de um Estado membro ou, mesmo, de um particular, em casos específicos, os atos da Comissão, do Conselho de Ministros ou dos governos que sejam incompatíveis com os tratados.

Sua base legal está no art. 220 do Tratado da Comunidade Europeia, para garantir o respeito ao direito na interpretação e aplicação do tratado.

Normalmente, a matéria que chega ao tribunal é submetida previamente à Comissão que fornecerá parecer fundamentado, após a oitiva dos Estados interessados (em conflito). Diante disso, deve a Comissão emitir um parecer no prazo de três meses, a contar da data do pedido. Caso isto não ocorra estará autorizada a interposição de recurso para o Tribunal. Em suas decisões pode o Tribunal de Justiça condenar o membro estadual faltoso a uma pena pecuniária.

Dentre suas competências estão, além daquelas já mencionadas no segundo parágrafo: a) fiscalizar a legalidade dos atos praticados em conjunto pelo Parlamento Europeu e pelo Conselho; b) fiscalizar a legalidade dos atos da comissão; c) fiscalizar a legalidade dos atos do Banco Central Europeu; d) fiscalizar a legalidade dos atos do Parlamento Europeu destinados a produzir efeitos jurídicos em relação a terceiros; e) conhecer dos recursos com fundamento em incompetência, violação de finalidades essenciais, violação dos tratados; f) conhecer de recursos interpostos pelo Parlamento Europeu, pelo Tribunal de Contas e pelo Banco Central; g) conhecer de litígios de reparação de dano; h) decidir sobre litígios entre a comunidade e seus agentes. As pessoas privadas (singular ou jurídica) podem interpor recursos das decisões de que seja destinatária e das decisões que, embora tomadas sob a forma de regulamento ou decisão sobre outra pessoa, lhe digam respeito (terceiro interessado).

O papel do Tribunal de Justiça é jurídico-normativo com funções criadoras do Direito Comunitário e efeito direto das suas normas, refletindo poderes implícitos e com a aplicação dos princípios gerais do Direito. É o Supremo Tribunal da União Europeia. Tem um juiz por Estado-membro assistido por advogados, atualmente em número de oito.

Há, ainda, nos termos do art. 255 da Comunidade a instituição de uma 1ª Instância que tem atribuição para certas ações nas condições estabelecidas pelo seu estatuto, sem prejuízo de recurso para o Tribunal. Entretanto, a interpretação de tratados, validade e interpretação dos atos comunitários e atos praticados pelo Banco Central Europeu, bem como a interpretação dos organismos criados em ato do Conselho e outras são exclusivas do Tribunal de Justiça.

A existência de um sistema jurisdicional é condição essencial de efetividade de uma ordem jurídica, tendo em vista o vasto leque de matérias reguladas pelo Direito Comunitário, como contratos particulares, atos administrativos de autoridades nacionais, que, por vezes, podem violar obrigações comunitárias, o que não se tem incomum, uma vez que, além do sistema jurídico da Europa, existem os órgãos judiciais de cada Estado-membro.

Busca-se a integração de diferentes tradições jurídicas dos Estados-membros. Observe-se que os direitos decorrentes do Direito europeu são acionáveis nos tribunais nacionais através dos meios processuais adequados e não discriminatórios.

Há possibilidade dos Estados autorizarem ações de interesse público, quando as vítimas recorrem aos tribunais, porque desconhecem os seus direitos, por não estarem em condições de suportarem as custas ou por temerem consequências, como a de serem despedidas se apresentarem queixa contra o empregador. Verifica-se que todos os Estados compartilham de alguma modalidade de assistência judiciária e compartilham das despesas do patrocínio judiciário ou designam um advogado para representar o requerente. Também é fato que os Estados encorajam o sistema alternativo de resolução de litígio.

Por fim, a legislação europeia garante a todos os cidadãos o direito de recorrerem aos tribunais ou a um órgão de resolução alternativa O sistema para todas as áreas do sistema jurídico é duplo, porque há o sistema nacional e o sistema supranacional.

Não deve haver qualquer discriminação em razão de raça, sexo, origem étnica, religião, crença, deficiência física ou mental, idade, orientação sexual, com direito de acesso pleno e julgamento público, por tribunal independente e imparcial.

Tem legitimidade processual as associações e as organizações não governamentais, em nome ou em apoio às vítimas, desde que autorizadas por estas. Na Bélgica, Hungria e Irlanda as associações podem intentar ações, mesmo que não seja possível identificar as vítimas.

4.4. Parlamento Europeu

Conta com mais de quinhentos deputados, eleitos por sufrágio universal, para um mandato de cinco anos, como representantes dos povos da comunidade.

Algumas funções podem ser destacadas no Parlamento: função legislativa, função orçamentária, função política e função de controle.

a) Função legislativa — Por essa função, participa na elaboração de diretivas, regulamentos e decisões comunitárias. Pronuncia-se sobre as propostas da Comissão.

Ainda nessa função, o Parlamento deve cooperar com o Conselho e a conclusão dos acordos internacionais, e qualquer novo alargamento da Comunidade deve sujeitar-se à sua ratificação, isto é, seu parecer favorável.

b) Função orçamentária — Essa função também é exercida pelo Conselho. As despesas obrigatórias passam pelo crivo do Conselho, e, as demais, pelo crivo do Parlamento. É o Parlamento que adota o orçamento da Comunidade, tendo o poder de rejeitá-lo.

c) Função política — É no Parlamento que surgem as iniciativas políticas, porque é um órgão que representa todos os cidadãos da Comunidade, tornando-se um foro europeu por excelência. O Parlamento é o campo natural onde as ideias se difundem com maior facilidade.

d) Função de controle — Pode o Parlamento derrubar a Comissão se adotar uma moção de censura por maioria de dois terços. Em relação à Comissão, pode o Parlamento pronunciar-se sobre o programa por ela feito, dirigindo-lhe observações.

Nessa sua função, controla, ainda, o andamento das políticas monetárias com base no relatório do Tribunal de Contas.

O Parlamento deve realizar uma sessão anual, mas pode, também, fazer sessões extraordinárias, a pedido da maioria de seus membros ou a pedido do Conselho ou da Comissão. Delibera por maioria absoluta de votos. Sua base legal está no art. 189 do Tratado de Roma (Tratado da Comunidade).

4.5. Comitê Econômico e Social e Comitê Consultivo da CECA

O Comitê Econômico e Social é órgão consultivo da sociedade, composto de 189 membros. Representa as entidades patronais, os sindicatos operários, bem como outros diversos grupos de interesses. É obrigatoriamente consultado antes da adoção de grande parte das decisões. Emite pareceres. O Comitê Consultivo da CECA é composto de 96 membros, representantes dos produtores, dos trabalhadores e dos consumidores e trata das questões relativas ao carvão e ao aço.

4.6. Tribunal de Contas

Está previsto no art. 246 da Comunidade. É composto de 15 membros nomeados pelo Conselho, após consulta ao Parlamento. Controla toda a atividade financeira da Comunidade.

Dispõe de poderes para fiscalizar a legalidade e a regularidade das receitas e despesas da Comunidade.

Outras instituições funcionam para os fins da Comunidade, como o Conselho da Europa, com chefes de governo reunindo-se pelo menos três vezes por ano, o Comitê das Regiões, que representa as coletividades locais e regionais, e o Banco Europeu de Investimento, que tem por missão contribuir, por meio de financiamentos, para o desenvolvimento equilibrado da Comunidade.

Com o aumento de Estados-membros os números aqui mencionados também sofrem mudanças, em todos os órgãos da comunidade.

5. Finalidade das instituições

As instituições da Comunidade devem ser analisadas pela sua finalidade, pelos seus métodos e pelos seus resultados:

"• pela sua finalidade: construir a prazo uma verdadeira união europeia;

• pelos seus métodos: o funcionamento da Comunidade não é puramente intergovernamental; com efeito, as instituições comunitárias dispõem de poderes próprios e a organização das suas relações tende a fazer prevalecer o interesse geral dos europeus;

• pelos resultados, tendo em vista os atos comunitários praticados, como segue:

Em outubro de 1997 os ministros das Relações Exteriores dos quinze países que compõem a União Europeia assinaram o Tratado de Amsterdã, que modificou o Tratado de Maastricht, estabelecendo novas regras sobre a eliminação de fronteiras, sobre a cooperação mais estreita da polícia e legislação comum no que concerne à concessão de vistos e asilo político, assim como a determinação de uma reunião de cúpula sobre o emprego[(167)]."

5.1. Atos comunitários

É o conjunto de atos jurídicos emanados da comunidade, isto é, produzidos pelos órgãos comunitários. Instituem normas jurídicas: Diretivas — instrumento de coordenação do Direito Interno dos Estados-membros, mediante a definição de obrigações de resultado. Os Estados se obrigam a atingir os objetivos fixados, podendo escolher os meios (discricionariedade). Não são diretamente aplicáveis; Regulamentos — produzem efeitos jurídicos imediatos, tendo força jurídica equiparável à lei no Direito Interno, e são diretamente aplicáveis em todos os Estados com efeito imediato; Decisões jurisprudenciais sobre eventos da comunidade, com aplicação de suas normas e princípios — obedecidas, em vista do caso concreto.

Mais tecnicamente, podemos classificá-los:

1. Atos nominados — são os previstos nos tratados (regulamentos, diretivas, decisões) como os acima apontados;

2. Atos inominados — são as resoluções, acordos, conclusões que os órgãos praticam no desempenho de suas funções. A doutrina denomina-os, com uma certa ironia, creio, *La nébuleuse des actes innominés* (A nebulosa dos atos inominados).

De qualquer modo, os atos comunitários encontram-se numa hierarquia de normas, das quais tiram o fundamento de validade.

Os tratados que instituem o Direito Comunitário estão em posição superior, porque é deles que se originam os demais atos.

Os regulamentos estão abaixo dos tratados, emanados dos órgãos comunitários, em execução dos tratados de base. São obrigatórios e diretamente aplicáveis.

---

(167) Publicado no jornal *O Estado de S. Paulo* de 3.10.1997.

As diretivas vêm logo abaixo porque não têm o conteúdo prefixado e estabelecem o resultado da atividade comunitária, em colaboração com as ordens jurídicas nacionais.

São vinculativos o *regulamento*, a *diretiva* em relação ao Estado-membro e a *decisão* para os destinatários.

Outros atos como recomendações e pareceres, além das resoluções, acordos e conclusões, já mencionados, não têm, em princípio, caráter obrigatório.

5.2. Outras Considerações

A União europeia está bem configurada como unidade regional, e embora não se considere um Estado nem tal pretensão esteja na sua pauta, tem consagrado um dia, como sua data de comemoração, uma bandeira e um hino.

Assim, 9 de maio de 1950 ficou sendo o chamado "Dia da Europa", porque é a data em que foi proposta, por *Robert Schuman*, a criação de uma Europa organizada e que ficou conhecida como "Declaração de Schuman".

A bandeira é representada por um círculo de estrelas douradas sobre o pano de fundo azul, significando a solidariedade entre os povos da Europa. O número de estrelas é no total de doze, porque este número constitui-se no símbolo da perfeição e da unidade.

O hino europeu, adotado em 1985, é extraído da 9ª sinfonia de Ludwig Van Beethoven, composta em 1823, mais precisamente, o último andamento, "Ode à Alegria", desta sinfonia, expressando o ideal de liberdade, paz e solidariedade.

Acresça-se, por curiosidade histórica, que são considerados fundadores da União Europeia Konrad Adenauer (1º chanceler da República Federal Alemã, de 1949 a 1963); Alcide de Gasperi (italiano, 1º ministro e ministro dos Negócios Exteriores, entre 1945 e 1953); Jean Monnet (consultor econômico e político, principal inspirador da "Declaração de Schuman", que conduziu à criação da Comunidade Europeia do Carvão e do Aço. Teve uma frase que ficou célebre e de certa forma representa um marco para a Europa: "Não coligamos Estados, unimos homens". Foi entre 1952 e 1955 1º presidente do órgão executivo da CECA); Robert Schuman (foi ministro dos Negócios estrangeiros da França, entre 1948 e 1952. Elaborou o 'Plano Schuman', declaração, de 9.5.1950, que propôs fossem colocadas em comum, a produção do carvão e do aço. Foi presidente do parlamento Europeu entre 1958 e 1960); e Paul-Henri Spaak (belga, ministro dos Negócios Estrangeiros e 1º ministro. Após a Segunda Guerra Mundial fez campanhas para a unificação da Europa. Foi presidente das Nações Unidas em 1946 e secretário-geral da NATO, entre 1956 e 1961. Foi presidente do grupo de trabalho que elaborou o Tratado de Roma).

Resta dizer que, com a Constituição da Europa, há a criação de um cargo de presidente do bloco, para um período de dois anos e meio e a ampliação das competências do alto representante da política externa europeia. Tal Constituição tem sua entrada em vigor prevista para 2009.

QUADRO SINÓTICO

UNIÃO EUROPEIA

— Tratado de Roma de 1957

Precedentes:
- Tratado de Bruxelas de 1948
- UEO (União da Europa Ocidental)
- OTAN (Tratado do Atlântico Norte)
- OECE (Organização Europeia de Cooperação Econômica)
- CECA (Comunidade Europeia do Carvão e do Aço)
- EURATOM/CEEA (Comunidade Europeia de Energia Atômica)
- CED (Comunidade Europeia Ocidental)
- CEE (Comunidade Econômica Europeia)

Tratados:
- Ato Único Europeu, 1987 (estabeleceu progressivamente o mercado comum)
- Da União de Amsterdã
- De Nice

— integrantes: Alemanha, Áustria, Bélgica, Bulgária, Chipre, Dinamarca, Eslováquia, Eslovênia, Espanha, Estônia, Finlândia, França, Grécia, Hungria, Irlanda, Itália, Letônia, Lituânia, Luxemburgo, Malta, Países Baixos, Polônia, Portugal, Reino Unido, República Checa, Romênia, Suécia.

Características:
- Espaço sem fronteiras, com livre circulação de mercadorias, pessoas, serviços e capitais
- Soberania relativa de seus membros

Propósitos:
- Alcançar a união econômica e monetária
- Moeda única (EURO)

Estrutura jurídica:
- Comissão Europeia
- Conselho de Ministros
- Tribunal de Justiça
- Parlamento Europeu
- Comitê Econômico e Social
- Tribunal de Contas

CAPÍTULO XV

A AMÉRICA LATINA. MERCOSUL

1. Relações internacionais na América Latina. Esboço histórico. 2. Mercosul. Negociação e implantação. 2.1. Instituição. 2.2. Órgãos e funcionamento. 2.3. Mecanismo. 2.4. Relações de trabalho. 2.5. Relações com outras comunidades. 2.6. Ampliação. 2.7. Instrumentos Fundamentais. Quadro sinótico.

1. Relações internacionais na América Latina. Esboço histórico

Em 1493, o *papa Alexandre VI*, na qualidade de autoridade internacional, fixou o meridiano a 100 léguas das Ilhas do Cabo Verde — *Bula Inter Coetera:* as terras a oeste seriam espanholas, e a leste, portuguesas.

Em 1494, o Tratado de Tordesilhas alterou o decreto papal, passando a linha demarcatória de 100 para 370 léguas, o que, na prática, representou ceder o litoral brasileiro aos portugueses.

O novo mundo nasceu, assim, de um Tratado. Entretanto, traumática foi a conquista, embora não se desenvolvesse da mesma forma nas duas Américas — a dos Ingleses e a Latina —, possibilitando, na verdade, a dominação histórica de uma América sobre a outra, o que, de certa forma, até os dias atuais continua, e as relações internacionais entre as Américas ainda se pautam por esse aspecto de submissão e de dominação(168) e — por que não dizer — de eterna tentativa de maior aproximação da América inglesa pelas terras da linha do Equador(169).

---

(168) "(...) enquanto que na América Latina a conquista precedeu a colonização, na América do Norte se deu o oposto. Aqui, um punhado de aventureiros ávidos e corajosos, entre 1519 e 1550, devassou e devastou um Continente, antes que a Metrópole plantasse uma estrutura colonial. Lá, tudo se iniciou com um grupo de pioneiros que, fugindo dos credores e da intolerância religiosa, buscavam uma nova terra e um novo lar. (...) É verdade que o processo de conquista e colonização foi inverso nos dois casos referidos. Há porém, outros fatores em jogo. Em primeiro lugar, na América do Norte não foram encontrados de início ouro e especiarias, o que teria feito integrar-se imediatamente no contexto mercantilista da época. Daí resultou o fato de que lá surgiram colônias de povoamento, ao contrário da América Latina, onde se formaram colônias de exploração. (...) Atualmente, o maior beneficiário da histórica dependência latino-americana são os Estados Unidos da América do Norte." (LOPEZ, Luiz Roberto. *História da América Latina, mercado aberto*, p. 26-28)

(169) Causaram espécie as declarações do Chanceler argentino, Guido Di Tella, dando especial magnitude a um suposto convite para ingressar no NAFTA. Elas parecem confirmar pela primeira vez, de modo tão claro, o desapreço do Governo argentino pelo Mercosul e a prioridade conferida à busca de laços especiais com o Hemisfério Norte, e particularmente com os Estados Unidos (...)

Outro ponto de traumas históricos e políticos foi a própria Europa, como não poderia deixar de ser, nossa descobridora, uma vez que iniciou a ocupação dessas terras apenas e tão somente como fonte de produtos complementares aos necessários à Metrópole.

A África, por sua vez, deu-nos os escravos, o que imprimiu muitas das características, males e riquezas que possuímos[(170)].

De qualquer modo, de há muito se entendeu que a única forma de fazer frente a um mundo cada vez mais interdependente e de se tornarem os latino-americanos parceiros mais confiáveis e prontos a serem ouvidos é pela união de propósitos.

A América Latina, como outras regiões do mundo, mais ou menos identificadas por alguns caracteres comuns ou pela simples vizinhança entre os países, também busca a integração regional, de longa data[(171)].

As rápidas transformações do cenário internacional, a partir do desfazimento da União Soviética, refletem nos países sul-americanos, porque o mundo atual tem um quadro econômico quase único, embora se intensifique a regionalização dos mercados.

Nos anos 60, o florescimento das teses encampadas pela CEPAL[(172)] deu grande impulso à industrialização, para que os países produzissem aquilo que importavam.

---

(170) "O Brasil nasceu sob o signo do arbítrio e foi destinado exclusivamente ao saque de suas riquezas.
Primeiro foi o pau-brasil; e em seguida o do açúcar — o Litoral era o cenário do roubo. Depois de quase meio século de descoberta, vem a nova fase do saque, já interiorizado. Ele começa a ocorrer na região do Rio das Velhas, Minas Gerais, e acaba se estendendo às grandes regiões auríferas de Goiás e de Mato Grosso, já nas fronteiras com a Bolívia.
O homem brasiliano, o dono da terra, vivia da economia natural: a caça, a pesca, a coleta e, por vezes, pratica o escambo. O jesuíta, a título de convertê-lo ao Catolicismo, tentou escravizá-lo. Levou na cabeça. O português, exaurido pela aventura das especiarias, voltou-se para o Brasil. Como a sua mentalidade não era a do trabalhador, mas a do aventureiro, deu início ao ciclo da escravidão, que se prolongou por mais de quatro séculos. O escravo não era um ser humano — era peça, coisa, capital de giro do dono de engenhos. E quando veio a primeira lei antiescravagista — a do Ventre Livre —, trazia o estigma da infâmia: separava os pais dos filhos e/ou os maridos de suas mulheres." (BONFIM, Manoel. *A América Latina, males de origem*, p. 22)
(171) "Karl Deutsch apresenta uma série de condições para o aparecimento do regionalismo e uma integração: a) os países devem ter um código comum para se comunicar; b) a velocidade dos contatos; c) valores básicos compatíveis; d) previsibilidade do comportamento dos demais; e) uma elite que não se sinta ameaçada pela integração (n. 256). Pode-se acrescentar, com *Petersmann*, que 'existe em todos os continentes subdesenvolvidos uma tendência no sentido de uma integração regional refletindo o desenvolvimento de uma economia mundial de internacional para regional'. Pode-se lembrar que as organizações regionais podem ser criadas como uma 'técnica a serviço da hegemonia' (*Remiro Brotons*)." (MELLO, Celso D. de Albuquerque. *Curso de direito internacional público*, v. 1º, p. 570)
(172) CEPAL — órgão técnico-econômico das Nações Unidas destinado a elaborar projetos e organizar fundos, cujo escopo era ensejar o desenvolvimento das nações da América Latina.

Rubens Antônio Machado divide de forma adequada a evolução do processo de integração da América do Sul: uma fase romântica, que se inicia em fins dos anos 50, passa pelos anos 60 e 70 e termina em meados dos anos 80, e a fase pragmática, que começa em 1985 e vem até os nossos dias[173].

Não custa, aqui, resumirmos a lição do embaixador, que acreditamos correta. A fase romântica tem esse nome pelas declarações retóricas de intenções, sem preocupação com a realidade de cada país. É um período caracterizado por grandes linhas políticas de desenvolvimento baseadas no mercado interno e por incipiente abertura das economias para o mercado mundial.

Nessa fase, temos dois tratados, ambos em Montevidéu, o de 1960 (TM-60) e o de 1980 (TM-80). O primeiro criou a ALALC — Associação Latino-Americana de Livre Comércio —, tendo como objetivo a criação de um mercado comum regional a partir da conformação de uma zona de livre comércio, no prazo de doze anos. Sediada em Montevidéu, sobressaíam nessa associação o Brasil e a Argentina, apesar de suas diferenças[174], e o México. E o segundo criou a ALADI — Associação Latino-Americana de Desenvolvimento e Integração, sucessora da ALALC, que, paradoxalmente, coloca a visão comunitária regional em segundo plano e reforça a supremacia dos interesses individuais de cada país-membro.

Muitos fatos ocorreram na vigência desses dois Tratados. A ALALC, formada, de início, por Brasil, Argentina, México, Chile, Paraguai, Peru e Uruguai, não conseguiu superar as dificuldades práticas, ante a natureza multilateral das negociações.

O insucesso fez com que Bolívia, Chile, Colômbia, Equador e Peru constituíssem um subgrupo regional andino, pelo Acordo de Integração Sub-regional de Cartagena de 1969 (Grupo Andino).

Esse pacto pretendeu criar uma união aduaneira e um mercado comum. Em razão da saída do Chile, em 1976, e da instabilidade de seus membros, o Pacto não conseguiu firmar-se.

---

(173) *América Latina em perspectiva:* A integração regional da retórica à realidade, p. 58.

(174) "Enquanto os portenhos, em respeito à força marcante da presença inglesa, italiana e espanhola no seu processo colonizador e migratório, endereçam-se para o relacionamento prevalente e, em certas épocas, quase exclusivo com a Europa, destacando nela os países originários dos emigrantes majoritários (Itália, Espanha e Inglaterra), o Brasil, talvez pela menor dimensão geográfica e, na época, pequena expressão econômica e política de Portugal, seu colonizador, continentalizou o seu projeto. Tratou de criar e, continuamente, reforçar vínculos com os Estados Unidos, a quem, desde o início, elegeu como seu principal mercado consumidor e de onde tratou de centralizar a maciça prevalência de suas importações, particularmente as industriais." (CHIARELLI, Carlos Alberto Gomes e CHIARELLI, Matteo Rota. *Integração:* Direito e dever, Mercosul e mercado comum europeu, p. 87).

Em julho de 1973 foi criada, com igual objetivo, a Comunidade do Caribe — CARICOM —, pelas Repúblicas de Barbados, Guiana, Jamaica e Trinidad e Tobago, pelo Tratado de Chaguaramas. Outros Estados aderiram, como Granada, Dominica, Santa Lúcia, Belize e Antígua.

A ALADI teve de enfrentar a crise do petróleo de 1979, a dívida externa com a moratória mexicana de 1982 e o desequilíbrio da balança comercial de seus membros[(175)].

Os países-membros, com a Rodada Regional de Negociações Comerciais, 1985, procuram novamente o processo de integração, sem êxito, sendo que, em 1987, o Grupo Andino cortou os laços com a ALADI, tornando-se um subgrupo regional.

A fase pragmática iniciou-se com uma política mais realista, contatos pessoais de diplomacia presidencial, o governo brasileiro integrando o Consenso de Cartagena (1984), o Grupo de Apoio de Contadora (1985), transformado no Grupo do Rio (1988).

Em 1986 houve o Programa de Integração e Cooperação Econômica Brasil e Argentina.

Em 1988 foi assinado o Tratado de Integração, Cooperação e Desenvolvimento para um espaço econômico comum entre esses dois países. Em 1990 Argentina e Brasil anteciparam o mercado comum bilateral com a livre circulação de bens e serviços e fatores de produção para dezembro de 1994.

Diante desses fatos, o Uruguai, para não ficar para trás, começou a aproximar-se e se inseriu no novo contexto sub-regional, acontecendo o mesmo, logo depois, com o Paraguai.

Em consequência dessa união de propósitos entre os países acima, diversos outros grupos formaram-se na região, buscando o estabelecimento de Zonas de Livre Comércio — o Mercado Comum do Sul; o da Colômbia, México e Venezuela; acordos bilaterais entre Chile e Argentina, México e Venezuela e outros.

A política interna e econômica dos países da América Latina, as enormes dificuldades por que passam, sempre foram, contudo, fatores impeditivos de

---

(175) "O pagamento da crise da dívida externa nesse período tornou agudos outros problemas, com impacto direto no processo de integração: recrudescimento de restrições não tarifárias generalizadas, queda substancial na taxa de investimento interno e externo, dificultando a expansão da oferta exportável dos produtos dos países de desenvolvimento intermédio (Chile, Venezuela, Colômbia, Peru e Uruguai) e dos países de menor desenvolvimento relativo (Equador, Bolívia e Paraguai) para os países de maior mercado na região (Argentina, Brasil e México); desordem macroeconômica em quase todos os países, aumentando a incerteza para o intercâmbio comercial (instabilidade de preços, oscilação da taxa cambial, mudanças nas regulamentações internas); perda da competitividade, pelo atraso tecnológico; dificuldade de articulação de políticas entre países ou grupo de países." (MACHADO, Rubens Antônio. Ob. cit., p. 64 e 65)

uma integração regional. A existência de regimes autoritários e democráticos, as rivalidades entre alguns países, a atuação de empresas multinacionais e as reações internas com relação a estas são exemplos dessas dificuldades[176].

Não há dúvida de que o grande inimigo da integração latino-americana foi, e ainda é, a diferença de regimes e a fragilidade econômica dos países que compõem essa região.

Hão que ser resolvidos os problemas internos de cada Estado para se tentar a solução integradora. Todavia, não entendemos que sejam passos estanques, um após o outro, como se manifestou o economista *Eugênio Gudim*[177], em relação ao Brasil, porque o mundo moderno não espera e as fases econômicas e políticas que ocorreram no transcorrer de séculos na Europa tendem na América Latina a se desenvolver em curto espaço de tempo.

O fenômeno da globalização da economia apressa a evolução socioeconômica dos países sul-americanos por bem ou por mal, sob pena de ficarem tais países à margem das relações internacionais.

Não se pode deixar de mencionar nessas tentativas integracionistas o MCCA — Mercado Comum Centro-Americano, que tentou integrar os países da região central, na década de 60. Foi criado pelo Tratado Geral de Integração Econômica Centro-Americana assinado em Manágua em 13 de dezembro de 1960 por Guatemala, Honduras, Nicarágua e El Salvador. Seu objetivo principal consiste na concretização de uma união aduaneira e depois um mercado comum, dentro de um prazo de cinco anos.

---

(176) "Adicionalmente, os interesses criados em âmbito nacional nunca se sentiram atraídos pela integração regional, uma vez que encontraram alternativas funcionais para as suas conveniências setoriais e particulares; protecionismo oficial, subsídios, reservas de mercado e outros. Daí verificar-se uma permanente dissociação entre a retórica oficial e a ação negociadora concreta visando à formação de um mercado comum regional no âmbito da ALALC/ALADI, conforme previsto nos Tratados de Montevidéu de 1960 e de 1980. Enquanto as Chancelarias de todos os países não se cansavam de repetir a prioridade que seus países emprestavam ao projeto de integração econômica continental, os setores responsáveis pela condução interna da política econômica e comercial externa mantinham prudente distância e cauteloso silêncio." (MACHADO, Rubens Antônio. Ob. cit., p. 70)

(177) "Sempre houve os que tiveram ceticismo com relação à integração neste lado sul do Continente. Eugênio Gudim, Economista e ex-Ministro da Fazenda, respeitável pelo conhecimento e pela seriedade e, assumidamente, um Professor da ortodoxia monetária, não escondia, no dobrar do meio século, suas significativas reticências às perspectivas de êxito da integração, então iniciando a ser discutida de forma mais intensa, na América Latina (...) proclamava com ênfase, que não havia como pensar em Mercado Comum Internacional deste lado do Equador enquanto não se fizesse primeiro o Mercado Comum Brasileiro. Para isso, segundo ele, havia necessidade de antes construir-se uma digna rede de transportes, de correios, uma desburocratizada estrutura estatal, acelerando-se — o que naquele tempo então era bastante menor do que se tem hoje dentro do País — um relacionamento Norte-Sul, Leste-Oeste, que aproximasse o Brasil de si próprio e viabilizasse a circulação da riqueza, traduzida por bens e serviços." (CHIARELLI, Carlos Alberto Gomes e CHIARELLI, Matteo Rota. Ob. cit., p. 85 e 86)

Como já estudado, para se chegar ao Mercado Comum as etapas das zonas de livre comércio e da união aduaneira devem ser transpostas.

Somente a Comunidade Europeia, dentre as organizações supranacionais, parece que superou quase todas as etapas.

A América Central sempre viveu tutelada por líderes fortes — mal de que, também, não pode fugir a América do Sul —, que, de certa forma, impediu os propósitos integracionistas.

Também os EUA, atraindo um ou outro país para a cooperação econômica, por intermédio da AID — Associação para o Desenvolvimento Internacional —, acabaram por frustrar algumas tentativas, como o Tratado entre El Salvador, Guatemala e Honduras, principalmente pelo forte sentimento anticomunista.

A extrema pobreza dos países e, por consequência, a falta de empuxe financeiro externo e interno e — por que não dizer — a expectativa ilusória e otimista da organização, sem uma efetiva análise da realidade regional, foram fatores contrários, não propiciando a integração desejada. Restaram a ideia, sempre renovada, e a certeza dos setores mais avançados de que a cooperação internacional é a única saída.

Em 1961, os ministros da Guerra ou Defesa da Nicarágua, Guatemala e El Salvador criaram o Conselho de Defesa Centro-Americano — CONDECA —, para uma coordenação estratégico-militar.

O CONDECA representou um atraso para a integração social e econômica, porque vedava a livre circulação em nome de razões de segurança nacional e de motivações ideológicas.

Temos, aí, um pequeno retrato de alguns fatos integracionistas e/ou contrários à integração na América Latina e incluindo a América Central, porque não podemos esquecer de que é também composta de países latinos.

Não se pretende, aqui, uma história completa e pormenorizada das relações internacionais na América, porque isto seria impossível num simples curso como este, mas dar uma visão, nem sempre aceita, de que a América Latina faz parte da comunidade internacional.

Embora os tempos tenham mudado, não faz muito se entendia a América Latina a partir da voz americana representada pelos EUA, o que nos deixava em situação de países semissoberanos(178). Hoje, assim não mais ocorre;

---

(178) "Defendendo-nos, a América do Norte irá, fatalmente, absorvendo-nos. Acredito que essa absorção não esteja nos planos dos estadistas americanos; mas é ela uma consequência natural da situação de protegido e protetor. De fato, parte da nossa soberania nacional já desapareceu; para a Europa, já existe o protetorado dos Estados Unidos sobre a América Latina. Por ocasião da Convenção da Paz, em Haia, lembram-se todos, as Nações sul-americanas não foram convidadas — por entenderem os governos europeus que elas

porém, é preciso que se intensifiquem os estudos jurídicos sobre nossa participação no mundo, que não é menor nem menos qualificada que a de outras regiões. Todos fazemos parte daquilo que convencionamos denominar sociedade ou comunidade internacional, e o Direito que lhe dá sustentação nos tem como entes atuantes.

Ainda em 1997, foi intensificada a criação da ALCA — Área de Livre Comércio das América, lideradas as tratativas pelos EUA, lançada a ideia pelo presidente americano na Cúpula de Miami em dezembro de 1994. O Brasil e os seus parceiros do Mercosul, em princípio, seriam contrários à adoção de qualquer acordo parcial.

De qualquer modo, não se pode esquecer que além da ALCA e do Mercosul, como se verá mais adiante, o Brasil tem interesses regionais específicos como a integração dos países amazônicos, cujo tratado — Tratado de Cooperação Amazônica —, assinado há vinte anos, foi criado para estimular a cooperação dos países dessa região. São seus membros: Brasil, Venezuela, Colômbia, Peru, Bolívia, Equador, Suriname e Guiana. Esse acordo tem uma Secretaria Geral, que funciona em sistema de rodízio entre os países; mas, decisão datada de 23.1.1998, entendeu criar uma Secretaria Permanente, com funcionamento a partir de 1999 e sede em Brasília.

Também, não se pode esquecer o Parlamento Latino-Americano, instituído em 1964 e sediado em São Paulo, sendo que o Tratado de Lima, de 1987, deu-lhe contornos jurídicos, mas tem características comunitárias. Foi subscrito pelos plenipotenciários dos seguintes países: Antilhas Holandesas, Argentina, Brasil, Colômbia, Bolívia, México, Aruba, Nicarágua, Honduras, Costa Rica, Cuba, Chile, El Salvador, Peru, República Dominicana, Paraguai, Uruguai, Venezuela, Panamá e Suriname.

O Fórum das Américas foi outro projeto de iniciativa norte-americana, reunindo 34 países, exceto Cuba, com o intuito de criar a ALCA, uma zona de livre comércio que cubra todo hemisfério ocidental. Surgiu em 1994 com o prazo de sete anos para ser formado.

Apesar de todas essas tentativas de integração, algumas mais venturosas, outras não, é fato que a América Latina, embora de base física clara, de unidade continental, tem dificuldades com a sua gama de países. Darcy Ribeiro explicita: "Toda vastidão continental se rompe em nacionalidades singulares (...) Efetivamente, a unidade geográfica jamais funcionou aqui como fator de unificação porque as distintas implantações coloniais das quais nasceram as sociedades latino-americanas coexistiram

não eram suficientemente soberanas, e que os interesses e opiniões dos povos americanos estavam perfeitamente representados e garantidos pelos Estados Unidos, convidados, assim, tacitamente, a exercer um certo protetorado sobre o resto da América. É só nestas condições que a Europa reconhece a teoria de Monroe." (BOMFIM, Manoel. Ob. cit., p. 45 e 46)

sem conviver, ao longo dos séculos". Tal visão, amara , porém real, tem sido posta de lado, na consecução de possibilidades, ante caracteres que em tese beneficiariam os Estados dessa parte da América (espanhola e portuguesa), dentre eles a existência apenas de duas línguas: o castelhano e o português. Paulo Napoleão Nogueira da Silva esclarece: "Enquanto a União Europeia se debate com cerca de doze idiomas diferentes e em elevado grau incompatíveis entre si, o grego, o italiano, o francês, o espanhol, o português, o alemão, o holandês, o dinamarquês, o norueguês, o irlandês, o sueco, e o finlandês, nos países do Mercosul apenas dois idiomas — e, muito próximos um do outro — são falados. Nem se deve raciocinar, a propósito, com a circunstância de o inglês ser uma espécie de 'língua universal': esse idioma sofre grandes resistências de caráter nacionalista entre os próprios povos que o utilizam, no seio da União Europeia. E, como é cediço, a língua é o maior fator de aproximação e de distanciamento entre as pessoas".

2. Mercosul. Negociação e implantação

Nossa atuação compreende cada vez mais a força do grupo, a união dos Estados com problemas comuns, as reivindicações uníssonas. Nesse contexto vamos encontrar o Mercosul.

A região do Mercosul compreende, por ora[(179)], Brasil, Argentina, Paraguai, Uruguai e Venezuela, com cerca de, mais ou menos, 250 milhões de habitantes e com Produto Interno Bruto (PIB) de US$ 1 trilhão, o que representa cerca de 75% do total da América do Sul. Deduz-se com tais números o potencial econômico deste Bloco, que ainda falta concretizar-se política e juridicamente. A atual complexidade da sociedade internacional e a fase que — creio — nos encontramos de concretização das instituições e dos mecanismos de solução dos conflitos internacionais, nos faz concluir que o tempo está a nosso favor, e que, apesar dos sobrepassos políticos deste bloco Regional, não há perspectiva de desfazer o Bloco, e sim, de implementá-lo para um funcionamento eficaz.

O Estado da Venezuela já era associada ao bloco desde julho de 2004. Em 31 de julho de 2012, a Venezuela passou a ser membro pleno, naquela época, com exceção do Paraguai, suspenso do bloco por problemas internos (segundo se afirma, golpe de Estado sofrido pelo ex-presidente Fernando Lugo), os sócios remanescentes reuniram-se em Brasília para oficializar a entrada da Venezuela.

Anteriormente havia um Protocolo de Adesão da Venezuela ao Mercosul, assinado em 2006, tornando-a associada ao grupo. De 2006

(179) O art. 20 do Tratado estabelece que este estará aberto à adesão mediante negociação dos demais países da ALADI.

até 2012, a Venezuela ficou na espera para ser efetivada como membro pleno, dependendo apenas da aprovação do Paraguai, que ao ser suspenso propiciou a tomada de posição por consenso dos demais membros.

O Parlamento Brasileiro aprovou a entrada da Venezuela em 12.2009 e o Paraguai o fez, pelo seu parlamento, em dezembro de 2013, faltando ainda alguns procedimentos internos.

São países ou Estados associados do Mercosul: Bolívia, Chile, Peru, Colômbia e Equador. Estão na posição de Estados observadores: México e Nova Zelândia, participam como convidados das reuniões dos órgãos da estrutura institucional do Mercosul, sem direito a voto. Somente podem ser associados países membros da ALADI, e para tanto devem aderir ao Protocolo de Ushuaia e à Declaração Presidencial sobre Compromisso Democrático no Mercosul. O referido Protocolo, de 24.7.1998, estabelece no art. 1º: "A plena vigência das instituições democráticas é condição essencial para o desenvolvimento dos processos de integração entre Estados Partes do Presente Protocolo". Desse modo, o Mercosul optou pelo princípio democrático, e, embora todos os Estados tenham sua soberania respeitada e não se submetam a qualquer ordem superior, o bloco regional não deve aceitar Estados cujas instituições não sejam democráticas. Claro que as interpretações dos fatos políticos, organizacionais e administrativos do Estado, que pretende entrar para bloco, vão depender de vários fatores, como da história da consciência participativa de seu povo, do grau de legitimidade alcançada pelo governo que está instalado no poder e etc. Entretanto, entendemos, concretiza-se pela existência de regras claras da conquista do poder e de seu exercício, quer seja a democracia direta, quer representativa, quer, eventualmente, a democracia dita socialista, não se olvidando que os governos, sejam quais forem, apresentam-se com roupagens democráticas. Difícil, pois, interpretar a exata configuração doutrinária do estabelecido no Protocolo de Ushuaia, bem o que deve ser considerado um país com prática de instituições democráticas. De qualquer modo, importante, e concluímos, correta e oportunamente estabelecido o Protocolo em questão. Em seu significado formal, a democracia tem certas características reconhecidas, a saber: a) a função legislativa deve ser composta de membros direta ou indiretamente eleitos pelo povo; b) todos os cidadãos que tenham atingido a maioridade, sem distinção de raça, de religião, de sexo, devem ser eleitores; c) todos os eleitores devem ter voto igual; d) todos os eleitores devem ser livres em votar segundo a própria opinião; e) nenhuma decisão tomada por maioria deve limitar os direitos da minoria, entre outras, segundo *Norberto Bobbio, Matteucci* e *Pasquino*, no *Dicionário de política*.[180]

---

(180) BOBBIO, Norberto; MATTEUCCI, Nicola; PASQUINO, Gianfranco. *Dicionário de política*. Brasília: UnB, v. 1, p. 326-327.

Sem análises precipitadas, como destacado na nota de rodapé, o Mercosul está aberto à adesão, e, em princípio, é sempre bom que novos membros sejam angariados, mas há necessidade de que tais membros venham para cooperar com o bloco regional e não impor suas ideias, suas políticas e seus desígnios. A entrada da Venezuela é economicamente boa; ficamos, no entanto, na expectativa de que seja também política, social e juridicamente ditosa, porquanto não se pode atrelar o Mercosul a objetivos ideológicos específicos, por mais que nos unam laços de problemas sociais comuns.

2.1. Instituição

Foi o Mercosul firmado pelo Tratado de Assunção em 26.3.1991 e aprovado pelo Congresso Nacional em 25.9.1991, a carta de ratificação foi depositada pelo Brasil em 30.10.1991, promulgado pelo presidente da República em 21.11.1991, e sua entrada em vigor internacionalmente se deu em 29.11.1991.

Como vimos, o Mercosul é uma continuação do esforço historicamente desenvolvido pelos países que dele fazem parte.

Tem raízes antigas, que podem ser buscadas nos dados já passados no início deste capítulo: a União Aduaneira Brasil-Argentina em 1940, a criação da Associação Latino-Americana de Livre Comércio (ALALC) em 1960, a Associação Latino-Americana de Desenvolvimento e Integração (ALADI) de 1980, o Programa de Integração e Cooperação Brasil-Argentina (PICAB) de 1985, o Tratado de Integração Brasil-Argentina de 1988, uma evolução do PICAB, entre outros, constituíram-se nos fatos mais importantes que resultaram no Mercosul[(181)].

Diferentemente da Comunidade Europeia, o Mercosul, ao criar suas estruturas, procurou evitar choques maiores com os Estados-membros, porque as medidas legislativas nascem de iniciativas em cada um dos países, a partir do consenso obtido nos organismos de sua composição.

Na Comunidade Europeia, as diretrizes são ditadas a todos os países, sendo que, ao lado da Comissão e do Conselho de Ministros, a Corte Europeia de Justiça se sobrepõe ao Judiciário de cada país.

Assim não ocorre no Mercosul, o que, por si só, não significa um defeito estrutural. São caminhos diversos, que poderão levar a um mercado comum, que, no caso do Mercosul, é percorrido de forma harmônica e negociada.

---

(181) Dados tirados do livro *Mercosul*, de LOTTEMBERG, Fernando Kasinski e GUREVICH, Eduardo I, no cap. V, p. 112.

Temos na região o predomínio de culturas ibéricas, a proximidade das línguas utilizadas e sistemas jurídicos pertencentes à família romano-germânica do Direito, o que pode e deve facilitar a consecução dos fins propostos.

A noção dos constitucionalistas norte-americanos a propósito da integração econômica, aplicável ao Mercosul e a toda comunidade regional, sobre a doutrina das cinco liberdades, já foi tratada no capítulo do Direito da Integração. Aqui apenas voltamos a lembrar: liberdade de circulação de mercadorias, de estabelecimento, de trabalhadores, de capitais e de concorrência.

Para alcançar esses objetivos, muito ainda precisa ser realizado, a começar pela modificação das legislações internas de cada um dos Estados componentes, que têm características distintas, acompanhando a distinção de mercados. São barreiras técnicas que podem ser superadas, e aos poucos tal vai ocorrendo.

As cinco liberdades acima elencadas são fundamentais para o sucesso do empreendimento, principalmente no que tange à livre circulação de bens, serviços, pessoas e capitais.

A existência de moedas diferentes, regimes cambiais distintos e paridade diversa em relação às moedas mais fortes, como o dólar norte-americano, restringe a liberdade de circulação supramencionada e, também, constitui fonte de preocupação para o aproveitamento da região.

Muito ainda há de ser percorrido. Pareceu-nos um pouco prematura a implantação do mercado comum na data de 31.12.1994, diante dos óbices que apontamos. Entretanto, o Mercosul poderá realizar-se, com o esforço de todos.

O Tratado de Assunção, que instituiu o Mercosul, não estipula o termo final. Trata-se de uma convenção por tempo indeterminado, como vemos no art. 19: "O presente Tratado terá duração indefinida e entrará em vigor 30 dias após a data do depósito do instrumento de ratificação. Os instrumentos de ratificação serão depositados ante o Governo da República do Paraguai, que comunicará a data do depósito aos governos dos demais Estados-Partes. O Governo do Paraguai notificará ao governo de cada um dos demais Estados-partes a data da entrada em vigor do presente Tratado".

Assim, o Mercosul somente poderia extinguir-se pelo mútuo consentimento das partes componentes do Tratado. A ideia é de irreversibilidade do fenômeno comunitário, com estímulo ao processo de integração. A paralisação pode ocorrer, tendo em vista injunções econômicas ou jurídicas, mas o retrocesso, não.

Um passo significativo já foi dado em Ouro Preto com o estabelecimento da alíquota zero no comércio entre Brasil, Argentina, Uruguai e Paraguai, em cerca de 85% dos nove mil itens tarifários do Mercosul, e o restante zerado a partir de 1999.[182]

---

(182) Protocolo de Ouro Preto, assinado em 17.12.1994 pelos presidentes dos Estados-Membros.

2.2. *Órgãos e funcionamento*

Também na mesma cidade, o Protocolo de Ouro Preto estabeleceu personalidade jurídica à entidade Mercosul, para que os quatro países possam atuar em bloco, com qualquer outro parceiro ou blocos de parceiros, o que viabiliza um novo *boom* econômico para a região e favorece o Brasil[(183)].

São órgãos comunitários do Tratado de Assunção: "o Conselho do Mercado Comum (CMC)[(184)], o Grupo do Mercado Comum (GMC), a Comissão de Comércio do Mercosul (CCM), a Comissão Parlamentar Conjunta (CPC), o Foro Consultivo Econômico-Social (FCES) e a Secretaria Administrativa do Mercosul (SAM)".

O Conselho do Mercado Comum — É integrado pelos ministros das Relações Exteriores e pelos ministros da Economia, reunindo-se seus integrantes quantas vezes for necessário; porém, uma vez por ano os presidentes dos países-membros participam da reunião.

A presidência do Conselho exercer-se-á por rotatividade dos Estados-partes e em ordem alfabética, por período de seis meses. O Conselho é órgão superior do Mercosul, tendo sua condução política feita por atos chamados "decisões". São suas atribuições básicas: velar pelo cumprimento dos tratados que constituem o Mercosul; exercer a titularidade da personalidade jurídica do Mercosul; negociar e firmar acordos em nome do bloco, com terceiros Estados, grupo de Estados e organizações internacionais; manifestar-se sobre as propostas que lhe sejam levadas pelo Grupo Mercado Comum; criar reuniões de ministros e pronunciar-se sobre os acordos que lhe sejam remetidos para estudo; criar órgãos que entenda necessários para a consecução dos objetivos do Mercosul, bem como modificar os já existentes ou extingui-los; esclarecer, quando necessário, o conteúdo e alcance de suas decisões; designar o Diretor da Secretaria Administrativa do Mercosul; adotar decisões em matéria financeira e orçamentária e homologar o Regimento Interno do Grupo Mercado Comum — É órgão executivo, podendo constituir quaisquer subgrupos de trabalho, previamente aprovados e enumerados no art. V do Tratado.

---

(183) O Brasil, pela sua extensão e capacidade potencial, novamente volta a ser cortejado por outros países e blocos econômicos. O Secretário de Defesa William Perry, dos EUA, ao visitar o Brasil, afirmou: "O *boom* econômico brasileiro, sua bem-sucedida democracia e sua liderança diplomática servem como modelo para o Hemisfério e, de fato, como modelo para onde quer que a liberdade tenha fincado raízes". (Relações internacionais. In: *Folha de S. Paulo,* p. 1-12, de 12.12.1994)

(184) O art. 18 determinava que, antes do estabelecimento do Mercado Comum, seria convocada uma reunião extraordinária com o propósito de determinar a estrutura institucional definitiva dos órgãos da administração do Mercado Comum.

Para implementar o bloco, em cumprimento aos seus tratados, reúnem-se periodicamente ministros da Economia, da Educação, da Justiça, do Trabalho, da Agricultura, da Cultura, da Saúde, bem como os presidentes dos Bancos Centrais.

O "Grupo do Mercado Comum" é coordenado pelos Ministros das Relações Exteriores, velando pelo cumprimento do Tratado e tomando as decisões que se fizerem necessárias para concretizar o que é determinado pelo Conselho.

O Grupo é integrado por quatro membros titulares e quatro membros alternados por países que representem os seguintes órgãos públicos: Ministério das Relações Exteriores, Ministério da Economia ou seus equivalentes Bancos Centrais.

Compõem o Grupo no Brasil, o Subsecretário de Assuntos de Integração Econômica e de Comércio Exterior, o Diretor de Assuntos Internacionais do Banco Central, o Secretário de Assuntos Internacionais do Ministério da Fazenda, o Secretário de Comércio Exterior, o Secretário do Desenvolvimento da Produção do MDIC e o Secretário de Política Agrícola do Ministério da Agricultura.

No âmbito do GMC foram criados ainda o Comitê de Cooperação Técnica, alguns subgrupos de trabalho e Reuniões especializadas de Ciência, Tecnologia, Turismo e Comunicação.

Esse órgão pronuncia-se mediante "resoluções", que devem referir-se a um só tema.

Conforme o art. 14 do Protocolo de Ouro Preto, o Grupo tem um número variado de funções, entre elas: velar pelo cumprimento do Tratado e de seus Protocolos; propor projetos ao Conselho; tomar medidas para o cumprimento das decisões; fixar programa de trabalho; criar, modificar e extinguir órgãos; manifestar-se sobre as propostas ou recomendações submetidas pelos demais órgãos; negociar com terceiros países; aprovar o orçamento e a prestação de contas anual; adotar resoluções em matéria financeira e orçamentária; eleger o diretor da Secretaria Administrativa, etc.

Tanto o Conselho como o Grupo são órgãos de transição, inexistindo órgãos supranacionais. Alguns entendem que esse fato caracteriza uma debilidade institucional; outros, que lhe dá maior flexibilidade, já que o sistema da Comunidade Europeia, com sua organização, provoca certa lentidão.

São funções específicas do Grupo: velar, nos limites de sua competência, pelos tratados que constituem o Mercosul; propor projetos de decisão ao Conselho; tomar as medidas necessárias ao cumprimento das decisões adotadas pelo Conselho; fixar programas de trabalho; criar, modificar ou extinguir órgãos sob sua competência, tais como os subgrupos de trabalho e reuniões especializadas; manifestar-se sobre as propostas ou recomendações que lhe forem submetidas pelos demais órgãos do Mercosul; negociar com os Estados-partes, por delegação do Conselho; aprovar o orçamento e a prestação de contas anual apresentada pela Secretaria Administrativa do Mercosul; adotar resoluções em matérias financeira e orçamentária, com base nas orientações do Conselho; submeter ao Conselho o seu Regimento Interno; organizar reuniões do Conselho e preparar relatórios e estudos que lhes forem solicitados; eleger o Diretor da Secretaria Administrativa do Mercosul; supervisionar as atividades da Secretaria Administrativa e homologar os Regimentos Internos da Comissão de Comércio e do Foro Consultivo.

Secretaria Administrativa do Mercosul — Trata-se, na verdade, de órgão de apoio operacional do Mercosul, prestando serviços aos demais órgãos. São suas atividades: arquivo oficial da documentação do Mercosul; realização, publicação e comunicação das decisões adotadas pelo bloco; realização de traduções autênticas dos documentos do Mercosul para o castelhano e para o português; editar o Boletim Oficial do Mercosul; organizar as reuniões do Conselho e do Grupo; informar os Estados-partes sobre as medidas implementadas; registrar na lista oficial os árbitros e especialistas indicados pelos Estados-partes; desempenhar tarefas solicitadas pelo Conselho e pelo Grupo; elaborar o seu projeto de orçamento, para a aprovação pelo Grupo, e praticar os atos necessários à sua execução e apresentar anualmente ao Grupo a sua prestação de contas, bem como o relatório de suas atividades.

O período de transição estava previsto para terminar em dezembro de 1994, com a criação ou transformação dos órgãos já existentes em outros mais condizentes para a manutenção e o aperfeiçoamento do sistema.

A "Secretaria Administrativa" tem por função a guarda de documentos e a comunicação das atividades dos órgãos do Mercosul.

As decisões do Conselho e do grupo são sempre tomadas por consenso, não podendo faltar nenhum dos Estados, observando o poder de veto.

Entre os subgrupos de trabalho já criados, temos: 1) Assuntos Comerciais; 2) Assuntos Aduaneiros; 3) Normas Técnicas; 4) Política Fiscal e Monetária Relacionada com o Comércio; 5) Transporte Terrestre; 6) Transporte Marítimo; 7) Política Industrial e Tecnológica; 8) Política Agrícola; 9) Política Energética; 10) Coordenação de Políticas Macroeconômicas; e 11) Relações Trabalhistas, Emprego e Seguridade Social.

Todos eles e outros mais são fundamentais para o estabelecimento e desenvolvimento do Mercado Comum.

Vejamos, como exemplo, de que trata o subgrupo de Política Monetária, preocupado com a coordenação das políticas cambiais e harmonização das legislações cambiais, bem como a definição e utilização de moeda estrangeira, que são tarefas de monta.

Atualmente, quanto à questão de moeda estrangeira, o meio internacional de pagamento dos países da região, sem dúvida, é o dólar norte-americano[(185)]; mas, nada impede, pelo menos em teoria, que se crie uma nova moeda, desde que aceita pelo sistema internacional, para a utilização do Cone Sul. Na Comunidade Europeia, estabeleceu-se o euro.

Além disso, há necessidade de expressa coordenação com as normas do FMI, que são as principais normas que governam as relações internacionais, uma vez que ratificadas por 146 Estados-membros[(186)].

Como a economia do Mercosul insere-se na economia mundial, o relacionamento atento com as diversas organizações internacionais, como o FMI e a OMC, é elementar. O exemplo da proteção e defesa da indústria nacional dos Estados membros, como o faz o Brasil, em termos internacionais não é a melhor política; porém, é admitido mesmo aí e tem regras próprias e aceitas.

O GATT estabeleceu regras para as negociações de retirada ou redução das barreiras ao comércio, estipulando salvaguardas que poderão ser utilizadas[(187)]. Entretanto, como bem explicam *Luiz O. Baptista, Araminta Mercadante* e *Borba Casella*, "seria oportuna a adoção de uma lei uniforme sobre salvaguardas no âmbito do Mercosul, adequadas às regras internacionais"[(188)].

A única regra se tem no art. 3º do Tratado de Assunção, nos seguintes termos: "Durante o período de transição, que se estenderá desde a entrada em vigor do presente Tratado até 31.12.1994, a fim de facilitar a constituição do Mercado Comum os Estados Partes adotam um Regime Geral de Origem, um Sistema de Solução de Controvérsias e Cláusulas de Salvaguardas que constam como Anexos II, III e IV do presente Tratado".

---

(185) Ao final da Segunda Grande Guerra, com a celebração do Acordo de Bretton-Woods, teve origem o sistema de conversibilidade internacional em relação ao dólar americano; antes, a conversibilidade internacional das moedas era feita com base no ouro ou nas cotações estabelecidas pela libra esterlina.

(186) Em 1º.4.1978, com a alteração dos Estatutos do FMI, ficou estabelecido o dever do Estado-membro de evitar a manipulação das taxas cambiais com o objetivo de prevenir ajustes no balanço de pagamento que tenham por objetivo garantir uma vantagem competitiva desleal sobre outros membros do FMI (7.7.1); o dever de intervir no mercado de câmbio quando necessário para conter desordens ou condições anormais de mercado, como as caracterizadas por movimentos abruptos de moeda (7.7.2); o dever de levar em consideração, quando das políticas de intervenção, os interesses dos outros Estados membros etc.

(187) O GATT — Acordo Geral sobre Tarifas Aduaneiras e Comércio entrou em vigor em 1948 e tornou-se a única instituição que regulamentava as relações comerciais entre países de economia de mercado, contendo um regime geral e único em matéria de comércio internacional. Agora, pelos Acordos de Marrakesh, foi criada a OMC — Organização Mundial do Comércio —, destinada a substituir com poderes muito mais amplos o GATT, sendo que o Brasil já aderiu a eles.

(188) *Mercosul — Das negociações à implantação.*

No livro já mencionado, "Mercosul — Das Negociações à Implantação", os autores fazem estudo primoroso sobre esse e outros aspectos.

Quanto à solução de controvérsias, o Mercosul criou, por acordo presidencial, em Brasília, em dezembro de 1991, "um sistema prévio de arbitramento para as demandas dele decorrentes, ao qual recorrerão aqueles que, negociando na órbita do sistema e sob a sua égide, defrontem-se com divergências interpretativas das regras jurídicas"(189).

Não se trata, contudo, de um Judiciário acima das nações, mesmo porque necessita o Mercosul de mecanismos mais céleres para resolver questões que ocorrerem em seu âmbito nessa fase de implantação.

Esse sistema prévio contém regras de soluções extrajudiciárias, como bem explica *Guido Soares* em estudo encomendado por *Franco Montoro*, então presidente do Instituto Latino-Americano — ILAM(190). De qualquer modo, não há um Tribunal Superior aos Estados, nem órgãos executivos ou legislativos(191), com essas características, apesar da previsão de criar órgãos específicos.

As controvérsias entre os Estados-partes sobre a interpretação, aplicação ou não cumprimento de disposições do Tratado de Assunção, dos acordos, das decisões do Conselho, das Resoluções do Grupo e das Diretrizes da Comissão têm mecanismos de solução (Protocolo de Ouro Preto, Protocolo de Brasília) e mais recentemente, Protocolo de Olivos de fevereiro de 2002.

---

(189) CHIARELLI, Carlos Alberto Gomes e CHIARELLI, Matteo Rota. Ob. cit., p. 149.

(190) "No que se refere a Judiciário Transnacional, nada se prevê, mas, ao contrário, o Tratado Mercosul estabelece um mecanismo de solução de controvérsias, tanto no Anexo III, quanto no Protocolo de Brasília para a Solução de Controvérsias elaborado pelo Grupo do Mercado Comum e submetido à aprovação do Conselho do Mercado Comum, que o aprovou e que foi publicado no *Diário Oficial* de 8.1.92.

Os mecanismos para a solução de controvérsias do Protocolo de Brasília são unicamente extrajudiciários e abrangem os eventuais litígios decorrentes da interpretação, aplicação e inadimplência das disposições do Tratado de Assunção, dos acordos celebrados no seu âmbito, das decisões do Conselho do Mercado Comum e das Resoluções do Grupo do Mercado Comum. Estão previstos três procedimentos de soluções extrajudiciárias: a) a da negociação (cap. II); b) a conciliação (cap. III); e c) a arbitragem (cap. IV). Quanto ao acesso a tais procedimentos, estão eles franqueados diretamente aos Estados signatários do Tratado Mercosul, bem como aos 'particulares' (pessoas físicas ou jurídicas), em razão de sanção ou aplicação, por qualquer dos Estados-partes, de medidas legais administrativas de efeito restrito, discriminatório ou de concorrência desleal (art. 25) em violação daquelas normas." (SOARES, Guido F. S. Cap. IX de *Mercosul — Das negociações à implantação*; de BAPTISTA, Luiz Olavo; MERCADANTE, Araminta de Azevedo e CASELLA, Paulo Borba, p. 281 e 282)

(191) O art. 24 dispõe sobre a criação de uma Comissão Parlamentar conjunta, mas com o objetivo de facilitar a formação do Mercado Comum. Um antecedente histórico é o Parlamento Latino-Americano de 1964, institucionalizado em 1987 para esquemas de integração.

A Comissão de Comércio do Mercosul — É órgão encarregado de assistir o Grupo Mercado Comum e é integrada por quatro membros titulares e quatro não titulares por Estado-parte, sendo coordenada pelos ministros das Relações Exteriores.

São suas funções: velar pela aplicação dos instrumentos comuns de política comercial no âmbito do bloco; pronunciar-se sobre as solicitações dos Estados partes com respeito ao cumprimento da tarifa externa comum e demais instrumentos de política comercial; acompanhar a aplicação de tais instrumentos pelos Estados partes; analisar o funcionamento da união aduaneira e formular propostas para o Grupo; tomar decisões vinculadas à aplicação da tarifa externa comum; informar ao Grupo a aplicação da política comercial decidida pelo bloco e a sua evolução; estabelecer comitês técnicos para o pleno funcionamento de suas funções; desempenhar as tarefas que lhes são solicitadas pelo Grupo; e adotar o Regimento Interno que deve ser submetido ao Grupo.

Manifesta-se mediante diretrizes para os Estados partes.

Outro órgão é a Comissão Parlamentar Conjunta — Representa os Parlamentos de cada Estado. Ela encaminha por intermédio do Grupo "recomendações" ao Conselho.

É órgão representativo dos Parlamentos dos Estados-partes, integrada por igual número de parlamentares de cada Estado, por eles indicado. São suas funções: acelerar os procedimentos internos para vigorarem no território de cada Estado representado, as normas do Mercosul; buscar a harmonização das legislações dos Estados-partes; examinar os temas prioritários eventualmente requeridos pelo Grupo.

O Foro Consultivo Econômico e Social — Representa os setores econômicos e sociais; com função consultiva, também deve estar integrado por igual número de representantes dos Estados-partes. Manifesta-se mediante 'recomendações'. Tem por função básica a mera manifestação sobre eventuais consultas que lhe venham endereçadas pelos demais órgãos, bem como a de fazer o seu próprio Regimento Interno e submetê-lo ao Grupo.

O Tratado tem vigência indefinida; mas poderá ser denunciado por qualquer Estado-parte que desejar desvincular-se (arts. 21 e 22), devendo, para tanto, comunicar sua intenção de maneira expressa e formal para cada Estado-membro, efetuando dentro de sessenta dias a entrega do documento de denúncia ao Ministério das Relações Exteriores do Paraguai, que ficou com a missão de o distribuir aos demais.

Não podia ser diferente: o Direito Internacional já tem o instituto da "denúncia" consagrado nos arts. 44 a 56 da Convenção de Viena sobre os Direitos dos Tratados, daí por que não haveria necessidade de norma expressa no Tratado de Assunção.

2.3. *Mecanismo*

Como sabemos, o Mercosul está na fase da União Aduaneira incompleta, embora pretenda ser um mercado comum e, efetivamente tem dado alguns passos nesse sentido.

Assim, embora não tenhamos completado uma fase, já buscamos a implementação de práticas no mercado comum.

Não segue o Mercosul uma linha rígida de progressão, há adaptabilidade e maleabilidade na implantação dessa comunidade.

A realidade, todavia, ainda é essencialmente econômica e o plano de ação que permitirá alcançar os objetivos estabelecidos está no programa de liberalização comercial complementado pelas seguintes preocupações: determinação e origem das mercadorias, tarifa externa comum, cláusulas de salvaguarda, coordenação das políticas macroeconômicas e setoriais e mecanismos para a solução de controvérsias.

Tais complementos, conforme lições de *Daniel Hargain* e *Gabriel Mihali*[192], significam a concretização do ideário do Mercosul, a saber:

a) Programa de Liberação Comercial — Consistente na redução gradual e progressiva de tarifas, superada pela TEC. O art. 2º, do Anexo I do Tratado de Assunção — TA —, define "tarifas" "como direitos aduaneiros e quaisquer outros encargos de efeitos equivalentes, sejam de caráter fiscal, monetário, cambial ou de qualquer natureza, que incidam sobre o comércio exterior.

Taxas e encargos similares não são incluídos, correspondentes aos serviços de importação e exportação, quando efetivamente prestados.

Também o TA se propôs a eliminar as barreiras não tarifárias, como os atos governamentais (medidas administrativas), de caráter administrativo, financeiro, cambial ou outro que dificulte o comércio recíproco. A ordem é: portas abertas.

b) Estabelecimento do Regime de Origem — Só estão abrangidos pelo Programa de Liberação Comercial os bens originários dos Estados-partes, e não outros que se encontrem no território abrangido pelo Mercosul.

c) Tarifa Externa Comum — Foi aprovada em reunião do Conselho do Mercado Comum (Decisão n. 7/94) com modificações introduzidas por outras Decisões e Resoluções, que abrange extenso período até os dias de hoje. Talvez seja esse degrau um dos mais difíceis da implementação, tendo em vista os interesses de cada país e a necessidade de as decisões serem tomadas por unanimidade.

---

(192) HARGAIN, Daniel e MIHALI, Gabriel. *Direito do comércio internacional e circulação de bens no Mercosul.* Rio de Janeiro: Forense, 2003. p. 115-123.

d) Coordenação das Políticas Macroeconômicas — A busca aqui é da harmonização das economias nacionais. O objetivo não é uniformizar, mas harmonizar, aparando arestas, condicionando as peculiaridades, tentando deixar os empresários de um e outro Estado parte em posição de igualdade. Muitos campos são abrangidos nessa preocupação: acesso ao crédito (impostos indiretos); políticas monetárias e cambiais; questões de natureza trabalhista, etc.

e) Cláusula de Salvaguarda — Estão reguladas de forma transitória (Anexo III do TA), superadas com a implantação da União Aduaneira. Todavia, restam salvaguardas quanto às importações provenientes de países fora do bloco.

f) Solução de Controvérsias — De início estava no Protocolo de Brasília (1991), e Protocolo de Ouro Preto (1994). Abrange as divergências entre Estados-partes, abrangendo o próprio Estado e qualquer outra entidade governamental do Estado, ainda que não pertença à máquina estatal, mas tenha função pública. O conceito, portanto, é amplo. De qualquer modo, as soluções de controvérsias não abrangem os particulares em sentido restrito.

A matéria compreendida é aquela que abrange as regras dos tratados, protocolos e acordos no âmbito do Mercosul.

O procedimento para a solução continha três fases distintas: Negociações Diretas, Intervenção do Grupo do Mercado Comum e Atuação do Tribunal Arbitral.

A solução final, portanto, se não alcançada nas negociações e pela intervenção do GMC, será pela arbitragem.

O Tribunal seria integrado por quatro membros, de listas previamente estabelecidas, pelos Estados, compostas por dez candidatos (juristas de reconhecida competência).

Cada Estado escolhia dois árbitros, um titular e um suplente. Haverá um quinto para presidir o Tribunal, que não pode ter a nacionalidade de nenhum dos países em conflito.

O Tribunal funcionaria em território de um dos quatro países, a ser escolhido. Há uma tendência, no entanto, de se localizar os órgãos do Mercosul. Decisão nesse sentido (Decisão n. 28/94 do CMC), impõe a sede de Tribunais Arbitrais em Assunção. Não é uma boa decisão, tendo em vista que, no estágio atual, a maleabilidade de localização, de acordo com os interesses em conflito, ainda é a melhor solução.

O procedimento era adotado para cada caso, impondo-se apenas que os fundamentos do processo (ciência processual) sejam seguidos: contraditório, ampla defesa, não cerceamento, publicidade, etc.

As despesas com os árbitros eram assumidas pelos Estados partes (árbitros respectivos).

A controvérsia, ao fim da instrução, seria decidida por um laudo arbitral (sentença). O prazo para tanto era de sessenta dias a partir da designação do presidente do Tribunal, com possibilidade de prorrogação para mais trinta dias.

O laudo arbitral era obrigatório para os Estados, com autoridade de coisa julgada, não precisando de nenhum mecanismo complementar para a sua obediência. Não há recurso, salvo de interpretação do laudo, em quinze dias (uma espécie de Embargos Declaratórios).

Não houve previsão de sanções para o descumprimento, embora o descumprimento represente grave quebra dos próprios fundamentos do tratado.

Depois, com o Protocolo de Olivos, na Argentina, de 18.2.2002, buscou-se aperfeiçoar o mecanismo de solução de litígios, aprovado no Brasil pelo Decreto n. 712, de 14.10.2003, com ratificação em 2.12.2003, promulgado pelo Decreto n. 4.982 de 9.2.2004 e publicação no Diário Oficial de 10.2.2004.

Por esse Protocolo ficam abrangidas as controvérsias surgidas entre os Estados-partes sobre a interpretação, a aplicação ou o não cumprimento do Tratado de Assunção, do Protocolo de Ouro Preto, de outros Protocolos e Acordos nesse âmbito, bem como das decisões do Conselho do Mercado Comum, das Resoluções do Grupo do Mercado Comum e das Diretrizes da Comissão de Comércio do Mercosul, não afastando outros mecanismos de controvérsia que tenham sido acionados, como o sistema de solução contido na Organização Mundial do Comércio, bem como litígios que digam respeito a conflitos de interesses privados. As Partes podem de comum acordo definir o foro em que se processará a solução pretendida, dentro do Mercosul ou em outra organização internacional (autonomia da vontade).

De qualquer modo, o Protocolo de Olivos estabelece que os Estados-partes deverão tentar solucionar a controvérsia por negociação direta, que, salvo acordo, não poderão exceder a 15 (quinze) dias, a partir da data que uma parte comunicou a outra. O Grupo do Mercado Comum deverá ser informado por intermédio da Secretaria Administrativa.

Se acaso o acordo não for alcançado com as negociações diretas ou se o acordo for parcial, qualquer dos Estados-partes poderá iniciar o procedimento arbitral.

O Tribunal Arbitral é um Tribunal *ad hoc*, composto de três árbitros. Na verdade, na composição do Tribunal há uma lista de 12 (doze) árbitros, dentre os quais serão escolhidos os que funcionaram no caso concreto.

Também se constituiu um Tribunal Permanente de Revisão, que poderá ser acionado pelas partes, no intuito de solucionar as controvérsias. Este último Tribunal é composto por 5 (cinco) árbitros, que devem estar disponíveis permanentemente para atuar quando convocados. Qualquer das partes poderá apresentar um recurso de revisão do laudo arbitral do Tribunal Arbitral *ad hoc* para o Tribunal Permanente de Revisão, no prazo de quinze dias. O procedimento para a solução dos conflitos é apresentado de forma específica no referido Protocolo de Olivos.

As determinações deverão ser cumpridas no prazo estabelecido pelos laudos arbitrais. Do laudo arbitral caberá Recurso de Revisão para o Tribunal Permanente de Revisão. Tal Tribunal tem sede na cidade de Assunção. As pessoas físicas ou jurídicas poderão valer-se do Tribunal, em face de decisão do Estado-parte em aplicar alguma sanção baseada nos Tratados vigentes no Mercosul, bem como das decisões do CMM, das Resoluções do GMC e das Diretrizes da CCM.

Para cumprimento dos laudos arbitrais pode a parte prejudicada valer-se das chamadas "Medidas Compensatórias" (sanções), que poderão ser adotadas pelo Estado em até um ano do trânsito em julgado, independentemente de novo recurso. O Estado que pode vir a sofrer tais Medidas deve ser informado com o prazo mínimo de antecedência de 15 (quinze) dias. Um exemplo de tais Medidas é a suspensão do cumprimento de uma TEC — taxa externa comum, em relação a um determinado produto, ou a suspensão de quotas, enfim, medidas que atinjam, de algum modo, os interesses do Estado inadimplemente. São, na verdade, medidas retaliatórias, que, no entanto, devem ser informadas pelo princípio da proporcionalidade.

Em relação aos conflitos privados (pessoas jurídica e física), revelam-se estes em torno de quaisquer desrespeito, por parte do Estado-parte, a uma regra, atingindo os interesses privados. O particular interessado deve reclamar na Secção Nacional do GMC e esta tentará uma conciliação com a Secção Nacional do Estado demandado. Não surgindo efeito, isto é, se as negociações falharem, a causa será levada a efeito ao GMC, que fará o juízo de admissibilidade da reclamatória. Aceita, serão convocados especialistas e ouvidas as partes. Com um parecer favorável o particular, representado pelo Estado, terá acesso ao Tribunal *ad hoc*. O mecanismo não é ainda eficiente, nem para as questões públicas nem para as particulares, mas já houve avanço. O funcionamento do TPR baseou-se no mecanismo de solução de controvérsias da OMC, cujo órgão de apelação serve como instância uniformizadora.

2.4. Relações de trabalho

Aspecto de suma importância, ao qual damos algum destaque, está no setor social, especificamente nas questões de relações do trabalho, porque delas depende a própria sobrevivência da Humanidade.

As relações trabalhistas na América Latina são afetadas pelos fenômenos da integração na economia mundial, da incorporação de mudanças tecnológicas às ofertas técnicas disponíveis no mercado e das mudanças consequentes de novas relações entre Estado, sistema político e sociedade civil[(193)].

Além disso, o Direito do Trabalho que normatiza tais relações nasceu com a luta de classes internacional, buscando sempre adaptar-se às circunstâncias[(194)].

A visão do Direito do Trabalho favorece a integração ou tem grande contribuição para dar, porque o contrato de trabalho não é observado como um contrato comum, com duas partes contratantes, pessoas físicas e jurídicas, mas é normal o juslaboralista ter em mente a composição político-econômica que está por trás daquele simples contrato laboral, e isso ocorre dentro de cada Estado, concluindo-se que ocorrerá também dentro da região a ser integrada.

Há embutida, ainda mais no mercado comum entre dois ou mais países, a questão do custo social, do preço da mão de obra, que, de certa forma, hoje em dia, mais do que nunca, socializa-se. Não é só o empregador que arca com as despesas referentes a seus empregados, mas, em grande medida, os contribuintes do Estado, os cidadãos de maneira geral[(195)]. Podemos imaginar que tal custo terá de ser necessariamente arcado pelos Estados-membros do Mercosul, de forma conjunta, sem o que o mercado não se formará.

Nas considerações iniciais, que concretizam a ideia do Tratado, está expresso o objetivo da justiça social e da melhoria das condições de vida dos cidadãos, como segue: "Considerando que a amplidão das atuais dimensões de seus mercados nacionais, através da integração, constitui condição

---

(193) CAMPERO, Guilhermo; FLSFISCH, Angel; TIRONI, Eugênio; TOKMAN, Victor E. *Os atores sociais no novo mundo do trabalho*, p. 49.

(194) Sobre o Direito do Trabalho, diz Segadas Vianna: "Surgiu para a Humanidade uma nova era. Nascia o Direito do Trabalho. Para isso, haviam contribuído de maneira decisiva os trabalhadores, não só dando seu bem-estar e sua vida, nos campos de batalha, pela causa aliada, mas também, por meio de seus congressos internacionais, apontando os rumos que deveriam ser seguidos". (VIANNA, Segadas, SÜSSEKIND, Arnaldo Lopes e MARANHÃO, Délio. *Instituições do direito do trabalho*, v. I, p. 191)

(195) *"No obstante, es acertado suponer que el 'precio' de la mano de obra se 'socializa' de la mano del Estado, porque contribuyen a solventarlo no solamente los empleadores directos sino también, y en gran medida, todos los contribuyentes a las arcas del Estado. Pero así se pierde, simultáneamente, la simetría que debería caracterizar el contrato de trabajo, aúnque se gana en una relación de cobertura — al decir de Alberto Spota — que atiende a restituir el equilibrio, asegurando a la vez la supervivencia del contrato.*
Es por eso, repetimos, que la intervención del Estado por exigencias de la llamada 'cuestión social' no lo convierte (no lo convirtió nunca) en tercero en la discordia; sino, en todo caso, en un protagonista de primera fila en la determinación del valor final de la fuerza de trabajo en el mercado. Los avatares de la macroeconomia enmascaran la cuestión, pero convertien ese protagonista en parte interesada en la formación del precio del trabajo, aúnque más no fuera por su incidencia en la parte del presupuesto estatal destinado a solventar la 'asistencia social'." (LIPOVETZKY, Jaime César e LIPOVETZKY, Daniel Andrés. *Mercosur:* Estrategias para la Integración, p. 331)

fundamental para acelerar seus processos de desenvolvimento econômico com justiça social". E, mais adiante: "Convencidos da necessidade de promover o desenvolvimento científico e tecnológico dos Estados-Partes e de modernizar suas economias para ampliar a oferta e a qualidade dos bens e serviços disponíveis, a fim de melhorar as condições de vida de seus habitantes".

O caminho, portanto, caso o objetivo seja a "justiça social" e a melhoria das condições de vida, é o trabalho, que não pode restringir-se a fronteiras de cada país, sob pena de não ocorrer a integração proposta. O trabalho e o capital, amigos ou inimigos, completam-se, casam-se, desde que o mundo civilizado é conhecido. Dois lados de uma mesma moeda e em torno dos quais, não poucas vezes, giram os mais diversos problemas nas áreas comercial, cível, administrativa, penal, tributária, etc. A preocupação com o aspecto laboral é, pois, essencial para o sucesso do empreendimento a que se propuseram Brasil, Argentina, Paraguai e Uruguai.

Os ministros do Trabalho dos países integrantes, em 9.5.1991, em Montevidéu, firmaram uma declaração nos seguintes termos:

> I — O Tratado de Assunção abre as portas de um notável progresso para os respectivos países e, portanto, é necessário procurar um resultado exitoso das negociações.
>
> II — É necessário atentar aos aspectos trabalhistas e sociais do Mercosul e acompanhar as tarefas dos respectivos representantes para assegurar que o processo de integração venha acompanhado de efetiva melhoria das condições de trabalho nos países que subscreveram o Tratado.
>
> III — Promover a criação de subgrupos de trabalho com atribuição de avançar no estudo de matérias vinculadas a suas pastas (Ministros do Trabalho).
>
> IV — Estudar a possibilidade de subscrever um instrumento, no âmbito do Tratado de Assunção, que contemple as inevitáveis questões trabalhistas e sociais que decorrem do início da execução do Mercado Comum.
>
> V — Os países se comprometem a prestar a necessária colaboração para o conhecimento recíproco dos regimes próprios relacionados com o emprego, a previdência social, a formação profissional e as relações individuais do trabalho.(196)

Cumpriu-se o desígnio, em parte, quanto ao problema do trabalho dentro do Mercosul, porque as diversas nuanças da questão já estão sendo estudadas pelo Subgrupo do Trabalho (n. 11), que se reuniu em 7.5.1992 e em 10.6.1992 para tratar de diversos temas, compondo grupo de trabalho com representantes de empregados e empregadores, lembrando a constituição tripartite da OIT (ver capítulo específico sobre essa organização). Sua composição é feita com um coordenador, representante do governo, três representantes dos trabalhadores e três representantes dos empregadores.

O Subgrupo do Trabalho reúne-se duas vezes ao ano, uma para a apresentação de relatórios das respectivas comissões e de eventuais

---

(196) ANDRADE, Everaldo Gaspar Lopes de. *O Mercosul e as relações de trabalho*, p. 24 e 25.

propostas apresentadas por iniciativa privada e outra para decidir; a esta última só comparecendo os coordenadores, um de cada Estado, que votaram os relatórios e propostas e encaminharam o decidido para o Grupo Mercado Comum, órgão executivo do Mercosul.

Pode-se dizer que, de início, o trabalho do Subgrupo foi profícuo, uma vez que foram constituídas algumas comissões especializadas em cada temário. São elas: a) Comissão de Relações Individuais de Trabalho; b) Comissão de Relações Coletivas de Trabalho; c) Comissão de Emprego; d) Comissão de Formação Profissional; e) Comissão de Saúde e Segurança no Trabalho; f) Comissão de Seguridade Social; g) Comissão de Setores Específicos; e h) Comissão de Princípios.

Ainda, paralelamente a essas Comissões, foi constituído um grupo de trabalho para o tratamento dos aspectos que possam afetar a integração nos setores de legislação, contribuições e custos trabalhistas, a chamada Comissão de Assimetrias.

Everaldo G. Lopes de Andrade especifica, em seu livro, os passos engendrados em cada uma das Comissões, que aqui reproduzimos, porque deixa claro o caminho que seguem tais Comissões, o enorme trabalho que as espera, e estabelece de forma nítida o que dissemos linhas atrás sobre a imprescindibilidade do regramento das relações de trabalho para que o Mercado Comum se consuma:

> Comissão 1 — Relações de Trabalho: 1. Análise comparativa dos sistemas de relações de trabalho; 2. Custos de trabalho; 3. Sistema de garantia do tempo de serviço; 4. Política salarial; 5. Locação de mão de obra; 6. Fiscalização do trabalho.
>
> Comissão 2 — Relações Coletivas de Trabalho: 1. Negociação coletiva de trabalho; 2. Estrutura sindical; 3. Greve e *lockout*.
>
> Comissão 3 — Emprego: 1. Impacto da reestruturação produtiva sobre o emprego; 2. Impacto das políticas de ajuste estrutural sobre o emprego; 3. Mercado formal de trabalho; 4. Mercado informal de trabalho; 5. Políticas de emprego; 6. Migrações de mão de obra; 7. Profissões regulamentadas; 8. Classificação de ocupações.
>
> Comissão 4 — Formação Profissional: 1. Política de formação profissional; 2. Instrumentalização de formação profissional; 3. Formação básica do trabalhador; 4. Desenvolvimento tecnológico e formação profissional; 5. Reciclagem profissional; 6. Reconhecimento das habilitações profissionais.
>
> Comissão 5 — Saúde e Segurança do Trabalhador: 1. Condições e ambiente de trabalho; 2. Normas regulamentadoras; 3. Fiscalização dos ambientes de trabalho; 4. Acidentes do trabalho.

Comissão 6 — Seguridade Social: 1. Encargos previdenciários; 2. Benefícios previdenciários; 3. Previdência complementar.

Comissão 7 — Setores Específicos: 1. Temas específicos de um setor que não estão contemplados nos trabalhos gerais das outras Comissões.

Comissão 8 — Princípios: 1. Convenções básicas da OIT a serem ratificadas pelos países-partes; 2. Carta de Direitos Trabalhistas Fundamentais do Mercosul.[197]

Apesar das Comissões supramencionadas, o subgrupo 1.1 é o que está menos adiantado: basta dizer que a possibilidade de o cidadão de um Estado trabalhar em outro numa região livre e desimpedida de entraves burocráticos ainda não existe. Na Comunidade Europeia, isso já se concretiza.

Outras barreiras que estão aos poucos sendo superadas existem, as quais nem sempre se encontram nas primeiras linhas de preocupação dos governos e, naturalmente, dependem de iniciativas particulares para complementar eventuais ações governamentais, como o problema da língua — o que poderia ser um entrave para o Brasil, único país a falar português. Entretanto, tem-se notícia de que a procura do estudo da língua portuguesa na Argentina, Paraguai e Uruguai é crescente.

Nessa linha de preocupações ainda não bem enfocadas encontra-se o tamanho dos países envolvidos, o número populacional de cada país, o Produto Interno Bruto, os números referentes às exportações e importações e outras que aos poucos se vão estudando. Para muitos, o Brasil levaria desvantagem, porque seus números superam em muito os dos outros países, às vezes somados, entendendo estes que o Mercosul favoreceria somente os países vizinhos.

Em termos de mercado, o brasileiro, tem-se dito, é pelo menos cinquenta vezes maior que os de seus parceiros. Dois terços do que se produz na região pertencem ao Brasil e pelo menos 75% da população somada é brasileira. Mesmo assim, e embora setores da indústria possam sofrer com a integração em um ou em outro país, é certo que, a longo prazo e bem administrado, o benefício será de todos[198].

2.5. Relações com outras comunidades

O Mercosul não é um fim em si mesmo. Ao contrário, com sua criação abrem-se as oportunidades para a negociação com o NAFTA e com a

(197) Ob. cit., p. 40 e 41.

(198) Todos são unânimes em dizer que o aumento do comércio entre os países pode aumentar a oferta de empregos.

Comunidade Europeia, de forma mais vantajosa para todos. Num mundo que se viabiliza em blocos, ainda que a regionalização não trouxesse vantagens aparentes, fugir dessa possibilidade seria ficar isolado econômica e politicamente. Mais do que nunca, os Estados, hoje, apresentam-se, no contexto mundial, como pertencentes a uma família, a um bloco, a uma região, a um mercado. Essa é uma realidade, e em face dela é que devemos construir novas perspectivas e caminhos.

As relações com outros blocos, principalmente os citados, para não falar no Japão e aliados, dependerá — e muito — da criatividade e de uma ação conjunta bem coordenada, porque, nos dias atuais, os interesses da Comunidade Europeia e dos países asiáticos pela América Latina e pelo Mercosul não são dos maiores.

2.6. Ampliação

O art. 20 do Tratado de Assunção explicita a sua natureza e vocação ao estabelecer que é ele aberto à adesão, mediante negociação, dos demais países membros da Associação Latino-Americana de Desenvolvimento e Integração.

O parágrafo único do art. 4º da Constituição Brasileira determina que a nossa República buscará a integração econômica, política, social e cultural dos povos da América Latina, visando à concretização de uma comunidade de nações. Portanto, além da formação de um mercado comum, Brasil, Paraguai, Uruguai e Argentina poderão receber novos associados para o fortalecimento dos objetivos do tratado.

Assim já está acontecendo. Em 25 de junho de 1996, por meio da decisão CMC n. 03/96, em São Luís, na Argentina, foi feito um Acordo de Livre Comércio Mercosul-Chile.

Não é, no entanto, uma adesão que pudesse alargar o bloco econômico, mas um acordo para a formação de uma zona de livre comércio.

Esse acordo consta de um Programa de Liberalização Tarifária e um conjunto de disciplinas que regulam diversos aspectos do acordo econômico.

Também foi assinado um Acordo de Complementação do Mercosul com a Bolívia, buscando uma harmonia tarifária, além de representar uma porta de abertura entre o Mercosul e a Comunidade Andina.

Outras negociações estão sendo implementadas, tendo em vista os interesses políticos e econômicos da região. Afirmamos que, salvo problemas sérios para a consecução futura dos objetivos do bloco, a tendência e a sua expansão.

Por certo, muitos problemas ainda necessitam ser resolvidos e estamos — apesar de já ter passado mais de uma década; quatorze anos desde sua implantação — ainda no início do caminho. Em matéria internacional a contagem de tempo deve ser vista de forma diversa, porque as regras e instituições demandam maior tempo para amadurecer.

2.7. Instrumentos fundamentais

Alguns tratados já foram mencionados. Importante fixar:

• Tratado de Assunção — criação do Mercado Comum, com livre circulação de bens, serviços e fatores produtivos, eliminação de direitos alfandegários, estabelecimento de tarifa externa comum, coordenação de políticas macroeconômicas (26.3.1991);

• Protocolo de Brasília (já derrogado, mas importante para entender o histórico dos mecanismos de funcionamento do bloco) — constituído para a solução de controvérsias no âmbito do Mercosul (1991);

• Protocolo de Ouro Preto — estabeleceu as bases institucionais do Mercosul. Aponta cada órgão que o compõe, suas respectivas funções e objetivos. Faz referência ao sistema de soluções de conflitos, reportando ao procedimento estabelecido no Protocolo de Brasília. Dá personalidade jurídica de Direito Internacional ao Mercosul (1994);

• Protocolo de Ushuaia — feito pelos Estados Partes (Argentina, Brasil, Paraguai e Uruguai) e também pela Bolívia e pelo Chile, estes, não são partes do Mercosul, mas partes do Protocolo. Aplica-se às relações que resultem dos acordos de integração, em caso de ruptura da ordem democrática, que enseja os procedimentos estabelecidos no Protocolo (1998);

• Protocolo de Olivos — aperfeiçoa os procedimentos para a solução de controvérsias, dizendo que também os conflitos podem ser submetidos à OMC ou outros esquemas preferenciais de comércio, de que sejam partes, ou outro foro, podendo as partes definir o foro. Os aspectos relativos à opção de foro são regulamentados pelo CMC (Conselho do Mercado Comum). Criou o Tribunal Permanente de Revisão (2002);

Outros Documentos complementares:

• Protocolo de Buenos Aires — trata da jurisdição internacional em matéria contratual, com o objetivo de proporcionar ao setor privado dos Estados Partes um quadro de segurança jurídica e adotar regras comuns sobre jurisdição internacional (1994);

• Protocolo de Santa Maria — trata sobre jurisdição internacional em matéria de relações de consumo (2013);

• Protocolo de Las Leñas — prevê a cooperação e a assistência jurisdicionais em matéria civil, comercial, trabalhista e administrativa, entre os países do Mercosul, exceção à matéria penal (1992);

• Procedimento Geral para Reclamações perante a Comissão de Comércio do Mercosul — é anexo ao Protocolo de Ouro Preto e regulamenta o procedimento de reclamações apresentadas pelos Estados Partes ou de particulares – pessoa física ou jurídica, conforme art. 21 do Protocolo;

• Acordo de Complementação Econômica n. 18 — tem por objetivo facilitar a criação de condições necessárias para o estabelecimento do Mercado Comum, com Programa de Liberação Comercial, bem como prevendo a possibilidade de cláusulas de salvaguardas, pelos países. Firmado no amparo da ALADI, com diversos Protocolos Adicionais e Atas de Ratificação;

• Declaração Sociolaboral do Mercosul — tal declaração adotou princípios e direitos na área do trabalho, como a não discriminação, igualdade, direitos dos trabalhadores migrantes, eliminação do trabalho forçado, regras sobre o trabalho infantil e de menores, direito dos empregadores, liberdade sindical, negociação coletiva, fomento ao emprego, proteção aos desempregados, formação profissional, saúde e segurança, seguridade social etc. (1998);

• Declaração Política do Mercosul — declara o Mercosul, Bolívia e Chile como Zona de Paz e livre de armas de destruição em massa. Estabelece que a paz é essencial, fortalece os mecanismos de consulta e cooperação, declara o avanço de esforços em todos esses sentidos e para a confirmação de uma zona livre de minas terrestres, estimular a cooperação entre seus membros para as finalidades propostas (1998);

• Protocolo de cooperação e assistência jurisdicional em matéria civil, comercial, trabalhista e administrativa.

Além de outros diversos procedimentos nas áreas da educação e cultura, medidas cautelares, assuntos penais, reconhecimento de certificados, títulos e estudos de nível primário e médio, revalidação de diplomas e de estudos pós-graduados.

Enfim, há uma busca considerável em acertar os rumos do bloco. É fato que não se constrói uma nova comunidade com países tão diferentes, sem que se observe a singularidade de sua história, formação do seu povo, sua consciência jurídica e sua prática econômica, sem sacrifícios e sem obstáculos. Mas esta é a trilha que se deve percorrer, com boa vontade e complacência. Somos otimistas quanto ao futuro. O que impede o funcionamento pleno das instituições internacionais é, muitas vezes, o desentendimento político baseado em orgulhos infundados e posições rígidas. O mundo internacional necessita de diálogos e negociações (termo amplo) em que os interessados se flexibilizem e que não se apeguem a conceitos ideológicos inconciliáveis e a pré-conceitos culturais e econômicos.

QUADRO SINÓTICO

AMÉRICA LATINA E MERCOSUL

— Precedentes
- TM-60 (cria a ALALC)
- TM-80 (cria a ALADI)
- 1986 (Programa de Integração Econômica Brasil e Argentina)
- 1987 (Grupo Andino)
- 1988 (Tratado de Integração, Cooperação e Desenvolvimento Brasil e Argentina)

— Mercosul
- Brasil, Argentina, Uruguai e Paraguai
- Tratado de Assunção de 26.3.1991
- Órgãos do Tratado: CMC, GMC, CCM, CPC, FCES e SAM
- Protocolo de Brasília — 1991
- Protocolo de Ouro Preto — 1994
- Protocolo de Olivos — 2002
- Objetivo do Mercosul — Mercado Comum
- Fase Atual — União Aduaneira

— Mecanismos
- Liberação Comercial
- Regime de Origem dos Produtos
- TEC
- Coordenação Macroeconômica
- Cláusulas de Salvaguarda
- Solução de Controvérsias

— Instrumentos Fundamentais
- Tratado de Assunção
- Protocolo de Brasília e depois Ouro Preto
- Protocolo Ushuaia
- Protocolo de Olivos

CAPÍTULO XVI

A ORGANIZAÇÃO INTERNACIONAL DO TRABALHO

1. Gênese da instituição. Objetivo. 2. Estrutura. 3. Funcionamento. 4. Convenções ratificadas pelo Brasil. Quadro sinótico.

1. Gênese da instituição. Objetivo

Na Encíclica *Rerum Novarum*, *Leão XIII* alerta: "(...) Não pode haver capital sem trabalho, nem trabalho sem capital. A concordância traz consigo a ordem e a beleza, ao contrário um conflito perpétuo de que só podem resultar confusão e lutas selvagens. Ora, para dirimir este conflito e cortar o mal na sua raiz, as Instituições possuem uma virtude admirável e múltipla".(199)

Parece-nos correto assim pensar, não só em matéria de capital e trabalho, mas em todo e qualquer campo da atividade humana que adquire importância para a sociedade.

No caso do trabalho, dada a complexidade de suas realizações que envolvem os setores da sociedade, provocando equilíbrios e desequilíbrios, influenciando a política e movendo-se a par com a economia, o Estado somente pode controlá-lo por meio de órgãos próprios voltados para sua fiscalização e estudo; o mesmo ocorrendo em escala maior na sociedade internacional.

Sem um organismo, uma instituição, um controle coordenando os Estados, a sociedade internacional torna-se mais desequilibrada, mais pobre, influenciando a saúde, a educação, o nível de vida em geral, desestabilizando, enfim, a ordem econômica e social e a sensível balança política.

Onde falta o trabalho, ou onde a sua retribuição não é adequada, a vida social fica abalada em todas as suas manifestações.

Perdoe-nos a citação de outra Encíclica, a *Populorum Progressio*, é que nela *Paulo VI*, com felicidade, pronunciou: "Toda criação é para o Homem, com a condição de ele aplicar o seu esforço inteligente em valorizá-la, pelo seu trabalho, por assim dizer, completá-la pelo seu serviço (...). Deus destinou a Terra e tudo o que nela existe ao uso de todos os Homens e de

(199) *Rerum Novarum*, n. 11, Gênesis: 1, 28.

todos os povos de modo que os bens da criação afluam com equidade à mão de todos, segundo a regra da justiça, inseparável da caridade".(200)

Belas e verdadeiras palavras, que só fazem recordar o mandamento divino: "Enchei a Terra e dominai-a". É preciso que o ser humano se organize para dominar a Terra, e isso ele faz por intermédio do trabalho. A Organização Internacional do Trabalho há décadas vem-se dedicando, involuntariamente, a cumprir a ordem eterna.

As figuras acima utilizadas não pretendem melindrar os estudiosos do Direito que professam ou não uma religião, uma vez que têm mera finalidade didática e de qualquer forma representam a realidade sobre o Homem e a sua sobrevivência.

A doutrina social da Igreja tem-nos legado páginas e páginas preciosas sobre a matéria, que bem cabem nesta introdução.

Uma reflexão histórica se faz necessária para chegarmos à OIT. A Primeira Guerra Mundial (1914-1918) levou milhares de trabalhadores à luta, lado a lado com outras classes sociais, fazendo-os compreender que, se os Homens eram iguais na guerra, em que a morte estava presente, também o eram na vida, obrigando os governos a fazer concessões aos operários. *Lloyd George*, na Inglaterra, dizia: "O Governo pode perder a guerra sem o vosso auxílio, mas sem ele não a pode ganhar".

> Compreendiam todos que os trabalhadores, que haviam caído nos campos de batalha, lutaram não somente para a defesa das riquezas dos detentores do capital, os maiores responsáveis pela guerra; tinham, também, preparado o campo para uma nova aurora social, em que os operários gozassem dos mesmos direitos de que usufruíam todos os cidadãos, em que o trabalho fosse colocado no mesmo plano que o capital.(201)

Foram os trabalhadores chamados para a paz. Concitava-se o proletariado internacional (CGT-1915) para assentar suas bases. Também foi convocada uma conferência sindical dos aliados para um mínimo de garantia do trabalho, de regras de duração, de higiene, de segurança e seguro social.

Enfim, embora cada Estado estabeleça suas próprias normas sobre o trabalho, o Direito que o sustenta tem vocação internacional, universalista, independente de fronteiras e ideologias.

Deixemos de lado as iniciativas históricas que redundaram na criação da OIT, pois teríamos de escrever sobre a própria história da Humanidade. Basta dizer que a Parte XIII do Tratado de Versalhes, de 28.6.1919, instituía

(200) Primeira parte, "Para um Desenvolvimento Integral do Homem".

(201) VIANNA, Segadas. *Instituições de direito do trabalho*, v. I, p. 42.

uma Organização Internacional do Trabalho, como parte da Sociedade das Nações. Após a Segunda Guerra, com a Carta das Nações Unidas, a OIT viu-se vinculada à ONU, sem integrá-la (arts. 57 e 63 da Carta), tendo total independência de ação.

É, pois, a OIT um organismo à parte, com papel prevalente, respeitado por todas as nações.

O art. 40, § 1º, de sua Constituição estabelece que: "Gozará, no território de cada um dos seus membros, dos privilégios e imunidades que sejam necessários para a consecução de seus fins". Entre tais fins encontram-se a proteção ao trabalho, a luta contra o desemprego, previdência social, posição do trabalhador estrangeiro, liberdade sindical, etc.

Explica *Süssekind* a filosofia da OIT:

A) O objetivo da OIT não se restringe a melhorar as condições de trabalho, mas a melhorar a condição humana no seu conjunto.

B) A OIT não procura unicamente a melhora das condições materiais de existência. Ela dá ênfase tanto à luta contra a necessidade, visando ao progresso material e à segurança econômica, como à defesa dos valores da liberdade — notadamente da liberdade de expressão e de associação —, de dignidade e igualdade — em particular da igualdade de oportunidades, independentemente da raça, da crença ou do sexo.

C) A ação da Organização não se limita à proteção dos trabalhadores propriamente ditos, porquanto alcança o conjunto de seres humanos nas suas relações de trabalho.

D) Os textos fundamentais da OIT insistem na necessidade de um esforço concentrado, internacional e nacional, para promover o bem comum, isto é, para assegurar o bem-estar material e espiritual da Humanidade.

E) Esses princípios de base da OIT sublinham que a ação para melhorar as condições sociais da Humanidade, no sentido mais amplo do termo, não deve constituir um setor distinto das políticas nacionais ou da ação internacional, pois representa o próprio objeto dos programas econômicos e financeiros e estes devem ser julgados sob este prisma. Afirma-se a primazia do social em toda planificação econômica e a finalidade social do desenvolvimento econômico.[202]

Sendo a OIT uma associação de caráter federativo — no dizer de *Plá Rodriguez* —, que implica, naturalmente, certa restrição à soberania de cada membro, bem se vê que sua atuação não leva em conta as fronteiras do Estado, ainda que em suas disposições consagre o respeito à soberania estatal.

---

(202) *Direito internacional do trabalho*, p. 133.

É que o sistema de convenções internacionais do trabalho, como já se disse alhures, constituiu uma inovação no Direito Internacional. A Conferência Geral da OIT, realizada em Filadélfia, em 5.4.1944, a partir desta passou a regular não somente as questões entre Estados, mas também as concernentes ao bem-estar dos indivíduos e à justiça no seio das sociedades. Qualquer outro organismo internacional não age dessa forma; porém, a OIT tem uma tradição de regrar matéria de competência exclusiva interna dos Estados.

2. Estrutura

A estrutura básica da OIT constitui-se de três órgãos: a Conferência Internacional do Trabalho, o Conselho de Administração e a Repartição Internacional do Trabalho.

O primeiro é a Assembleia Geral de todos os Estados-membros, que, como órgão supremo da Organização, traça as diretrizes gerais da política social a ser observada, elaborando-as por meio das convenções e recomendações, além de outros afazeres consagrados no seu diploma, como a regulamentação internacional do trabalho e das questões que são conexas. Adota resoluções sobre problemas que concernem direta ou indiretamente às suas finalidades e competência, decidindo, ainda, sobre pedidos de admissão de países não pertencentes à ONU e sobre o orçamento da Organização. Reúne-se anualmente[203].

Já o Conselho de Administração administra em nível superior a OIT, fixando a data, o local e a ordem do dia das reuniões da Conferência Internacional e das Conferências Regionais e Técnicas. Elege o diretor-geral da RIT (Repartição Internacional do Trabalho), supervisionando as atividades da Repartição, além de elaborar o projeto de programa e orçamento da Organização, instituir Comissões, fixar a data de suas reuniões e tomar medidas para as resoluções da Conferência[204].

Reúne-se três vezes por ano e seus membros são eleitos a cada três anos pela Conferência.

A Repartição Internacional do Trabalho constitui-se no Secretariado Técnico-Administrativo da Organização, dirigida por um diretor-geral nomeado pelo Conselho, de quem recebe instruções e perante o qual é responsável. Centraliza todas as informações e as distribui, em particular o estudo das questões a serem submetidas à discussão na Conferência para a Adoção de Convenções Internacionais, bem como a realização de inquéritos determinados pela Conferência e pelo Conselho.

---

(203) SÜSSEKIND, Arnaldo. Ob. cit., p. 133.
(204) *Ibidem*, p. 137 e 138.

Tem, também, competência para elaborar, em colaboração direta com as autoridades nacionais interessadas e organismos de diversos tipos, programas de atividades práticas e de cooperação técnica.

O diretor-geral do Secretariado da Organização é eleito pelo Conselho.

O que mais se possa dizer sobre a estrutura da OIT (e há muito) consta de alguns livros que já se dedicaram o suficiente, como o tantas vezes citado "Direito Internacional do Trabalho", do festejado *Süssekind*, indispensável fonte de consulta.

O que efetivamente nos interessa é o modo pelo qual a OIT age, a ponto de criar uma rede de diplomas e regras na qual o Estado se vê compromissado.

A constituição tripartite é uma de suas características mais marcantes. Como regra quase absoluta, os órgãos colegiados compõem-se de representantes de governos, de associações sindicais de trabalhadores e associações de empregadores.

Essa característica corresponde a um compromisso de representação dos Estados, dos indivíduos e dos grupos.

Roberto Von Potubsky, citado por *Mario Deveali*, asseverou: "O tripartismo da OIT constitui sua verdadeira força, em vista da autoridade com que são ungidas as decisões de seus organismos, adotadas com o apoio majoritário dos três setores."[205]

Tal composição empresta às normas criadas pela OIT um caráter especial. Logo, a estrutura da Organização é muito mais democrática que qualquer outra, pois inclui o Homem na representação de sua classe ao lado dos Estados.

A Conferência Internacional, por exemplo, é composta de dois delegados do Estado-membro, um da organização sindical dos trabalhadores e um da organização dos empregadores: "A Conferência corresponde a uma espécie de Parlamento Mundial integrado por um sistema de representação mista de interesses: estatais e profissionais".[206]

Por aí se vê que a constituição *sui generis* dessa instituição dá-lhe autoridade ímpar que se vem confirmando ao longo dos anos.

Todas as Comissões formadas na OIT para estudo de matérias específicas revelam a mesma formação tripartite.

A atividade da OIT não se restringe apenas à matéria relativa ao trabalho, porque, após a Declaração de Filadélfia (1944), juntamente com a consagração do tripartismo, restou consignado que os programas de cooperação técnica têm por alvo aspectos socioeconômicos e tecnológicos.

---

(205) DEVEALI, Mario. *Tratado de derecho del trabajo*, v. V, p. 823.

(206) RODRIGUEZ, Plá. *Los convenios internacionales del trabajo*, p. 152.

Um saudoso diretor-geral — segundo *Süssekind* — da RIT, *Wilfred Jenks*, afirmou, em nome da Organização, que o progresso social não é um obstáculo ao desenvolvimento econômico, nem um luxo reservado aos países prósperos, que gozam de relativa estabilidade e de certa maturidade política; ele é a finalidade mesma do desenvolvimento econômico e um elemento vital do seu processo — tese que foi adotada pela Assembleia Geral das Nações Unidas(207).

A Constituição de 1919 da OIT afirmou como objetivo a paz universal e a justiça social, decorrendo de seus termos a uniformização das normas jurídicas, com a incorporação das convenções e recomendações no Direito Interno dos diversos Estados, reduzindo-se os conflitos de leis do trabalho no espaço.

O caráter é, assim, universal, e é essa sua aspiração. Inobstante, cada Estado tem seu sistema de normas e de eficácia interna dos acordos e tratados assinados na órbita internacional, não sendo possível impingir as regras emanadas pela Conferência aos Estados, embora ocorra normalmente a aceitação, ante os compromissos internacionais assumidos.

Importante acrescentar a existência do Tribunal Administrativo da OIT (TAOIT), que é competente para apreciar e julgar litígios surgidos entre os funcionários, sendo condição indispensável o esgotamento das vias administrativas internas das organizações. Compõem-se de sete juízes eleitos por três anos pela Conferência Geral da OIT, com possibilidade de reeleição. Na verdade o TAOIT tem competência que ultrapassa a própria OIT, porque outras organizações aceitaram a sua jurisdição, a exemplo da FAO — Organização das Nações Unidas para a Agricultura; a OMN — Organização Metereológica Mundial; a OMS — Organização Mundial do Comércio; a UNESCO — Organização das Nações Unidas para a Educação, Ciência e Cultura; a UTI — União Internacional de Telecomunicações e a AIEA — Agência Internacional de Energia Atômica.

3. Funcionamento

A Convenção ratificada pelo Estado constitui fonte formal de Direito, gerando direitos subjetivos individuais, tornando-os efetivos sobretudo nos países que adotam o monismo, com prevalência na ordem internacional.

As convenções, quando não ratificadas, servem de inspiração e modelo para a atividade legislativa dos Estados. Se ratificadas, têm sua eficácia no território nacional assegurada.

A Conferência Internacional é o grande palco onde se gestam as convenções internacionais, com regras específicas de votação, dada a sua natureza tripartite: “A negociação das convenções internacionais do trabalho tem por ce-

(207) SÜSSEKIND, Arnaldo. Ob. cit., p. 23.

nário a conferência anual da OIT, que, como toda conferência preparatória de tratados coletivos, não é mais que o conjunto das delegações dos Estados interessados em pactuar. Mas, à diferença do que sucede nas outras assembleias a tanto destinadas, as delegações estatais à Conferência Internacional do Trabalho não são estritamente governamentais. Sua composição é tríplice no que pertine à representatividade dos quatro delegados de cada Estado-membro, dois agem à conta do governo, o terceiro e o quarto representando, respectivamente, os empregadores e os trabalhadores. É certo que os delegados classistas são, como os outros, designados pelo governo de origem, mas necessariamente de acordo com as corporações profissionais mais representativas das duas classes (...) recolhem-se os votos individuais dos delegados, e, por maioria de dois terços, adotam-se, uma por uma, ao cabo de múltiplos acertos e debates, as Convenções Internacionais do Trabalho".[208]

Diferem as convenções das recomendações porque elas têm um apelo formal de menor intensidade, não obrigando os Estados. No entanto, *ex vi* do art. 19-6-*b* da Constituição da OIT, os Estados-membros têm obrigação de submeter, no prazo máximo de dezoito meses, a recomendação à autoridade que no seu Direito Interno for legislar ou adotar medidas sobre o assunto.

O conjunto das normas consubstanciadas nas convenções e recomendações forma um autêntico Código Internacional do Trabalho, que vem sendo seguido não só pelo Brasil, como também por todos os países-membros da instituição.

Costuma-se classificar as convenções que são tratados (abertos à adesão e à ratificação) em autoaplicáveis, de princípios gerais e promocionais.

Autoaplicáveis em referência ao Estado, se este adota, ou não, o monismo; neste último caso teria, automaticamente, integrada a convenção no plano legislativo interno. Também nos países dualistas poderíamos ter uma convenção autoaplicável, desde que a convenção em questão reproduzisse a espécie normativa nacional, e seus termos não necessitassem de nenhuma adaptação.

A convenção de princípios gerais, como o nome está dizendo, propõe princípios a serem seguidos na matéria e depende, para sua efetiva aplicação pelo Estado, da adoção, por parte deste, da convenção mediante norma específica, a ser efetuada no prazo de doze meses, que medeia entre a ratificação e a vigência.

Promocionais são as que fixam determinados objetivos e estabelecem programas para a sua consecução, que também devem ser atendidos em prazo médio ou, mesmo, a longo prazo, conforme o estabelecido.

A submissão dos Estados-membros ao atendimento das medidas dentro de certo prazo vem especificada no art. 19 da Constituição da OIT. A ingerência das decisões da Organização no plano interno dos Estados é um

---

(208) REZEK, José Francisco. *Direito dos tratados*, p. 160.

fato, porque os Estados se veem obrigados a responder dentro do prazo de dezoito meses, no máximo, sobre a adoção das medidas aprovadas.

Deverão os Estados dar conhecimento ao diretor-geral (RIT) das medidas que tomaram em relação à convenção, conforme determinação expressa na Carta Constitutiva.

Mesmo quando o Estado não ratificou, deverá prestar informação sobre sua legislação e prática sobre o assunto de que trata a convenção, informando, ainda, "até que ponto aplicou, ou pretende aplicar, dispositivos da convenção, por intermédio de leis, por meios administrativos, por força de contratos coletivos, ou, ainda, por qualquer outro processo, expondo, outrossim, as dificuldades que impedem ou retardam a ratificação da convenção" (art. 19-5-*e*).

As recomendações, embora tenham menos força vinculante, também se mostram objeto de explicações por parte do Estado (art. 19-6-*a*, *b*, *c* e *d*).

A adaptação da norma geral aprovada no Direito Internacional do Trabalho pela conferência da OIT, contudo, justifica, às vezes, a demora do Estado em implementá-las, uma vez que precisa este levar em conta a realidade de seu povo e do seu território.

O Estado membro está atrelado a uma série de normas procedimentais que não pode simplesmente descumprir porque se lhe impõe, como se vê, uma responsabilidade como partícipe do organismo. As atitudes do Estado podem ser objeto, inclusive, de reclamações por parte dos particulares: "Art. 24. Toda reclamação, dirigida à Repartição Internacional do Trabalho, por uma organização profissional de empregados ou de empregadores, e segundo a qual um dos Estados-Membros não tenha assegurado satisfatoriamente a execução de uma convenção a que o dito Estado haja aderido, poderá ser transmitida pelo Conselho de Administração ao governo em questão e este poderá ser convidado a fazer, sobre a matéria, a declaração que julgar conveniente".

O art. 26 da Constituição da OIT também se refere a queixas que podem ser dadas por um contra outro Estado-membro, havendo a possibilidade de a Organização instaurar inquérito para apurações.

Dois princípios de Direito Internacional Público devem ser contemporizados na aplicação das normas internacionais trabalhistas: aquele que determina o respeito à soberania dos Estados (como vimos, relativa) e o do *pacta sunt servanda*, que está revelado no art. 26 da Convenção de Viena sobre o Direito dos Tratados: "Todo tratado em vigor obriga as partes e deve ser cumprido por elas de boa-fé".

Sempre é possível compatibilizá-los quando se raciocina que o Estado soberanamente ratifica o tratado, e a partir daí se obriga a obedecer. Ratificado o tratado, este derroga automaticamente as normas da legislação nacional. Desse modo, o Estado, perante a OIT e, por consequência, perante o Direito Internacional, é fiscalizado de forma individual e rígida na assunção de suas obrigações.

Não se pode esquecer que, ante o processo de globalização que o mundo atravessa, a exploração do trabalho humano sem a devida remuneração e/ou com desrespeito aos direitos mínimos do trabalhador mostra-se instigadora para a atuação cada vez mais efetiva da OIT, que busca o respeito de todos os países aos seguintes desideratos: liberdade sindical, negociação coletiva, proibição de trabalho forçado, igualdade de tratamento independente de sexo, raça ou religião e a idade mínima para a entrada no mercado de trabalho.

4. Convenções ratificadas pelo Brasil

Abaixo, elencamos as Convenções ratificadas pelo Brasil:

N. 6 — Trabalho Noturno dos Menores na Indústria

N. 11 — Direito de Sindicalização na Agricultura

N. 12 — Indenização por Acidente do Trabalho na Agricultura

N. 14 — Repouso Semanal na Indústria

N. 16 — Exame Médico de Menores no Trabalho Marítimo

N. 19 — Igualdade de Tratamento entre Estrangeiros e Nacionais em Acidentes do Trabalho

N. 21 — Inspeção dos Emigrantes a Bordo dos Navios

N. 22 — Contrato de Engajamento de Marinheiros

N. 26 — Métodos de Fixação de Salários Mínimos

N. 29 — Abolição do Trabalho Forçado

N. 42 — Indenização por Enfermidade Profissional

N. 45 — Emprego de Mulheres nos Trabalhos Subterrâneos das Minas

N. 53 — Certificados de Capacidade dos Oficiais da Marinha Mercante

N. 80 — Revisão dos Artigos Finais

N. 81 — Inspeção do Trabalho na Indústria e no Comércio

N. 88 — Organização do Serviço no Emprego

N. 89 — Trabalho Noturno das Mulheres na Indústria (revisão)

N. 92 — Alojamento de Tripulação a Bordo (revisão)

N. 94 — Cláusulas de Trabalho em Contratos com Órgãos Públicos

N. 95 — Proteção do Salário

N. 97 — Trabalhadores Migrantes (revisão)

N. 98 — Convenção sobre o Direito de Sindicalização e de Negociação Coletiva

N. 99 — Métodos de Fixação de Salário Mínimo na Agricultura

N. 100 — Salário Igual para Trabalho de Igual Valor entre Homem e Mulher

N. 102 — Normas mínimas de seguridade social

N. 103 — Amparo à Maternidade (revisão)

N. 104 — Abolição das Sanções Penais no Trabalho Indígena

N. 105 — Abolição do Trabalho Forçado

N. 106 — Repouso Semanal no Comércio e nos Escritórios

N. 111 — Discriminação em Matéria de Empregos e Ocupação

N. 113 — Exame Médico dos Pescadores

N. 115 — Proteção contra as Radiações

N. 116 — Revisão dos Artigos Finais

N. 117 — Objetivos e Normas Básicas da Política Social

N. 118 — Igualdade de Tratamento entre Nacionais e Estrangeiros em Previdência Social

N. 119 — Proteção das Máquinas

N. 120 — Higiene no Comércio e nos Escritórios

N. 122 — Política de Emprego

N. 124 — Exame Médico dos Adolescentes para o Trabalho Subterrâneo nas Minas

N. 125 — Certificados de Capacidade dos Pescadores

N. 126 — Alojamento da Tripulação de Pescadores

N. 127 — Peso Máximo de Cargas

N. 131 — Fixação de Salários Mínimos Especialmente nos Países em Desenvolvimento

N. 132 — Férias (abrangendo todos os empregados, excetuados os marítimos)

N. 133 — Alojamento a Bordo de Navios (Disposições Complementares)

N. 134 — Prevenção de Acidentes do Trabalho dos Marítimos

N. 135 — Proteção de Representantes de Trabalhadores

N. 136 — Proteção contra os Riscos da Intoxicação pelo Benzeno

N. 137 — Trabalho Portuário

N. 138 — Idade Mínima para Admissão no Emprego

N. 139 — Prevenção de Riscos Profissionais Causados por Substâncias ou Agentes Cancerígenos

N. 140 — Licença Remunerada para Estudos

N. 141 — Organizações de Trabalhadores Rurais e sua Função no Desenvolvimento Econômico e Social

N. 142 — Desenvolvimento de Recursos Humanos

N. 144 — Consulta Tripartite para a Aplicação das Normas Internacionais do Trabalho

N. 145 — Continuidade no Emprego Marítimo

N. 146 — Férias dos Marítimos

N. 147 — Normas Mínimas da Marinha Mercante

N. 148 — Contaminação do Ar, Ruído e Vibrações

N. 151 — Direitos de Sindicalização e Relação de Trabalho na Administração Pública

N. 152 — Segurança e Higiene dos Trabalhos Portuários

N. 154 — Fomento à Negociação Coletiva

N. 155 — Segurança e Saúde dos Trabalhadores

N. 159 — Reabilitação Profissional e Emprego de Pessoas Deficientes

N. 160 — Estatísticas do Trabalho (revisão)

N. 161 — Serviço de Saúde do Trabalho

N. 162 — Utilização do Amianto com Segurança

N. 163 — Bem-Estar dos Trabalhadores Marítimos no Mar e no Porto

N. 164 — Proteção à Saúde e Assistência Médica aos Trabalhadores Marítimos

N. 166 — Repatriação de Trabalhadores Marítimos

N. 167 — Segurança e Saúde na Construção

N. 168 — Promoção do Emprego e Proteção contra o Desemprego(209)

---

(209) Uma Convenção que não foi ratificada pelo Brasil é a de n. 87, entre outras; Convenção esta que trata da Liberdade Sindical e Proteção ao Direito de Sindicalização, que é, pelo seu tema, de importância fundamental, porque a OIT tem especial apreço por todos os aspectos da liberdade de associação e da liberdade sindical. Para a Organização, os direitos civis são componentes imprescindíveis de toda política social. Livre escolha de emprego, desaparecimento de desigualdades de origem racial, pleno exercício dos direitos sindicais, são princípios caros para o Direito Internacional do Trabalho. (ver *A liberdade sindical*, da OIT, 1993) — A Convenção 158 sobre a proteção ao emprego foi aprovada pela 68ª Reunião da Conferência Internacional do Trabalho em 1982. Está em vigência no plano internacional desde 23.11.1985. Ratificada pelo Congresso Nacional por meio do Decreto Legislativo n. 68, de 16.9.1992, o instrumento de ratificação foi depositado em 4.1.1995 e sua entrada

N. 169 — Povos Indígenas e Tribais

N. 170 — Segurança no Trabalho com Produtos Químicos

N. 171 — Trabalho Noturno

N. 174 — Prevenção de Acidentes Industriais Maiores

N. 176 — Segurança e Saúde nas minas

N. 178 — Sobre inspeção do trabalho marítimo

N. 182 — Proibição das Piores Formas de Trabalho Infantil e Ação Imediata para a sua Eliminação

N. 185 — Documentos de Identidade da Gente do Mar

Nota — O Brasil denunciou as Convenções de ns. 5, 52, 58, 81, 96, 98, 101, 107, 108, 110 e 158 da OIT.

N. 189 — Sobre o Trabalho Decente para as Trabalhadoras e Trabalhadores domésticos (acompanha uma Recomendação com o mesmo título)

Ainda não foram ratificadas pelo Brasil as seguintes Convenções:

N. 87 — Liberdade Sindical

N. 90 — Trabalho Noturno de Menores na Indústria

N. 102 — Normas Mínimas da Seguridade Social (já com Decreto Legislativo n. 269/08, mas ainda não ratificado até esta edição)

N. 128 — Prestação de Invalidez, Velhice e Sobreviventes

N. 150 — Administração do Trabalho

N. 151 — Direito de Sindicalização e Relações de Trabalho na Administração Pública

N. 157 — Preservação dos Direitos em Matéria de Seguridade Social

N. 173 — Proteção dos Créditos Trabalhistas na Insolvência do Empregador

N. 178 — Inspeção das condições de trabalho e de vida dos Tripulantes Marítimos (já com Decreto Legislativo n. 267/07, mas ainda não ratificado até esta edição)

A estrutura tripartite da OIT designou que oito são as convenções fundamentais, a saber: as de ns. 29 (Abolição do trabalho forçado), 87

---

em vigor se deu somente um ano após, em 4.1.1996. Em 10.4.1996, foi promulgada pelo Decreto Presidencial n. 1.855. Em 4.9.1997, completou-se no Plenário do STF o julgamento do pedido liminar formulado pela Confederação Nacional da Indústria na ADIn n. 1.480-3-DF para suspensão dos efeitos da Convenção no Brasil. Decidiu o Pleno do STF por 7 votos a 4, sendo ministro relator Celso de Mello, que a referida Convenção não seria autoaplicável uma vez que o art. 7º, inc. I, da Constituição Federal exige como veículo para o estabelecimento da garantia geral de emprego no Brasil lei complementar. O ministro do Trabalho, Paulo Paiva, encaminhou ao presidente da República mensagem propondo a denúncia da Convenção, que foi acolhida e denunciada em 20.11.1996.

(Liberdade sindical), 98 (Direito de sindicalização e negociação Coletiva), 100 (Salário igual para trabalho de igual valor entre homem e mulher), 105 (Abolição do trabalho forçado), 111 (Discriminação em matéria de empregos e ocupação), 138 (Idade mínima para admissão ao emprego) e 182 (Proibição das piores formas de trabalho infantil e ação imediata para a sua eliminação).

QUADRO SINÓTICO

ORGANIZAÇÃO INTERNACIONAL DO TRABALHO

— Gênese histórica	Guerra Mundial 1914-1918: trabalhadores foram à luta — CGT-1915 Parte XIII do Tratado de Versalhes
— Objetivos da OIT	Melhorar as condições de trabalho e humanas Proteção ao trabalho Luta contra o desemprego Previdência social Liberdade sindical
— Estrutura	Conferência Internacional do Trabalho Conselho de Administração Repartição Internacional do Trabalho
— Características da OIT	Constituição tripartite Órgãos colegiados compostos de representantes do governo, associações sindicais de trabalhadores e associação dos empregadores
— Atividade da OIT	Não se restringe apenas à matéria relativa ao trabalho, mas também cooperação técnica em aspectos socioeconômicos e tecnológicos
— Produção da OIT	Convenções: tratados aprovados passam a integrar o Direito dos Estados Recomendações: não obrigam os Estados

— Código Internacional do Trabalho: convenções e recomendações

CAPÍTULO XVII

LITÍGIOS INTERNACIONAIS. SOLUÇÕES DIPLOMÁTICAS, JURÍDICAS E COERCITIVAS. GUERRA

1. A sociedade internacional e os litígios. 2. Soluções na Carta das Nações Unidas: 2.1. Meios diplomáticos; 2.2. Meios jurisdicionais; 2.3. Soluções políticas; 2.4. Meios coercitivos. 3. Guerra. 4. Tipos de guerra. 5. Guerra interna e internacional. 6. Neutralidade. 7. Término da guerra. 8. Conceitos sobre a guerra. 9. Conflitos localizados. 10. O objetivo da paz. Quadro sinótico.

1. A sociedade internacional e os litígios

Nas sociedades internacionais, assim como nas sociedades internas, os sujeitos internacionais, por vezes, entram em conflito e procuram resolver suas pendências, ora acordando as soluções, ora apelando para um terceiro para que proponha a solução, ou a um poder maior, ou, ainda, recorrendo ao desforço físico para repelir o que entendem injusto e contrário ao seu direito.

A diferença está no grau dessas soluções — não tanto no conteúdo, que se assemelha — e no fato, este sim diverso, de que não há, efetivamente, na sociedade internacional, um Judiciário superior aos Estados, cujo pronunciamento obrigue como se fosse um título executivo.

Não se entende que seja esse fato, por si só, uma desvantagem. A inexistência de poderes hierárquicos e superiores na ordem internacional lhe dá certa flexibilidade e obriga quase sempre os Estados — sujeitos em torno dos quais tais problemas ocorrem — a procurar soluções mais compatíveis e consentâneas.

2. Soluções na Carta das Nações Unidas

A Carta das Nações Unidas, documento básico organizacional do mundo, estabelece, na verdade, uma regra fundamental que entendemos deva ser obedecida:

> Art. 33-1. As partes em uma controvérsia, que possa vir a constituir uma ameaça à paz e à segurança internacionais, procurarão, antes de tudo, chegar a uma solução por negociação, inquérito, mediação, conciliação, arbitragem, solução judicial, recurso a entidades ou acordos regionais, ou qualquer outro meio pacífico à sua escolha.
>
> 2. O Conselho de Segurança convidará, quando julgar necessário, as referidas partes a resolver, por tais meios, suas controvérsias.

Não se tem, aí, uma gradação que deva ser seguida, porque todos os meios são soluções pacíficas das controvérsias. Assim, a regra básica e primeira em Direito Internacional é a de que se resolvam os desentendimentos de forma pacífica, não constituindo a norma mencionada um número certo e exaurido das situações possíveis, mas mera exemplificação, e tanto assim é que no final do art. 33 vem clara a intenção das Nações: "ou qualquer outro meio pacífico à sua escolha". O que importa é que o meio pacífico seja a primeira escolha e, se possível, nela se esgote a controvérsia e se restaure a paz.

Refere-se, também, o dispositivo em referência, ao "recurso a entidades ou acordos regionais", atribuindo-se, mesmo, uma vantagem quando tal ocorre, porque mais fácil a solução dos problemas quando acionados entes que vivem os problemas da região em que a dissidência aconteceu. O art. 52-2 deixa claro que, antes de submeter a controvérsia ao Conselho de Segurança, este caminho deve ser percorrido: "Art. 52-2. Os membros das Nações Unidas, que forem parte em tais acordos (acordos regionais) ou que constituírem tais entidades, empregarão todos os esforços para chegar a uma solução pacífica das controvérsias locais por meio desses acordos e entidades regionais, antes de as submeter ao Conselho de Segurança".

Em outras palavras, parece-nos que esse caminho poderá ser procurado antes do que outros — o caminho da solução pacífica regional.

Dentre as soluções pacíficas, temos: os meios diplomáticos, os meios jurisdicionais, soluções políticas e os meios coercitivos.

2.1. Meios diplomáticos

Os meios diplomáticos compreendem as negociações (bilaterais ou unilaterais), os serviços amistosos, a mediação e os bons ofícios.

a) Negociações — Serão bilaterais se a solução interessa a apenas dois Estados, e multilaterais, se interessa a mais de dois Estados.

É a forma mais simples, porque se trata da busca do entendimento direto entre os Estados por via diplomática. Procuram os Estados apresentar suas razões, reúnem-se e concluem, no mais das vezes, um acordo, pondo fim ao problema.

Em questões de fronteiras, o Brasil utilizou-se algumas vezes dessa forma, como o Tratado com a Bolívia em 1903, com o Uruguai em 1909, o Paraguai em 1927 ou com a Colômbia em 1928.

Temos, aí, casos de negociação direta bilateral. Quando vários países participam, encontramo-nos diante das conferências ou congressos internacionais, que representam soluções negociadas multilaterais.

Conhecida é a Conferência de Algeciras, em 1906, sobre o Marrocos, para evitar uma guerra entre a Alemanha e a França.

É certo que a negociação entre Estados (bilateral ou unilateral) pode levar um Estado a desistir de sua reivindicação, quando reconhece que as razões do outro são muito mais fortes, ou a se submeter, por tal motivo, ao outro Estado naquela questão.

b) Serviços amistosos — São os prestados sem aspecto oficial por diplomata designado pelo governo para que se chegue a um bom termo sem necessidade de maiores movimentações e sem chamar a atenção da opinião pública.

c) Bons ofícios — Consiste na solução do conflito pela interferência de um Estado alheio a ele, que aproxima os litigantes, para que estes encontrem o melhor diálogo.

Para que os governos brasileiro e inglês reatassem as relações diplomáticas em 1864, Portugal interpôs seus bons ofícios. Igualmente agiu o Brasil em 1930, entre o Peru e o Uruguai.

O prestador dos bons ofícios pode ser um Estado, como nos exemplos acima, ou pode ser um chefe de Estado ou ministro, individualizado e indicado para esse fim. O apoio para a solução do litígio é meramente instrumental, isto é, o terceiro não propõe a solução para o conflito, nem observa as razões dos contendores, limitando-se apenas a aproximar as partes e proporcionar um campo neutro para a negociação. Um exemplo que costuma ser dado de bons ofícios foi o prestado pela França, em 1968, quando aproximou os EUA e o Vietnã, em Paris, daí surgindo, após várias negociações, um acordo que conduziu ao fim da guerra em 1973.

d) Mediação — Ao contrário dos bons ofícios, o Estado alheio ao conflito proporciona, nesse caso, efetivamente, a solução. Portanto, a atuação do terceiro não é só instrumental, mas é participativa, porque toma conhecimento das razões de cada Estado e propõe uma forma de término do conflito. O mediador atua como se fosse um árbitro ou um juiz; porém, sua proposta não obriga as partes.

Condição necessária para a mediação — e óbvia — é a de contar o mediador com a confiança daqueles que estão envolvidos no conflito, porque não existe mediação à revelia de uma das partes.

2.2. *Meios jurisdicionais*

Os meios jurisdicionais compreendem a arbitragem e a solução judiciária.

a) Arbitragem — Consiste na escolha, pelas partes, de um ou mais árbitros, terceiros imparciais, que, mediante um compromisso específico, procuram encontrar a solução para o conflito segundo as normas jurídicas aplicáveis. As partes reconhecem previamente tal solução como obrigatória. Trata-se de uma via jurisdicional, mas não judiciária.

O compromisso arbitral é um tratado bilateral em que os contendores descrevem o litígio em que estão envolvidos, apontam as regras de Direito que querem aplicáveis e designam o árbitro ou tribunal, já previamente consultado. Pode ocorrer que entre países conflitantes já exista disposição para a arbitragem em tratado anterior. Concretizando-se o conflito, automaticamente entra em vigor a cláusula arbitral.

A sentença arbitral é definitiva, não cabendo recurso, uma vez que o árbitro não se inscreve num poder específico, como aqueles que se consagram nas ordens internas.

Proferida a decisão arbitral, a arbitragem se desfaz. É um dos institutos jurídicos mais antigos da vida internacional, com origem consuetudinária. Três tipos de arbitragem tornaram-se conhecidos na História: a realizada pelos chefes de Estado, a realizada por comissões mistas e a realizada por tribunal específico.

A primeira era muito comum no período medieval, sendo árbitros naturais o Papa e o Imperador, o que de certa forma continua por intermédio dos chefes de Estado.

A segunda teve início no século XVIII com os membros da comissão indicados pelos litigantes. Formada com comissários em número ímpar, havendo um árbitro para o caso de empate, geralmente escolhido entre os nacionais de um terceiro Estado.

A terceira — feita por um tribunal específico — é um aperfeiçoamento das comissões mistas. A maioria dos juízes não é nacional dos Estados contratantes. A distinção entre os Tribunais Arbitrais e os Tribunais Permanentes está no fato de os juízes serem escolhidos pelas partes e no desfazimento do tribunal assim que a sentença é pronunciada, bem como pelo fato de que o procedimento a ser seguido pode ser convencionado pelas partes ou constar do regulamento interno elaborado pelos árbitros.

Merece destaque a chamada Corte Permanente de Arbitragem. Embora o nome, não se trata, na realidade, de uma Corte, e a permanência é característica que se cinge ao fato de existirem nomes previamente listados como árbitros para eventual conflito, na cidade de Haia, lista feita por governos que patrocinam a entidade. O Brasil está entre eles. Cada governo pode indicar no máximo quatro pessoas.

Resta dizer que, ainda que não se compare a decisão proferida em arbitragem com a decisão proferida por um tribunal judiciário, a solução dada pelo árbitro é obrigatória, sob pena de, sendo desobedecida, incorrer o desobediente em ato ilícito, com fundamento no compromisso assumido pelas partes. Haverá, em suma, a desobediência aos termos de um tratado que o Estado assinou (*pacta sunt servanda*).

Mesmo sendo definitiva e obrigatória, por não ser uma sentença judicial (Poder Judiciário), não é a sentença arbitral executável, e seu cumprimento depende da boa-fé das partes.

b) Solução judiciária — Resulta na submissão da questão a um tribunal preexistente, só se referindo aos conflitos de caráter jurídico.

Pode o Conselho de Segurança da ONU, em qualquer fase de uma controvérsia que constitua ameaça à paz e à segurança internacionais, fazer recomendações para solucionar o conflito (arts. 33-1 e 36 da Carta), e as controvérsias de caráter jurídico devem ser submetidas, em regra, à Corte Internacional de Justiça (art. 36-3).

Os preceitos acima devem ser vistos em conjunto com o art. 36-2 do Estatuto do Tribunal, que contém a definição do que seja uma controvérsia jurídica: aquela que visa a interpretar tratados, questões de Direito Internacional, verificação da existência de quaisquer fatos que constituam violações de compromissos internacionais e questões sobre a natureza ou extensão de reparação devida pela violação de compromissos internacionais.

Outros Tribunais

A preocupação com a solução judiciária de litígios é antiga e constante. Os mecanismos baseados no modelo dos Tribunais são buscados para que a solução seja concretizada com base no Direito e na Justiça, com imparcialidade, arrimada na análise dos argumentos e provas que as partes possam desenvolver a favor de seus interesses.

Daí a criação de Cortes em diversas regiões do mundo, algumas especializadas, outras políticas, outras específicas para determinadas matérias. O ser humano, em toda parte, ainda tem confiança nos juízes. Um Tribunal representa um mecanismo de confirmação da ordem jurídica ou de um determinado sistema e ao mesmo tempo permeia o ordenamento, adaptando-o às novas realidades por meio de suas decisões.

No Direito Internacional, existem as Cortes que atuam para a solução de conflitos entre os Estados, como é o caso da CIJ, já estudada, do Tribunal de Justiça da União Europeia, da Corte de Justiça Centro-Americana, entre outras. Algumas mantendo o prestígio e funcionando plenamente como as duas primeiras; outras em declínio como a última. Algumas com competência exclusiva em assuntos relativos a conflitos de Estados; outras abrangendo, também, controvérsias entre Estados e indivíduos.

Existem, também, formas parecidas com Tribunais, como é o caso do "Mecanismo de Solução de Controvérsias da OMC — MSC", especializado na matéria comercial. A Rodada Uruguai introduziu modificações no sistema. No capítulo próprio, falaremos mais sobre esse sistema.

Ressalta, de uns tempos para cá, a preocupação com os delitos praticados pelo ser humano na área internacional. Daí os Tribunais que julgam seres humanos fora das fronteiras de cada Estado, como é o caso do Tribunal de Nuremberg, na Segunda Guerra Mundial, Tribunal para a ex-Iugoslávia, o Tribunal para Ruanda, estes dois últimos mais recentes, e o Tribunal Penal Internacional, criado pelo Tratado de Roma de 1992.

Não se pode deixar de apontar ainda o Tribunal Internacional de Direito do Mar. Trata-se de entidade judicial independente criada pela Convenção das Nações Unidas sobre o Direito do Mar e instalado em 18.10.1996. É composto de 21 membros, eleitos dentre entendidos do Direito Internacional Público e dói internacional do Mar. Sua jurisdição e competência é sobre as controvérsias, a ele submetidas, relativas à interpretação ou à aplicação da CNUDM, estendendo às matérias que, por intermédio de outras Convenções, estabeleça a jurisdição a este Tribunal.

Não pode ter dois juízes da mesma nacionalidade e estes são distribuídos em relação aos continentes, contando com representantes da África, da Ásia, Europa Ocidental, América Latina e Caribe.

A sede do Tribunal fica em Hamburgo, na Alemanha.

Podem ser sujeitos perante o Tribunal Internacional do Direito do Mar, os Estados que fazem parte da CNUDM e também as organizações internacionais, em casos expressamente previstos. Seus idiomas oficiais são o francês e o alemão.

2.3. Soluções políticas

As instâncias políticas para esse fim são o Conselho de Segurança da ONU e a Assembleia Geral. Normalmente, o Conselho de Segurança merece a preferência dos litigantes, por estar permanentemente acessível. Em caso de ameaça à paz, o Conselho tem o poder de agir preventiva ou corretivamente, valendo-se até mesmo da força militar; porém, nesse caso, deixaria de ser um meio pacífico de solução dos conflitos.

As organizações como a Liga dos Estados Árabes e a OEA têm mecanismos semelhantes, que, evidentemente, poderão ser acionados, como meios políticos, antes de tentar as Nações Unidas.

2.4. Meios coercitivos

Quando as demais soluções fracassam, este é o meio buscado pelos Estados para a solução do problema. É o convencimento da força, e não a força do convencimento, porque, por meio de determinadas demonstrações de poder e influência, os Estados em litígio conseguem, um do outro, a satisfação de suas reivindicações. Ainda não se trata de um estado de guerra, embora tenha todos os componentes para que esta aconteça.

Tais meios são admitidos na prática internacional. Entretanto, a Carta da ONU é expressa: "Todos os membros deverão resolver suas controvérsias internacionais por meios pacíficos, de modo que não sejam ameaçadas a paz, a segurança e a justiça internacionais." (art. 2º-1). E: "Todos os Membros deverão evitar em suas relações internacionais a ameaça ou o uso da força contra a integridade territorial ou a independência política de qualquer Estado." (art. 2º-4). Entre os meios coercitivos, temos: a retorsão, as represálias, o embargo, o bloqueio pacífico, a boicotagem e o rompimento das relações diplomáticas. Vamos a eles:

a) Retorsão — É medida tomada pelo Estado, dentro do Direito Internacional, sem violar tal Direito, consistente em revidar de forma idêntica a violência ou prejuízo que tenha sofrido. Exemplo: aumento de tarifas de um determinado produto alfandegário ou fechamento dos portos para os navios do outro Estado.

b) Represálias — São medidas retaliativas em relação ao Estado violador dos direitos de outro Estado. Um Estado propõe tais medidas contra o outro. Ao contrário da retorsão, essas violam a ordem internacional. São formas de autotutela, que, apesar de tudo, têm-se justificado por também representarem resposta a uma violação anterior ao Direito Internacional.

Os autores costumam falar em requisitos para essa justificativa: 1) existência de um ato anterior contrário ao Direito Internacional; 2) impossibilidade de empregar outros meios para que o Estado ofendido obtenha reparação; 3) proporcionalidade entre a ação sofrida e as ações empregadas; e 4) tentativa efetiva anterior do Estado de obter a satisfação desejada do Estado violador.

As represálias podem ser negativas ou positivas. Negativas quando o Estado se nega a cumprir determinada obrigação, decorrente de um pacto, ou executa atos que lhe são proibidos. E positivas quando um Estado, *manu militari*, pratica atos contra pessoas e bens do Estado com que está em litígio. São exemplos de represálias a inexecução de um tratado, a retenção de um navio do outro Estado, etc.

c) Embargo — É o sequestro, em tempo de paz, de navios do Estado com que se está em contenda e que se encontrem nos portos ou águas territoriais do Estado que pratica essa ação.

Não se confunde com o chamado "direito de angária", que significa a requisição, por parte de um Estado, dos navios mercantes estrangeiros para o transporte de soldados e munições em troca de pagamento.

Diferente do embargo de que estamos tratando há, também, o chamado "embargo do príncipe", que significa a proibição de saída de navio estrangeiro do porto do Estado ou de suas águas territoriais por problemas sanitários ou por questões judiciárias ou policiais.

d) Bloqueio pacífico — É uma forma de represália que consiste em impedir, mediante o emprego das Forças Armadas, que um Estado mantenha comunicações com os demais membros da sociedade internacional. Algumas condições se exigem para o bloqueio pacífico: a) só pode ser empregado após o fracasso das negociações; b) que seja efetivo; c) que seja notificado oficialmente; d) só obrigatório entre os navios dos Estados em litígio, e não para terceiros; e e) os navios apreendidos devem ser devolvidos após o bloqueio.

e) Boicotagem — Interfere nas relações comerciais. Consiste na proibição de que sejam mantidas relações comerciais com os nacionais do Estado que violou as regras de Direito Internacional. Também pode compreender a interrupção de eventual assistência financeira e das relações comerciais. É uma espécie de represália.

f) Rompimento das relações diplomáticas — É o pedido de retirada de toda missão diplomática do Estado violador e a ordem de retorno dos representantes do Estado acreditados no território do outro país. É o corte das relações amigáveis, com consequências comerciais e políticas. Não deixa de ser outra espécie de represália.

Aí estão os meios aos quais os Estados têm recorrido para encontrar a solução de problemas criados pela convivência na sociedade internacional. Todos aceitos, ainda que alguns se vejam condenados pelo Direito Internacional, que busca sempre o caminho cordato. Interrompido este, fica na competência do Conselho de Segurança da ONU a responsabilidade da solução, que pode ser, inclusive, militar: "Quando o Conselho de Segurança decidir o emprego da força, deverá, antes, solicitar a um Membro nele não representado o fornecimento de Forças Armadas em cumprimento das obrigações assumidas em virtude do art. 43, convidar o referido Membro, se este assim o desejar, a participar das decisões do Conselho de Segurança relativas ao emprego de contingentes das Forças Armadas do dito Membro." (art. 44). E: "A fim de habilitar as Nações Unidas a tomarem medidas militares urgentes, os Membros das Nações Unidas deverão manter, imediatamente utilizáveis, contingentes das forças aéreas nacionais para a execução combinada de uma ação coercitiva internacional.

A potência e o grau de preparação desses contingentes, bem como os planos de ação combinada, serão determinados pelo Conselho de Segurança com assistência da Comissão de Estado-Maior, dentro dos limites estabelecidos no acordo ou acordos especiais a que se refere o art. 43." (Art. 45).

3. Guerra

Afora isso, podemos ter a guerra. É um *status* jurídico, diz *Albuquerque Mello*(210); mas, sem dúvida, significa a falência do sistema internacional.

O estudo da guerra, no entanto, é importante para o Direito Internacional, porque discipliná-la significa menor sofrimento para os seres humanos. O Direito Internacional surgiu, na verdade, como um direito de guerra — *De Bello*, 1360, *Legnano; De Bello, Justo*, 1420, *Gorco; Libellus de Bello Justo et Licito*, 1514, *Wilhelmus Mathiae; De Jure Belli, 1557, Francisco de Vitória*, etc. —, porque não há negar a grande atração que a guerra exerceu e ainda exerce sobre todos, atração que não se apaga, infelizmente, nem quando as consequências do seu exercício deixam um rastro de fome, horror e sofrimento.

Por outro aspecto, a guerra era tida como uma espécie de sanção possível a que os Estados recorriam na área internacional para a solução dos litígios.

De solução, ela passou a ser um ilícito internacional para seus deflagradores. O Direito Internacional não é mais um direito de guerra, mas um direito de paz, de entendimento, de cooperação entre as nações, de solidariedade.

Precisamos, porém, mais do que nunca, curvar o fenômeno da guerra e os seus efeitos aos princípios do Direito, às suas regras, porque só assim teremos controle do que é e do que não é possível quando o fato — guerra — ocorre, se alastra, e governantes e governados se veem perdidos. Enquadrar a guerra no estudo jurídico é tentar defender o sistema, para não dizer defender a própria sobrevivência da raça humana, já que não somos seres angélicos desprovidos de defeitos e iniquidades.

Há, até, uma preocupação em distinguir a guerra justa da guerra injusta, noção essa que se desenvolveu na Idade Média. *Santo Ambrósio*, em *De Officiis*, principia a falar em circunstâncias em que a guerra se justifica. *São Tomás* observou que a guerra, para ser justa, deve ter: a) causa justa; b) intenção reta nas hostilidades (evitar fazer o mal e procurar fazer o bem); c) e ser declarada pela autoridade competente. A violação de um direito, violação grave, justificaria a guerra, para *Francisco de Vitória*.

Muitos pensadores vieram nessa linha descortinando o lado certo da guerra. Hoje em dia, o problema não se põe nesses termos, porque o desarmamento é preocupação universal, um objetivo a ser alcançado.

A Carta da ONU, em seu art. 2º, alínea 4, estabelece: "Todos os Membros deverão evitar, em suas relações internacionais, a ameaça ou o uso da

---

(210) *Curso de direito internacional público*, v. 1º, p. 1.136.

força contra a integridade territorial ou a independência política de qualquer Estado, ou qualquer outra ação incompatível com os propósitos das Nações Unidas". O uso da força está proibido.

Na Carta da OEA, o art. 18 determina o seguinte: "Nenhum Estado ou grupo de Estados tem o direito de intervir, direta ou indiretamente, seja qual for o motivo, nos assuntos internos ou externos de qualquer outro. Este princípio exclui não somente a força armada, mas também qualquer outra forma de interferência ou de tendência atentatória à personalidade do Estado e dos elementos políticos, econômicos e culturais que o constituem".

Tratados e acordos foram feitos para o desarmamento, com preocupação com a segurança coletiva. O Tratado de Tlatelolco, México, 1967, é um exemplo, procurando interditar as armas nucleares na América Latina. O Protocolo Adicional I estende a proscrição de armas nucleares aos territórios coloniais, e o Protocolo Adicional II cria o compromisso de as potências nucleares não utilizarem armas desse tipo na América Latina, embora não proíba a explosão nuclear para fins pacíficos.

A Assembleia Geral da ONU, 1968, também aprovou um tratado de não proliferação de armas nucleares, e assim por diante. Cada vez mais, o mundo procura coibir as ações armamentistas.

O direito à guerra vai tomando outro sentido, como, por exemplo, no que tange aos beligerantes, à igualdade de tratamento entre agressor e agredido, à regulamentação da conduta dos contendores, à submissão dos mesmos aos princípios da Humanidade.

A violação dessas normas que se vão formando implica responsabilidade internacional dos envolvidos, com a aplicação de sanções como o ressarcimento de danos, embora após a guerra tais regras somente favoreçam o vencedor.

Ligado ao problema da guerra desenvolveu-se, em decorrência da preocupação de suas consequências, o chamado Direito Humanitário, com base na defesa dos direitos do homem(211).

O "Direito Internacional Humanitário" é um conjunto de normas internacionais, que se originam em convenções ou em costumes, especificamente destinadas a serem aplicadas em conflitos armados, internacionais ou não internacionais, que limitam, por razões humanitaristas, o direito das partes em conflito a escolher livremente os métodos e os meios utilizados no combate ("Direito de Haia") e que protegem as pessoas e os bens afetados ("Direito de Genebra")(212).

---

(211) TRINDADE, Antônio Augusto Cançado. *A proteção internacional dos direitos humanos*. São Paulo: Saraiva, 1991.

(212) SWINARSKI, Christophe. *A norma e a guerra*, p. 11.

4. Tipos de guerra

A guerra pode principiar de diversas formas, como a prática de atos hostis de um Estado contra outro, o não atendimento de um *ultimatum* que, se não cumprido, resultaria no estado de guerra, ou a própria declaração de guerra.

É de se salientar que a declaração de guerra é ato formal em que um Estado comunica a outro e, se for o caso, aos demais, a existência do estado de guerra. A Convenção de Haia, de 1907, recomendava que assim se procedesse, estabelecendo que as hostilidades deveriam ser pré-avisadas. Entretanto, a prática não se socorre dessa possibilidade, porque o autor da declaração poderia vir a ser classificado como agressor.

Pode-se falar em guerra terrestre, guerra marítima, guerra aérea, guerra nuclear, guerra química, guerra bacteriológica, etc., dependendo do modo e do terreno em que a guerra se processa.

a) Guerra terrestre — Alguns aspectos são de se destacar na guerra terrestre, como a existência de beligerantes e não beligerantes, isto é, de população civil, que não deve sofrer os efeitos da guerra.

A Convenção de Haia, em seu regulamento anexo, discrimina algumas proibições: a) matar ou ferir à traição indivíduos pertencentes à nação ou ao exército inimigo; b) matar ou ferir um inimigo que, tendo deposto as armas ou não tendo meios de defesa, entregou-se "à discrição"; c) declarar que não se dará quartel; d) usar indevidamente o pavilhão nacional ou insígnias militares e uniformes do inimigo, bem como signos distintivos da Convenção de Genebra; e) destruir ou apreender propriedades inimigas, salvo os casos em que a destruição ou apreensão forem imperiosamente recomendadas pelas necessidades da guerra; f) declarar extintos, suspensos ou não admissíveis em justiça os direitos e ações dos nacionais da parte contrária; g) forçar os nacionais da parte contrária a participarem das operações de guerra dirigidas contra seu país, mesmo no caso em que tivessem estado a seu serviço antes do início da guerra; h) atacar ou bombardear, por qualquer meio que seja, cidades, aldeias, habitações ou edifícios que não estejam defendidos; e i) entregar ao saque uma cidade ou localidade, mesmo tomada de assalto.

A espionagem é possível mesmo em tempo de paz, e já faz parte do costume internacional e até de seus romances e folclores.

Relevante é a preocupação com o prisioneiro de guerra, que passou da escravidão e eliminação da vida, na Antiguidade, até os dias atuais, em que se procura dar um tratamento humanitário, pelo menos em teoria, visando principalmente à retenção do inimigo, para que não volte a guerrear. Temos, tratando do prisioneiro de guerra, diversas Convenções: Haia, 1899; Haia, 1907; Genebra, 1929; e Genebra, 1949 — sendo esta última aplicada não só em caso de guerra, mas de qualquer outro conflito armado.

A Convenção é aplicada com a fiscalização de potências protetoras, sendo os prisioneiros de guerra obrigados a apenas declarar o sobrenome, prenome, graduação, data de nascimento e número de matrícula. Têm direito de conservar a bagagem pessoal e não podem sofrer torturas. Além disso, deve o exército dominador preocupar-se com a alimentação dos prisioneiros, assistência médica e religiosa. Os mortos também têm sua regulamentação: não podem ser despojados; devem ser identificados, registrados; a incineração será feita em razão de imperiosas medidas de higiene ou preceitos estabelecidos pela religião do falecido.

Os civis, como não poderia deixar de ser, têm sua proteção, em relação à vida, ao trabalho, residência, não podendo ser forçados a se alistar nas Forças Armadas, proibidas as penas coletivas, deportações para o Estado ocupante, represálias, ataques indiscriminados, fome; são protegidos na sua honra, hábitos, costumes, direitos de família, etc.

Alguns conceitos e distinções são importantes na formulação da matéria da ocupação, como abaixo descreveremos:

a.1) Ocupação de território — Caracteriza-se pelo fato de que o governo não mais exerce sua autoridade no território, uma vez que esta é exercida pelo inimigo.

a.2) Invasão — Segundo *Accioly*, é a simples penetração de um beligerante em território inimigo, determinando a dominação de parte do território, mas sem o exercício regular dos poderes administrativos. Precede à ocupação(213).

a.3) *Debellatio* — É consequência da ocupação total do território adversário, não existindo território, em consequência, nem soberania, deixando o Estado ocupado de existir. É quando a ocupação bélica se transforma em *occupatio imperii*, por cessação de hostilidades, de forma prolongada, e não existência do invasor.

a.4) Conquista — É modo de aquisição de território em que este é incorporado em caráter definitivo pelo invasor.

a.5) Ocupação de territórios *res nullius* — Ocupação decorrente de arrendamento. São formas diferenciadas das que estamos tratando, porque ocorrem em tempo de paz.

b) Guerra marítima — Por óbvio, é aquela feita no mar, operada por navios e regulada pelas leis de guerra marítima. Contudo, as mesmas normas são aplicadas à guerra quando feita nos rios (fluvial).

Ao contrário do que ocorre na guerra terrestre, em que a propriedade do inimigo deve ser preservada, na guerra marítima, a propriedade pode ser capturada.

---

(213) *Manual de direito internacional público.* 11. ed., p. 282.

Outra diferença é que a guerra territorial, por sua própria natureza, limita-se ao território de um dos contendores ou de ambos, enquanto na guerra marítima as escaramuças podem estender-se até alto-mar, que não pertence a ninguém.

Os prisioneiros de guerra na guerra marítima têm o mesmo tratamento que os prisioneiros de guerra terrestre.

Conceitos e distinções importantes:

b.1) Forças regulares — Navios de guerra, ou seja, navios destinados a operações militares.

b.2) Forças auxiliares — Navios mercantes utilizados pelos beligerantes em tempos de guerra. É a transformação dos navios privados em navios de guerra.

b.3) Corso e navios corsários — Corso são os atos e hostilidades praticados pelos navios corsários. Essas são embarcações de simples particulares autorizados pelos Estados para se armar em guerra com o exclusivo objetivo de causar perdas ao comércio inimigo.

b.4) Pessoal beligerante na guerra marítima — A equipagem dos navios de guerra e dos navios auxiliares.

b.5) Ocupação na guerra marítima — Só existe quando há ocupação no domínio terrestre.

b.6) Direito de presa — É expressão utilizada para dois momentos, em conjunto: a captura do bem e o confisco, a atribuição da propriedade do bem capturado ao captor. O direito de presa tem finalidade mercantil. É aplicável aos navios privados. Não é aplicável aos navios encarregados de missões filantrópicas, religiosas, científicas, aos navios-hospitais, aos munidos de salvo-conduto, aos que façam serviço de pequena navegação e aos navios de pesca.

c) Guerra aérea — Relativamente recente é a guerra aérea, daí a falta de convenções sobre a matéria. Tem-se notícia de que a primeira guerra em que se utilizou a aviação foi a ítalo-turca entre 1911 e 1912. Contudo, na Primeira Guerra Mundial é que se desenvolveu.

É a guerra realizada no ar, formando as forças beligerantes as aeronaves militares. Seguem-se, normalmente, na guerra aérea os direitos e deveres entre beligerantes já consagrados para a guerra marítima e para a guerra terrestre.

d) Guerra nuclear — Os efeitos da guerra nuclear, pelo descontrole dos mecanismos, são catastróficos e podem atingir indiscriminadamente militares e a população civil, além da própria Natureza, com repercussões para as gerações futuras. Pela primeira vez o Homem utilizou-se da bomba atômica em Hiroshima, em 6.8.1945, e pela segunda vez em Nagasaki, em 9 de agosto daquele ano, ambas na Segunda Guerra Mundial. Embora a guerra, como um todo, não deva ser acolhida pelo Direito Internacional a não ser na medida em que possam existir regras — consuetudinárias, convenções — que tornem menos deletérias as consequências dos conflitos, a guerra nuclear, hoje em dia, teria proporções inimagináveis.

A guerra nuclear, pelo que possa resultar, nada menos que os exemplos mencionados do Japão, fere todas as Convenções e protocolos sobre as leis de guerra.

e) Guerra química — Consiste no emprego de agentes químicos, gases de combate, que atuam sobre o ser humano. Em 1989, em Paris, na sede da UNESCO, 149 países reunidos aprovaram uma declaração de proibição do uso de armas químicas, que, na sua versão mais moderna, podem ter efeitos impensáveis.

f) Guerra bacteriológica — É a guerra biológica, com o emprego de bactérias, fungos, vírus, etc., que produzem doenças e morte nos seres humanos. Como as duas anteriores, provoca sofrimentos inúteis aos indivíduos e, como tal, é proibida.

As três — atômica, bacteriológica e química (*chemical*) — formam a chamada guerra ABC, que o Direito Internacional condena.

5. Guerra interna e internacional

Fala-se, também, em guerra interna e internacional, porque, independentemente do nome, ambas preocupam o Direito Internacional. Isso se dá porque as guerras internas, aquelas que ocorrem dentro das fronteiras de um país, vêm sempre com alto índice de atos bárbaros contrários aos seres humanos, e a proteção ao ser humano é prioritária para o Direito Internacional. Além do mais, torna-se cada vez mais difícil separar o que é ou não é interno, dada a influência da guerra interna — e quando mencionamos guerra "interna" falamos daquela guerra de grandes proporções — e da guerra internacional em cada um desses respectivos fundamentos[(214)].

6. Neutralidade

Outro fenômeno que pode acontecer na guerra é a chamada "neutralidade", que é a situação jurídica e política do Estado que permanece fora de uma guerra entre dois ou vários Estados, abstendo-se de participar ativa ou passivamente.

Tem como característica o ato discricionário do Estado de se abster, permanecer neutro, criando, com isso, direitos e deveres na ordem internacional.

---

(214) MELLO, Celso A. *Guerra interna e direito internacional.*

Decorre a neutralidade da soberania do Estado. O Estado soberano não pode ser obrigado a participar de nenhuma guerra, e assim resolve. Todavia, a solidariedade internacional não se compatibiliza com essa atitude do Estado, e, hoje em dia, mais do que uma soberania absoluta, o que se tem, já vimos, é a relatividade da soberania, porque os Estados dependem, para sobreviver, uns dos outros.

Não há dúvida de que pode o Estado entender que não deva participar das guerras. Entretanto, essa neutralidade pode ser vista, também, como o não cumprimento de um dever de participação.

Na neutralidade, deve o Estado respeitar essa posição por ele mesmo tomada, tanto na guerra terrestre como na marítima ou aérea, ou seja qual for a espécie de guerra que se desenvolva.

Na guerra terrestre, por exemplo, tem o Estado o dever de não permitir a passagem de um comboio de munições e víveres no seu território e de não permitir a formação ou instalação de nenhum aparelho conectado de alguma forma com a guerra.

Para que isso ocorra, é evidente que o Estado, às vezes, necessita repelir pela força quem violar tal neutralidade. Se assim o fizer, não estará participando da guerra. O mesmo ocorre se deixar que o Estado beligerante exporte armas e munições que estavam em seu território ou, ainda, que utilize cabos telegráficos ou telefônicos ou aparelhos de telegrafia sem fio de sua propriedade ou de propriedade de empresas particulares. O desempenho da função de potência protetora pelo Estado neutro também é possível.

Como se observa, a neutralidade não significa falta total e completa de atitudes. Desde que membro da sociedade internacional, o Estado tem sempre direitos e deveres, não se encontrando situações em que possa idealmente permanecer esquecido.

Quando o mundo era menor, menos conhecido, os meios de transportes não tão aperfeiçoados, a neutralidade de fato pôde ocorrer sem grandes consequências. No dias atuais, não se crê mais nessa possibilidade, porque sempre existirão deveres e direitos inerentes à condição de neutralidade. O Estado neutro pode manter relações diplomáticas e consulares com qualquer beligerante, bem como proteger seus nacionais.

Outro direito dos Estados neutros é o direito de angária; como sabemos, angária é uma espécie de requisição feita por um dos beligerantes em relação a bens pertencentes ao neutro, que se encontram no território ocupado. Pois bem, esse direito também é consagrado aos neutros.

Outras regras existem em relação aos neutros, como no que tange ao direito de presa, à zona de segurança nacional, à limitação das importações, ao bloqueio marítimo, ao contrabando, à não permissão de passagem de aeronave militar em seu território, etc. As Convenções de Haia de 1907 e de Genebra de 1949 regulam alguns aspectos da neutralidade(215).

7. Término da guerra

Normalmente, a guerra entre os Estados termina com a conclusão de um tratado de paz; mas, pode se extinguir pela *debellatio*, quando um dos beligerantes é aniquilado completamente, ou pela capitulação incondicional, como ocorreu na Segunda Guerra Mundial.

8. Conceitos sobre a guerra

Passamos agora a dar alguns conhecidos conceitos em matéria de guerra, para que o estudioso não se surpreenda com a literatura específica e o linguajar característico:

a) Parlamentário — É o indivíduo autorizado por um dos beligerantes a proceder às conversações com o outro, apresentando-se com a bandeira branca.

b) Salvo-conduto — São escritas dadas aos nacionais inimigos e aos cidadãos neutros para circularem livremente, dentro de certos limites, na zona de operações de guerra.

c) Armistício — É o acordo que tem por efeito a suspensão total ou parcial das hostilidades por tempo determinado.

d) Capitulação — Entende-se por capitulação o ato de rendição das tropas.

e) Espionagem — Conjunto sistemático de serviços prestados de forma clandestina, desenvolvendo-se nos campos militar, político e econômico.

f) Salvaguarda — É a proteção que um chefe militar concede a certos edifícios, para que fiquem ao abrigo da guerra.

g) *Navicert* — É o certificado fornecido pelos beligerantes ao navio neutro após a verificação de que a carga que esse navio carrega não é destinada ao inimigo.

h) Contrabando de guerra — É a apreensão de bens quando a caminho do inimigo. Normalmente, o confisco da carga.

i) Assistência hostil — Caracteriza-se pela assistência que um navio dá ao inimigo, seja mediante transporte de passageiros que virão a se incorporar às Forças Armadas do adversário, seja por meio de notícias que o navio esteja levando ao inimigo.

---

(215) Ver, sobre o assunto, o Curso, aqui já tantas vezes citado, de Albuquerque Mello.

9. Conflitos localizados

Já houve tempo em que as guerras internas e os pequenos conflitos não preocupavam o Direito Internacional. O mundo parecia menor, e de certa forma o era.

Hoje, a globalização e a interdependência entre Estados não permitem que se olvide a existência de pontos no planeta onde ocorrem guerras específicas, por motivos históricos, políticos, religiosos, econômicos, e que tais conflitos, eventualmente, podem quebrar o frágil equilíbrio das relações internacionais.

Tais conflitos dificilmente deixarão de existir e por enquanto não estão atingindo proporções que possam pôr em risco a paz mundial.

O controle que a Ordem Internacional — uma ordem de paz, de respeito à independência dos países e de cooperação —, entretanto, possa ter desses conflitos localizados, passa, necessariamente, pelo conhecimento da existência dos mesmos, dos fatores que os alimentam e de seus caracteres.

Não é um trabalho só para historiadores, sociológos e analistas políticos, mas, também, para internacionalistas, estudiosos do Direito.

Os conflitos são levados em conta pelo Direito, na busca da plena realização dos princípios e regras conhecidos e estudados. Instrumentos na promoção da paz.

As soluções diplomáticas, jurídicas, econômicas e até coercitivas devem ser consideradas para o término de guerras internas civis e conflitos regionais[(216)].

10. O objetivo da paz

Não se pode esquecer que a preocupação com a guerra, o seu *modus* de propagação, suas espécies e conceitos somente têm a finalidade de garantir o objetivo maior da sociedade internacional e do próprio direito em que se arrima, que é a paz, a segurança, o progresso.

As potências aliadas, reunidas em São Francisco, ao criarem uma nova organização internacional, procuraram evitar os erros do passado, e o principal deles foi sem dúvida a Segunda Guerra Mundial. Buscou-se, pois, um modelo que não levasse ao fracasso e derrocada do mundo, como aconteceu com a Sociedade das Nações. Nesse desiderato, corporificou-se

(216) À guisa de ilustração e porque cremos na importância da preocupação que todo internacionalista deve ter, lembramos que existem muitos pontos de conflitos localizados no mundo atual: Afeganistão, Angola, Argélia, Armênia/Azerbaidjão, Espanha/Bascos, Índia/Paquistão, Indonésia/Timor Leste, Iugoslávia/Kosovo, Palestina/Israel, Uganda/Ruanda, Síria/Israel, Irlanda do Norte/Irã, México/Exército Zapatista, Marrocos/Frente Polisário, China/Tibet e etc.

na Carta o art. 2º-4[(217)], que estabelece a proibição de os Estados usarem a força, admitindo-se como exceção a legítima defesa e com autorização do Conselho de Segurança, e neste segundo caso de forma coletiva.

Aos poucos, se observou que o estabelecido na Carta da ONU não podia abranger, na sua interpretação restrita, a realidade do mundo pós-guerra, porque se bipolarizaram as forças e a disputa passou a ser ideológica entre os grupos de países vencedores da Segunda Guerra, o que *Bobbio* considerou a Terceira Guerra Mundial, a chamada "Guerra Fria".

Desse modo, é preciso observar uma interpretação mais consentânea dos dispositivos da Carta, informados pelo objetivo maior, inexistindo, hoje em dia, o que se denominava "Guerra Justa". Nenhuma guerra é justa porque o uso da força somente pode ser admitido em situações extremas de sobrevivência. Entretanto, o modelo de segurança implementado, apesar da hermenêutica acima, esbarrava no direito de veto atribuído aos membros permanentes do Conselho de Segurança, que, quando percebiam a possibilidade de derrota de suas ideias, utilizavam-se desse direito e imobilizavam a ONU, sendo as medidas de reação do Conselho, nas agressões, nulas.

As divergências entre a União Soviética e os Estados Unidos sempre levaram ao impasse, e o mecanismo proposto pelo art. 43 da Carta, que permite acordos dos Estados-membros com o Conselho de Segurança, para a colocação de contingentes armados para dotar a ONU de recursos militares que impusessem barreiras a agressores localizados, não foi praticado.

O que assistimos hoje é a mudança de conceitos na interpretação da Carta, porque influenciam a atividade da Organização os interesses individuais, regionais ou coletivos dos membros do Conselho de Segurança.

Possibilita-se o uso da força, ampliando o desejo inicial dos membros, por exemplo, na luta pela autodeterminação dos povos, conceito diverso do de legítima defesa.

A Resolução da Assembleia Geral n. 3.314 das Nações Unidas, em 1974, em seu art. 7º, estabelece o direito dos povos que vivem sob regimes racistas e colonialistas de lutar por sua liberdade, independência e autodeterminação e, ainda, receber apoio de outros Estados para a manutenção da luta.

---

(217) "Art. 2º A Organização e seus membros, para a realização dos propósitos mencionados no art. 1º, agirão de acordo com os seguintes princípios:
1. ....
2. ....
3. ....
4. Todos os membros deverão resolver suas controvérsias internacionais por meios pacíficos, de modo que não sejam ameaçadas a paz, a segurança e a justiça internacionais." (Carta das Nações Unidas, assinada em 26 de junho de 1945)

Foi, portanto, admitido o uso da força, bem ao gosto dos países desenvolvidos, em algumas situações, para as chamadas "Guerras de Libertação".

É de se observar que os interesses políticos, econômicos e estratégicos continuam a manipular os conceitos do que deve ser encarado como "autodeterminação" e "Guerra de Libertação", e, portanto, há ainda um camuflado emprego do que é justo ou injusto em termos de guerra.

A invasão de forças externas, comandadas pela União Soviética, na Tchecoslováquia em 1968, com a deposição do governo local, teve sua justificação, de certa forma, em tais imprecisos conceitos, o que violou o art. 2º-4 da Carta; mas estava de acordo com a interpretação ditada pelos interesses regionais.

Em 1983, a invasão da Ilha de Granada pelos Estados Unidos teve por justificativa a proteção dos nacionais americanos vivendo no local e a restauração da lei ofendida por golpe militar de esquerda.

Em 1968, novamente, os EUA impunham o uso da força na Nicarágua para apoiar o povo nicaraguense, e também assim agiu no Panamá, prendendo o líder Noriega. Outros fatos semelhantes se desenrolaram, sempre na busca de interesses políticos próprios e ainda que ideologicamente justificáveis e eventualmente justos.

Não se pode negar que houve uma revogação do art. 2º-4 da Carta das Nações, talvez ensejando a necessidade de se redefinir o uso da força, uma vez que sua proibição não parece ter assentado após 1945.

Há a prevalência dos conceitos do que é justo ou injusto sobre o conceito ou o princípio da paz, o que reputamos extremamente perigoso, porque ao sabor dos dominantes de plantão, mesmo em pequenas regiões do mundo, a exemplo do Iraque, sob o fundamento da unidade árabe.

O Conselho de Segurança da ONU, todavia, tem demonstrado, nos últimos tempos, uma unidade de pensamento, o que é positivo, e existe mesmo um consenso sobre a defesa dos direitos humanos.

Esse novel grupo de direitos, ainda em estado de melhor definição, pode ser o "mote" para a aplicação justa e consensual da força e quem sabe a manutenção da paz.

Os fatos ainda se encontram fluídicos, e os conceitos necessitam de melhor desenho configurativo e universal.

A modificação da Carta, nesse sentido, deve ser o objetivo dos próximos anos, porque a adaptação dos novos fenômenos é a forma pela qual um texto legal sobrevive, revitaliza-se e cria poder de sedução e eficácia.

Embora precária a ordem mundial, ela ainda se mantém e deve ser respeitada, porque dela depende o afastamento de uma guerra generalizada.

QUADRO SINÓTICO

LITÍGIOS INTERNACIONAIS E SOLUÇÕES

— Regra fundamental: a solução de controvérsia será por: negociação, inquérito, mediação, conciliação, arbitragem, solução judicial ou qualquer outro meio pacífico

— Soluções pacíficas
- meios diplomáticos
- meios jurisdicionais
- meios políticos
- meios coercitivos

— Meios diplomáticos
- negociações
- serviços amistosos
- bons ofícios
- mediação

— Meios jurídicos
- arbitragem
- solução judiciária

— Meios políticos
- apelo às instâncias políticas da ONU, como o Conselho de Segurança e a Assembleia Geral

— Meios coercitivos
- retorsão
- represálias
- embargos
- bloqueio pacífico
- boicotagem

— Guerra: declaração formal de um Estado comunicando a outro e/ou aos demais o "estado de guerra"

— Tipos de guerra
- terrestre
  - ocupação de território
  - invasão
  - *debellatio*
  - conquista
  - ocupação de territórios *res nullius*
- marítima
  - forças regulares (navios de guerra)
  - corso
  - navios corsários
  - direito de presa (captura do bem e confisco)
- aérea: aviação
- nuclear: bomba atômica
- química: agentes químicos
- bacteriológica: biológica para produzir doenças

— Neutralidade: situação jurídica e política do Estado que permanece fora da guerra

— A Paz: objetivo maior

CAPÍTULO XVIII

CORTE INTERNACIONAL DE JUSTIÇA

1. CIJ e CPJI. 2. Formação da Corte. 3. Ideal da Justiça Internacional. 4. Competência Contenciosa e Consultiva. Quadro sinótico.

1. CIJ e CPJI

A Corte Internacional de Justiça ocupou o lugar da Corte Permanente de Justiça, de fevereiro de 1922, da época da Sociedade das Nações.

Com a criação da ONU em 1945, nos artigos 92 a 96 de sua Carta estatuiu-se o Tribunal Internacional de Justiça, como principal órgão Judiciário das Nações Unidas.

A Corte é regida pelo seu Estatuto, adaptação do antigo Estatuto da Corte Permanente de 1922. Os membros das Nações Unidas poderão criar outros órgãos (Tribunais/Cortes), como realmente tem acontecido ao longo dos anos, a exemplo do Tribunal de Justiça da Comunidade Europeia, o Tribunal Europeu dos Direitos do Homem, a Corte Interamericana de Direitos Humanos e outros. Todos os membros da ONU poderão fazer parte da Corte Internacional e se comprometem, como não poderia deixar de ser, em obedecer a sentença da Corte.

2. Formação da Corte

A Corte é formada por 15 (quinze juízes) eleitos pela Assembleia Geral e pelo Conselho de Segurança, para um mandato de nove anos, sendo possível a reeleição, procedendo-se à renovação pelo terço a cada três anos (cada três anos termina o mandato de cinco juízes). Não pode na Corte figurarem dois juízes nacionais do mesmo país. Devem ser eleitos entre pessoas de alta consideração moral, jurisconsultos de reconhecida competência internacional e que possam estar preparados para exercer as funções jurisdicionais. Não são tais juízes escolhidos por um critério de nacionalidade ou geográfico, mas que representem as mais diversas escolas de pensamento jurídico, os principais sistemas jurídicos mundiais. Já foram juízes brasileiros na Corte: Filadelfo Azevedo, Levi Carneiro, José Sette Camara, Francisco Rezek e atualmente Antonio Augusto Cançado Trindade.

Os juízes da Corte não são representantes dos governos respectivos; devem agir como juízes independentes de quaisquer interesses nacionais e/ou de soberanias, somente objetivando a aplicação do Direito Internacional e a solução da lide com justiça.

O Presidente e o Vice-Presidente são eleitos para um mandato de três anos, e são reelegíveis.

3. Ideal da Justiça Internacional

Com a criação da Corte e com a sua atuação há, efetivamente, a realização, ainda que gradual, porque em construção, de um ideal de Justiça internacional. Embora, a primeira, a Corte Permanente de 1922, observa-se o desiderato de atuar num contencioso inter-estatal e o Estatuto da atual CIJ tenha absorvido muitas das regras anteriores, sua atuação e o conjunto dos tribunais criados desde 1945, parece ampliar essa perspectiva, porquanto se outras coletividades e o indivíduo não têm acesso à Corte Internacional, estes já conseguem se fazer ouvir em outros foros, ficando para a Corte os conflitos entre Estados, mas abrindo-lhe o rol de considerações a sua competência consultiva.

Na competência contenciosa os Estados soberanos em conflito se submetem à jurisdição da Corte: Estado-autor ajuíza o pedido inicial e o demandado contesta. Entretanto, se referidos Estados fizeram um tratado bilateral em que acordaram levar seus conflitos à Corte Internacional, não se há de falar em autor e réu, porque a direção à Corte será feita em conjunto.

Ensina Cançado Trindade: "*...o Estatuto da CIJ capacitava outros organismos das Nações Unidas (ademais da Assembleia Geral, do Conselho de Segurança e do ECOSOC a fazê-lo, como as próprias agências especializadas (como a OIT, FAO, UNESCO, OACI, OMI, OMN, OMS, OMPI, ONUDI, UTI) e outros (BIRD, FMI, CFI, FIDA). A CIJ emitiu 27 Pareceres Consultivos até o presente. Outros tribunais internacionais contemporâneos encontram também dotados de competência consultiva, e há exemplos de uso frequente de Pareceres, tal como a construção jurisprudencial da Corte Interamericana de Direitos Humanos (CtIADH) em matéria consultiva.*"(218)

A verdade é que o Direito Internacional tende a conformar-se dentro de atuação jurisdicional muito mais ampla e efetiva do que teve até os dias de hoje, quando apenas a diplomacia e as negociações políticas alimentavam-no. As criações de várias Cortes Internacionais, com competência para todas espécies de matéria, que vão desde das questões envolvendo seres humanos até questões comerciais e administrativas, apontam para o império do Direito, que não é por si, uma redenção dos problemas internacionais,

---

(218) Trindade, Antônio Augusto Cançado. *Os Tribunais Internacionais e a Realização da Justiça*. Renovar, 2015, p. 6/7.

mas é um auspicioso caminho que observa mais as leis e os princípios de Direito do que simplesmente os interesses do poder. Com isso, quero dizer que em nossa visão o Direito Internacional neste século ganha outra roupagem e qualificação. Não há como confundi-lo com a política nem com os fatos econômicos ou militares, mas a prevalência do Direito, embora saibamos que o mundo internacional e suas leis movem-se, ainda, e muito, pelos acontecimentos de afirmação da soberania dos Estados. Cançado Trindade, em relação a competência consultiva da Corte especifica: "*Os Pareceres Consultivos da CIJ, por sua vez, têm também contribuído ao primado do* 'rule of law' *nos planos nacional e internacional...(...). Alguns deles têm, inclusive, contribuído ao desenvolvimento progressivo do Direito Internacional* (e.g., *os Pareceres sobre Reparações de Danos, 1949; sobre a Namíbia, 1970; sobre Imunidade de Processo Legal de um* 'Rapporteur' *Especial da Comissão de Direitos Humanos das Nações Unidas, 1999; dentre outros). O mesmo se pode dizer de alguns Pareceres Consultivos da CtIADH* (e.g., *os Pareceres sobre o Direito à Informação sobre Assistência Consular no âmbito das Garantias do Devido Processo Legal, 1999; sobre a Condição Jurídica e Direitos Humanos da Criança, 2002; sobre a condição Jurídica e Direitos dos Migrantes Indocumentados, 2003.*"[219]

Também o homem passa a ser, em definitivo, o centro das atenções, ao se ver como verdadeiro sujeito ativo e passivo em processos internacionais, embora saibamos que formalmente, perante a Corte, apenas os Estados são sujeitos que podem movimentar ações.

Caso o conflito a ser resolvido não tenha um juiz da nacionalidade de um dos países envolvidos, este poderá indicar um juiz "*ad hoc*" para fins de acompanhamento do julgamento.

Um fenômeno que tem acontecido, nos últimos tempos, é a multiplicação dos tribunais internacionais. Há tribunais de competências específicas (De Direitos Humanos, Comerciais, Marítimo, Penal etc.) e aquele que nasceu como uma possibilidade de reverter os confrontos entre Estados e que redundariam em guerra, como é o caso da Corte Internacional de Justiça.

Na verdade, o Direito Internacional cada vez mais se jurisdicionaliza, deixando a sociedade internacional de estar à mercê dos ventos políticos na busca de aplicar o Direito às mais diversas situações. Diríamos que sobra ainda um grande espaço para a atuação dos agentes políticos em nome do Estado, em nome de um povo ou de uma população específica, mas esse espaço está diminuindo cada vez mais, para enquadrar-se dentro de regras e princípios que não podem ser desrespeitados. Não se fala nem se pratica atos impunemente, como advindos de uma personalidade política específica:

---

(219) *Ibidem*, p. 7.

um grande líder mundial ou regional, um militar, um intelectual, que fale e aja em nome de um Estado, sem que sua atuação não tenha consequências jurídicas. Ainda que tenhamos admiração por personalidades históricas, revolucionários e contrarrevolucionários, líderes religiosos e políticos, o que se vê é um avanço para a despersonalização política dos agentes, quando falam em nome dos Estados e uma maior responsabilidade do Estado, bem como uma responsabilidade pessoal dos agentes, podendo estes praticarem crimes internacionais e serem julgados por isso, em face de regras internacionais. Embora a aventura humana continue, busca-se amarrar os atos e fatos a normas previamente postas no mundo internacional, o que entendemos ser uma evolução coletiva, porque não ficamos subordinados aos luminares da vida social, que a elevam e a fazem progredir, como também não ficamos submetidos, indefesos, aos ditadores sanguinários e suas manias, psicopatologias e neuroses, levando todo um povo ao abismo. Isto ainda pode acontecer, mas a rede pacientemente trançada pelo Direito não permite, ou não deve permitir, a insegurança proveniente de decisões impensadas e contrárias ao Direito, um Direito universal em seus princípios reconhecidos, normas e costumes, sob os quais pouca dúvida resta na consciência jurídica dos povos. Os tribunais internacionais, regionais e nacionais, e mesmo arbitrais, e demais soluções jurídicas admissíveis, devem atuar, de certa forma, pelos mesmos caminhos e decidirem com base em regras universais, e depois aplicarem aquelas postas para o caso concreto; todavia, estas últimas não devem se apartar das conquistas jurídico-políticas dos últimos tempos, que tendem a revelar uma face mais civilizada da humanidade. Por exemplo, condenar, talvez, mas não por uma execução de morte vil e desumana. Como se vê, pelas notícias dos jornais, estamos ainda um pouco distantes do ideal que o Direito busca impor.

Jónatas Machado esclarece: "A doutrina fala hoje de uma proliferação de tribunais internacionais e da emergência de uma comunidade global de tribunais não apenas as múltiplas instâncias internacionais, arbitrais e jurisdicionais, mas também os tribunais nacionais, todos tendo em comum o fato de serem aplicadores autoconscientes do direito internacional. Refira-se, de resto, que os tribunais nacionais aplicam com frequência crescente o direito internacional, podendo ser com propriedade designados como *tribunais internacionais em sentido amplo*. Nalguns domínios, os mesmos são responsáveis pelos principais desenvolvimentos no direito internacional, como sucede, por exemplo, em matéria de imunidade dos Estados". Ainda elucida, o professor de Coimbra, as consequências disto, com a ampliação das possibilidades de cooperação e de fazer aplicar no direito internacional institutos como a litispendência e a coisa julgada e uma jurisprudência global.

Não nos assusta essa possibilidade, como pode ocorrer para alguns, parecendo que os Estados poderiam estar perdendo suas soberanias. Não se trata de globalização jurídica, mas de evolução da consciência jurídica em questões fundamentais para a humanidade e mesmo para a garantia da paz e segurança internacionais. Em muitos casos, os tribunais internacionais têm agido de forma complementar aos tribunais nacionais, ou atuado quando estes últimos não o fazem.

4. Competência

O tribunal funciona de forma permanente, em plenária ou em seções, de acordo com a natureza dos casos. Elabora as suas regras processuais e tem uma competência dupla: contenciosa e consultiva.

4.1. Competência contenciosa

Sua competência é limitada à resolução de litígios entre Estados, limitada pelo Estatuto e pelo consentimento entre Estados: "Art. 34. 1. Só os Estados poderão ser parte em questões perante a Corte"; "Art. 35.1. A Corte estará aberta aos Estados que são partes do presente Estatuto." Assim, dirime conflitos entre Estados que aceitem a sua jurisdição em determinado caso, ambos os Estados em conflito devem anuir que a Corte atue. A cláusula facultativa de jurisdição obrigatória, chamada cláusula Raul Fernandes, imprime uma força específica de atuação. É facultativa, pois nenhum Estado é obrigado a submeter-se à Corte, mas se o faz segue as suas regras e aceita a decisão, mesmo que lhe for contrária. "Art. 36.2. Os Estados, partes do presente Estatuto, poderão, em qualquer momento, declarar que reconhecem como obrigatória, *ipso facto* e sem acordo especial, em relação a qualquer outro Estado que aceite a mesma obrigação, a jurisdição da Corte em todas as controvérsias de ordem jurídica que tenham por objeto: a) a interpretação de um tratado; b) qualquer ponto do direito internacional; c) a existência de qualquer fato que, se verificado, constituiria violação de um compromisso internacional; d) a natureza ou extensão da reparação devida pela ruptura de um compromisso internacional." Observe-se que todos os membros da ONU são partes no estatuto da Corte, embora possam resolver suas questões por outros meios pacíficos de solução de litígios.

O objeto do processo é o que está articulado pelas partes, todavia, o tribunal tem entendido que, ao considerar todos os aspectos analisados, pode implicar a aceitação de alegações das partes sobre fatos subsequentes ao pedido inicial, em decorrência do objeto da demanda.

O processo contencioso desenvolve-se com a participação de todos os juízes, observando-se o quórum mínimo de nove juízes.

As línguas de trabalho são o inglês e o francês, e qualquer outra quando autorizada e houver interesse das partes. Pode ordenar inquéritos e investigações e solicitar pareceres. Pelo art. 41, do Estatuto, se as circunstâncias o exigirem determinar medidas provisórias para preservar direitos de cada parte.

O processo tem várias fases: 1ª Escrita (apresentação de memoriais pelas partes, com documentos de apoio, com fornecimento de uma parte para a outra (cópias), em garantia do contraditório); 2ª Oral (com audiência de testemunhas, peritos, agentes e outros), com publicidade da audiência; 3ª Decisão (tomada por maioria dos juízes, com voto de qualidade do Presidente; lida publicamente; produz efeitos entre as partes e é irrecorrível, mas pode-se pedir a aclaração da mesma. É possível requerer uma revisão extraordinária ante a descoberta de fato ou fatos novos de relevo decisivo); 4ª Execução. Tal fase, em princípio, é deixada às partes. A execução é deixada às partes, que assumem o compromisso de cumprir a decisão (o que seria a execução). O art. 94. 1. da Carta da ONU é claro: "Cada membro das Nações Unidas se compromete a conformar-se com a decisão da Corte Internacional de Justiça em qualquer caso em que for parte". Se uma das partes não cumprir, poderá ser acionado o Conselho de Segurança da ONU (art. 94. 2.).

4.2. Competência consultiva

Tal competência se concretiza na possibilidade de proferir pareceres consultivos, decorrentes de pedidos advindos de órgãos, Assembleia Geral, o Conselho de Segurança, o Conselho Econômico e Social e a Comissão Interina da Assembleia Geral, além das entidades especializadas da ONU, autorizadas pela Assembleia Geral, sendo que a questão invocada deve ser de natureza jurídica sobre as atividades dos próprios organismos. A legitimidade, nos dias de hoje, para requerer, o parecer está circunscrito aos seguintes organismos especializados: Organização Internacional do Trabalho (OIT); Organização das Nações Unidas para a Alimentação e Agricultura (FAO); Organização das Nações Unidas para a Educação, a Ciência e a Cultura (UNESCO); Organização da Aviação Civil Internacional (OACI); Banco Internacional para a Reconstrução e Desenvolvimento (BIRD); Fundo Monetário Internacional (FMI); Organização Mundial da Saúde (OMS); Organização Marítima Internacional (OMI); Associação Internacional de Desenvolvimento (AID); Organização das Nações Unidas para o Desenvolvimento Industrial (ONUDI); União Internacional de Telecomunicações (UIT); Organização Meteorológica Mundial (OMM); Agência Internacional de Energia Atômica (AIEA); Sociedade Financeira Internacional (SFI); Organização Mundial da Propriedade Intelectual (OMPI); e o Fundo Internacional de Desenvolvimento Agrícola (FIDA). Por ser consultiva a competência, o parecer decorrente não tem, por certo, obrigatoriedade de cumprimento, todavia, goza de autoridade, porque a Corte Internacional de Justiça é o órgão judicial que interpreta e diz o Direito Internacional.

Os pareceres consultivos podem ser sobre quaisquer questões jurídicas, o que vale para a Assembleia Geral e para o Conselho de Segurança. Para os outros órgãos, tais questões devem se referir às suas atividades, o mesmo ocorrendo para as instituições especializadas. Os Estados não gozam de legitimidade processual para solicitar pareceres.

O procedimento é mais ou menos o mesmo da competência contenciosa: fase escrita (após o pedido, notificação para todos os Estados interessados que possam oferecer informações); fase oral (para os que desejarem se pronunciar sobre a questão); e fase do parecer (pronunciamento em audiência pública).

QUADRO SINÓTICO

CIJ {
- 1945
- 15 juízes de nacionalidades diferentes
- Competência contenciosa e Consultiva
- Contenciosa/litígios entre Estados
- Consultiva/organismos

CAPÍTULO XIX

TRIBUNAL PENAL INTERNACIONAL E CORTES SIMILARES

1. Fundamentos. 2. Precedentes. 3. Tribunal de Nuremberg e de Tóquio. 4. Tribunal para ex-Iugoslávia. 5. Tribunal para Ruanda. 6. Tribunal Penal Internacional. Quadro sinótico.

1. Fundamentos

Não é um fato novo a existência de um Tribunal Internacional para cuidar de crimes. As Normas Internacionais sempre geraram uma certa insegurança quanto à sua aplicabilidade, quando o indivíduo, isoladamente ou representando o Estado, praticou atos considerados contrários à humanidade, quase sempre produzidos nas situações de conflitos armados.

Indefeso o mundo reagia e ainda reage com a união de forças contrárias.

A comunidade internacional não tem mecanismos confiáveis para coibir tais atos e prevenir repetições. Fatos que marcaram a História Humana, reveladores da crueldade do homem, de tempos em tempos assomam no horizonte: vinganças, torturas, matanças.

A política mundial, dominada pelo egoísmo, pela concentração de poderes, pela conquista — antigamente de territórios — hoje de mercados, impositiva de normas étnicas, religiosas, sociais, econômicas, propicia o aparecimento de ditadores, de grupos de domínio, de fanáticos, sem que tenhamos um sistema de defesa e preservação.

Não há governante que consiga preservar o povo e o território dos ventos internacionais. Quem tenta assim agir paga um preço alto de isolamento e incompreensão.

Governar com os olhos voltados apenas para a área doméstica é um convite à sucumbência político-econômica e ao enfraquecimento, ainda maior, da soberania estatal, já relativizada pela realidade econômica mundial.

Para conservar a soberania e a independência é necessário abrir as portas para a negociação e o diálogo. Conviver é a palavra chave. A diplomacia com maleabilidade, talvez uma redundância, aceita o sistema, torna o terreno mundial menos árido e inibe, com maior sucesso, a ação de grupos extremistas.

A saída é pelo jogo da inteligência e da sedução: compreensão, assimilação, entendimento, percepção. Estamos a caminho da era do espírito.

Construir muros altos para separar povos (Alemanha, Israel) ou determinar ataques para manter o domínio ou expandi-lo é a estratégia da força e não a força da estratégia.

A primeira fere os princípios internacionais de convivência, de humanismo, de busca da paz; destrói. A segunda, depende do uso da inteligência e poderá, também, contrariar normas; mas, encontrará obstáculos maiores e a tendência será compor, administrar, redefinir metas.

Enquanto tal não acontece é necessário aprimorar o sistema internacional. Os Tribunais Internacionais, concebidos sob princípios reconhecidos e aceitos, cumprem parte dessa missão.

Não Tribunais de Guerra, feitos pelos vencedores na imposição de razões políticas, mas Tribunais nascidos do consenso, levando em conta uma realidade mundial, básica, de paz, de sobrevivência, independentemente — e aí reside a dificuldade — de raça, credo religioso, concepção político-ideológica, etc. O caminho é longo e possível.

2. Precedentes

No capítulo XIII, quando discorremos sobre os litígios internacionais e suas soluções, propiciamos uma pálida ideia da chamada solução jurisdicional: arbitragem e solução judiciária. Ambas voltadas para o conflito entre Estados. Outras mais, como vimos, existem: meios diplomáticos, políticos e coercitivos. A guerra deve ser evitada.

Para o Estado, dá-se ênfase às soluções negociadas; não causam submissão e são mais duradouras.

Para o ser humano ou grupo de pessoas que quebram as regras do trato social, de forma abrupta e com consequências sérias, a solução judiciária é a prática dos Estados e parece ser o caminho no Direito Internacional.

Algumas tentativas ocorreram ao longo da história, que pecaram pela base, pelo motivo da criação. Outras, como o Tribunal de Tóquio e o de Nuremberg, buscaram o estabelecimento de comandos sentenciais exemplares, que pudessem impor a futuros desrespeitadores dos direitos fundamentais e dos princípios de convivência, o medo de agir mal.

Soluções de urgência, também, vieram à tona, como os Tribunais *ad hoc* de Ruanda e da ex-Iugoslávia, para julgamento dos crimes cometidos nos respectivos territórios.

Tais tribunais são bem diferenciados dos Tribunais que cuidam dos atos e litígios dos Estados, como a Corte Internacional de Justiça ou o Tribunal da Comunidade Europeia.

O princípio, contudo, é o mesmo: a solução por intermédio de um corpo de juízes.

Aqui vamos tratar mais de perto o Tribunal Penal Internacional, como uma nova possibilidade de julgamento internacional em relação às pessoas. Tal novidade, ante o escopo de permanência dessa Corte, confirma a existência de uma realidade do ser humano, atuando de forma ilícita além das fronteiras de seu país ou mesmo dentro dessas fronteiras, mas, contra a humanidade(220).

3. Tribunal de Nuremberg e de Tóquio

Apenas uma rápida referência deve ser feita ao Tribunal de Nuremberg — uma das primeiras experiências de uma Corte Internacional em matéria penal — que teve relativo sucesso e muitos defeitos.

A Declaração de Moscou de 1º.11.1943, dos três grandes aliados, EUA, Reino Unido e URSS, estabeleceu os princípios para julgamento dos criminosos de guerra, depois adotados pelas Nações Unidas.

Tal julgamento processar-se-ia de dois modos: pela recondução dos criminosos aos países onde seus atos foram praticados, para nesses países serem julgados e o julgamento pelos governos aliados dos criminosos, cujos delitos não tinham definição geográfica específica (Grandes Criminosos de Guerra).

O texto do Estatuto do Tribunal Militar Internacional (Tribunal de Nuremberg) serviu de base para o Direito Penal após a Segunda Grande Guerra: responsabilizou-se não só os crimes de guerra e outros delitos, mas, também, o indivíduo por crimes cometidos contra a paz: "Se pudermos cultivar por todo mundo a ideia de que fazer uma guerra de agressão conduz ao banco dos réus mais que às honras, teremos alcançado um grande progresso no que se refere à segurança e à paz".(221)

O Tribunal era composto por quatro membros titulares e quatro suplentes, representantes das potências vencedoras: EUA, Grã-Bretanha, França e URSS.

As sentenças somente podiam ser estabelecidas por consenso. Havia a pretensão de serem os juízes, enquanto juízes, desnacionalizados, porque o julgamento de Nuremberg deveria refletir a reação dos vencedores da guerra em nome da humanidade, ou a reação da própria humanidade.

---

(220) Humanidade: Bondade, benevolência, compaixão, piedade em relação aos desfavorecidos; qualidade de quem realiza plenamente a natureza humana. *Dicionário Houaiss da língua portuguesa*. São Paulo: Objetiva, 2001.

(221) Palavras do Juiz Robert Jackson. In: DESCHEEMAKER, Jacques. Le jugement des grans criminels de guerre, p. 218, citado por GONÇALVES, Joanisval Brito. *Tribunal de Nuremberg*. Rio de Janeiro: Renovar, 2001. p. 74.

Funcionava o Tribunal com a acusação do Ministério Público (art. 14 do Estatuto), observando-se, também, um corpo de defensores alemães (equilíbrio da balança) dentre personalidades do Direito.

Acusação, defesa, debates, provas: o funcionamento do Tribunal seguiu a cartilha conhecida do mundo civilizado.

Os crimes acusados eram: crimes de conspiração, crimes contra a paz, crimes de guerra, crimes contra a Humanidade.

Envolviam tais crimes, segundo regras definidas no próprio estatuto, a preparação, direção, desencadeamento ou persecução de uma guerra de agressão ou violadora de tratado; participação em complô para quaisquer desses atos; violação das leis e costumes de guerra (assassinatos, maus-tratos, trabalhos forçados, etc.); extermínio, escravização, deportação, assassinato, atos cometidos contra a população civil.

A decisão do Tribunal declarando a culpa ou reconhecendo a inocência era definitiva; não havia nenhuma espécie de recurso.

É fato, embora a ideia e atuação do Tribunal tivesse respaldo numa consciência jurídica internacional, que alguns princípios caros ao Direito Penal não foram obedecidos: como o da irretroatividade da lei e o da reserva legal. Os crimes julgados por Nuremberg, salvo os crimes de guerra, não tinham definição prévia e/ou norma no sistema internacional.

Joanisval B. Gonçalves, em sua excelente obra, já mencionada, dá essas e outras notícias, bem como tudo terminou[(222)].

Após onze meses de trabalho, 22 homens foram levados a julgamento; 12 condenados à forca; 3 à prisão perpétua; 2 a 20 anos de reclusão; 1 a 15 anos de reclusão; 1 a 10 anos de reclusão e 3 absolvidos.

Outro Tribunal com a mesma finalidade e inspirado pelos mesmos fatos foi constituído em Tóquio (Tribunal Internacional do Extremo Oriente) para julgar os criminosos de guerra japoneses.

Após a Segunda Guerra Mundial, com todos esses fatos, reforçou-se, no Direito Internacional, o que se denominou "Direito Internacional Humanitário".

O Direito Humanitário é um corpo de normas que regra a atuação das partes nos conflitos armados e logo após o término do conflito (escolha dos meios de guerra; respeito à pessoa, à sua dignidade e desenvolvimento; respeito aos prisioneiros; proteção de feridos e enfermos; proteção dos civis, etc.), baseado em costumes e convenções.

---

(222) *Tribunal de Nuremberg* p. 100-193.

4. Tribunal para ex-Iugoslávia

O Tribunal Penal Internacional para a ex-Iugoslávia foi criado pela Resolução n. 808, de 22.2.1993, do Conselho de Segurança da ONU, com o objetivo de julgar os responsáveis pela violação do Direito Internacional Humanitário no Território da ex-Iugoslávia.

O Tribunal é composto por quatorze juízes de diversas nacionalidades e sua sede é em Haia. Existe possibilidade de recursos dos julgamentos, contrários aos interessados. Respeitam-se os princípios penais, não havendo pena capital.

5. Tribunal para Ruanda

O Tribunal Penal Internacional para Ruanda, criado pela ONU, Conselho de Segurança, Resolução n. 955, em novembro de 1994, seguiu os mesmos padrões do Tribunal da ex-Iugoslávia.

6. Tribunal Penal Internacional

Chegamos, finalmente, ao Tribunal Penal Internacional (TPI) que, diferentemente dos tribunais de Nuremberg, Tóquio, Ruanda, ex-Iugoslávia, Serra Leoa, Camboja, dentre outros, torna-se componente oficial e permanente do sistema internacional. Houve sempre uma tendência civilizada para, terminada a guerra, levantarem-se tribunais para julgamento dos crimes cometidos. Tais são exemplos da busca de implementação das regras internacionais nos palcos de guerra. O Tribunal Penal Internacional é resultado dessa busca, de forma estável, fazendo parte do ordenamento jurídico internacional, sem que, em princípio, houvesse necessidade de criar a cada conflagração armada um tribunal específico (*ad hoc*), ainda que, eventualmente, tal possa ocorrer.

Sua criação ocorreu em 17.7.1998, em Roma, numa Conferência Diplomática das Nações Unidas.

A competência do Tribunal, *lato sensu,* é para conhecimento, análise e julgamento dos delitos internacionais.

O Estatuto da Corte foi aprovado por 120 votos a favor, sete contra e 21 abstenções com previsão de sua entrada em vigor "no primeiro dia do mês seguinte ao sexagésimo dia após o depósito do sexagésimo instrumento de ratificação, aceitação, aprovação ou adesão junto ao Secretário-Geral das Nações Unidas" (art. 126 do Estatuto).

O referido estatuto contém 128 artigos, divididos em treze partes, a saber:

Parte 1. Estabelecimento do Tribunal (arts. 1º a 4º).

Parte 2. Jurisdição, Admissibilidade e Direito Aplicável (arts. 5º a 21).

Parte 3. Princípios Gerais do Direito Penal (arts. 22 a 33).

Parte 4. Composição e Administração do Tribunal (arts. 34 a 52).

Parte 5. Investigação e Ajuizamento (arts. 53 a 61).

Parte 6. Julgamento (arts. 62 a 76).

Parte 7. Penas (arts. 77 a 80).

Parte 8. Apelação e Revisão (arts. 81 a 85).

Parte 9. Cooperação Internacional e Assistência Judicial (arts. 86 a 102).

Parte 10. Execução (arts. 103 a 111).

Parte 11. Assembleia de Estados (art. 112).

Parte 12. Financiamento (arts. 113 a 118).

Parte 13. Cláusulas Finais (arts. 119 a 128).

O Tribunal será composto dos seguintes órgãos: Presidência; uma Câmara de Apelações; uma Câmara de Julgamento; uma Câmara de Pré-Julgamento; Gabinete do Promotor e a Secretaria.

Diferentemente do Direito Interno, na grande maioria dos países e, também no nosso, em que o Ministério Público é órgão à parte da Justiça, nos Tribunais Internacionais, por inexistir um Poder Executivo Internacional, a Promotoria, órgão de acusação, faz parte da estrutura da Corte. É a necessidade de se conservar o equilíbrio: acusação, defesa, sentença.

A previsão pelo art. 36, § 1º é de dezoito juízes, imparciais e íntegros, com alto caráter de moralidade, devendo possuir as qualificações necessárias exigidas nos próprios Estados de que são nacionais, para a ocupação dos postos judiciais mais altos.

O candidato a juiz deve entender de Direito Penal e Direito Internacional, talvez parte do Tribunal com especialistas numa e em outra matéria, bem como ser fluente em pelo menos um dos idiomas do Tribunal, línguas oficiais da Corte: inglês, francês, russo, chinês, árabe e espanhol.

Um mandato único de nove anos, com regime de dedicação exclusiva, não havendo dois juízes de uma mesma nacionalidade.

A preocupação é que os juízes representem os principais sistemas legais do mundo, com um certo equilíbrio geográfico, devendo ter juízes do sexo masculino e feminino.

O orçamento do Tribunal vem da participação dos Estados-membros e da ONU.

A competência do Tribunal, de forma específica, abrange os seguintes crimes: genocídio; crimes contra a Humanidade; crimes de guerra e crimes de agressão. Como se vê, já há uma longa história — desde 1945 — em torno das mesmas figuras criminais, com uma ou outra variação:

a) Genocídio — Caracteriza-se pelos atos praticados com a intenção de destruir, total ou parcialmente, um grupo nacional, étnico, racial ou religioso; homicídio de membros do grupo; ofensas graves à integridade física ou mental dos membros do grupo; sujeição internacional do grupo a condições de vida com vista a provocar a sua destruição física, total ou parcial; imposição de medidas destinadas a impedir nascimentos no seio do grupo; e, transferência, à força, de crianças do grupo para outro grupo, conforme art. 6º, letras 'a' a 'e' do Estatuto;

b) Crimes contra a Humanidade — Tais crimes podem incluir vários delitos do tipo penal: assassinato, extermínio, escravidão, deportação, transferência forçada de população, aprisionamento ou outras severas privações da liberdade física, tortura, estupro, escravidão sexual, prostituição forçada, gravidez forçada, esterilização forçada ou qualquer outra forma de violência sexual, *apartheid*, etc.;

c) Crimes de Guerra — Dois grupos; as infrações graves ao Direito formal de guerra, levando-se em conta as quatro Convenções de Genebra de 1949 e Protocolo Adicional I de 1977 e as violações ao Direito costumeiro internacional em relação a conflitos armados (Convenção de Haia, 1907; Convenções de Genebra e Protocolo citado); homicídio doloso, tortura ou outros tratamentos desumanos, incluindo as experiências biológicas; ato de causar intencionalmente grande sofrimento ou ofensas graves à integridade física ou à saúde; destruição ou apropriação de bens em larga escala quando não justificadas por quaisquer necessidades militares e executadas de forma ilegal e arbitrária; o ato de compelir um prisioneiro de guerra ou outra pessoa sob proteção a servir nas forças armadas de uma potência inimiga; privação intencional de um prisioneiro de guerra ou de outras pessoas sob proteção do seu direito a um julgamento justo e imparcial; deportação ou transferência ilegais, ou a privação ilegal de liberdade; tomada de reféns; outras violações graves das leis e costumes aplicáveis em conflitos armados internacionais no âmbito do Direito Internacional, a saber: dirigir intencionalmente ataques à população civil em geral ou civis que não participem diretamente nas hostilidades; dirigir intencionalmente ataques ao pessoal, instalações, material, unidades ou veículos que participem numa missão de manutenção da paz ou de assistência humanitária, de acordo com a Carta das Nações Unidas, sempre que estes tenham direito à proteção conferida aos civis pelo Direito Internacional aplicável aos conflitos armados; lançar intencionalmente um ataque, sabendo que o mesmo causará perdas acidentais de vidas humanas ou ferimentos na população civil, danos em bens de caráter civil ou prejuízos extensos, duradouros e graves no meio ambiente que se revelem claramente excessivos em relação à vantagem militar global concreta e direta que se previa; atacar ou bombardear, por qualquer meio, cidades, vilarejos, habitações ou edifícios que não estejam defendidos e que não sejam objetivos militares; matar ou ferir um combatente que tenha deposto armas ou que não tendo mais meios para se defender, se tenha incondicionalmente rendido; utilizar indevidamente uma bandeira de trégua, a bandeira nacional, as insígnias militares ou o uniforme do inimigo ou das Nações Unidas, assim como os emblemas distintivos das Convenções de Genebra, causando deste modo a morte ou ferimentos graves; transferência, direta ou indireta, por uma potência ocupante de parte de sua população civil para o território que ocupa ou a deportação ou transferência da totalidade ou de parte da população do território ocupado, dentro ou para fora do território; dirigir intencionalmente ataques a edifícios consagrados ao culto religioso, à educação, às artes, às ciências ou à beneficência, monumentos históricos, hospitais e lugares onde se agrupem doentes e feridos, sempre que não se trate de objetivos militares; submeter pessoas que se encontrem sob domínio de uma parte beligerante a mutilações físicas ou a qualquer tipo de experiências médicas ou científicas que não sejam motivadas por um tratamento médico, dentário ou hospitalar, nem sejam efetuadas no interesse dessas pessoas, e que causem a morte ou coloquem seriamente em perigo a sua saúde; matar ou ferir à traição pessoas pertencentes à nação ou ao exército inimigo; declarar que não será dado quartel; destruir ou apreender bens do inimigo; declarar abolidos, suspensos ou não admissíveis em tribunal os direitos e ações dos nacionais da parte inimiga; obrigar os nacionais da parte inimiga a participar de operações bélicas dirigidas contra o seu próprio país; saquear uma cidade ou localidade; utilizar veneno ou arma envenenada; utilizar gases asfixiantes, tóxicos ou outros gases ou qualquer líquido análogo; utilizar balas que se expandem ou achatem facilmente no interior do corpo humano; utilizar armas, projéteis, materiais e métodos de combate que causem ferimentos supérfluos ou desnecessários; dar tratamento humilhante e degradante; cometer atos de violação, escravidão sexual, prostituição forçada, gravidez à força e qualquer violência sexual; utilizar pessoas civis como escudo a eventuais ataques; praticar inanição da população civil como método de guerra; recrutar ou alistar menores de 15 anos nas forças armadas nacionais; homicídio em todas as suas formas, mutilações, tratamentos cruéis, tortura; tomada de reféns, entre outros, nos termos das letras 'a' a 'f', do art. 8º, do Estatuto.

d) Crimes de Agressão — Não há uma definição exata, mas tal crime revela-se na agressão, consistente em ações políticas ou militares, por alguém que detém o poder, contra outro ente internacional.

Os princípios penais conhecidos e mencionados neste capítulo respaldam a atuação do Tribunal, como o *nullum crimen, nulla poena sine lege* e o da não retroatividade.

As penas principais são a prisão perpétua e o encarceramento por até trinta anos, tendo o confisco como pena acessória. Exclui-se a pena de morte.

Por fim, preocupa a todos que estudam a Corte, a questão da extradição do nacional criminoso para julgamento de um Tribunal não constituído pela legislação interna do Estado.

No caso do Brasil, poderíamos ter, num raciocínio açodado, algum obstáculo, representado pelo art. 5º, LI, da Constituição Federal: "Nenhum brasileiro será extraditado, salvo o naturalizado, em caso de crime comum, praticado antes da naturalização, ou de comprovado envolvimento em tráfico ilícito de entorpecentes e drogas afins, na forma da lei".

Tal dispositivo, em princípio, impede a atividade judicial do Tribunal Internacional sobre eventuais criminosos (crimes internacionais) brasileiros.

André de Carvalho Ramos, no capítulo IX do livro escrito em coautoria (diversos autores) sobre o Tribunal Penal Internacional, do qual muitas informações aqui foram tiradas, analisa as diversas facetas do problema(223).

O Supremo Tribunal Federal, guardião da Constituição Federal, em nosso País, analisa, como sabemos, apenas os requisitos formais do pedido de extradição. Isto é, não entra no mérito do processo legal estrangeiro.

Alguns momentos se verificam:

• recebimento pelo ministro das Relações Exteriores, do pedido diplomático do Estado estrangeiro;

• envio ao ministro da Justiça, que elabora o aviso de solicitação no STF;

• o julgamento do STF.

Há, segundo o autor, de se fazer uma distinção entre todo esse Processo de Extradição e o simples ato de entrega da pessoa para a Corte Internacional.

Esse ato de entrega, que recebe o nome de *surrender* não se confunde com a extradição. São suas lições:

> O art. 102 do Estatuto expressamente diferencia a extradição do ato de entrega. A extradição é termo reservado ao ato de cooperação judicial entre Estados soberanos. Já o *surrender* é utilizado no caso específico de

---

(223) Organizadores CHOUKR, Fauzi Hassan e AMBOS, Kai. In: *Tribunal penal internacional*. São Paulo: Revista dos Tribunais, 2000. p. 269.

cumprimento da ordem internacional de proteção de direitos humanos, como é o caso do Tribunal Penal Internacional".[(224)]

Por outro lado, e para completar o raciocínio, não podemos esquecer do art. 5º, §§ 1º, 2º e 4º da Constituição Federal e do art. 7º do ADCT:

> Art. 5º, § 1º As normas definidoras dos direitos e garantias fundamentais têm aplicação imediata.
>
> § 2º Os direitos e garantias expressos nesta Constituição não excluem outros decorrentes do regime e dos princípios por ela adotados, ou dos tratados internacionais em que a República Federativa do Brasil seja parte.
>
> § 4º O Brasil se submete à jurisdição de Tribunal Penal Internacional a cuja criação tenha manifestado adesão. (Emenda n. 45/04)
>
> Art. 7º O Brasil propugnará pela formação de um Tribunal Internacional dos Direitos Humanos.

Entendemos, pois, na esteira do ilustre doutrinador que a barreira não é insuperável: trata-se de *surrender*. A extradição de brasileiros (art. 5º, LI da CF) não pode ocorrer, para julgamento em tribunais de outros países; todavia, o Brasil é membro do Tribunal Penal Internacional, que não pertence a nenhum país, criado que foi por um tratado internacional. Não haveria, dessa forma, impedimento constitucional para a aplicação plena do tratado.

Nessa matéria, podemos considerar o monismo com primazia no Direito Internacional (ver capítulo próprio). Outra não pode ser a conclusão, sob pena de inviabilizarmos o funcionamento da Corte (TPI), quando o Brasil assinou o tratado e o transformou em lei interna[(225)].

O mesmo se pode dizer sobre a prisão perpétua, posto que a regra a ser aplicada é a internacional. Não há necessidade das *Enebling Legislations* (Normas Internas de Implementação).

Quanto à forma de cumprimento da pena, a regra é: o Estado fica livre para escolher os meios internos de cumprir a pena (local da prisão, etc.). Caso não o faça, ou seja, não escolha o meio adequado, estará violando a obrigação internacional.

Para fazer valer a sentença do TPI, não haveria necessidade de homologação pelo STJ, salvo melhor juízo, porque não se trata de sentença advinda de outro Estado, mas de uma Corte Internacional de que o Estado brasileiro faz parte.

---

(224) *Op. cit.*, p. 270.
(225) Assinatura 7.2.2000; Decreto Legislativo n. 112, de 6.6.2000; Decreto Presidencial n. 4.388, de 25.9.2002.

QUADRO SINÓTICO

Tribunais Penais Internacionais

1. Tribunais Penais Internacionais aprimoraram o Sistema Internacional
2. Precedentes do TPI
   - Tribunal de Nuremberg
   - Tribunal de Tóquio
   - Tribunal para Ruanda
   - Tribunal para a ex-Iugoslávia
3. Diferença entre os Tribunais Penais anteriores e o TPI
   - Os anteriores eram emergenciais
   - O TPI é permanente dentro do sistema mundial
4. Criação do TPI — 17.7.1998 (Tratado de Roma)
5. Competência do Tribunal
   - a) Genocídio
   - b) Crimes contra a Humanidade
   - c) Crimes de Guerra
   - d) Crimes de Agressão
6. Extradição — Entrega de Brasileiro para ser julgado em outro país (a Constituição Federal proíbe)

   Surrender — Entrega de nacional para ser julgado pelo Organismo Internacional (TPI)

CAPÍTULO XX

SEGURANÇA, TERRORISMO E NOVOS PARADIGMAS INTERNACIONAIS

1. Segurança coletiva: 1.1. Operações de paz; 1.2. Operações multidisciplinares. 2. Terrorismo internacional. 3. Novos atores internacionais. Quadro sinótico.

1. Segurança coletiva

A paz e a segurança dependem da atuação dos envolvidos nos conflitos. O art. 33 da Carta da ONU estabelece, como já vimos no capítulo XIII deste livro, que os conflitos devem ter uma solução negociada, isto é, pacífica, por entendimento.

Caso isso não ocorra, outras possibilidades se abrem como a arbitragem, a Corte Internacional de Justiça, a conciliação perante os organismos internacionais ou qualquer outro meio pacífico.

Caso, todavia, nada resolva, o Conselho de Segurança da ONU poderá entrar em cena. O referido Conselho pode ser acionado antes de tudo e/ou agir por conta própria, não há uma regra a ser seguida. A única regra é a busca da paz pela solução pacífica. A guerra deve ser evitada a todo custo.

A ONU tem um efetivo papel político nos conflitos e eventualmente uma ação coercitiva. Fala-se, também, em operações *peace-keeping*, isto é, de manutenção da paz.

Assim a ONU tem esse tríplice papel no que se refere à segurança mundial: político, coercitivo e de manutenção.

O Capítulo VII da Carta intitula-se "Ação Relativa a Ameaças à Paz, Ruptura da Paz e Atos de Agressão" e nele se encontram as possibilidades de ação no sistema internacional para o alcance desses objetivos.

As medidas a serem tomadas no caso de ameaça do uso de força por qualquer ente internacional são econômicas, políticas e até militar. A ONU tem o monopólio de tais medidas, comportando duas exceções: o direito de legítima defesa, individual ou coletivo, no caso de ataque armado contra um membro das Nações Unidas e as medidas coercitivas relativas a citados inimigos, considerados como tais aqueles que na Segunda Guerra Mundial foram inimigos dos signatários da Carta da ONU (arts. 51, 53, 107 da Carta).

O Conselho de Segurança da ONU tem o poder de definir, em determinadas situações, o que constitui ameaça ou ruptura da paz (art. 39). Definidas tais situações o referido Conselho adota recomendações para resolver o problema ou medidas provisórias (art. 40), além de outras, como, por exemplo, a interrupção completa ou parcial das relações econômicas, dos meios ferroviários, marítimos, aéreos, postais, telegráficos, radiofônicos e diplomáticos, convidando os Estados-membros a aplicar tais medidas (art. 41).

Caso ainda entenda necessário, o Conselho de Segurança poderá levar a efeito a ação que julgar imprescindível, por intermédio de forças aéreas, navais ou terrestres (art. 42). Tais forças serão formadas pelos membros das Nações Unidas (art. 43), uma vez que a ONU não tem força militar própria.

Dessa forma, poderá a ONU utilizar-se de ações coercitivas, como ocorreram na Guerra do Golfo, na Bósnia-Herzegovina, no Haiti, na Somália e em Ruanda. Tudo deve acontecer com a cooperação dos Estados-membros. Lembramos que a ONU é intergovernamental e não supranacional, e, todavia, constitui a única organização política e de segurança universal.

Para essa finalidade, no entanto, o sistema mostra-se vulnerável porque a condução de qualquer atividade estratégica passa pelos EUA. Nada se faz sem o efetivo apoio americano. Um sistema, com essa característica, fragiliza-se diante de problemas mundiais, cujo interesse norte-americano é nenhum.

Além do mais, a segurança coletiva, prevista na Carta da ONU, arrima-se, essencialmente, no combate à guerra clássica, ou seja, aquelas conhecidas e registradas nos livros de história — Peloponeso, dos Trinta Anos, Napoleônica, 1ª e 2ª Guerras Mundiais —, mal preparada, até, para a denominada Guerra Fria que valorizava o equilíbrio militar e as esferas de influência no sistema bipolar e sem nenhuma regra para as consequências mundiais das ações terroristas.

1.1. Operações de paz

Merecem destaque as chamadas "operações de paz" da ONU, dentro do sistema de segurança coletiva, que buscam a implementação de acordos, supervisionam e monitoram o cessar-fogo, observam a retirada de forças em conflito, garantem, após o conflito, a integridade territorial e a independência política. Enfim, empregam todos os meios para que a situação perigosa se normalize.

Baseiam-se essas operações no consentimento dos Estados envolvidos em conflitos, em respeito ao princípio da intervenção. Caso esse consentimento não venha a ser dado, a ONU não pode realizar a operação, restando, em casos graves, as ações previstas no Capítulo VII da Carta, já mencionadas.

1.2. Operações multidisciplinares

As operações multidisciplinares são operações de paz da segunda geração, a partir de 1988. As da primeira geração, até 1987, são as operações de paz clássicas, como as descritas no item anterior.

As multidisciplinares atuam em conflitos intraestatais e são iniciadas após as partes terem alcançado um acordo de paz, incorporando tarefas militares, de cunho civil e humanitário, desmobilização de forças, recolhimento e destruição de armas, remoção de minas, auxílio para refugiados, reformas constitucionais, civis, eleitorais entre outras atividades.

2. Terrorismo internacional

O mundo atual vive uma nova forma de insegurança, em virtude da qual todo sistema de segurança coletiva, construído a partir de 1945, vê-se fragilizado.

Existem homens ou grupo de homens que passam a atacar os Estados ou que podem vir a fazê-lo, como no caso de New York (setembro de 2001), sem que se possa, num primeiro momento, responsabilizar algum Estado.

A motivação que leva à atividade terrorista pode ser ideológica, religiosa ou psicológica, e nem sempre financiada por um Estado ou por ele acobertada.

Um indivíduo, mediante uma ação específica, põe em perigo a sociedade e as bases político-administrativas do Estado. Define-se o terrorismo pelo emprego sistemático da violência, como veículo de imposição da vontade, para fins políticos.

Embora o terrorismo não seja um fenômeno novo, a sua atual forma de apresentação, desligado do Estado, financiado por pessoas ou grupos, atacando sistemas políticos, atravessando as fronteiras dos Estados, não encontra resistência eficaz no Direito Internacional.

O sistema internacional de segurança não está preparado para essa novidade, porque baseado nos Estados e não nas pessoas.

Há, ainda, uma dificuldade muito grande em aceitar-se o indivíduo fora das fronteiras do Estado, como coadjuvante dos acontecimentos internacionais.

Um grande passo foi dado com a criação do Tribunal Penal Internacional, cujos antecedentes históricos são os Tribunais de Nuremberg e de Tóquio, criados para os crimes cometidos na Segunda Guerra Mundial.

Crimes como genocídio, massacres, "limpezas étnicas", estupros decorrentes de guerras são internacionais e não prescrevem.

Entre 15 de junho e 17 de julho de 1998, representantes de todos os países reuniram-se para uma conferência diplomática, a fim de discutir e aprovar a criação de um tribunal penal internacional permanente.

E a criação desse Tribunal acabou ocorrendo pela vontade de 120 países. Entretanto, só entrará em vigência após a ratificação por, pelo menos, sessenta países, o que ainda não aconteceu.

Interessante revelar que sete países votaram contra — EUA, China, Israel, Índia, Turquia, Filipinas e Sri Lanka —, e 21 se abstiveram.

O TPI — Tribunal Penal Internacional — significa o primeiro passo para uma justiça internacional no julgamento dos crimes contra a Humanidade, ressaltando a figura desse sujeito de Direito Internacional que é o homem. Não é um Tribunal para os Estados, mas para o ser humano que, instrumentado ou não pelo Estado, pratica atos contrários às normas internacionais.

Ora, se o homem pode ser julgado por crime que cometeu além das fronteiras do Estado, ou dentro delas, fora do Ordenamento Jurídico Nacional, é porque tornou-se internacionalmente responsável.

Caminhamos para uma nova era no Direito Internacional. O sistema ainda é incipiente para regrar a atividade do homem, mas as fundações para edificar esse sistema já estão configuradas.

3. Novos atores internacionais

Deve ser superada, nesse século, a concepção internacional baseada nos Estados (estatocêntrica).

Tais atores, além dos indivíduos e até por causa deles e de suas ideias e atuação política e econômica, formam as empresas, sindicatos, partidos, ONGs, cujas atividades influenciam, por vezes, de modo decisivo na área internacional.

Alguns desses atores, como acima exemplificados, existiam na humanidade há décadas; todavia, atuavam apenas dentro das fronteiras de seus Estados de origem e/ou para promover tais Estados ou mesmo desestabilizá-los, o que se tornou diferente no cenário atual, em que se observam articulações não dependentes dos Estados.

A globalização pôs em crise o Estado-nação e provocou o surgimento desses novos atores que desenham uma sociedade internacional incorporadora do sistema interestatal, do sistema econômico, das instituições supranacionais; os chamados movimentos e grupos transnacionais.

Os novos atores — velhos, por vezes com roupagem nova —, passam a ser interlocutores em temas antes limitados à competência dos Estados, como nas questões referentes às minorias, direitos humanos, tráfico de drogas, meio ambiente, comércio internacional, terrorismo, etc.

A opinião pública internacional é um fato a ser considerado dentre os fatores que sustentam a Nova Ordem Internacional. O Estado mantém algumas das linhas de controle do sistema internacional, a maior parte delas; porém, não são mais únicas e absolutas.

Nas Nações Unidas e entre outros organismos, os novos atores vêm garantindo o *status* de observadores.

Importante, nesse sentido, a lição tirada do livro *O Brasil e as Novas Dimensões da Segurança Internacional*:

> Rosenan (1990) identifica cinco pontos importantes para entender as relações internacionais atuais: 1. Pós-industrialização, que força o desenvolvimento de tecnologias eletrônicas que reduzem as distâncias globais, estabelecendo um rápido movimento de pessoas, produtos e ideias para o planeta; 2. Emergência de problemas planetários, que não se resumem no poder de resolução dos Estados; 3. Declínio da habilidade dos Estados em resolverem problemas em bases nacionais; 4. Emergência de novas e mais poderosas subcoletividades dentro das sociedades nacionais; 5. Incremento do nível de educação e conhecimento dos cidadãos adultos tornando menos possível o Estado autoritário.(226)

Aí estão identificados os pontos que consolidam a importância dos novos atores internacionais.

Os autores, mencionados na nota n. 1, revelam que os pontos elencados giram em torno de questões atinentes à vida social e à vida econômica.

Concluem, em boa hora, com *Celso Amorim* (A Segurança Internacional, a ONU e o futuro do Conselho de Segurança das Nações Unidas: Diplomacia preventiva, operações de paz e medidas coercitivas — IEA/USP, Seminário de 11.9.1998), que o conceito de segurança deve ser expandido para além da clássica ideia que envolve os campos militar, econômico e tecnológico.

É preciso levar em conta as novas situações — terrorismo, p. ex. — e os novos atores internacionais. Mesmo o Tribunal Penal Internacional não será um mecanismo pleno, se permanecer a visão estatal de controle da segurança internacional.

Novos conceitos, regras, fatos, sujeitos internacionais inspiram uma dimensão inusitada do Direito Internacional.

O mundo mudou e com ele suas concepções sociais, políticas, religiosas e filosóficas. Avizinha-se um Direito Internacional Moderno não baseado no Estado e, sim, multifacetário. Estudemos.

---

(226) Organizadores DUPAS, Gilberto e VIGEVANI, Túlio. In: *O Brasil e as novas dimensões da segurança internacional*. Texto de Túlio Vigevani, Priscila Rodrigues Correa e Rodrigo Cintra. São Paulo: Alfa-Omega — FAPESP, 1999. p. 81.

QUADRO SINÓTICO

SEGURANÇA, TERRORISMO — Novos Paradigmas Internacionais

Segurança Coletiva
- Carta da ONU
- Conselho de Segurança

Operações Específicas
- De Paz
- Multidisciplinares

Terrorismo Internacional — Independentemente de Motivações Estatais

Novos Atores Internacionais
- Indivíduos
- ONGs
- Partidos políticos
- Sindicatos
- Empresas transnacionais
- Instituições supranacionais

CAPÍTULO XXI

DA INTERVENÇÃO HUMANITÁRIA

1. Explicação inicial

O tema para o mundo moderno é de vital importância, porquanto o Direito Internacional passa a contabilizar, estudar e inferir os princípios e regras decorrentes da existência desse fato, uma vez que, em princípio, tal intervenção contrariaria a pedra sobre a qual foi construída a vida internacional dos Estados: a soberania.

Os Estados são soberanos e independentes e o princípio maior a ser seguido é o da não intervenção nos assuntos internos dos Estados. Todavia, por razões humanitárias seria possível intervir, como por exemplo, quando constatado o excesso de injustiça e de crueldade, em casos extremos, pois a humanidade é uma só e não está adstrita às fronteiras do Estado para ter respeitado o direito a vida, em todas as suas formas e em todos os sentidos.

O tema pode causar alguns melindres, diante dos conceitos clássicos de Direito Internacional e gerar dúvidas e desconfianças, porque quem estaria autorizado a intervir em determinada situação e em dado momento? Os Estados mais fortes militar e tecnologicamente? Somente as Organizações Internacionais, ou somente a ONU?

A ideia básica é a de que tal intervenção, em casos extremos, é possível desde que a intervenção seja decidida pela própria sociedade internacional, no conjunto dos sujeitos internacionais.

2. Conceito

A intervenção humanitária significa em palavras simples e objetivas a possibilidade da sociedade internacional por intermédio de seus órgãos ou pelo conjunto dos Estados, ou ainda pela grande maioria dos Estados agir sobre um determinado território que está sobre o domínio de uma soberania, em virtude de violações graves dos princípios do Direito Internacional, principalmente os referentes aos Direitos Humanos.

3. Elementos

Dois elementos são encontrados nessa figura da intervenção humanitária: a interferência na jurisdição de um Estado e a coerção, como uso da força.

Observe-se que os dois elementos supramencionados, normalmente são contrários ao Direito Internacional. A ordem internacional não admite a interferência de um Estado ou mesmo de um conjunto de Estado e/ou de um organismo internacional em outro Estado soberano e muito menos que se faça uso da força, da coerção para essa ou mesmo para qualquer outra finalidade.

A sociedade internacional é uma sociedade de cooperação constituída por iguais, não se admitindo o domínio jurídico, político, militar, econômico e tecnológico por um ou mais Estados em detrimento dos demais. Todo progresso, em uma ou mais das áreas mencionadas, ou em todas, deve refletir um progresso da própria humanidade. Ainda que não se possa dividir tal progresso com todos os Estados e povos existentes no mundo, não se admite que possam servir de instrumento de coação a terceiros, de prejuízos e de sofrimento.

4. Algumas justificativas teóricas e históricas para a intervenção

De certa forma podemos ver o fundamento da intervenção na justificativa da guerra, recurso legítimo para o pensamento medieval: guerra justa.

Santo Agostinho (354/430 — A Cidade de Deus): as guerras seriam conduzidas para conseguir a paz. A guerra não é boa ou má, é um fato, que pode justificar-se teleologicamente. A paz não seria a ausência de guerra, e a guerra não significaria que a paz está totalmente ameaçada, podendo até implementá-la.

São Tomás de Aquino (1225/1274 — Suma Teológica); é justo o que promove e conserva a felicidade e todos os requisitos para a convivência política. Há a lei eterna (o mundo é regido pela divina providência), a lei natural (é a participação da lei eterna na criatura racional) e a lei humana (parte dos preceitos da lei natural e de princípios gerais para estabelecer suas proposições e a guerra deve ter preenchido alguns requisitos para ser considerada justa: autoridade competente; justiça da causa e intenção reta. Livro que pode ser citado:

Francisco de Vitória (1483/1546 — *De Jure Belli Hispanorum in bárbaros*): a ideia correta é o das "gentes" (direito das gentes), e não exatamente o homem; o *jus gentium* deriva do Direito Natural; tem vigência no pensamento de Vitória a ideia de comunidade internacional (*totius orbe*), laços universais de sociabilidade. Desenvolve sua teoria em torno das conquistas dos índios: os cristãos podem licitamente fazer a guerra, em defesa de suas propriedades (repele-se a força pela força — guerra defensiva) e guerra em que se procura, por exemplo, vingar uma injúria (guerra ofensiva). Somente é justa a guerra diante da injúria grave. A guerra por glória, por aumento de poder, para escravizar outros povos, não é uma guerra justa.

Francisco Suárez (1548/1617 — *De legibus AC Deo Legislatore*): o direito se divide em natural, das gentes e civil. O Direito das Gentes não é natural, mas positivo e a sua fonte é o consentimento. Admite a guerra, que não é contrária a uma paz honrosa, sendo um meio justo para alcançar a paz justa e estável. Também distingue a guerra defensiva da agressiva, possibilitando ambas. Deve ter um poder legítimo para declará-la e um motivo igualmente justo (grave injúria), mas não somente baseada em motivação cristã (contra os infiéis). Mais do que a ideia cristã, o que move a legitimidade é o direito natural.

Hugo Grocio (1583/1645 — *De Jure belli ac pacis*): elaborou um tratado sistemático de direito da guerra. O direito abrange o direito natural (que deriva da natureza essencial do homem) e o direito voluntário (tem origem na vontade e pode ser humano ou divino). A guerra é justa quando há defesa, recuperação do que nos pertence e a punição pela injúria; guerra em defesa dos súditos e dos aliados; há licitude da guerra (recurso ao uso da força) para subtrair uma população de um governo tirânico ou desumano.

Immanuel Kant (1724/1804 — Projeto da Paz Perpétua): nenhum Estado deve imiscuir-se pela força na constituição e no Governo de outro Estado, salvo se um Estado se dividiu por força de discórdias internas e cada parte representa, para si, um Estado particular, com a pretensão de ser o todo. É injusta toda guerra feita em nome de um princípio que, se erigido em regra geral, ampliaria a justificativa do uso da força. As hostilidades devem ser afastadas e toda ação que não permita a confiança mútua na paz futura. A paz é o objetivo e não a guerra. Possível a guerra contra o inimigo injusto, aquele que não permite o estado de paz entre os povos.

5. Outras Figuras Similares à Intervenção Humanitária

Algumas figuras utilizadas no mundo internacional podem levar a confusão com a ora estudada. Referimo-nos à assistência humanitária, do auxílio ou ajuda humanitária, da ingerência humanitária, da intervenção democrática e a intervenção a favor de nacionais.

5.1. Assistência Humanitária e Auxílio ou Ajuda Humanitária

Quem nos dá a definição com base na resolução adotada pelo Instituto de Direito Internacional, em 2003 é Maria de Assunção do Vale Pereira, que transcreve o art. 1º, daquela resolução: "A expressão 'assistência humanitária', no quadro da dita resolução, significa 'o conjunto dos atos, atividades e meios humanos e materiais relativos ao fornecimento de bens e serviços de natureza exclusivamente humanitária, indispensáveis à sobrevivência e à satisfação das necessidades essenciais das vítimas de catástrofes', explicitando-se que por 'catástrofes' se entende 'as calamidades que põem em perigo a vida, a saúde, a integridade física, o direito de não ser submetido a tratamentos cruéis, desumanos ou degradantes, outros direitos fundamentais da pessoa humana, ou as necessidades essenciais da população', quer sejam 'de origem natural, técnica e provocadas pelo homem, ou decorrentes da violência ou de conflitos armados'. A assistência humanitária é condicionada à obtenção do consentimento do Estado e de neutralidade ou imparcialidade por parte de quem presta a assistência.

Já a expressão ajuda ou auxílio humanitário, quase sempre utilizada como sinônima de assistência humanitária. Ficamos, mais uma vez, com as lições de *Maria de Assunção do Vale Pereira*, que assim se expressa: "No entanto, entendemos que a expressão se refere a uma ajuda com fins humanitários, prestada sobretudo por Estados que, no seu orçamento, incluem uma dotação para tanto e cuja prestação não está necessariamente associada a uma catástrofe humanitária, podendo incidir, nomeadamente, na prevenção dessas catástrofes ou na reconstrução em fase posterior à sua verificação".(227)

A noção de ajuda humanitária é ampla, abrangendo situações consequentes de fatores diversos — guerras, terremotos, etc. —, de forma preventiva, ou posteriormente com a reconstrução do Estado.

A distinção entre as duas figuras — assistência e ajuda humanitária — se existe é sutil. A autora mencionada optou por fazer a diferença, ainda que reconheça a proximidade de tais figuras.

5.2. Ingerência humanitária

É tida como um dever e um direito para o socorro de vítimas em determinado Estado, principalmente em relação às Organizações Não Governamentais, mesmo sem o consentimento do Estado. Mais uma vez, a doutrinadora citada, invoca Miterrand transcreve: " porque é de cada homem, o sofrimento é da Humanidade. O direito das vítimas a serem socorridas desde que apelem por socorro, e socorridas por voluntários que se querem profissionalmente neutros, no que foi chamado, há pouco, o 'dever de ingerência' humanitária, em situações de extrema urgência, tudo isso, não duvidemos, figurará um

(227) PEREIRA, Maria de Assunção do Vale. *A intervenção humanitária no direito internacional contemporâneo*. Coimbra Editora, 2009. p. 27 a 45.

dia na Declaração Universal dos Direitos do Homem. Na medida em que é verdade que nenhum Estado pode ser tido por proprietário dos sofrimentos que gera ou que abriga".[228]

5.3. Intervenção democrática

É o recurso ao uso da força para impor o regime democrático ou auxiliar no seu estabelecimento. Embora entendamos que, efetivamente, o regime democrático é o único que justifica a opção por um mundo melhor, a figura da intervenção democrática pode ser mal utilizada, por aqueles que querem em nome da democracia impor, de forma indireta, um domínio político, na expressão ampla do termo.

Admitir-se-ia, no entanto, a intervenção, quando esta revelar-se indispensável, porque se trata de recurso à força fora dos ditames impostos pelos organismos internacionais, principalmente da Carta das Nações Unidas. Seria um meio para garantir a paz, combater o terrorismo, permitir a participação do cidadão e proporcionar um mundo mais seguro com a multiplicação dos Estados que respeitem os direitos mínimos de oportunidade e participação do ser humano nos Governos de suas cidades.

Entretanto, a prática dessa possibilidade pela sociedade internacional mostra-se prejudicada, em face de questões básicas, a saber: a) para os fins desejados, o que vem a ser definido por 'democracia', tendo em vista que quase todos os governos na face da terra, com ou sem a participação popular, com ou sem voto, com ou sem a perpetuação no poder, por vezes, pelo mecanismo manipulado de eleições pseudo-democratas, entendem-se por democracia; b) a intervenção diante desse quadro estaria contrariando o princípio do domínio reservado dos Estados e, pois, da não intervenção, em respeito à soberania. A Resolução 2131 (XX), da ONU, de 12.12.1965 condena as diferentes formas de ingerência desse tipo, devendo os Estados absterem-se de organizar, ajudar, fomentar, financiar, encorajar ou tolerar atividades armadas subversivas ou terroristas destinadas a mudar, pela violência, o regime de um outro Estado, bem como intervir em lutas internas de outro Estado. O uso da força armada por um Estado (líder) ou grupo de Estados, sem o consentimento do Estado onde a intervenção se processa para impedir violações de direitos humanos, deve vir respaldada por gravíssimas profanações de regras e princípios básicos humanitários.

Todavia, há um histórico de tais intervenções armadas, no mundo: Libéria (1990/1992); Iraque (1991/1996); Bósnia (1992/1995); Ruanda (1994/1996); Haiti (1994/1996); Congo (1996/1997); República Centro-Africana (1998/2000); Serra Leoa (1997/1998 e 1998/2001); Kosovo (1990/2000); Timor Leste

---

(228) PEREIRA, Maria de Assunção do Vale. *A intervenção humanitária no direito internacional contemporâneo*. Coimbra Editora, 2009. p. 51.

(1990/2000); Afeganistão (2001); Iraque (2003), dentre outras. Algumas com autorização da ONU ou da OTAN; muitas se justificariam, outras tantas que dão margens a dúvidas. A base legal para a intervenção e para não intervenção, dependendo da interpretação sobre os fatos, vamos encontrar no art. 1º, da Carta das Nações Unidas, sobre os propósitos das Nações Unidas: "Manter a paz e a segurança internacionais e, para esse fim: *tomar, coletivamente, medidas efetivas para evitar ameaças à paz e reprimir os atos de agressão ou outra qualquer ruptura da paz e chegar, por meios pacíficos e de conformidade com os princípios da justiça e do direito internacional, a um ajuste ou solução das controvérsias ou situações que possam levar a uma perturbação da paz"*. (grifos nossos). Para nós, em princípio, este dispositivo não permite qualquer intervenção. Como já se disse, a fundamentação para tanto, deve vir amparada em fato de magnitude intensa, de gravidade ímpar, em relação ao qual se observe impossível a manutenção sem uma atitude específica da sociedade internacional (a sociedade dos Estados).

5.4. Intervenção a favor de nacionais no estrangeiro

É o uso das forças armadas de um Estado para retirar seus nacionais de outro Estado, que têm a vida em perigo atual ou iminente, aproxima-se da intervenção humanitária, diferenciando-se desta pelo fato que as pessoas a serem protegidas e cuja intervenção se faz, são nacionais do estado interventor, sendo a proteção desses nacionais, o objeto da intervenção, que, normalmente, deve ser rápida, pelo cumprimento de seu desiderato, o que pode não acontecer com as demais intervenções, com tendência a se tornarem mais longas. Um dos casos de intervenção nesse sentido ocorreu na tentativa de resgate de seus nacionais, pelos EUA no Irã (Teerã) em abril de 1980. A matéria não é pacífica e a Corte Internacional de Justiça, não foi chamada a pronunciar-se sobre a questão, porque depende de uma interpretação do Estado soberano sobre a situação de seus nacionais, e que pode não ser correta, servindo como amparo para incursão proibitiva e interferência no governo e soberania de outro Estado. A intervenção para justificar-se — difícil a avaliação em situação específica — deve arrimar-se do grave perigo em que se encontram os nacionais, facilmente constatado e divulgado e a limitação dessa intervenção ao resgate, sem nem uma outra ação que fuja deste objetivo direto e simples.

6. Guerra Preventiva

Somente mais uma referência necessária; se todos os conceitos e figuras acima desfilados ainda se revelam polêmicos, o que dizer da chamada "guerra preventiva", conceito desenvolvido pelos Estados Unidos, para justificar a guerra antecipada a determinado povo, território ou Governo, que financiam, acolhem e incentivam o terrorismo? Esta novel figura, conforme concluímos, nem pode ser invocada dentro dos parâmetros do Direito Internacional, porque significa atacar sem ser atacado, apenas porque há uma desconfiança de que em determinado Estado exista a criação e fabricação de qualquer arma (nuclear, bacteriológica, química), e outras que podem vir a por em perigo determinado Estado, considerado inimigo ou a própria humanidade.

Está certo que nesse caso haveria violação de princípios internacionais. Os EUA assim agiu em relação ao Iraque — atacou antes de que o Iraque produzisse armas de destruição em massa — mas tais armas não foram descobertas e milhares de pessoas, norte-americanos e iraquianos perderam a vida, sem que se descobrisse o procurado. É fato que os EUA conseguiram a deposição de Sadan Hussen, seu julgamento e até a sua morte, e que este não pode ser tido como exemplo de governante democrático e de cooperador com a ordem internacional, mas o povo do território do Iraque é que deveria decidir se ficava ou não com a ditadura e com o ditador, ainda que, para tanto, várias gerações estivessem buscando um melhor lugar na história e o líder da ocasião permanecesse no poder ainda por longo tempo. Se as atividades daquele presidente e de seu Estado se revelassem deletérias para o povo respectivo e para o mundo, poderiam os Estados, a ONU e outros organismos internacionais tentar o diálogo e ou mesmo eventuais sanções, ou ainda outras formas de coação (algumas já acima estudadas), mas não se entende legítima a ação norte-americana no episódio, mesmo que justificadamente o EUA buscasse agir em nome do mundo e em proteção deste. Assim, a noção de guerra preventiva que começa a ganhar algumas simpatias, mas o menosprezo de outros tantos, nos parece fugir dos elementos primordiais do Direito Internacional e contraria seus princípios.

7. Conclusão

Ainda não vivemos — e não sabemos se isto acontecerá — dentro de princípios e regras inegáveis de bom senso e de paz, bem como de certeza dos mínimos contornos do que pode ser considerado certo ou errado, justo ou injusto, favorável à humanidade ou desfavorável à humanidade que pudesse justificar, sem quaisquer dúvidas a intervenção humanitária. O fato é que esta somente pode ocorrer pelo conjunto dos Estados, pela quase totalidade da sociedade internacional, em casos muito específicos, muito claros e muito graves de descumprimento das regras básicas e que, principalmente, atinjam o ser humano na sua evolução e na sua sobrevivência. A guerra preventiva, de qualquer modo, nos parece fora de cogitação.

CAPÍTULO XXII

O HOMEM. ASPECTOS INTERNACIONAIS

1. Situando o problema. 2. A personalidade jurídica do Homem. 3. Direitos do Homem consagrados na ONU. 4. Documentos históricos sobre os direitos humanos. 5. Exercício dos direitos humanos. 6. Biodireito e direitos humanos. Quadro sinótico.

1. Situando o problema

O Direito Internacional preocupa-se com o Homem, embora ainda exista resistência em considerar o ser humano sujeito nas relações internacionais, normalmente dominadas pelos Estados. Entretanto, a nós nos parece natural levar em conta o Homem, porque o Direito é, por si só, uma expressão da vontade humana, e, por mais técnicas que sejam suas regras, voltam-se elas, em última análise, para o ser humano.

Não queremos, com isso, olvidar a existência de regras, tratados internacionais, costumes, etc., cujo objetivo é o Estado, sua atuação, seus problemas, ou os organismos internacionais, a estrutura destes, os direitos e deveres de tais entes na sociedade internacional, porque esse contexto absorve o Direito Internacional, mas por trás de suas linhas o Homem aparece. Sem ele, o Direito não teria razão de ser.

Assim, não temos mais o Direito Internacional como o Direito dos Estados, porque o Homem passou a ter vez, individualmente ou em grupo. Hoje se fala em direito das minorias, das crianças, das mulheres, direito à saúde e outros em nível internacional.

Os Estados mantêm competência para tratar desses assuntos; porém, estes ultrapassam as fronteiras e muitas vezes fogem do domínio estatal.

Em matéria de direitos do Homem, o Direito Internacional atribui, em grande parte, deveres ao Estado e ao mesmo tempo visa a proteger aqueles que vivem sob a influência das ordens internas.

É a partir do ser humano que as organizações são criadas e os sistemas jurídicos funcionam. O Homem, não importa o Estado, é um cidadão do mundo e, como tal, deve ser protegido.

As regras internacionais conferem direitos e deveres ao Homem, e é de se esperar que de alguma forma possa o ser humano vir a reivindicar tais direitos e, também, ser responsabilizado por agir em desacordo na esfera internacional.

A esse tipo de atuação damos o nome de personalidade, sujeito de direitos e obrigações, que não precisa, necessariamente, ser igual para todos os entes da sociedade internacional, como não o é nas sociedades internas. Nestas, alguns têm capacidade maior de fazer valer seus direitos, outros necessitam de ser assistidos e outros, ainda, só têm voz por meio da representação.

Gérson de Brito Mello Boson escreveu página esclarecedora sobre o assunto, a qual transcrevemos, porque não poderíamos fazer melhor:

> Personalidade, nas instâncias científicas e técnicas do Direito, é conceito significativo de um conjunto, mais ou menos amplo, de direitos subjetivos e obrigações correlatas, declarados e delimitados em normas jurídicas, constitutivas do bloco normativo, interno e internacional, dentro do qual se aprecia o conceito. Não há personalidade jurídica sem normas jurídicas, nem estas sem a personalidade, no sentido exposto. É motivo de repulsa ao normativismo a pretensão de excluir os direitos subjetivos, através de artificiosa dissociação de conceitos, que afinal reduz o Direito a meros pensamentos lógicos, sistematizados. A ideia do Direito é ideia complexa, de que as normas jurídicas constituem tão só o elemento estático, vinculativo — por compreensão — dos demais. Um código é, em si mesmo, um romance insípido, que requer do leitor a imaginação necessária e fértil, capaz para a representação das personalidades, matéria-prima na estrutura vital do grupo organizado.
>
> Isto quer dizer que onde há direitos subjetivos, há personalidade, sendo impossível negá-los onde norma os declare, pouco importando que se alcance o gozo ou exercício de tais direitos através de procedimentos diretos ou indiretos, simples ou complexos, segundo a construção normativa estabelecida.
>
> A capacidade jurídica de agir pressupõe a personalidade, e não o contrário. A capacidade de agir é um desdobramento da personalidade, que, por sua vez, se desdobra em capacidade processual de agir e esta, em direito de postular, perante instâncias internacionais, na forma que for determinada pelos criadores de tais instâncias. Assim, a verificação de que normas de Direito Internacional declaram direitos subjetivos individuais basta para, em conceitos de realidade jurídica, excluir as deduções dos que negam a personalidade internacional do Homem, baseados em argumentos rotineiros de processualística.[229]

Disse tudo o doutrinador mencionado, e a clareza de seu pensamento serve-nos, agora, para a mensagem que queremos divulgar.

---

(229) *Internacionalização dos direitos do homem*, p. 9-10.

Os entes criados pelo Homem, a exemplo do Estado — talvez o maior deles —, não teriam sentido, nem mesmo existência, se o Homem se afastasse.

Vivemos uma época em que se valoriza o indivíduo nas relações internacionais. Reconhecem os internacionalistas que deve o Homem ser protegido, e diríamos até contra o próprio Estado de que é ele nacional, se o Estado infringir os direitos mínimos a ele consagrados historicamente.

Não é mais o Estado dono de tudo e de todos, soberano absoluto. Cada vez mais se constata, como imperativo da convivência internacional, a relatividade dessa soberania (ver capítulo VII).

Aliás, a relatividade de tudo na vida é, quem sabe — permitam-nos o arroubo filosófico —, a única verdade absoluta.

Deixemos de lado, contudo, tais considerações, para especificarmos que os direitos internacionais do Homem começaram a ser valorizados juntamente com a ideia da soberania relativa do Estado.

2. A personalidade jurídica do Homem

O Homem, sem dúvida, goza de personalidade jurídica internacional, ainda que esta não se manifeste com a mesma desenvoltura da dos Estados e dos organismos internacionais; mas, também, assim não é nas sociedades internas entre os próprios indivíduos, todos com personalidade, todos com capacidade de direito e nem todos com capacidade de fato.

3. Direitos do Homem consagrados na ONU

Na esfera internacional, acontece mais ou menos o mesmo: os Estados têm capacidade plena; os indivíduos não. A Carta das Nações Unidas, em vários de seus dispositivos, fala em "direitos do Homem". Pode-se entender que os Estados não estariam obrigados a obedecer a essas regras; porém, uma das finalidades da ONU é a proteção de tais direitos. Vejamos os textos correspondentes:

> Art. 1º Os propósitos das Nações Unidas são (...) 3. Conseguir uma cooperação internacional para resolver os problemas internacionais de caráter econômico, social, cultural ou humanitário e para promover e estimular o respeito aos direitos humanos e às liberdades fundamentais para todos, sem distinção de raça, sexo, língua ou religião; (...).
>
> Art. 13, 1. A Assembleia Geral iniciará estudos e fará recomendações, destinados a: (...) b) promover cooperação internacional nos terrenos econômico, social, cultural, educacional e sanitário, e favorecer o pleno gozo dos direitos humanos e das liberdades fundamentais, por parte de todos os povos, sem distinção de raça, sexo, língua ou religião.
>
> Art. 55. Com o fim de criar condições de estabilidade e bem-estar necessárias às relações pacíficas entre as Nações, baseadas no respeito ao princípio da igualdade de direitos

e da autodeterminação dos povos, as Nações Unidas favorecerão: (...) c) o respeito universal e efetivo dos direitos humanos e das liberdades fundamentais para todos, sem distinção de raça, sexo, língua ou religião.

Art. 62. (Atribuições do Conselho Econômico e Social) (...) 2. Poderá igualmente fazer recomendações destinadas a promover o respeito e a observância dos direitos humanos e das liberdades fundamentais para todos.

Art. 76. Os objetivos básicos do sistema de tutela, de acordo com os Propósitos das Nações Unidas enumerados no art. 1º da presente Carta, serão: (...) c) estimular o respeito aos direitos humanos e às liberdades fundamentais para todos, sem distinção de raça, sexo, língua ou religião, e favorecer o reconhecimento da interdependência de todos os povos; (...).

Desse modo, se uma das finalidades da ONU, como está bem expresso em seus propósitos (art. 1º), é promover e estimular os direitos humanos, os Estados-membros são obrigados a agir em torno desse objetivo.

4. Documentos históricos sobre os direitos humanos

Alguns documentos na História têm importância para a evolução dos direitos do Homem. Abaixo destacamos alguns:

a) *Magna Carta Libertarum* — Foi outorgada pelo rei inglês "João Sem Terra", em 1215. Essa Carta fixou alguns princípios e foi o primeiro instrumento arrancado de um soberano pelo grosso da Comunidade politicamente articulada, com o objetivo de impor preceitos compulsórios que nem mesmo o soberano podia violar.

Vamos ressaltar alguns dispositivos: 1) reconhecimento da inviolabilidade dos "direitos e liberdades" da Igreja na Inglaterra; 2) o compromisso de não lançar tributos sem o consentimento do Conselho Geral do reino; 3) o estabelecimento da regra de proporcionalidade entre as multas e a gravidade dos delitos; 4) a proibição do confisco de bens por parte de xerifes e bailios; 5) a afirmação de que nenhum homem livre será detido ou sujeito à prisão, ou privado de seus bens, ou colocado fora da lei, ou exilado, ou de qualquer modo molestado senão mediante um julgamento regular pelos seus pares ou de harmonia com as leis do país; 6) a admissão da liberdade de entrar e sair do reino, "em paz e segurança", exceto em tempo de guerra.

Essa Carta foi confirmada por outros soberanos.

b) Petição de Direitos — Redigida pelo Parlamento e chancelada por Carlos I, em 1628.

c) Declaração de Direitos de Virgínia — É de 1776. Declara, logo de início, que "todos os homens são por natureza igualmente livres e independentes e têm certos direitos inatos de que, quando entram no estado de sociedade, não podem, por nenhuma forma, privar ou despojar a sua posteridade, nomeadamente o gozo da vida e da liberdade, com os meios de adquirir e possuir propriedade e procurar e obter felicidade e segurança".

d) Declaração Americana de 1787 — Contém diversos direitos do cidadão que se constituíram em fonte de inspiração para os Direitos do Homem.

e) Declaração do Homem e do Cidadão — Elaborada no primeiro ano da Revolução Francesa (1789).

f) Declaração Universal dos Direitos do Homem — Elaborada pela Assembleia Geral da ONU em 1948, vindo a lume sob a forma de resolução.

g) Pacto Internacional sobre Direitos Civis e Políticos e Pacto Internacional sobre Direitos Econômicos, Sociais e Culturais — De 1966.

Em relação a estas duas últimas, têm-se algumas normas vitais que merecem ser lembradas:

1. Pacto de Direitos Econômicos e Sociais: a) direito de autodeterminação e, em consequência, de os povos "estabelecerem livremente" a sua "condição política" e "o seu desenvolvimento econômico, social e cultural"; b) os povos "dispõem livremente de suas riquezas e recursos naturais"; c) direito ao trabalho; d) direito a uma remuneração equitativa e que dê ao Homem e a sua família "condições dignas de existência"; e) direito de toda pessoa fundar e se filiar a sindicatos; f) direito à previdência social; g) proteção e assistência à família; h) "direito de toda pessoa a um nível de vida adequado para si e sua família, inclusive alimentação, vestuário e moradia adequados e uma melhoria contínua das condições de existência"; i) melhorar os métodos de produção, conservação e distribuição de alimentos; j) direito de toda pessoa ao "mais alto nível possível de saúde física e mental"; k) direito à educação, sendo que o ensino primário deverá ser obrigatório e gratuito; aqueles Estados em que a gratuidade e a obrigatoriedade não forem possíveis deverão promovê-las progressivamente; l) toda pessoa tem direito a participar da vida cultural; m) é proibida a discriminação racial.

2. Pacto dos Direitos Civis e Políticos: a) direito de autodeterminação e de disporem os povos "livremente de suas riquezas e recursos naturais"; b) proibição de discriminação racial; c) direito à vida; d) proibição de torturas e tratamento cruel; e) proibição de escravidão, trabalho forçado e tráfico de escravos; f) direito à liberdade e segurança pessoal; g) não haverá prisão pelo não cumprimento de obrigação contratual; h) o estrangeiro só poderá ser expulso em "cumprimento de uma decisão adotada conforme a lei"; i) todas as pessoas são iguais perante os tribunais; j) direito à liberdade de circulação; k) o princípio *nullum crimen sine lege;* l) direito à liberdade de pensamento, de consciência e de religião; m) liberdade de expressão; n) proibição de propaganda em favor da guerra; o) direito de livre associação; p) proteção da família e das crianças; q) os Estados que têm "minorias étnicas,

religiosas e linguísticas" reconhecerão aos seus membros direito "à vida cultural própria, a professar e praticar sua própria religião e a empregar o seu próprio idioma".

Em grande parte, as normas e princípios assentados nos dois Pactos acima inspiraram diversas manifestações em torno dos direitos do Homem.

h) Convenção sobre os Direitos Políticos da Mulher — De 1952.

i) Convenção Internacional sobre a Eliminação de Todas as Formas de Discriminação Racial — De 1965.

j) Convenção sobre a Prevenção e a Punição do Crime de Genocídio — De 1951.

k) Convenção da OIT para Proteção do Salário — De 1949 (n. 95).

l) Convenção da OIT relativa ao Direito de Organização e de Negociação Coletiva — De 1949 (n. 98).

m) Convenção da OIT sobre Discriminação em Matéria de Emprego e Profissão — De 1958 (n. 111).

n) Convenção sobre a Discriminação na Educação — De 1960, da UNESCO.

o) Declarações da ONU:

o.1) Dos Direitos da Criança — De 1959.

o.2) Sobre a Outorga da Independência aos Países e Povos Coloniais — De 1960.

o.3) Dos Direitos do Deficiente Mental — De 1971.

o.4) Sobre a Proteção de Mulheres e Crianças nas Emergências e nos Conflitos Armados — De 1974.

o.5) Declaração Universal sobre a Erradicação da Fome e da Desnutrição — De 1974.

o.6) Sobre o Uso do Progresso Científico e Tecnológico no Interesse da Paz e no Benefício da Humanidade — De 1976.

p) Convenção Europeia para a Proteção dos Direitos do Homem e das Liberdades Fundamentais — De 1950. Essa Convenção admite, no entanto, que, em situações de emergência, as obrigações convencionadas podem ser derrogadas, com exceção do direito à vida e à integridade física, entre outros. O importante é que esse documento cria, também, dois órgãos responsáveis pela tutela dos direitos humanos: a Comissão Europeia de Direitos Humanos e a Corte Europeia dos Direitos Humanos.

p.1) Comissão Europeia de Direitos do Homem — Seus membros, um de cada Estado-parte da Convenção, são eleitos pelo Conselho de Ministros do Conselho da Europa para um período de seis anos, com possibilidade de reeleição.

Qualquer particular pode apresentar uma reclamação à Comissão, após esgotados os recursos internos.

A Comissão ouve as partes e procura dar solução amigável; caso contrário, o problema será levado ao Conselho de Ministros, e este dará uma decisão, que as partes serão obrigadas a cumprir. Tem sede em Estrasburgo.

p.2) Corte Europeia dos Direitos do Homem — Seus juízes são em número igual ao dos Estados-Membros do Conselho da Europa. São eleitos pela Assembleia por um período de nove anos, podendo ser reeleitos. Perante a Corte, somente comparecerão os Estados e a Comissão, tendo esta uma função similar à do Ministério Público. A decisão dada pela Corte é definitiva. A sede também é em Estrasburgo.

Os Estados, para se submeterem à jurisdição da Comissão e da Corte, precisam dar uma declaração nesse sentido.

No âmbito do Continente Europeu, temos, ainda, a Carta Social Europeia, que trata dos direitos econômicos e sociais, assinada em 1961. Em 1983, o Conselho da Europa concluiu um protocolo sobre os direitos do Homem e as liberdades fundamentais.

q) Carta Social Europeia — Teve a colaboração da OIT. Entrou em vigor em 1965.

Tal Carta, na verdade, foi precedida de outras Convenções, como: a Convenção Europeia de Assistência Social e Médica, de 1954; a Convenção Europeia sobre Equivalência de Diplomas que dão acesso aos Estabelecimentos Universitários, de 1954; e a Convenção sobre Equivalência dos Períodos de Estudos Universitários, de 1956.

O controle da aplicação da Carta é feito por meio de informes por parte dos governos, que são examinados por vários órgãos, destacando-se dentre eles o Comitê de Peritos, nomeados pelo Comitê de Ministros do Conselho da Europa.

No Continente Americano, vários documentos vieram à luz do Direito, como os que se seguem:

r) Convenção Relativa aos Direitos dos Estrangeiros — Assinada na cidade do México, em 1902.

s) Convenção Relativa à Condição dos Cidadãos Naturalizados — Rio de Janeiro, 1906.

t) Convenção sobre Extradição e sobre Asilo Político — Montevidéu, 1933.

u) Resolução sobre Deveres e Direitos da Mulher ante os Problemas da Paz — Buenos Aires, 1936.

v) Resolução sobre a Livre Associação e Liberdade de Expressão dos Trabalhadores — Lima, 1938.

w) Resolução sobre a Humanização da Guerra — Rio de Janeiro, 1942.

x) Carta da Organização dos Estados Americanos — De 1948. O art. 3º reafirma os seguintes princípios:

y) a solidariedade dos Estados Americanos e os altos fins a que ela visa requerem a organização política dos mesmos com base no exercício efetivo da democracia representativa.

z) A cooperação econômica é essencial para o bem-estar e para a prosperidade comuns dos povos do Continente.

z.1) Os Estados Americanos proclamam os direitos fundamentais da pessoa humana, sem fazer distinção de raça, nacionalidade, credo ou sexo.

z.2) A unidade espiritual do continente baseia-se no respeito à personalidade cultural dos países americanos e exige a sua correta colaboração nas altas finalidades da cultura humana.

z.3) A educação dos povos deve orientar-se para a justiça, a liberdade e a paz.

z.4) Declaração Americana dos Direitos e Deveres do Homem — De 1948.

z.5) Carta Interamericana de Direitos Sociais — De 1948.

Estes três últimos documentos não foram os únicos, no âmbito da América, de maior repercussão. Em 1959, a Comissão Jurídica Interamericana, órgão consultivo da OEA, foi encarregada de elaborar uma Convenção sobre a Defesa e Garantias dos Direitos e Liberdades Fundamentais, bem como de estruturar um tribunal especializado para solucionar controvérsias referentes a essa matéria. A partir daí, surgiram a Comissão Interamericana de Direitos Humanos, a Convenção Americana sobre Direitos Humanos e a Corte Interamericana de Direitos Humanos, esta de 1979.

Não se pode deixar de citar ainda a Convenção Interamericana para Prevenir, Punir e Erradicar a Violência contra a Mulher, aprovada pela Assembleia Geral da Organização dos Estados Americanos em 9.6.1994 e ratificada pelo Brasil em 27.11.1995.

Aí estão, de forma simplificada, alguns dos documentos que foram produzidos na Europa e na América sobre os direitos humanos; documentos esses que deixaram de ser simples compilação de princípios para transformar-se em direitos efetivos que devem ser obedecidos, haja vista a criação de Cortes especializadas para sua aplicação.

5. Exercício dos direitos humanos

É fato que, de alguma forma, todos os órgãos da ONU encontram-se envolvidos com a promoção e defesa dos direitos humanos. Tem sido vista como uma das mais importantes a Comissão de Direitos Humanos, entidade subordinada ao Conselho Econômico e Social, criada em 1946, e composta de 32 membros — 8 da África, 8 da Europa Ocidental, 6 da América Latina, 6 da Ásia e 4 da Europa Oriental —, que exercem mandato de três anos. Essa Comissão tem algumas incumbências junto ao Conselho Econômico e Social, tais como a de submeter propostas, recomendações e relatórios sobre os seguintes assuntos: a) uma declaração internacional de direitos; b) declarações e convenções internacionais sobre direitos civis, o *status* das mulheres, liberdade de informação e matérias similares; c) a proteção das minorias; d) a prevenção da discriminação com base na raça, sexo, língua e religião; e) quaisquer outros assuntos relativos a direitos humanos não cobertos pelos itens anteriores.

Poderá a Comissão elaborar estudos e dar pareceres sobre os assuntos determinados pelo Conselho, podendo, ainda, constituir grupos de trabalho *ad hoc*, o que já ocorreu em 1947, quando criou a Subcomissão sobre a Liberdade de Informação e de Imprensa e a Subcomissão sobre a Prevenção da Discriminação e a Proteção de Minorias. Mais recentemente, essa Comissão criou um Grupo de Trabalho para investigar a situação dos direitos humanos no Chile, em 1975, revelando que não fica o trabalho da Comissão somente no âmbito dos assuntos de ordem geral.

Outros mecanismos até mais aperfeiçoados existem, como os desenvolvidos pelo Pacto Internacional sobre Direitos Civis e Políticos e por seu Protocolo Facultativo. O Pacto estabeleceu um "Comitê dos Direitos Humanos", composto de dezoito pessoas dos Estados subscritores, que tem por função o estudo dos relatórios sobre as medidas adotadas para colocação em prática das obrigações assumidas no Pacto. Os Estados-partes podem denunciar ao Comitê o descumprimento de obrigações por parte de qualquer Estado. O Comitê, antes de examinar a matéria, deverá examinar se foram esgotadas todas as possibilidades domésticas de resolução; só depois deverá tentar encontrar a solução, de preferência amigável, e até nomear uma comissão de conciliação *ad hoc*. Pode parecer aos menos avisados que tais comissões e comitês nada resolvem, ante a falta de poder de execução direta sobre os eventuais violadores das regras contidas nos tratados. Mas, não é bem assim. O Direito Internacional, nesses e em outros assuntos, tem-se mostrado rico em soluções pela negociação e pela conciliação.

Perante a Corte Internacional de Justiça, principal órgão judiciário da ONU, as questões sobre direitos humanos poderão ser levadas, bastando que os Estados envolvidos aceitem expressamente sua jurisdição. Isso aconteceu em 1951, quando a Corte decidiu que o líder peruano Haya De La Torre, asilado na legação da Colômbia, em Lima, não poderia ser entregue às autoridades peruanas; ou como no caso em que a Corte considerou lícita a submissão de uma criança holandesa ao sistema de guarda e educação da Suécia, visto que este tinha sido anteriormente contestado pela Holanda, em face da Convenção de Haia de 1902. Também a Corte atua dando pareceres sobre os direitos humanos.

Não ficam tais iniciativas somente para os Estados nos demais órgãos existentes e criados no mundo para a defesa dos direitos humanos. *Guido Soares* nos dá notícia da possibilidade de o ser humano reivindicar diretamente em algumas situações: "A notável exceção, que consiste em permitir a pessoas físicas o acesso a entidades criadas por tratados entre Estados, se refere à admirável construção empreendida na Europa Ocidental, por intermédio da Comunidade Europeia (o Mercado Comum Europeu) e da Comissão Europeia dos Direitos Humanos (e, indiretamente, a Corte Europeia de Direitos Humanos), em que a pessoa de direito privado pode opor-se, com legitimidade, ao próprio Estado. Quanto aos procedimentos extrajudiciários, conforme será analisado nos capítulos finais, a abertura das instituições interestatais a pessoas de direito privado além dos Estados, é mister mencionar as modificações da estrutura da Corte Permanente de Arbitragem e a criação do Centro BIRD.

Com efeito, o art. 173, § 2º, do Tratado de Roma de 25.3.1957, que criou a Comunidade Econômica Europeia (Mercado Comum Europeu), após estatuir que o Tribunal de Justiça Europeu controla a legalidade dos atos do Conselho de Ministros e da Comissão da CEE (os dois executivos do MCE), com base em incompetência, violação das formas substanciais, violação do tratado ou de qualquer norma de Direito relativa à sua aplicação ou por desvio do poder (*detournement de pouvoir*), estabelece, *verbis:* "Toda pessoa física ou jurídica pode interpor (...) um recurso contra decisões que a ela se refiram e contra as decisões que, embora adotadas sob a aparência de um regulamento ou de uma decisão dirigida a outra pessoa, lhe diga respeito, direta ou individualmente". Ora, tendo em vista os termos do art. 189 do mencionado Tratado de Roma, em que se definem regulamento ('tem alcance geral. É obrigatório em todos os seus elementos e diretamente aplicável, a cada um dos Estados-Membros') e decisão ('é obrigatória em todos os seus elementos para os destinatários que designe' — em outras palavras, seus destinatários são pessoas físicas ou jurídicas de direito privado), claro está que a jurisdição contenciosa do Tribunal de Justiça Europeu engloba pessoas de direito privado, em litígio contra a Comunidade Econômica Europeia e, indiretamente, contra o próprio Estado, na sua competência não contenciosa, prevista no art. 177".[230]

---

(230) *Órgãos das soluções extrajudiciárias de litígios*, p. 40-42.

Ainda sobre a mesma possibilidade, lembremos a palavra do notável professor já descrita no capítulo II, item 6, desta obra, sobre as vias criadas no MCE e na Convenção Europeia assinada em Roma em 4.11.1950, às quais remetemos o estudioso.

Em relação aos recentes acontecimentos da Bósnia, deve ser lembrado que a Corte de Haia está julgando muçulmanos nos chamados "crimes de guerra" cometidos na Iugoslávia, referentes a homicídios, estupros e tortura de sérvios bósnios[(231)].

O Brasil também não passou impune aos olhos da OEA, que ameaçou condená-lo por violação dos direitos humanos e execrá-lo perante a opinião pública mundial com a divulgação do relatório sigiloso n. 16/96, que se baseou nos fatos conhecidos como o "Caso do Parque São Lucas".

A Comissão Interamericana de Direitos Humanos — CIDH — instaurou o processo de n. 10.301 para a apuração desses e outros fatos[(232)].

Não só os acontecimentos específicos de guerras internas nas regiões do mundo e de mau uso de forças policiais no Brasil e em outros países, entretanto, desencadeiam o mecanismo de defesa dos direitos humanos. A UNESCO — Fundo das Nações Unidas para a Educação, Ciência e Cultura —, em novembro de 1997, divulgou projeto referente a uma Declaração de Proteção do Genoma Humano, condenando qualquer prática que fira os direitos humanos e a dignidade ou leve à discriminação, no que diz respeito à pesquisa científica e eventuais abusos por ela cometidos ou que venham a ser concretizados.

Tais exemplos mostram-se suficientes na conclusão de que os direitos humanos ganharam *status* de matéria à parte e delineada no Direito Internacional e confirmam que o ser humano está, em definitivo, consagrado como sujeito de direitos e obrigações.

6. Biodireito e direitos humanos

Uma nova fase dos estudos de Direito, e que tem matriz universal, devendo ser considerada pelas legislações internas e pelos órgãos internacio-

---

(231) Entre atrocidades que se imaginavam impossíveis no estágio atual da civilização muitas aconteceram na ex-Iugoslávia, como o espancamento de um homem, agredido com pás e chutado até perder os sentidos, e que teve marcado em sua mão com ferro em brasa o símbolo de uma cruz e coberto seu corpo com pó corrosivo, ou como o caso de um velho prisioneiro em Omarska, que morreu depois de ter uma insígnia política muçulmana fixada com prego em sua testa (notícias de *O Estado de S. Paulo* de 12.3.1997).

(232) O acontecimento em referência envolvia policiais batendo e agredindo passantes. Lembre-se que uma condenação internacional do Brasil dificultaria o acesso do País a empréstimos externos, as relações com seus vizinhos na América e a boa vontade de investidores estrangeiros.

nais, como já acontece, é o próprio fato da vida, nascimento e morte, e o avanço da tecnologia para a modificação de tais fatos, que antes pareciam matéria apenas e tão somente de competência exclusiva do Criador. O homem posiciona-se como se criador fosse e resolve alterar a natureza desde a sua concepção. O poder que a ciência lhe dá não tem paralelo na história da humanidade. É possível criar vidas e de algum modo matá-las, recriá-las e refazer a composição genética, reestruturando o DNA, para o bem e para o mal. Depende dos governantes e da ética do momento. Vivemos em mundo que alguns anos atrás, não muitos, somente era possível conceber em filmes, em romances de ficção. Como acreditamos em uma ordem no universo, independentemente da vontade humana, também cremos que os progressos da ciência não devem ser deixados de lado; nada é produto do diabo, tudo é realmente divino, naquela concepção maior da existência de uma unidade lógica entre a vida e a morte, e para os que creem, após esta última e antes mesmo de iniciar-se aquela. O respeito ao ser humano é um respeito que deve transcender os limites do tempo e instalar-se no âmago de tudo. As legislações não devem ficar conformadas apenas aos aspectos práticos e técnicos do ser humano enquanto ser social, mas devem alcançar os fundamentos das coisas para afirmar a única verdade possível: o direito à vida plena, feliz, sadia, não depende de raça, de cor, de credo religioso, de posição filosófica, de posição política, de absolutamente nada. O direito à vida é o próprio Direito.

O grande desafio do chamado "biodireito", é o combate a todas as formas de discriminação. Não ser discriminado significa, neste patamar, o direito de não ter o indivíduo, por exemplo, divulgada a sua doença e os testes científicos com ele feitos, porque fala mais alto a dignidade individual, que no fim é a dignidade da própria vida. O trabalho médico-científico em termos de divulgação de resultados deve ser impessoal, para benefício da humanidade, sem constrangimentos ao ser humano que serviu de base para determinado avanço, de forma involuntária, em virtude de pesquisas decorrentes de um particular tratamento, ou voluntariamente, decorrente de sua vontade de cooperar com nova e eventual tecnologia. Este é o primeiro passo. De qualquer modo, não há progresso científico contra a vontade do indivíduo: os fins nunca justificam os meios.

Estamos diante da possibilidade do "mercado global" patentear seres vivos, como objetos de apropriação privada, o que já ocorreu, como abertura insana desse palco, que pode ser o de uma peça de horrores, quando uma microbiologista da General Eletric, Ananda Chakrabarty, solicitou a concessão de patente para um microorganismo geneticamente modificado, projetado para absorver o derramamento de óleo dos oceanos. Todavia, tal pedido foi recusado pelo Escritório de Marcas e Patentes dos Estados Unidos da América (U. S. Patents and Trademark Office), sob o argumento de que os seres vivos não são patenteáveis. O caso chegou à Suprema Corte, que decidiu favoravelmente à pesquisadora, sob a alegação de que um microorganismo geneticamente modificado é uma invenção resultante do engenho humano, uma espécie de composição química inanimada. O resultado dessa decisão, ainda que devendo ser considerado dentro dos parâmetros específicos da questão vinda ao tribunal, abre inúmeras e infinitas possibilidades, umas boas, outras más, tornando obscura a fronteira do que é certo e do que é errado.

De qualquer modo, em 1987, o Escritório mencionado baixou novas regras admitindo, como viável, a concessão de patentes para todo organismo vivo multicelular geneticamente modificado, exceção feita aos seres humanos. Tal decisão, no entanto, ainda está sujeita a interpretações, porque se tem notícia por fundamentos de decisões posteriores, no âmbito territorial daquele país, que se for indicada a utilidade prática, os genes humanos poderão ser patenteados. Assim, por exemplo, ocorreu em 14.3.1995, em que o mesmo Escritório concedeu patente para uma sequência genética, em favor dos Institutos Nacionais de Saúde. Tal sequência genética era extraída do sangue de um indígena. Em 2001, o Escritório concluiu que um gene humano pode ser patenteado desde que tenha sido clonado, isto é, reproduzido em laboratório, e tenha função definida.

Observamos, entretanto, que o genoma humano constitui-se em um direito personalíssimo (Declaração Universal do Genoma Humano e dos Direitos Humanos da UNESCO).

Importante, a Declaração Ibero-latino-americana sobre Ética Genética (Declaração de Manzanillo), de 1996 e revisada em 1998 que estabelece: a) a necessidade de proibir a comercialização do corpo humano, de suas partes e de seus produtos; b) necessidade de limitar nesta matéria o objeto das patentes nos limites estritos da contribuição científica realizada, evitando extensões injustificadas que dificultem futuras pesquisas, e excluindo-se a possibilidade do patenteamento do material genético; e c) necessidade de facilitar a pesquisa neste campo mediante o livre intercâmbio da informação científica, em especial o fluxo de informação dos países desenvolvidos aos países em desenvolvimento.

O Brasil, por sua legislação, não permite o patenteamento do genoma humano (Lei n. 9.279/96), salvo os microorganismos transgênicos, que atendam aos requisitos para a aplicação industrial.

Também, não se tem possível o comércio de órgãos humanos, porque não se pode olvidar que normalmente aquele que é levado a comerciar ou influenciado para tanto, é o que está à margem dos benefícios do mercado global, e quer os bens industriais da vida, ou, no mínimo, deseja sobreviver. O princípio que reza essas questões é o da gratuidade.

Enfim, serve esta pequena introdução ao tema, que de ora em diante deve ocupar os livros de Direito, principalmente de Direito Internacional, tem por objetivo um despertar sobre o tema.

Algumas acepções, do estado atual da técnica e, eventualmente da legislação, merecem ser aqui reproduzidas, porque há ainda muito a ser discutido e discutido neste campo, como as que seguem:

a) Nascituro — temos um conceito moderno com o Código Civil. Porque este reconhece o nascituro desde a sua concepção (art. 2º). Isto é, a pessoa que está por nascer, já concebida no ventre materno. Embora não tenha personalidade jurídica, o que adquirirá se nascer com vida, tem natureza humana e proteção específica. Tem proteção, neste aspecto, também o embrião pré-implantado e aquele que está por ser implantado no ventre da mulher.

b) Natimorto — Há também proteção para aquele que nasceu morto, e, portanto, não adquiriu personalidade jurídica. Mesmo este tem humanidade e recebe a devida proteção, como direito a um nome e a uma sepultura.

c) Direito ao conhecimento ou ao não conhecimento da ascendência biológica — Ninguém pode ser obrigado a conhecer sua ascendência biológica, mas tem o direito a essa informação se assim o desejar, não importando para tanto a natureza dos vínculos familiares.

d) Parentesco — Não se resume no vínculo natural, mas abrange também os vínculos civis. Assim, a paternidade decorrente de vínculo biológico ou de vínculo não biológico, é para todos os efeitos a mesma paternidade (arts. 1.596/1597 do Código Civil). A proteção máxima com responsabilidade social, de natureza filosófica e não simplesmente biológica. Nunca é demais lembrar, somos todos irmãos.

e) DNA recombinante — Esta expressão representa o conjunto de técnicas que se emprega para o estudo da sequência de um gene e sua proteína. Há uma lei brasileira, a da biossegurança, Lei n. 8.974/95 que especifica: organismo geneticamente modificado (OGM) é aquele cujo material genético tenha sido modificado por qualquer atividade de manipulação de moléculas de DNA recombinante. Os OGMs de primeira geração estão situados no reino monera (bactérias geneticamente modificadas), que decorrem do desenvolvimento de certas culturas microbianas (insulina humana, hormônio do crescimento, enzimas, etc.). Os de segunda geração reúnem plantas com características agronômicas de resistência a herbicidas, pestes, etc.; plantas nutricionalmente aprimoradas; plantas que produzem produtos especiais (vacinas, hormônios, etc.). Os da terceira geração situam-se no reino animal. Modificação de animais para a produção de alimentos e substâncias medicinais. Aí está a técnica em franco progresso, necessitando de uma resposta do Direito, não a impedindo, mas estabelecendo os limites possíveis.

f) Eutanásia/Distanásia — Eutanásia corresponde à ação de abreviar a vida humana que é motivo de sofrimento sem esperança. Distanásia corresponderia à ação de prolongar a vida humana, adiando a sua morte. A fronteira ética é que deve dizer quando uma e outra ação revelam-se admissíveis. Normalmente, a eutanásia é combatida; mas deve-se refletir de modo profundo sobre as implicações de viver com dignidade e de morrer com dignidade. Em princípio a ninguém é dado o direito de abreviar a vida de outrem, ainda que seja o médico mais capacitado e meritório, porque o segredo da vida vai além das injunções técnicas e biológicas. O parâmetro dignidade é o mote. É necessário levar em conta as circunstâncias todas que cercam o viver e o morrer, e, principalmente, a manifestação de vontade da própria vítima dessas circunstâncias, quando, é claro, passível de manifestação consciente e sopesada. O direito não pode regular tudo. Sobram espaços para o que está acima de toda ciência e de toda produção normativa, mas está perto ou dentro do coração do ser humano, diante dos fatos da vida. Neste espaço, o Direito também se nutre pelos princípios maiores da razoabilidade, da proporcionalidade, da razão inata, da dignidade. É necessário consultar (atividade por vezes própria dos médicos e juízes) o âmago dos acontecimentos, a leitura dos atos e fatos, de acordo com a finalidade da própria existência, que pode ter, desculpem os não crentes, objetivos maiores alicerçados em razões não claras e humanamente postas pelos envolvidos. Na dúvida — e dúvida sempre existirá — é necessário confiar no tempo, ajudando a vida digna.

g) Direitos dos Animais — O sofrimento de um ser vivo, humano ou não, deve ser levado em conta. Três básicos direitos devem ser levados em conta aos animais não humanos: direito de não sofrer dor; direito de ir e vir; direito à vida. Em 27.1.1978, a assembleia da UNESCO proclamou a Declaração Universal dos Direitos dos Animais, que diz em seu art. 1º "Todos os animais nascem iguais diante da vida e têm o mesmo direito à existência".

Enfim, aí estão alguns dos aspectos que não podem ser deixados de lado pelo Direito Internacional, na influência que este deve exercer sobre os Estados, as organizações internacionais e outras coletividades, que atuam na esfera internacional. Alguns dos conceitos aqui descritos foram retirados de pesquisas deste autor em várias obras e pelos modernos meios de pesquisa e, principalmente, do livro *Biodireito — A Nova Fronteira dos Direitos Humanos*, de *Reinaldo Pereira e Silva*.

QUADRO SINÓTICO

O HOMEM NA ESFERA INTERNACIONAL

— Homem { Sujeito de direitos e obrigações perante o Direito Internacional capacidade de agir limitada

— Direitos do Homem: Na Carta das Nações Unidas

— Vários documentos históricos especificam os direitos do homem na esfera internacional, como a "Declaração Americana" de 1787, a "Declaração Universal dos Direitos do Homem" de 1948, "Declarações da ONU", "Convenção Europeia", "Carta da Organização dos Estados Americanos"

— Comparecimento do Homem perante os órgãos internacionais { Perante a Comissão Europeia de Direitos Humanos
Perante o Tribunal de Justiça Europeu

— Biodireito — combate a discriminação em relação à vida e à morte

— Declaração Universal do Genoma Humano

— Declaração Ibero-americana sobre Ética Genética

— Declaração Universal dos Direitos dos Animais

— Aspectos vários que devem ser estudados: DNA, OGM, eutanásia/distanásia; experiências científicas e sua utilidade: dignidade humana e do animal.

CAPÍTULO XXIII

DIREITO INTERNACIONAL E MEIO AMBIENTE

1. Noções gerais. 2. Direitos específicos. 3. Poluição dos espaços. Futuro. Quadro sinótico.

1. Noções gerais

A proteção ao meio ambiente tem se transformado numa das grandes preocupações do Direito Internacional Público. Faz parte, sem dúvida, da grande área dos Direitos Humanos; mas a sua importância é tal e tão vital para a sobrevivência da Humanidade que entendemos ter espaço de um capítulo no presente livro, ainda que pequeno, para despertar o interesse e dar a real dimensão do Direito Internacional moderno, voltado sobretudo para a paz, a segurança e o progresso material e espiritual da Humanidade.

O que denominamos "meio ambiente internacional" tem suas ligações com os aspectos internacionais do Homem, capítulo anterior, e com as relações econômicas internacionais, capítulo posterior, na sua compreensão maior do Direito Internacional do Desenvolvimento, na responsabilidade dos países ricos e pobres pela erradicação da pobreza, aproveitamento inteligente dos recursos naturais e consequente proteção ao meio ambiente.

O meio ambiente compreende as relações entre a biosfera e o seu meio circundante. Por biosfera, entende-se o conjunto dos ecossistemas existentes no planeta, de todas as suas partes onde existe ou possa existir vida, abrangendo a litosfera e a hidrosfera.

Ensina *Guido Soares*, após explicar os novos foros internacionais que se abriram para solucionar os descontentamentos dos Estados e do próprio homem no século XX sobre as questões do meio ambiente, como na área da ONU e das ONGs, os fatores que desencadearam o moderno Direito Internacional do meio ambiente:

a) a questão da poluição transfronteiriça, que tomou uma dupla forma, a de águas doces dos rios e lagos internacionais e a poluição atmosférica trazida pelas correntes de ar, fenômenos esses que, por sua natureza, não conhecem fronteiras físicas e políticas entre Estados; e

b) a questão da poluição crescente e desenfreada dos mares e oceanos, por meio das três formas detectadas:

1. alijamentos deliberados de refugos, em geral na forma de óleos usados provenientes de navios (lavagens de navios e/ou seu deslastreamento) ou de indústrias (o alijamento direto de resíduos tóxicos não

recicláveis ou dos rejeitos provenientes da mineração submarina programada, ou das plataformas de exploração petrolífera), em níveis sem precedência na história;

2. deposição, em suas águas, de cinzas provenientes de queima em alto-mar de rejeitos industriais;

3. a denominada "poluição telúrica", aquela carregada pelas águas doces, que servem de desaguadouro dos rejeitos altamente tóxicos industriais não recicláveis (como as ligações de emissários submarinos ou de interceptores oceânicos para esgotos sanitários ou industriais).[233]

A Conferência das Nações Unidas sobre o Meio Ambiente e Desenvolvimento realizada no Rio de Janeiro em junho de 1992, e a convocação, em princípios de 1993, em Viena, da Conferência Mundial das Nações Unidas sobre Direitos Humanos, culminaram nessa preocupação internacional, concretizando-se como prioridade inequívoca dos nossos estudos.

Apesar das ligações que acima fizemos com o capítulo anterior e posterior deste livro, há de se reconhecer uma amplitude maior para o tema, que está intimamente conectado com as ideias básicas sobre política internacional, soberania dos países, exercício da democracia, no que vem a ser o chamado "bem-estar social", e por isso é matéria fundamental para a compreensão do Direito Internacional.

É certo que nos períodos de repressão política e de regimes autoritários não só os direitos humanos *stricto sensu* foram desrespeitados, como também se atentou contra o meio ambiente de diversas formas.

O Grupo de Consultores Jurídicos do Programa das Nações Unidas para o Meio Ambiente (PNUMA) estabeleceu na reunião de Malta, em dezembro de 1990, uma relação entre os temas: regimes de governo, direitos humanos e meio ambiente. Também foi essa preocupação que movimentou a reunião de março de 1991 em Genebra, do mesmo grupo, e o Seminário Internacional de agosto de 1991, em Pequim, na China.

A conclusão inevitável é que as ideologias e os interesses econômicos e estratégicos têm barreiras que não podem ser ultrapassadas, sagradas e invioláveis: os direitos humanos e o meio ambiente.

A agressão à natureza contraria a implementação de qualquer política.

A internacionalização dos direitos humanos e do meio ambiente é um fato a partir da Declaração Universal dos Direitos Humanos de 1948 e mais se intensificou com a Declaração de Estocolmo sobre o Meio Ambiente Humano de 1972.

---

(233) SOARES, Guido F. Silva. *Direito internacional do meio ambiente*. São Paulo: Atlas, 2001. p. 46.

Estima-se, hoje em dia, segundo *Cançado Trindade*, mais de 300 tratados multilaterais e cerca de 900 tratados bilaterais dispondo sobre a proteção e conservação da biosfera, e mais de 200 textos de organizações internacionais[(234)].

Destacam-se ainda a Carta dos Direitos e Deveres Econômicos dos Estados das Nações Unidas, de 1974, que advertia para a proteção e preservação do meio ambiente para as gerações presentes e futuras, como responsabilidade de todos os Estados; a proclamação em 1980 da Assembleia Geral das Nações Unidas sobre a responsabilidade histórica dos Estados pela preservação da natureza em benefício das gerações presentes e futuras, a proteção das condições da saúde humana e melhoria da qualidade de vida na Conferência de 1992 sobre o Meio Ambiente e Desenvolvimento[(235)].

A preocupação ecológica tem sido uma constante em diversas organizações mundiais e não governamentais de objetivos diversos, como a OMM — Organização Meteorológica Mundial; a UNESCO — Organização das Nações Unidas para a Educação, Ciência e Cultura; a OMS — Organização Mundial de Saúde; a OIT — Organização Internacional do Trabalho; a OCDE — Organização de Cooperação e Desenvolvimento Econômico e a WWF — Fundo Mundial para a Natureza (Não Governamental), entre outras, o que demonstra ser o equilíbrio da natureza e o respeito a ela um dos objetivos básicos do Direito Internacional.

Entre alguns tratados podemos destacar: Tratado sobre a proibição de colocar armas nucleares e outras armas de destruição em massa nos fundos marinhos e oceânicos e em seu subsolo, de 1971; Convenção sobre a proibição do desenvolvimento, produção e estocagem de armas bacteriológicas e à base de toxinas e sua destruição, de 1972; Convenção sobre a proibição do uso de técnicas de modificação ambiental para fins militares ou quaisquer outros fins hostis, de 1977; Convenção sobre a Prevenção da Poluição Marinha por alijamento dos resíduos e outras matérias, de 1972; Convenção sobre a Prevenção da Poluição Marinha procedente de fontes terrestres, de 1974; Convenção sobre a Prevenção da Poluição Marinha provocada pelo alijamento a partir de navios e aeronaves, de 1972; Convenção da UNESCO para a Proteção do Patrimônio Mundial Cultural e Natural, de 1972; Convenção de Viena para a Proteção da Camada de Ozônio, de 1985; e o Protocolo de Montreal sobre substâncias que destróem a camada de ozônio, de 1987.

Aqui se encontram alguns dos tratados que cuidam da matéria, apenas para situar o estudioso diante da produção internacional.

---

(234) TRINDADE, Antônio Augusto Cançado. *Direitos humanos e meio ambiente,* p. 40.
(235) *Ibidem*, p. 43.

No Brasil, a Constituição Federal cuida do meio ambiente em alguns dispositivos, a saber: arts. 5º, LXXIII; 20; 23 e incisos VI, VII; 24 e incisos VI e VIII; 129 e inciso III; 170 e inciso VI e § 3º; 216 e inciso V; e 225, § 1º e incisos I, II, III, IV, V, VI, VII e §§ 2º, 3º, 4º, 5º e 6º. A riqueza de normas constitucionais justifica-se pela posição diplomática do Brasil no mundo, em defesa do meio ambiente.

2. Direitos específicos

O meio ambiente deve ser visto a partir de direitos básicos: direito à vida, à saúde e de proteção a determinados grupos humanos.

O direito à vida é o mais importante, porque sem ele não existe o gozo dos demais direitos. O reconhecimento desse direito posiciona o estudioso de forma contrária à pena de morte, objeto de indicação da Corte Interamericana de Direitos Humanos sobre as restrições a tal penalidade em 1983[(236)].

O direito à saúde impede a prática de ato que possa pôr em risco a saúde de cada pessoa, com direito à integridade física e mental e a proibição da tortura e de tratamento cruel ou degradante; obrigação de abster-se, por parte do Estado, e a obrigação de fazer (positiva) de providenciar todos os meios para proteger e preservar a saúde humana, concretizadas num meio ambiente sadio.

A proteção de grupos vulneráveis em infortúnio ou adversidade — refugiados, apátridas, prisioneiros de guerra, indígenas — também é objeto da feitura de normas internacionais[(237)] e se refere ao dever de os Estados proporcionarem qualidade de vida ambiental, além de leis protetoras da personalidade.

O Protocolo Adicional à Convenção Americana sobre Direitos Humanos em Matéria de Direitos Econômicos, Sociais e Culturais de 1988 dispõe sobre o direito à saúde (art. 10), à alimentação (art. 12), a condições justas, equitativas e satisfatórias de trabalho (art. 7º), afirmando expressamente no

---

(236) Pacto de Direitos Civis e Políticos das Nações Unidas, Bruxelas, 1986.
— Resolução n. 3/87 da Comissão Interamericana sobre o caso n. 9647 referente aos EUA.
— Convenção Europeia de Direitos Humanos.
— Convenção Americana sobre Direitos Humanos.
— Carta Africana dos Direitos Humanos e dos Povos.

(237) Convenção Relativa à Proteção dos Trabalhadores contra os riscos profissionais devidos à contaminação do ar, a ruídos e vibrações, de 1977, da OIT.
— Convenção sobre Segurança e Saúde dos Trabalhadores e Meio Ambiente de Trabalho, de 1981, da OIT.
— Convenção sobre Serviços de Saúde no Trabalho, de 1985, da OIT.
— Convenção sobre a Utilização do Asbesto (Amianto) em Condições de Segurança, de 1986, da OIT.

art. 11 o direito de toda pessoa viver em meio ambiente sadio e a contar com os serviços públicos básicos e a promoção à proteção, preservação e melhoramento do meio ambiente[238].

3. Poluição dos espaços. Futuro

A poluição, de forma genérica, tem sido muito destacada pelos agentes internacionais, principalmente a poluição do mar, que é considerado fonte de abastecimento para o homem no tocante à sua alimentação.

Poluição é qualquer mudança prejudicial resultante da conduta humana na composição natural, conteúdo ou qualidade das águas de uma bacia de drenagem internacional.

A Convenção das Nações Unidas sobre o Direito do Mar, assinada em 10.12.1982, estabelece a proteção ao meio marítimo no art. 145, permitindo a adoção de normas para prevenir, reduzir e controlar a poluição e outros perigos e os efeitos nocivos de atividades como a perfuração, dragagem, escavações, lançamento de detritos, construção e funcionamento ou manutenção de instalações, ductos e outros dispositivos (alínea *A*)[239].

O Tratado sobre o Uso dos Espaços Cósmicos adotado pela Assembleia Geral das Nações Unidas em 19.12.1966, em seu art. IX, trata da exploração e uso do espaço cósmico, a lua e demais corpos celestes, determinando que essa atividade se faça de forma a "evitar os efeitos prejudiciais de sua contaminação, assim como as modificações nocivas no meio ambiente da Terra resultante da introdução de substâncias extraterrestres e, quando necessário, tomarão as medidas apropriadas para este fim[...]"[240].

Em dezembro de 1997 teve início em Kyoto, Japão, a Conferência Internacional dos Países-membros da Convenção sobre o Clima, a mesma que foi assinada no Rio em 1992.

Mais de 160 países reuniram-se para discutir temas considerados vitais pelos ambientalistas, como o efeito estufa, pelo aumento da temperatura da Terra, e a poluição.

---

(238) TRINDADE, Antônio Augusto Cançado. *Op. cit.*, p. 114.

(239) O Tratado sobre o Direito do Mar foi assinado em Montego Bay (Jamaica), entrando em vigor internacionalmente em 16.11.1994, e o Congresso Nacional aprovou-o por meio do Decreto Legislativo n. 5, de 9.11.1987; foi ratificado a 22.12.1988, promulgado pelo Decreto n. 99.165, de 12.3.1990, e pelo Decreto n. 1.530, de 22.6.1995, foi declarada a sua vigência interna.

(240) O Tratado sobre Exploração e Uso do Espaço Cósmico foi aberto à assinatura em Londres, Moscou e Washington em 27.1.1967, entrando em vigor em 10.10.1967. Foi aprovado pelo Decreto Legislativo n. 41, de 2.10.1968, e pelo Decreto n. 64.362, de 17.4.1969.

O Brasil já apresentou uma proposta de criação de um Fundo de Desenvolvimento Limpo, ganhando apoio na Terceira Conferência dos países signatários da Convenção de Mudança Climática.

O referido Fundo representaria uma espécie de mecanismo de transferência de tecnologia dos países ricos para programas de redução de gases poluentes, o que atingiria as nações em desenvolvimento e as desenvolvidas.

Observe-se que países ricos são os que mais poluem a atmosfera com as emissões de dióxido de carbono, gás metano e óxido nítrico.

Embora na reunião do Rio tenha ficado decidido que haveria uma redução dos gases até o ano 2000, não se constataram ainda medidas efetivas para alcançar esse objetivo.

Não proclamamos a volta ao estado da natureza; mas, o avanço tecnológico não pode vir de encontro ao próprio meio em que vive o homem: terra, rios, lagos, mares e o céu.

A política ambiental não depende da soberana decisão de cada país, em seu território, pois nessa matéria a cooperação internacional é necessária, e a divisão geográfica e política não divide a natureza, que é uma só.

Vários são os tratados preocupados com os espaços internacionais, como o Tratado da Antártica, Washington, 1959; da Proscrição das Experiências com Armas Nucleares na Atmosfera, no Espaço Cósmico e sob a Água, Moscou, 1963; sobre Princípios Reguladores das Atividades dos Estados na Exploração e Uso do Espaço Cósmico, Inclusive a Lua e Demais Corpos Celestes, Londres, Moscou, Washington, 1967; sobre Responsabilidade Internacional por Danos Causados por Objetos Espaciais, Londres, Moscou e Washington; Tratado da Bacia do Prata, Brasília, 1969; de Cooperação Amazônica, Brasília, 1978; Convenção sobre a Conservação de Recursos Vivos Marinhos Antárticos, Canberra, 1980; Convenção sobre a Diversidade Biológica, Rio de Janeiro, 1992 (durante a ECO/92); Convenção Internacional sobre o Preparo, Resposta e Cooperação em Caso de Poluição por Óleo, Londres, 1990; Convenção de Viena para a Proteção da Camada de Ozônio, Viena, 1985; Protocolo de Montreal sobre Substâncias que Destróem a Camada de Ozônio, Montreal, 1987; Convenção-Quadro das Nações Unidas sobre Modificação do Clima, Rio de Janeiro, 1992; dentre outras, abrangendo as questões de armas nucleares, alto-mar, plataforma continental, lagos, bacias hidrográficas, flora, fauna, biodiversidade, etc.

QUADRO SINÓTICO

DIREITO INTERNACIONAL AO MEIO AMBIENTE

— Meio ambiente internacional relaciona-se com
- área dos Direitos Humanos
- área do Direito Internacional do Desenvolvimento
- política internacional

— Eventos importantes
- Declaração Universal dos Direitos Humanos de 1948
- Declaração de Estocolmo sobre o Meio Ambiente Humano de 1972
- Carta dos Direitos e Deveres Econômicos dos Estados das Nações Unidas de 1974
- Grupo de Consultores Jurídicos do Programa das Nações Unidas para Meio Ambiente — PNUMA, Malta, 1990, Genebra e Pequim, 1991
- Conferência das Nações Unidas sobre o Meio Ambiente e Desenvolvimento, Rio de Janeiro, 1992
- Conferência Mundial das Nações Unidas sobre Direitos Humanos, Viena, 1993
- Conferência Internacional dos Países-membros da Convenção sobre o Clima, Rio de Janeiro 1992, Kyoto, Japão, 1997

— Sugestão do Brasil: Criação de um Fundo de Desenvolvimento Limpo

CAPÍTULO XXIV

RELAÇÕES ECONÔMICAS INTERNACIONAIS. NOÇÕES

1. Considerações iniciais. 2. Escorço histórico. 3. Direito Internacional e Direito Internacional Econômico. 4. Princípios e normas da NOEI. 5. Conteúdo econômico dos tratados internacionais: 6. Definições: 6.1. Empresas transnacionais; 6.2. Nacionalização de empresa; 6.3. Contratos entre Estados e estrangeiros; 6.4. A transferência de tecnologia; 6.5. Direito Internacional do Desenvolvimento; 6.6. Perspectivas. Quadro sinótico.

1. Considerações iniciais

É fato que, embora dentro da ordem jurídica internacional considerem-se todos os aspectos da vida da sociedade internacional, como o social, o econômico, o jurídico, o cultural, etc., é fato que nas relações entre os entes internacionais predomina, hoje, o aspecto econômico.

Tal se dá porque, no Direito Interno, o mesmo fenômeno acontece. É uma questão de sobrevivência. Não entendemos, como muitos o fazem, que a dimensão econômica na sociedade tenha significado maior que os outros espaços em que a sociedade se desenvolve. No entanto, somos obrigados a admitir que a atividade econômica influencia as demais atividades da sociedade e, por extensão, o Direito que normatiza tais atividades.

O estudo da matéria do Direito Interno fica a cargo do Direito Econômico, que pode ser definido como o ramo do Direito que tem por objetivo a regulamentação da política econômica e por sujeito o agente que dela participe. Como tal, é um conjunto de normas de conteúdo econômico que asseguram a defesa e harmonia dos interesses individuais e coletivos, de acordo com a ideologia adotada na ordem jurídica.

Os fenômenos internos que proporcionam corpo ao Direito Econômico são os mesmos, em certa medida, que comparecem na sociedade internacional.

Esses fenômenos não são fruto do acaso. Mais do que nunca, prendem-se a regras que têm vigência tanto na área interna como na área internacional.

O tema começa a preocupar de perto cada vez mais os juristas, e a intensidade dos problemas econômicos é tão grande e de influxo tão sentido nos demais ramos da atividade humana que se fala em uma ordem econômica internacional. Ordem essa que é vaso comunicante com as diversas ordens nacionais, influenciando o Direito de cada país e o próprio Direito Internacional.

Apesar de tudo, não consideramos a existência de uma ordem econômica internacional diversa da ordem internacional. Esta, sim, é que tem aspectos de monta, talvez estruturais, de natureza econômica.

A realidade em que vive o ser humano é rica e vasta, contendo aspectos sociais, jurídicos, econômicos, políticos, psicológicos e outros, de modo que não ocorrem separadamente, nem na sociedade interna, nem na sociedade internacional. Quando um fenômeno econômico ocorre, outros acontecem, jurídicos, sociais, etc., correlatos, gerando, por sua vez, novos fatos, em moto-contínuo, em sucessivas trocas de influência, o que faz a sociedade crescer e se tornar cada vez mais complexa.

Mais do que nunca, o profissional do Direito deve ter uma visão geral e noções básicas de Economia, Política e Sociologia.

A Teoria Pura do Direito — que nos perdoe *Kelsen* — tende a sofrer acerbas críticas no que concerne ao Direito Internacional, porque é esse um Direito fluídico, com conteúdo e conceitos influenciados por outras matérias, sem embargos de um campo próprio, nucléico, de atuação.

Há uma simbiose, um amálgama de matérias no Direito Internacional, que não o descaracterizam como Direito; mas o tornam mais amplo e menos preso a regras rígidas, como as do Direito Interno.

Não há desdouro para o Direito nessa realidade, porque, se assim ocorre no campo do Direito, o mesmo se dá, por exemplo, no campo econômico. Economista que despreza a visão jurídica deixa de utilizar um instrumento vital para o estabelecimento das regras do jogo econômico.

2. Escorço histórico

As relações econômicas internacionais, embora ainda não se definam dentro de normas jurídicas iguais às existentes nas ordens internas, aos poucos começam a ganhar *status* jurídico e princípios mais ou menos constantes.

A partir da Segunda Grande Guerra e propriamente da ONU, relevou-se cada vez mais a disparidade entre ricos e pobres e se procurou, por meio do desenvolvimento, equilibrar a posição dos países, minorando as diferenças.

Fundou-se a ordem econômica, se assim podemos dizer, no tripé nascido em Bretton-Woods, em 1944, em vigor a partir de 1945: FMI, BIRD e GATT.

Com esses organismos, foram criados mecanismos de ação que se superpunham aos Estados-membros. Surgiram, após, ideias que hoje nos são caras, como a de "comunidade", "grupos econômicos", a ideia de um corpo de normas regulando as relações entre os países, como o código *antidumping*, e demais iniciativas.

A expressão que ora se tem em voga é Nova Ordem Econômica Internacional — NOEI. Criada em 1955, a partir da Assembleia Geral das Nações Unidas, que decidiu criar a chamada CNUCEDO — Conferência das Nações Unidas para o Comércio e o Desenvolvimento, um foro de propagação de ideias do Terceiro Mundo servindo de contraponto ao GATT.

Albuquerque Mello, no entanto, afirma que "o aparecimento da NOEI pode ser encontrado em discurso do Presidente do México, Luis Echeverría, 1972, na 3ª UNCTAD, reunida em Santiago do Chile, em que ele propõe: 'Tiremos a cooperação econômica do domínio da boa vontade para cristalizá-la no domínio do Direito'". A UNCTAD aprovou uma resolução estabelecendo que se deveriam fixar "normas geralmente aceitas que regerão as relações econômicas entre os Estados". Em 1966, o Brasil já apresentara na UNCTAD proposta de uma Carta de Desenvolvimento.

De qualquer modo, fixa o internacionalista que visa, a NOEI, a atender aos países pobres e eliminar o subdesenvolvimento, com o que todos concordamos.

3. Direito Internacional e Direito Internacional Econômico

A Assembleia Geral da ONU adotou uma Carta dos Direitos e Deveres Econômicos do Estado, datada de 1974, e essa Carta passou a ser considerada aquela que lançou as bases da NOEI, porque foram desenvolvidos conceitos novos sobre as relações econômicas internacionais e sobre o próprio Direito Internacional.

O Direito Internacional clássico, pela forma com que contemplava o mundo, somente tendo como atores os Estados, não demonstrou ter instrumento para regular as relações entre países pobres e ricos, o chamado direito do desenvolvimento, o direito do emprego, uma melhor distribuição de renda, etc. Era preciso considerar outros personagens e fatores no cenário internacional, ajustar-se às ideologias professadas pelos diversos Estados. Nesse sentido, fala-se em um novo Direito Internacional, e mais precisamente em um Direito Internacional Econômico.

Somente assim encarado, ampliando seu campo de estudos, é que podemos vislumbrar dentro das matérias a serem estudadas no Direito Internacional, a atuação das empresas multinacionais ou transnacionais, nacionalização de empresas (interesse maior quando das diversas descolonizações), o estabelecimento de uma assistência ativa para os países em desenvolvimento ou subdesenvolvidos, sem condicionamentos políticos ou militares, a defesa do meio ambiente, dos recursos naturais (ecologia internacional).

Outros conceitos surgiram, como os de cooperação e ajuda, regiões econômicas e blocos econômicos.

Nestes últimos casos, a integração dos países que formam as comunidades ou blocos somente é conseguida com uma profunda consciência dos problemas sociais e econômicos de cada Estado e das características globais de necessidades e desenvolvimento da região, bem como da soberania relativa dos Estados, mais acentuada e visível em tais comunidades do que na própria ordem internacional.

Afora tais preocupações, surgem mais, como a de considerar ou reconhecer a personalidade jurídica das comunidades diferenciada da personalidade de seus membros (Estados). Um modelo mais avançado é o da Comunidade Europeia. Porém, blocos de países existem que compõem um todo respectivo na atividade econômica, embora ainda não tenha formação jurídica definida, a exemplo dos chamados "Tigres Asiáticos", composto por Japão, Formosa, República da Coreia, Hong Kong, Cingapura, China, Indonésia, Malásia e Tailândia.

O Direito Internacional Econômico, assim como o Direito Internacional novo, olha para essas e outras realidades — Mercosul, NAFTA, etc. — de forma diversa, com instrumentos diferenciados dos instrumentos clássicos.

4. Princípios e normas da NOEI

Destacam-se como elementos da NOEI algumas convenções internacionais, voltadas para temas econômicos, sociais e industriais, sistema de preferências alfandegárias, tais como aquelas feitas no âmbito da CEE com países africanos: a) Yaundé I, 1964-1969; b) Yaundé II, 1969-1975; c) Lomé I, 1975-1980; d) Lomé II, 1980-1985; e e) Lomé III, 1985-1990. Os acordos de Yaundé e de Lomé têm uma característica pouco encontrável, que é a negociação permanente, com o conteúdo do acordo renovável a cada cinco anos, o que dará certa flexibilidade e consequente adaptação das normas do acordo às novas realidades que se apresentarem.

No âmbito da ONU, tem-se a aprovação, em Assembleia de dezembro de 1974, de uma Carta de Direitos e Deveres Econômicos dos Estados, que serve como princípios a serem seguidos, nos seguintes termos:

I — Princípios das Relações Econômicas Internacionais: a) soberania e igualdade dos Estados; b) não agressão; c) não intervenção; d) benefício mútuo equitativo; e) coexistência pacífica; f) não estabelecimento de zonas de influência e hegemonia; g) respeito aos direitos do Homem e liberdades fundamentais; h) cooperação internacional para o desenvolvimento; i) cumprimento das obrigações internacionais com boa-fé; j) solução pacífica dos litígios.

II — Direitos e Deveres Econômicos do Estado: a) o Estado tem o direito soberano de escolher seu sistema econômico; b) o Estado possui completa soberania sobre seus recursos e atividades econômicas; c) regular e supervisionar as atividades das empresas transnacionais dentro de sua jurisdição; d) regulamentar o investimento estrangeiro; e) nacionalizar e expropriar propriedades pertencentes a estrangeiros; f) não haverá discriminação no comércio internacional em virtude de sistema político, econômico e social do Estado; g) o direito de se associar em organizações de produtos de base para desenvolver a economia nacional; h) dever de contribuir para o desenvolvimento do comércio internacional de mercadorias mediante acordos multilaterais que levam em consideração os interesses dos produtores e consumidores.

Em 1975, a Assembleia Geral aprovou uma resolução sobre o desenvolvimento e cooperação econômica internacional, estabelecendo: a) ação comum para diversificar as exportações dos subdesenvolvidos; b) a assistência extensa aos subdesenvolvidos não deve ser vinculada; c) cooperação para a criação de uma infraestrutura tecnológica nos países subdesenvolvidos; d) os desenvolvidos devem dar aos subdesenvolvidos livre acesso à tecnologia cuja transferência não esteja sujeita à transferência privada.

Em relação às soluções dos litígios econômicos, outras inovações ocorrem e estão por se firmar. Nem sempre a solução judiciária é a procurada. O que se tem é que as pretensões resistidas, para usar linguajar típico do processo, por terem natureza econômica, exigem soluções mais rápidas e diversificadas.

Nos dissídios econômicos, destaca-se mais o dano do que o ilícito que o ensejou. Em outras palavras, a violação de uma norma só é importante e acarreta efetiva responsabilidade se gerou algum dano. As soluções, pois, são políticas, dificilmente judiciárias.

Albuquerque Mello elenca os motivos pelos quais as soluções judiciárias não se adaptam às relações econômicas: "a) as normas jurídicas nem sempre existem e, quando elas existem, são imprecisas; b) as partes não fundamentam suas pretensões em direito; c) as questões econômicas têm, muitas vezes, por objeto um prejuízo potencial; d) as organizações internacionais econômicas não têm um órgão especializado para a solução do litígio, que faz parte do dia a dia da organização. O procedimento de solução do litígio é interiorizado e multilateralizado. A solução do litígio é uma das funções da organização; e) a rapidez e as flutuações das relações econômicas não dão longa duração às normas; f) as obrigações são vagas e imprecisas e dão aos Estados escapató-rias para o caso de elas acarretarem graves prejuízos econômicos; g) não se identifica um ilícito, porque não existem normas ou elas são imprecisas; h) a CIJ exige uma precisão na formulação jurídica; i) o procedimento judicial é formalista e preocupado com o primado do Direito e não deixa campo para o compromisso; j) o procedimento judicial é lento".(241)

---

(241) *Curso de direito internacional público,* v. 2º, p. 1.306.

O que se busca com as soluções não judiciárias é a negociação, o compromisso justo, as posições mais flexíveis.

5. Conteúdo econômico dos tratados internacionais

No mundo hodierno há uma quantidade enorme de tratados de conteúdo econômico. O comércio internacional envolvendo os Estados, as empresas e as diversas organizações torna-se cada vez mais presente na atualidade porque estabelece as relações jurídicas que movimentam a vida internacional, marcada pela pujança do capitalismo.

Observam-se acordos de livre comércio, bem como com o Fundo Monetário Internacional, envolvendo a maior parte dos países. Também, cada vez mais, há uma intensa busca de juntar esforços econômicos por parte de Estados vizinhos de uma mesma região, ou pela simples integração econômica (anexação e coordenação de mercados), com os Estados delegando parcelas de suas competências para fins de convivência e de fortalecimento econômico, bem como acordos que buscam combater a lavagem de dinheiro.

Há uma mudança sensível no Direito Internacional que tem duas faces bem distintas e que, de certa forma, se complementam, em relação ao ser humano e suas organizações (Direitos Humanos) e em relação à área econômica (Direito Econômico de Cooperação), com a contenção do domínio capitalista dos países mais fortes e busca de ajuda aos países mais pobres.

Embora as matérias sejam substancialmente diversas, é fato que ambas — direitos humanos e direitos econômicos — esta última pela internacionalização do capital, modificaram a ideia de soberania ao introduzir a ideia de interdependência.

Também se constata uma mudança de espécie e natureza nos tratados comerciais e econômicos, porquanto antes prevaleciam os tratados-contratos, que ainda existem em grande número, embora o formato coletivo e multilateral dos tratados multipliquem-se.

A multilaridade, os atos jurídicos de natureza coletiva estão ganhando espaço nos sistemas de Direito interno e internacional, quer sob os aspectos materiais ou sob os aspectos processuais.

Na área internacional , o surgimento das organizações internacionais e o acentuado crescimento das empresas transnacionais propiciou esta mudança de paradigma.

Diante desses fatos — internacionalização do capital, tratados multilaterais, novos atores internacionais — surgiu no Direito Internacional as expressões *soft Law* e *hard Law*.

A *soft Law* dá a ideia de uma lei menos rígida, que não gera uma vinculação estreita àqueles a quem ela é aplicada, apenas indicativa do Direito, de um Direito que pode vir a ser regulamentado, uma certa flexibilidade de interpretação, de adaptação a determinadas situações fáticas. A *soft Law* revela-se nas declarações dos Estados, nas resoluções e recomendações das organizações internacionais, nos tratados-modelos, nos códigos de conduta, nos padrões mínimos aceitáveis, na busca das melhores práticas comerciais, em obediência, por exemplo, às regras de conservação do meio ambiente e de respeito à dignidade humana. São normas não cogentes, como as normas tradicionais, embora devam ser obedecidas diante das consequências contrárias aos interesses dos envolvidos, se descumpridas.

A expressão *hard Law*, por sua vez, diz-se das normas, regras, tratados, que devem ser cumpridos sob pena de aplicação de punições específicas, de natureza indenizatória. Em tese, haveria efetividade na *hard law* e não na *soft Law*. Todavia, a *soft Law* por sua flexibilidade termina por ser melhor absorvida no Direito Internacional Econômico, assim como no Direito Ambiental e nos Direitos Humanos.

Um exemplo de *soft Law* são os acordos *stand-by agreement*, feitos com o Fundo Monetário Internacional, posto que não têm a natureza de contrato (buscam a concessão de créditos, condicionando-se para tanto a determinadas condições/medidas de política econômica, que devem constar de uma carta de intenções). As obrigações decorrentes de tais acordos, no entanto, subsistem, apesar da redação não vinculante, ante os termos em que é redigido, por exemplo: parcelamento dos saques e se o Estado deixar praticar o que foi recomendado, não recebe o restante do dinheiro que necessita (empréstimo feito pelo FMI).

6. Definições

Algumas definições mostram-se vitais para o entendimento da matéria e para bem assimilar seu campo.

6.1. Empresas transnacionais

Inexistem definições sobre empresa transnacional. Apontam-se critérios — as capazes de influenciar a economia de diversos países ou as sociedades comerciais cujo poder está disperso nas subsidiárias, ou, ainda, aquelas que atuam no estrangeiro por meio de subsidiárias ou filiais —, bem como se apontam características — grande empresa e enorme potencial financeiro ou administração internacionalizada, ou, ainda, unidade econômica e diversidade jurídica.

A ONU consagrou a expressão "transnacional": empresa que atua além das fronteiras; mas, entende-se que as expressões "transnacional" e "multinacional" se equivalem.

6.2. Nacionalização de empresas

O estudo dessa matéria versa sobre o direito de propriedade no Direito Internacional Público. "É um processo por meio do qual indústrias ou meios de produção, distribuição ou troca são concentrados nas mãos do Poder Público, visando à realização de uma política econômica ou social." (*O'Connell*) Também pode ser definido como um ato de soberania que transfere à nação o que é de propriedade privada.

Os termos diferem de expropriação e de confisco, embora sejam assemelhados. O primeiro ocorre em caso particular (desapropriação), atingindo um bem, após avaliação justa e consequente pagamento de uma indenização. O segundo — confisco — tem natureza penal e pessoal.

Já a nacionalização é medida de ordem geral, atingindo um setor da economia, às vezes podendo atingir somente uma empresa, se o setor da economia é por essa empresa dominado.

A nacionalização desenvolveu-se quando o Estado começou a intervir na atividade econômica. Está estreitamente ligada às duas guerras mundiais.

6.3. Contratos entre Estados e estrangeiros

É fato que, a par de saber onde realmente essa matéria deve ser estudada — Direito Interno ou Direito Internacional ou em ambos —, a relevância desses contratos é enorme, porque atinge ambas as órbitas, e o Direito Internacional, por meio do Direito Internacional Econômico, não se pode omitir.

No Direito Internacional Privado, a importância está em saber qual o Direito aplicável aos contratos. No Direito Internacional Público, pergunta-se se a violação de normas do contrato acarretaria alguma responsabilidade internacional do Estado.

A dúvida tem relevância, porque, nesse tipo de contrato, é comum intervir a mais alta autoridade do Estado, e normalmente especificar cláusulas que limitam a soberania do Estado, como, por exemplo, a cláusula de estabilização, que põe o investidor ao abrigo das mudanças legislativas.

Quando tais contratos nascem para o mundo jurídico, dois interesses antagônicos se vislumbram: o das empresas ou estrangeiros (pessoa física ou jurídica), fundamentalmente econômico, e o do Estado, eminentemente público.

Quanto à dúvida acima exposta sobre a responsabilidade do Estado por violação do contrato, responsabilidade internacional, há que se dizer que a matéria é polêmica. No entanto, parece-nos que prevalece a responsabilidade perante o Direito Interno. Ainda assim, o estudo tem sua importância, pelas consequências político-administrativas que acarreta para o Estado e como subsídio aos demais aspectos do Direito Internacional Econômico. A zona cinzenta em que atuam tais fatos não se desfaz com uma simples exposição didática, e entendemos que, de certa forma, é essa constatação útil, porque implica que devemos, todos — estudiosos do Direito Internacional —, estar ligados aos fatos do mundo, mesmo aqueles que ocorrem na esfera nacional, porque podem influenciar o Direito Internacional. Repita-se, principalmente quando se trata de fato econômico.

6.4. A transferência de tecnologia

Feita por meio de contrato que igualmente tem aspecto privado e público. Privado porque visa ao lucro, e público porque tem o objetivo maior de combater o subdesenvolvimento.

Vários são os contratos que incidem na transferência de tecnologia: a) de cessão — referente à propriedade industrial ou exploração desta; b) de transmissão de *know-how* — é a transmissão de conhecimentos para auxiliar na fabricação de um produto; c) de assistência técnica; d) de formação — visando a formar pessoal especializado; e) de *clés en mains* — objetiva não a formar o pessoal, mas a constituir uma infraestrutura no país subdesenvolvido; f) contrato *produit en mains* — a empresa estrangeira transfere bens, tecnologia, assegura uma determinada produção e a formação de pessoal técnico; g) contrato *marché en mains* — o fornecedor, como no contrato anterior, ainda assume a comercialização efetiva dos produtos.

Claro está que a exposição acima é simples e tem por objetivo apenas dar alguma noção do que pode acontecer no campo dos contratos. Cada um desses merece estudo específico, porque existem questões fundamentais que vão desde a formação do próprio contrato, o meio de solução aceitável para as eventuais divergências de interpretação e a violação de suas regras, a execução e a responsabilidade do Estado e do particular pelo descumprimento de suas cláusulas. Como dissemos, aspectos privados e públicos se casam, e o estudioso deve manejar um grande número de informações nos dois ramos básicos.

6.5. Direito Internacional do Desenvolvimento

É o Direito Internacional Público que visa a se transformar em instrumento de luta contra a pobreza e a miséria. Tem por objetivo combater o subdesenvolvimento, por intermédio da cooperação internacional e de uma melhor distribuição de riqueza. A dificuldade está em se caracterizar quais são os países em desenvolvimento ou subdesenvolvidos.

Alguns aspectos são tidos como fundamentais: a insuficiência alimentar, o grande número de analfabetos e de epidemias, a alta taxa de mortalidade infantil, o grande número de desempregados e de subempregados. O Banco Mundial distingue três categorias de países em desenvolvimento: 1) aqueles cujo Produto Nacional Bruto por habitante é igual ou inferior a 400 dólares (isso em 1981); 2) ou é maior que 400 dólares e inferior a 6.000 dólares; e 3) os países exportadores de petróleo com renda elevada.

Outros definem como subdesenvolvidos os que têm renda *per capita* inferior a 500 ou a 600 dólares.

Tanto a ONU como a UNCTAD, ante as dificuldades de se saber quais os países que não eram desenvolvidos, elaboraram listas de nomes de países. Estranhas foram as classificações, sempre no intuito de delimitar o campo de aplicação da política de desenvolvimento.

A UNCTAD criou dois subgrupos de países subdesenvolvidos: 1) o de países menos avançados; e 2) o de países em desenvolvimento sem litoral. Mais tarde, acrescentou o subgrupo dos países em desenvolvimento insulares.

O Comitê de Planejamento do Desenvolvimento da ONU, em 1971, adotou três critérios: 1) renda por habitante de 100 dólares por ano (1968); 2) indústrias manufatureiras produzindo menos de 10% do Produto Nacional Bruto; e 3) taxa elevada de analfabetismo, maior do que 80% da população maior de 15 anos.

O Programa das Nações Unidas para o Desenvolvimento (PNUD), que administra o Fundo de Equipamento das Nações Unidas, estabeleceu programas para os países em desenvolvimento.

Enfim, o Direito Internacional do Desenvolvimento tem as seguintes características: a) é um Direito orientado no sentido de que ele não é definido pelo campo que regulamenta, mas pelo seu conteúdo, que é variável e que pode abranger os mais diferentes ramos, isto é, tudo aquilo que contribua para o desenvolvimento; b) é um Direito composto, uma vez que não é um "conjunto homogêneo, sistemático e unificado"; c) é um Direito contestado, porque grande parte de suas normas não é aceita pelos países industrializados; d) é um Direito finalista e dinâmico; e) é um Direito de coordenação e aleatório; f) é um Direito que, em virtude de sua dinâmica, corrige o próprio Direito Internacional; g) a finalidade do Direito é o desenvolvimento para todos os Estados.

Entendemos, com tudo isso, que o Direito Internacional do Desenvolvimento tem ainda um vasto campo para poder se consagrar; contudo, já é a realidade dentro do Direito Internacional.

6.6. Perspectivas

Vivemos num mundo repleto de perspectivas científicas. Não é o fim da história; mas o recomeço de uma nova era.

Ensina o Professor *Almeida Diniz:*

> Para Thomas Kuhn,São denominados de revoluções científicas os episódios extraordinários nos quais ocorre (...) alteração de compromissos profissionais. As revoluções científicas são os complementos desintegradores da traição à qual a atividade da ciência normal está ligada".
>
> Nosso objetivo será também partilhar informações, reflexões, dúvidas. Estamos vivendo o que pode ser denominado de uma pré-história científica. Perante o universo inesperado, que mal começamos a entrever, fruto da revolução científico-tecnológica que presenciamos, podemos dizer que a História verdadeiramente civilizada ainda não começou. Estamos vivendo uma época que antecede a verdadeira Idade do Ouro. Nesta, a violência será abandonada: programa para os próximos séculos. Existirá harmonia com meio ambiente, após desastres ecológicos. A convivência internacional será amena, fruto do bem-estar em escala planetária. Devemos ter em mente um futuro venturoso. Há possibilidade de progresso humano e real.
>
> A ciência hoje se aproxima muito mais do espiritual do que das ideias ingênuas de "matéria", "mundo real", de há pouco mais de um século. Para o astrônomo Jean Heidman, do Observatório de Meudon, de Paris, "a vida é um fenômeno natural na evolução do cosmos", o que significa a possibilidade de vida humana em outros sistemas. A Agência Espacial Americana (NASA) investe milhões de dólares na busca de comunicações extraterrenas. Nossos conceitos de espaço e tempo modificaram-se dramaticamente, frente ao volume das descobertas da Astrofísica. O paralelo entre a física clássica Newtoniana e a Mecânica Quântica constitui analogia fértil para a Ciência do Direito e os desenvolvimentos recentes nas ciências sociais.(242)

Talvez a verdadeira "globalização", o seu significado, esteja exatamente nessa percepção de que o mundo cientificamente considerado, social, político e econômico, é um só. Fazemos parte de uma grande família e a Terra é a nossa casa.

Isso não impede de vislumbrarmos novos problemas — talvez a nova história —, como as relações conflituosas entre a cultura ocidental e a islâmica, que, segundo *Gilberto Dupas*, controla já 21% da superfície da Terra(243).

---

(242) DINIZ, Arthur J. Almeida. *Novos paradigmas em direito internacional público*, p. 37 e 38.
(243) Gilberto Dupas, Membro do Instituto de Estudos Avançados da USP e Professor da FDC European Institute of Business Administration, na França. In: *Novas dimensões da segurança internacional.*

A aproximação dos diversos grupos e concepções é o grande desafio da globalização, como um modo de entender o pluralismo e respeitar as visões individuais e de grupos, proporcionando apenas linhas comuns de sobrevivência básica, de vital entendimento, sem o que, apesar da visão otimista do Professor *Almeida Diniz*, poderá se transformar num pesadelo.

Estamos a um passo da Humanidade espiritualizada e esplendorosa, de um mundo melhor e de um obscurantismo. A distância é igual. A porta de entrada para um ou outro sítio depende de atitudes governamentais desapegadas da glória efêmera, de um amor essencial pela raça humana, de uma vontade férrea na construção de uma vida digna, na conscientização e no estudo do Direito Internacional, como veículo de progresso e de paz.

Essa compreensão do mundo é essencialmente diversa da grande panela econômica e quiçá política em que buscam submergir todas as nações.

QUADRO SINÓTICO

DIREITO INTERNACIONAL ECONÔMICO

— Direito Interno que cuida das relações econômicas

— Direito Econômico: ramo do Direito que tem por objeto a regulamentação da política econômica e por sujeito o agente que dela participe

— Direito Internacional Econômico: nasceu da dimensão econômica na sociedade internacional

— Ordem Econômica Internacional: base no tripé de Bretton-Woods (FMI, BIRD e GATT)

— NOEI { Nova Ordem Econômica Internacional: expressão criada em 1955, NOEI visa a atender aos países pobres e eliminar o subdesenvolvimento

— Direito Internacional clássico {
- atores, os Estados
- relações entre os Estados

— Direito Internacional moderno {
- atores: os Estados, organizações internacionais, Homem, empresas transnacionais
- relações econômicas
- modernos blocos econômicos
- comunidades econômicas

- — princípios das relações econômicas internacionais
  - soberania e igualdade dos Estados
  - não agressão
  - não intervenção
  - benefício mútuo
  - coexistência pacífica
  - não estabelecimento de zonas de influência
  - respeito aos direitos do Homem e liberdades fundamentais
  - cooperação internacional
  - solução pacífica dos litígios
  - não haverá discriminação no comércio internacional

- — Direito Internacional do Desenvolvimento
  - conteúdo variável
  - finalista e dinâmico
  - tem por finalidade o desenvolvimento dos Estados

BIBLIOGRAFIA

ACCIOLY, Hildebrando. *Manual de direito internacional público*. Rio de Janeiro: Forense, 1986; 11. ed. São Paulo: Saraiva, 2000.

______. *Tratado de direito internacional público*. v. I. 2. ed. São Paulo: Saraiva, 2005.

ALEXANDRE VI (Papa). *Bula inter coetera*.

ALVES, Jorge de Jesus Ferreira. *Os advogados na comunidade europeia*. Coimbra: Coimbra Editora.

AMARAL JÚNIOR, Alberto do. *Curso de direito internacional*. 4. ed. São Paulo: Atlas.

AMEAL, João. *História da Europa — XXIV*.

ANDRADE, Agenor Pereira. *Manual de direito internacional público*. 5. ed. São Paulo: Sugestões Literárias, 1990.

ANDRADE, Everaldo Gaspar Lopes de. *O Mercosul e as relações de trabalho*. São Paulo: LTr, 1993.

ANJOS, J. Haroldo dos; GOMES, Carlos Rubens Caminha. *Curso de direito marítimo*. Rio de Janeiro: Renovar, 1992.

ARAÚJO, Luís Ivani de Amorim. *Curso de direito internacional público*. 7. ed. e 8. ed. Rio de Janeiro: Forense; 10. ed. São Paulo: Revista dos Tribunais, 1990.

ARIOSI, Mariângela. *Conflitos entre tratados internacionais e leis internas*. Rio de Janeiro: Renovar, 2000.

ARON, Raymond. *Paz e guerra entre as nações*. Brasília: UnB, 2002.

AZAMBUJA, Darcy. *Teoria geral do estado*. 29. ed. Globo, 2001.

BAPTISTA, Luís O.; MERCADANTE, Araminta; CASELLA, Paulo Borba. *Mercosul — Das negociações à implantação*. 2. ed. São Paulo: LTr, 1998.

BASTOS, Celso Ribeiro. *Curso de direito constitucional*. São Paulo: Saraiva, 1998.

______. *Curso de teoria do Estado e ciência política*. São Paulo: Saraiva, 1986.

BEVILACQUA, Clóvis. *Direito público internacional*. t. I, Rio de Janeiro: Francisco Alves, 1911.

BOBBIO, Norberto; MATTEUCCI, Nicola; PASQUINO, Gianfranco. *Dicionário de política*. v. I. Brasília: UnB, 2004.

BONFIM, Manoel. *A América Latina, males de origem*. “Prefácio” de Franklin de Oliveira. Rio de Janeiro: Topbooks, 1993.

BORGES, José Souto Maior. *Curso de direito comunitário*. São Paulo: Saraiva, 2005.

BOSON, Gérson de Brito M. *Internacionalização dos direitos do homem*. São Paulo: Sugestões Literárias.

BULL, Hedley. *A sociedade anárquica*. Brasília: UnB, 2002.

CAMPERO, Guilhermo; FLSFISCH, Eugênio Tironi; TOKMAN, Victor E. *Os atores sociais no novo mundo do trabalho*. OIT. São Paulo: LTr, 1994.

CAMPOS, Roberto. *Lanterna na popa*. Memórias. Rio de Janeiro: Topbooks, 1994.

CARR, Caleb. *A assustadora história do terrorismo*. São Paulo: Prestígio, 2002.

CARRAZZA, Roque Antonio. *Curso de direito constitucional tributário*. 24. ed. São Paulo: Malheiros, 2008.

CHIARELLI, Carlos Alberto Gomes; CHIARELLI, Matteo Rota. *Integração:* direito e dever, Mercosul e Mercado Comum Europeu. São Paulo: LTr, 1992.

DEVEALI, Mario. *Tratado de derecho del trabajo*. v. V. Rio de Janeiro: Forense, 1960.

DINIZ, Arthur J. Almeida. *Novos paradigmas em direito internacional público*. Porto Alegre: Sérgio Antônio Fabris, 1995.

DINIZ, Maria Helena. *Curso de direito civil brasileiro*. 11. ed. São Paulo: Saraiva, 1996. v. 3.

DUPAS, Gilberto; VIGEVENI, Túlio. *O Brasil e as novas dimensões da segurança internacional*. São Paulo: Alfa-Omega/FAPESP, 1999.

FIORE, Pasquale. *Tratado de derecho internacional público*. Madrid: Central Editorial de Gongora, 1894.v. 3.

FRAGA, Mirtô. *O conflito entre tratado internacional e norma de direito interno:* estudo analítico da situação do tratado na ordem jurídica brasileira. Rio de Janeiro: Forense, 1997.

FREITAS JR., Antonio Rodrigues de. *Globalização, Mercosul e crise do estado-nação*. São Paulo: LTr, 1997.

FREUD, Sigmund. *O mal-estar na civilização*. Penguin: Companhia das letras, 2013.

______. *O futuro de uma ilusão* (1927). Obras Completas, v. 17. Companhia das Letras, 1971.

FUKYAMA, Francis. *La fin de l'histoire et le dernier homme*. Paris: Flamarion, 1992.

GARCIA, Maria; MARTINS, Ives Gandra da Silva; BASTOS, Celso Ribeiro. *Parlamentarismo ou presidencialismo*. v. II. Rio de Janeiro: Forense, 1987.

GONÇALVES, Joanisval Brito. *Tribunal de Nuremberg*. Rio de Janeiro: Renovar, 2001.

HÄBERLE, Peter. *Estado constitucional cooperativo*. Rio de Janeiro: Renovar, 2007.

HARGAIN, Daniel e MIHALI, Gabriel. *Direito do comércio internacional e circulação de bens no Mercosul*. Rio de Janeiro: Forense, 2003.

HUSEK, Carlos Roberto. *A nova (des)ordem internacional — ONU:* uma vocação para a paz. São Paulo: RSC, 2007.

IANNI, Octávio. *A sociedade global*. São Paulo: Civilização Brasileira, 1992.

______. *A era do globalismo*. 3. ed. Rio de Janeiro: Civilização Brasileira, 1997.

ITUASSU, Oyama César. *Curso de direito internacional público*. Rio de Janeiro: Forense, 1986.

KANT, Immanuel. *A paz perpétua e outros opúsculos*. Lisboa: Edições 70, 2008.

KELSEN, Hans. *Teoría general del derecho y del Estado*. UNAM,1969.

LAZARD, Didier. *L'Occident quel occident*. Baconniere, 1960.

LEÃO XIII (Papa). *Rerum Novarum*.

LINTON, Ralph. *O homem* — Uma introdução à antropologia. 6. ed. São Paulo: Martins Fontes, 1936.

LIPOVETZKY, Jaime César; LIPOVETZKY, Daniel Andrés. *Mercosul:* Estratégias para a integração — Mercosur: estrategias para la Integración. São Paulo: LTr, 1994.

LOPEZ, Luiz Roberto. *História da América Latina*. 2. ed. Rio Grande do Sul: Mercado Aberto, 1996.

LOTTEMBERG, Fernando Kasinski; GUREVICH, Eduardo I. *Mercosul*. Orgs. Luiz Olavo Baptista, Araminta de Azevedo Mercadante e Paulo Borba Casella. São Paulo: LTr, 1994.

MACHADO, Jónatas E. M. *Direito Internacional* — Do paradigma clássico ao Pós-11 de setembro. 3. ed., Coimbra: Coimbra Editora, 2006.

MACHADO, Rubens Antônio. *América Latina em perspectiva:* a integração regional da retórica à realidade. São Paulo: Aduaneiras, 1991.

MARINHO, Ilmar Penna. *Tratado sobre a nacionalidade*. v. I. Rio de Janeiro: Imprensa Nacional, 1956.

MARTINS, Ives Gandra da Silva; BASTOS, Celso Ribeiro. *Comentários à Constituição do Brasil*. v. 1 e 2. São Paulo: Saraiva, 2005.

MATTOS, José Dalmo Fairbanks Belfort de. *Manual de direito internacional público*. São Paulo: Saraiva/EDUC, 1979.

MAZZUOLI, Valério de Oliveira. *Curso de direito internacional público*. 2. ed. São Paulo: Revista dos Tribunais, 2007.

MELLO, Celso D. de Albuquerque. *Curso de direito internacional público*. v. 1 e 2. 3. ed. Rio de Janeiro: Renovar, 2001.

______. *Direito constitucional internacional*. 2. ed. Rio de Janeiro: Renovar, 1994.

______. *Guerra interna e direito internacional*. Rio de Janeiro: Renovar, 1985.

MORGENTHAU, J. Hans. *A política entre as nações. A luta pelo poder e pela paz*. Brasília: Universidade de Brasília, 2003.

NYE JR., Joseph. S. *O paradoxo do poder americano* — por que uma única superpotência do mundo não pode prosseguir isolada. São Paulo: UNESP, 2002.

OLEA, Alonso. *Derecho del trabajo*. Madrid: Civitas, 1974.

OLIVEIRA, Miguel Darci de. *Cidadania e globalização*: a política externa brasileira e as ONGs. Instituto Rio Branco. Brasília: Fundação Alexandre Gusmão, Centro de Estudos Estratégicos, 1999.

ORGANIZAÇÃO INTERNACIONAL DO TRABALHO. *A liberdade sindical.* São Paulo: LTr, 1993.

PALLIERI, Giorgio Balladore. *A doutrina do Estado.* Coimbra: Coimbra Editora, 1969. v. 1.

PARLAMENTO EUROPEU/COMISSÃO DAS COMUNIDADES EUROPEIAS. *A Europa:* nosso futuro. Serviço das Publicações Oficiais das Comunidades Europeias. L-9295. Luxemburgo, Catálogo n. CC-AD-89-016-PT-C, 1991.

PAULO VI (Papa). *Populorum progressio. Primeira parte:* para um desenvolvimento integral do homem.

PAUPÉRIO, A. Machado. *O conceito polêmico de soberania.* 2. ed. Rio de Janeiro: Forense.

PEREIRA, André Gonçalves; QUADROS, Fausto de. *Manual de direito internacional público.* 3. ed. Lisboa: Almedina.

PIOVESAN, Flávia. Reforma do judiciário e direitos humanos. In: *Reforma do Judiciário, analisada e comentada.* São Paulo: Método, 2005.

RAMONET, Ignácio. *Geopolítica do caos.* Petrópolis: Editora Vozes, 1998.

RAMOS, André de Carvalho. *Tribunal penal internacional.* (orgs.) Fauzi Hassan Choukr e Kai Ambos. São Paulo: Revista dos Tribunais, 2000.

REUTER, Paul. *Direito Internacional público.* Lisboa: Presença, 1981.

REZEK, José Francisco. *Direito dos tratados.* Rio de Janeiro: Forense, 1984.

______. *Direito Internacional público.* Curso elementar. 16. ed. São Paulo: Saraiva, 1996.

RIBEIRO, Manuel de Almeida. *A Organização das Nações Unidas.* Coimbra: Almedina, 1998.

RODAS, João Grandino. *Tratados internacionais.* Primeira Leitura. São Paulo: RT, 1991.

RODRIGUEZ, Américo Plá. *Los convenios internacionales del trabajo.* Montevidéo: FDCS, 1965.

ROQUE, Sebastião José. *Direito Internacional público.* São Paulo: Hemus, 1997.

RUSSOMANO, Gilda Maciel Correa Meyer. *Direito Internacional público.* v. 1. Rio de Janeiro: Forense, 1989.

SALIBA, Azis Tuffi (Org.). *Direito dos tratados,* Universidade de Itaúna, André Ramos Tavares, Belo Horizonte: Arraes Editora, 2011.

SANTOS, Boaventura de Sousa. *Reconhecer para libertar* — os caminhos do cosmopolitismo cultural. São Paulo: Civilização Brasileira, 2003.

SILVA, Reinaldo Pereira e. *Biodireito a nova fronteira dos direitos humanos.* São Paulo: LTr, 2003.

SOARES, Guido F. S. *Órgãos das soluções extrajudiciárias de litígios*. São Paulo: RT, 1985.

______. *Direito Internacional do meio ambiente*. São Paulo: Atlas, 2001.

SOARES, Orlando. *Curso de direito internacional público*. 2. ed. Rio de Janeiro: Forense, 1990.

SORENSEN, Max. *Manual de derecho internacional público*. México: Fondo de Cultura Económica, 1992.

STRENGER, Irineu. *Direito Internacional privado* — Parte geral. v. 1. São Paulo: RT, 1986.

SÜSSEKIND, Arnaldo Lopes. *Direito Internacional do trabalho*. 2. ed. São Paulo: LTr, 1987.

SWINARSKI, Chistophe. *A norma e a guerra*. Porto Alegre: Sérgio Antônio Fabris, 1991.

TORRES, Heleno. *Pluritributação internacional sobre as rendas de empresas*. São Paulo: Revista dos Tribunais, 1977.

THORSTENSEN, Vera. *Tudo sobre a comunidade europeia*. São Paulo: Brasiliense, 1992.

TRINDADE, Antônio Augusto Cançado. *Princípios do direito internacional contemporâneo*. Brasília: UnB, 1981.

______. *A proteção internacional dos direitos humanos*. São Paulo: Saraiva, 1991.

______. *Direitos humanos e meio ambiente*. Porto Alegre: Sérgio Antônio Fabris, 1993.

______. *Os Tribunais Internacionais e a Realização da* Justiça, Renovar, 2015.

ULHOA, Alberto. *Derecho internacional público*. v. I. 4. ed. Madrid, 1957.

VALENTIM, Veit. *História universal*. t. III, 7. ed. São Paulo: Livraria Martins.

VIANNA, Segadas; SÜSSEKIND, Arnaldo Lopes; MARANHÃO, Délio. *Instituições de direito do trabalho*. v. I. 12. ed. São Paulo: LTr, 1992.

WARAT, Luís Alberto. *A definição jurídica*. Porto Alegre: Atrium, 1977.

XAVIER, Alberto. *Direito tributário internacional do Brasil*. 3. ed. Rio de Janeiro: Forense.

ZANINI, Gustavo. O Tratado de Itaipu. In: *Revista da Faculdade de Direito*. LXIX, fasc. 1/165-179.